REMARQUES
Sur la Langue
FRANCOISE

A Paris
Avec Privilege du Roy
1647

REMARQVES SVR LA LANGVE FRANÇOISE

VTILES A CEVX QVI VEVLENT BIEN PARLER ET BIEN ESCRIRE.

A PARIS,

Chez la Veuue IEAN CAMVSAT,

ET

PIERRE LE PETIT, Imprimeur & Libraire ordinaire du Roy, ruë Sainct Iacques, à la Toison d'Or.

M. DC. XLVII.

AVEC PRIVILEGE DV ROY.

A MONSEIGNEVR SEGVIER CHANCELIER DE FRANCE.

ONSEIGNEVR,

Ce petit Ouurage a ſi peu de proportion auec la grandeur de vos lumieres & de voſtre dignité, que ie n'aurois iamais eu la penſée de vous l'offrir, si vous ne m'auiez fait l'honneur de me tesmoigner que vous ne l'auriez pas desagreable. Aussi ay-je creu que ce n'estoit qu'vn effet de vostre bonté, qui ne dédaigne pas les moindres choses, & qui m'est vne source continuelle de graces & de faueurs. C'est pourquoy MONSEIGNEVR, il me resteroit tousiours quelque scrupule, si en cherchant de quoy justifier ma hardiesse, ie n'auois reconnu que ces Remarques n'ont rien de bas que l'apparence, & qu'il n'y a que le defaut de l'Ouurier qui les puisse rendre indignes de vous estre presentées; Car sans dire icy que la connoissance des mots fait vne partie de la Iurisprudence Romaine, & que plusieurs Iurisconsultes en ont composé des Volumes entiers, il est certain que la pureté & la netteté du langage, dont ie traite, sont les premiers fondemens de l'Eloquence, & que les plus grands hommes de l'Antiquité se sont exercez sur ce sujet. Outre cela, MONSEIGNEVR, j'ay consideré, qu'à tant de glorieux titres que vostre vertu & vostre ministere vous donnent, vous en auez encore ajousté vn, qui ne me laisse plus d'apprehension. C'est le titre de Protecteur de cette illustre Compagnie, qui rend aujourd'huy nostre Langue aussi florissante que nostre Empire, & qui par les heureuses influences que vous respandez sur elle, est deuenuë comme vne pepiniere, d'où le Barreau, la Chaire, & l'Estat ne tirent pas moins d'hommes que le Parnasse. C'est par ce titre que le grand Cardinal de Richelieu a creu rehausser l'esclat de sa pourpre & de sa vie, & s'asseurer l'immortalité; l'entens celle que ses actions heroïques pouuoient bien luy faire meriter, mais qu'elles ne pouuoient pas luy donner sans l'assistance des Muses. Cette Protection MONSEIGNEVR, en laquelle vous auez succedé à ce grand homme, est vne marque publique de l'estime & de l'amour que vous auez pour nostre Langue, & pour tout ce qui contribuë à sa gloire, & à sa perfection; Et certainement vous luy deuez cette reconnoissance de tant d'auantages que vous en tirez, lors qu'elle vous fournit ses richesses & tout ce qu'elle a de plus exquis pour former cette diuine eloquence, dont vous rauiſſez le monde. Il eſt vray que ſi vous deuez beaucoup à noſtre langue, elle vous doit beaucoup auſſi; Car en combien d'occaſions auez vous fait voir de quoy elle eſt capable, & juſqu'où elle peut aller, quand on ſçait diſpenſer ſes threſors, & faire valoir ſes graces & ſes beautez? Elle n'a point de charme, ny de ſecret qui ne vous ſoit connu, il n'y a point de genre d'expreſſion, auquel vous ne l'ayez ſceu accommoder, ſoit qu'il ait fallu comme en pleine mer deſployer les voiles de l'eloquence, ou vous tenir ſerré dans le deſtroit & dans la grauité du ſouuerain Magiſtrat, ou eſtre l'Oracle des volontez du Prince ſeant ſur ſon throne, ou dans ſon lit de Iuſtice. Pour vne fonction ſi auguſte, le ciel ne vous a rien refuſé. Les deux talens, de bien parler & de bien eſcrire, qui ſont d'ordinaire incompatibles en vne meſme perſonne, ſe rencontrent en vous également eminens; Et ce qui nous comble d'admiration, c'eſt qu'on a peine à remarquer de la difference entre vos actions premeditées, & celles que vous faites sur le champ, & en toutes rencontres; tant il vous est naturel & ordinaire de bien parler, & d'estre tousiours ou disert ou eloquent selon que le sujet le merite. Ie sçay MONSEIGNEVR, que vous aurez plus de peine à souffrir ce que ie dis, que vous n'en auez à le faire; Ce sont pourtant des veritez reconnuës de tout le monde, quoy que ce ne soient que les moindres de vos perfe-ctions. Mais ie ne touche que celles qui regardent mon sujet, & ie laisse à ces grands hommes qui vous consacrent leurs Morales & leurs Politiques à parler de vos vertus, & à les porter aux nations estrangeres & aux siecles auenir, comme vn parfait tableau & vn modelle viuant de tout ce qu'ils enseignent de rare & de merueilleux. Aussi bien tant d'eminentes qualitez ne sont pas la matiere d'vne lettre, mais d'vn Panegyrique, qui auroit desia exercé les meilleures plumes de France, si vostre modestie ne s'y estoit tousiours opposée. Toutefois MONSEIGNEVR, vous n'empescherez pas qu'vn jour, lors que le ciel vous possedera, la terre ne vous comble de loüanges, & qu'apres qu'on vous aura perdu de veuë, on ne reuere les traces & l'image de vos vertus. Pour moy, ie n'ay qu'à me tenir dans le silence de l'admiration, apres vous auoir tres-humblement supplié de croire, que i'ay moins de veneration pour vostre dignité, que pour vostre personne, & que si cela m'est commun auec tous ceux qui ont l'honneur de vous approcher, & de vous bien connoistre, il n'y en a point aussi, qui ait l'auantage de se dire auec plus de sincerité, de soumission, & de reconnoissance que moy,

MONSEIGNEVR,

Vostre tres-humble, tres-obeïssant,
& tres-obligé seruiteur, C.F.D.V.

PREFACE.

CE ne sont pas icy des Loix que ie fais pour nostre langue de mon authorité priuée ; Je serois bien temeraire, pour ne pas dire insensé ; car à quel titre & de quel front pretendre vn pouuoir qui n'appartient qu'à l'Vsage, que chacun reconnoist pour le Maistre & le Souuerain des langues viuantes ? Il faut pourtant que ie m'en iustifie d'abord, de peur que ceux qui condamnent les personnes sans les oüir, ne m'en accusent, comme ils ont fait cette illustre & celebre Compagnie, qui est aujourd'huy l'vn des ornemens de Paris & de l'Eloquence Françoise. Mon dessein n'est pas de reformer nostre langue, ny d'abolir des mots, ny d'en faire, mais seulement de monstrer le bon vsage de ceux qui sont faits, & s'il est douteux ou inconnu, de l'esclaircir, & de le faire connoistre. Et tant s'en faut que j'entreprenne de me constituer Juge des differens de la langue, que ie ne pretens passer que pour vn simple tesmoin, qui depose ce qu'il a veu & oüi, ou pour vn homme qui auroit fait vn Recueil d'Arrests qu'il donneroit au public. C'est pourquoy ce petit Ouurage a pris le nom de Remarques, & ne s'est pas chargé du frontispice fastueux de Decisions, ou de Loix, ou de quelque autre semblable ; Car encore que ce soient en effet des Loix d'vn Souuerain, qui est l'Vsage, si est-ce qu'outre l'auersion que i'ay à ces titres ambitieux, j'ay deu esloigner de moy

I. Le dessein de l'Autheur dans cét Ouurage, & pourquoy il l'intitule *Remarques.*

ã

tout soupçon de vouloir establir ce que ie ne fais que rapporter.

II. 1 De l'Vsage qu'on appelle le Maistre des langues 2 qu'il y a vn bon, & vn mauuais Vsage. 3 La definition du bon. 4 Si la Cour seule, ou les Autheurs seuls font l'Vsage. 5 Lequel des deux côtribuë le plus à l'Vsage. 6 Si l'on peut apprendre à bien escrire par la seule lecture des bons Autheurs, sans hanter la Cour. 7 Trois moyens necessaires, & qui doiuent estre ioints ensemble pour acquerir la perfection de bien parler & de bien escrire. 8 Combien il est difficile d'acquerir la pureté du langage, & pourquoy.

1. Pour le mieux faire entendre, il est necessaire d'expliquer ce que c'est que cét Vsage, *dont on parle tant, & que tout le monde appelle le Roy, ou le Tyran, l'arbitre, ou le maistre des langues; Car si ce n'est autre chose, comme quelques-vns se l'imaginent, que la façon ordinaire de parler d'vne nation dans le siege de son Empire, ceux qui y sont nez & éleuez, n'auront qu'à parler le langage de leurs nourrices & de leurs domestiques, pour bien parler la langue de leur pays, & les Prouinciaux & les Estrangers pour la bien sçauoir, n'auront aussi qu'à les imiter. Mais cette opinion choque tellement l'experience generale, qu'elle se refute d'elle mesme, & ie n'ay iamais peu comprendre, comme vn des plus celebres Autheurs de nostre temps a esté infecté de cette erreur. 2. Il y a sans doute deux sortes* d'Vsages, vn bon & vn mauuais. *Le mauuais se forme du plus grand nombre de personnes, qui presque en toutes choses n'est pas le meilleur, & le bon au contraire est composé non pas de la pluralité, mais de l'élite des voix, & c'est veritablement celuy que l'on nomme le Maistre des langues, celuy qu'il faut suiure pour bien parler, & pour bien escrire en toutes sortes de stiles, si vous en exceptez le satyrique, le comique, en sa propre & ancienne signification, & le burlesque, qui sont d'aussi peu d'estenduë que peu de gens s'y adonnent. Voicy donc comme on definit le bon Vsage. 3.* C'est la façon de parler de la plus saine partie de la Cour, conformément à la façon d'escrire de la plus saine partie des Autheurs du temps. *Quand ie dis* la Cour, *i'y comprens les femmes comme les hommes, & plusieurs personnes de la ville où le Prince reside, qui par la communication qu'elles ont auec les gens de la Cour participent à sa politesse. Il est certain que la Cour est comme vn magazin, d'où nostre langue tire quantité de beaux termes pour exprimer nos pensées, & que l'Eloquence de la chaire, ny du barreau n'auroit pas les graces qu'elle demande, si elle ne les empruntoit presque toutes de la Cour. Ie dis* presque, *parce que nous auons encore vn grand nombre d'autres phrases, qui ne viennent pas de la Cour, mais qui sont prises de tous les meilleurs Autheurs Grecs & Latins, dont les despoüilles sont vne partie des richesses de nostre langue, & peut-estre ce qu'elle a de plus magnifique & de plus pompeux. 4. Toutefois quelque auantage que nous donnions à la Cour, elle n'est pas suffisante toute seule de seruir de reigle, il faut que la Cour & les bons Autheurs y concourent, & ce n'est que de cette conformité qui se trouue entre les deux, que l'Vsage s'establit. 5. Ce n'est pas pourtant que la Cour ne contribuë incomparablement plus à l'Vsage que les Autheurs, ny qu'il y ayt aucune proportion de l'vn à l'autre; Car enfin la parole qui se prononce, est la premiere en ordre & en dignité, puis que celle qui est escrite n'est que son image, comme l'autre est l'image de la pensée. Mais le consentement des bons Autheurs est comme le sceau, ou vne verification, qui authorise le langage de la Cour, & qui marque le bon Vsage, & decide celuy qui est douteux. On en voit tous les iours les effets en ceux qui s'estudient à bien parler & à bien escrire, lors que se rendant assidus à la lecture des bons Ouurages, ils se corrigent de plusieurs fautes familieres à la Cour, & acquierent vne pureté de langage & de stile, qu'on n'apprend que dans les bons Autheurs. Il suffira donc, dira quelqu'vn, de lire les bons liures pour exceller en l'vn & en l'autre, & les Prouinciaux ny les Estrangers n'auront que faire de venir chercher à la Cour ce qu'ils peuuent trouuer dans leur estude plus commodément & en plus grande perfection.*

Ie respons que pour ce qui est de parler, on sçait bien que la lecture ne sçauroit suffire, tant parce que la bonne prononciation qui est vne partie essentielle des langues viuantes, veut que l'on hante la Cour, qu'à cause que la Cour est la seule escole d'vne infinité de termes, qui entrent à toute heure dans la conuersation & dans la pratique du monde, & rarement dans les liures; 6. Mais pour ce qui est d'escrire, ie ne nie pas qu'vne personne qui ne liroit que de bons Autheurs, se formant sur de si parfaits modelles, ne peust luy mesme deuenir vn bon Autheur; & depuis que la langue Latine est morte, tant d'illustres Escriuains qui l'ont fait reuiure & refleurir, l'ont-ils peu faire autrement? Le Cardinal Bembo à qui la langue Italienne est si redeuable, & qui n'a pas terni l'esclat de sa pourpre parmy la poussiere de la Grammaire, a obserué, que presque tous les meilleurs Autheurs de sa langue, n'ont pas esté ceux qui estoient neZ dans la pureté du langage, & cela par cette seule raison, qu'il n'y a iamais eu de lieu au monde, non pas mesme Athenes ny Rome, où le langage ait esté si pur, qu'il ne s'y soit meslé quelques defauts, & qu'il est comme impossible, que ceux à qui ils sont naturels n'en laissent couler dans leurs escrits; Au lieu que les autres ont cet auantage, que se deffiant continuellement des vices de leur terroir, ils se sont attacheZ à des patrons excellens qu'ils se sont proposeZ d'imiter, & qu'ils ont souuent surpasseZ prenant de chacun ce qu'il auoit de meilleur. 7. Il est vray que d'adiouster à la lecture, la frequentation de la Cour & des gens sçauants en la langue, est encore toute autre chose, puis que tout le secret pour acquerir la perfection de bien escrire & de bien parler, ne consiste qu'à joindre ces trois moyens ensemble. Si nous l'auons fait voir pour la Cour & pour les Autheurs, l'autre n'y est gueres moins ne-

cessaire, parce qu'il se presente beaucoup de doutes & de difficultez, que la Cour n'est pas capable de resoudre, & que les Autheurs ne peuuent esclaircir, soit que les exemples dont on peut tirer l'esclaircissement y soient rares, & qu'on ne les trouue pas à point nommé, ou qu'il n'y en ait point du tout. 8. Ce n'est donc pas vne acquisition si aisée à faire que celle de la pureté du langage, puis qu'on n'y sçauroit paruenir que par les trois moyens que i'ay marquez, & qu'il y en a deux qui demandent plusieurs années pour produire leur effet; Car il ne faut pas s'imaginer que de faire de temps en temps quelque voyage à la Cour, & quelque connoissance auec ceux qui sont consommez dans la langue, puisse suffire à ce dessein. Il faut estre assidu dans la Cour & dans la frequentation de ces sortes de personnes pour se preualoir de l'vn & de l'autre, & il ne faut pas insensiblement se laisser corrompre par la contagion des Prouinces en y faisant vn trop long sejour.

III. 1 La commodité, & l'vtilité de ces Remarques. 2 Qu'il ne faut point s'attacher à son sentiment particulier contre l'Vsage. 3 Que neantmoins les plus excellens Escriuains sont suiets à ce defaut.

1. De tout cela on peut inferer combien ces Remarques seroient vtiles & commodes, si elles faisoient toutes seules autant que ces trois moyens ensemble, & si ce qu'ils ne font que dans le cours de plusieurs années, elles le faisoient en aussi peu de temps qu'il en faut pour les lire deux ou trois fois attentiuement. Ie n'ay pas cette presomption de croire que ie sois capable de rendre vn seruice si signalé au public, & ie ne voudrois pas dire non plus, que la lecture d'vn seul liure peust égaler le proffit qui reuient de ces trois moyens; Mais i'oserois bien asseurer qu'il en approcheroit fort, si ie m'estois aussi bien acquitté de cette entreprise, qu'eust peu faire vn autre, qui auroit eu les mesmes auantages que moy, c'est à dire qui depuis trente-cinq ou quarante ans auroit vescu dans la Cour, qui dés sa tendre jeunesse auroit fait son apprentissage en nostre langue aupres du grand

Cardinal du Perron & de M. Coëffeteau, qui ſortant de leurs mains auroit eu vn continuel commerce de conference & de conuerſation auec tout ce qu'il y a eu d'excellens hommes à Paris en ce genre, & qui auroit vieilli dans la lecture de tous les bons Autheurs. Mais quoy qu'il en ſoit, il eſt certain qu'il ne ſe peut gueres propoſer de doute, de difficulté, ou de queſtion ſoit pour les mots, ou pour les phraſes, ou pour la ſyntaxe, dont la deciſion ne ſoit fidellement rapportée dans ces Remarques. 2. Ie ſçay bien qu'elle ne ſe trouuera pas touſiours conforme au ſentiment de quelques particuliers, mais il eſt iuſte qu'ils ſubiſſent la loy generale, s'ils ne veulent ſubir la cenſure generale, & pecher contre le premier principe des langues, qui eſt de ſuiure l'Vſage, & non pas ſon propre ſens, qui doit touſiours eſtre ſuſpect à chaque particulier en toutes choſes, quand il eſt contraire au ſentiment vniuerſel. 3. Sur quoy il faut que ie die que ie ne puis aſſez m'eſtonner de tant d'excellens Eſcriuains, qui ſe ſont opiniaſtrez à vſer, ou à s'abſtenir de certaines locutions contre l'opinion de tout le monde; Et le comble de mon eſtonnement eſt qu'vn vice ſi deſraiſonnable s'eſt rendu ſi commun parmy eux, que ie ne vois preſque perſonne qui en ſoit exent. Les vns par exemple s'obſtinent à faire pourpre *maſculin, quand il ſignifie* la pourpre des Roys, *ou* des Princes de l'Egliſe, *quoy que toute la Cour, & tous les Autheurs le facent en ce ſens-là de l'autre genre. Les autres ſuppriment le relatif, comme quand ils eſcriuent,* I'ay dit au Roy que i'auois le plus beau cheual du monde, ie le fais venir pour luy donner, *au lieu de dire* pour le luy donner, *quoy que ce pronom relatif y ſoit ſi abſolument neceſſaire ſelon la Remarque que nous en auons faite, que ſi l'on ne le met, non ſeulement on ne dit point ce que l'on veut dire, mais il n'y a point de sens, & quoy qu'outre cela tous les bons Autheurs vnanimement condamnent cette suppression. Les autres ne se veulent point seruir de* si bien que, *pour dire* de sorte que, tellement que, *quoy que toute la Cour le die, & que tous nos meilleurs Autheurs l'escriuent. Les autres enfin ne voudroient pas escrire pour quoy que ce fust* remporter la victoire, *bien que cette façon de parler soit tres-excellente, & tres-ordinaire en parlant & en escriuant. Et ce qui est bien estrange, ce ne sont pas les mauuais, ni les mediocres Escriuains, qui tombent dans ces defauts sans y penser, & sans sçauoir ce qu'ils font, cela leur est ordinaire; Ce sont nos Maistres, ce sont ceux dont nous admirons les escrits, & que nous deuons imiter en tout le reste comme les plus parfaits modelles de nostre langue & de nostre Eloquence; ce sont ceux qui sçauent bien que leur opinion est condamnée, & qui ne laissent pas de la suiure. Il est de cela, ce me semble, comme des gousts pour les viandes, les vns ont des appetits à des choses, que presque tout le monde rejette, & les autres ont de l'auersion pour d'autres, qui sont les delices de la plus part des hommes. Combien en voit-on qui ne sçauroient souffrir l'odeur du vin, & qui s'esuanoüissent à la seule senteur ou au seul aspect de certaines choses, que tous les autres cherchent auidement? Il y a neantmoins cette difference, que ces auersions naturelles sont tres-malaisées à vaincre, parce que les ressorts en sont si cachez qu'on ne peut les descouurir, ny sçauoir par où les prendre, encore que bien souuent on en vienne à bout, quand on les entreprend de bonne heure, & que ceux qui ont soin de l'education des enfans les accoustument peu à peu à s'en deffaire. Mais y a-t-il rien de plus facile que d'accommoder son esprit à la raison en des choses de cette nature, où il ne s'agit pas de combattre des passions, ny de mauuai-*

ses habitudes, qu'il est si difficile de vaincre, mais qui veut seulement qu'on suiue l'Vsage, & qu'on parle & qu'on escriue comme la plus saine partie de la Cour & des Autheurs du temps, en quoy il n'y a nul combat à rendre, ny nul effort à faire à qui n'abonde pas en son sens. Ie me suis vn peu estendu sur ce suiet, pour ne pas toucher legerement vn defaut si important, si general, & d'autant moins pardonnable à nos excellens Escriuains, que plus les visages sont beaux, plus les taches y paroissent. Quelque reputation qu'on ayt acquise à escrire, on n'a pas acquis pour cela l'authorité d'establir ce que les autres condamnent, ny d'opposer son opinion particuliere au torrent de l'opinion commune. Tous ceux qui se sont flattez de cette creance, y ont mal reüssi, & n'en ont recueilli que du blasme, car comme l'esprit humain est naturellement plus porté au mal qu'au bien, il s'attachera plustost à reprendre deux ou trois fautes, comme on ne peut pas appeller autrement ces singularitez affectées, qu'à loüer mille choses dignes de loüange & d'admiration.

IV.
1 Que le bon Vsage se diuise en l'Vsage declaré, & en l'Vsage douteux, & leur definition. 2 En combien de façons il peut arriuer, que l'Vsage est douteux. 3 Par quel moyen on peut s'esclaircir de l'Vsage quand il est douteux, & inconnu. 4 De l'Analogie, le dernier recours dans les doutes de la langue.

1. Mais ie ne veux rien laisser à dire de l'Vsage, qui est la fondement & la reigle de toute nostre langue, esperant qu'à mesure que j'approfondiray cette matiere, on reconnoistra de quelle vtilité peuuent estre ces Remarques. Nous auons dit qu'il y a vn bon *&* vn mauuais Vsage ; *& j'adiouste que* le bon *se diuise encore en* l'Vsage declaré, *& en* l'Vsage douteux. *Ces Remarques seruent à discerner également l'vn & l'autre, & à s'asseurer de tous les deux.* L'Vsage declaré *est celuy, dont on sçait asseurément, que la plus saine partie de la Cour, & des Autheurs du temps, sont d'accord, & par consequent* le douteux *ou* l'inconnu *est celuy, dont on ne le sçait pas. 2. Or il peut arriuer en plusieurs façons qu'on l'ignore. Premierement*

Premierement lors que la prononciation d'vn mot est douteuse, & qu'ainsi l'on ne sçait comment on le doit prononcer; car le premier Vsage comme nous auons desia dit, se forme par la parole prononcée, & rien ne s'escrit, que la bouche n'ayt proferé auparauant; de sorte que si la prononciation d'vn mot est ignorée, il faut de necessité que la façon dont il se doit escrire, le soit aussi. Par exemple on demande dans vne de mes Remarques, s'il faut escrire Ie vous prens tous à tesmoin , *ou* ie vous prens tous à tesmoins, *& dans vne autre on demande encore si l'on escrira* C'est vne des plus belles actions qu'il ayt iamais faites, *ou* qu'il ayt iamais faite, *d'où naissent ces deux doutes? de ce que soit que l'on die* tesmoin *ou* tesmoins, faite, *ou* faites, *au pluriel ou au singulier, on ne prononce point l's, & ainsi l'on ne sçait comment on le doit escrire. De mesme dans vne autre Remarque on demande s'il faut dire* en Flandre, *ou* en Flandres, la Flandre, *ou* la Flandres. *Pourquoy cette question? parce que l's ne s'y prononce point, soit qu'elle y soit ou qu'elle n'y soit pas. On en peut dire autant de l'*r *en ces deux mots* apres souper, *&* apres soupé. *En voicy vn autre exemple d'vne autre espece, on demande s'il faut escrire* Parallele *selon son origine Grecque, auec vne* l *à la fin & deux au milieu, ou auec vne* l *au milieu & deux à la fin; & la raison d'en douter est, que la prononciation ne marque point où l'*l *se redouble, & qu'en quelque lieu que ce redoublement se face, le mot se prononce de mesme. I'en ay donné diuers exemples, outre plusieurs autres qui se trouueront dans mes Remarques, parce que de toutes les causes qui font douter de l'Vsage, celle-cy est la principale, & de la plus grande estenduë, & en ces exemples-là, le doute y est tout entier, parce qu'il n'y a aucune difference dans la prononciation; mais en voicy vn autre où* *il y a de la difference, & neantmoins parce qu'elle n'est pas bien remarquable, & qu'on a quelque peine à discerner lequel des deux on prononce, comme i'en ay traitté en son lieu que l'on pourra voir, on n'a pas laissé de demander s'il falloit dire* hampe, *ou* hante, *& ce doute asseurement n'est prouenu que de celuy de la prononciation, & ainsi de plusieurs autres.*

*La seconde cause du doute de l'Vsage, c'est la rareté de l'*Vsage, *par exemple, il y a de certains mots dont on vse rarement, & à cause de cela on n'est pas bien esclaircy de leur genre, s'il est masculin on feminin, de sorte que comme on ne sçait pas bien de quelle façon on les dit, on ne sçait pas bien aussi de quelle façon il les faut escrire, comme tous ces noms,* epigramme, epitaphe, epithete, epithalame, anagramme, *& quantité d'autres de cette nature, sur tout ceux qui commencent par vne voyelle, comme ceux-cy, parce que la voyelle de l'article qui va deuant se mange, & oste la connoissance du genre masculin ou feminin ; car quand on prononce ou qu'on escrit l'*epigramme, *ou* vne epigramme, *l'oreille ne sçauroit iuger du genre.*

La troisiesme cause du doute de l'Vsage est quand on oyt dire, & qu'on voit escrire vne chose en deux façons, & qu'on ne sçait laquelle est la bonne, comme la coniugaison du preterit simple vesquit *&* vescut *en toutes les personnes & en tous les nombres, les vns mettant l'*i *par tout, & les autres l'*v.

En quatriesme lieu on doute de l'Vsage, lors qu'il y a quelque exception aux reigles les plus generales, comme par exemple, quand on demande s'il faut dire en parlant d'vn liure, I'y ay veu quelque chose qui merite d'estre leu, *ou* d'estre leuë, I'y ay veu quelque chose qui n'est pas si excellent, *ou* si excellente, *parce que* chose *estant feminin, il faudroit selon la reigle generale que l'adiectif ou le participe qui s'y rapporte fust feminin aussi.*

En cinquiesme lieu on doute de l'Vsage en beaucoup de constructions grammaticales, où l'on ne prend pas garde en parlant, & parce que le premier Vsage, & qui donne d'ordinaire la loy, est comme nous auons dit, l'Vsage de la parole prononcée, il s'ensuit que comme on ne sçait pas de quelle façon l'on prononce vne chose, on ne peut pas sçauoir aussi de quelle façon il la faut escrire, ces Remarques en fournissent des exemples.

Enfin on doute de l'Vsage en beaucoup d'autres façons qui se voyent dans ces Remarques, & qu'il seroit trop long de rapporter dans vne Preface.

3. Mais par quel moyen est-ce donc que l'on peut s'esclaircir de cét Vsage, quand il est douteux & inconnû? ie respons que si ce doute procede de la prononciation, comme aux premiers exemples que nous auons donnez, il faut necessairement auoir recours aux bons Autheurs, & apprendre de l'orthographe ce que l'on ne peut apprendre de la prononciation; car par exemple on sçaura bien par l'orthographe s'ils croyent qu'il faille dire, Ie vous prens tous à tesmoin, *ou* à tesmoins, *ce que l'on ne peut sçauoir par la prononciation; mais si dans les Autheurs ny l'vn ny l'autre ne s'y trouue, parce que l'occasion ne s'est pas presentée de l'employer, ou quand il s'y trouueroit, on auroit bien de la peine à le rencontrer, ou peut-estre ne se trouueroit-il qu'en vn ou deux Autheurs, qui à moins que d'estre de la premiere Classe n'auroient pas assez d'authorité pour seruir de loy, ny pour decider le doute? Alors voicy ce qu'il y a à faire; Il faut consulter les bons Autheurs viuans, & tous ceux qui ont vne particuliere connoissance de la langue, quoy qu'ils n'ayent rien donné au public, comme nous en auons vn tres-bon nombre à Paris,*

*& ayant pris leur opinion s'en tenir à la pluralité des voix; Que si elles sont partagées, ou en balance, il sera libre d'vser tantost de l'vne des façons & tantost de l'autre, ou bien de s'attacher à celuy des deux partis, auquel on aura le plus d'inclination, & que l'on croira le meilleur. Ce n'est pas encore tout, il faut sçauoir par quelle voye ceux que vous consulterez ainsi, s'esclairciront eux-mesmes du doute que vous leur demandez, puis qu'ils ne le pourront pas faire par la parole prononcée, ny par la parole escrite. Certainement ils ne s'en sçauroient esclaircir, que par le moyen de l'*Analogie, *que toutes les langues ont tousiours appellée à leur secours au defaut de l'Vsage.* Cette Analogie *n'est autre chose en matiere de langues, qu'vn Vsage general & estably que l'on veut appliquer en cas pareil à certains mots, ou à certaines phrases, ou à certaines constructions, qui n'ont point encore leur vsage declaré, & par ce moyen on iuge quel doit estre ou quel est l'vsage particulier, par la raison & par l'exemple de l'Vsage general; ou bien l'*Analogie *n'est autre chose qu'vn vsage particulier, qu'en cas pareil on infere d'vn Vsage general qui est desia estably; ou bien encore, c'est vne ressemblance ou vne conformité qui se trouue aux choses desia establies, sur laquelle on se fonde comme sur vn patron, & sur vn modelle pour en faire d'autres toutes semblables. Voyons en vn exemple, afin qu'il face plus d'impression, & donne plus de lumiere, & nous seruons du mesme que nous auons allegué. On est en doute s'il faut dire* Ie vous prens tous à tesmoin, *ou* à tesmoins, *la prononciation comme i'ay fait voir, ne nous en peut esclaircir, les meilleurs Autheurs peut-estre n'ont point eu occasion d'escrire ny l'vn ny l'autre, & si quelqu'vn l'a escrit, on ne sçauroit où l'aller chercher; cependant on a besoin de ce terme, & il faut prendre party, quel remede? il en faut consul-*

*ter les Maistres viuans, mais ces Maistres de qui l apprendront-ils eux-mesmes? de l'*Analogie, *car ils raisonnent ainsi; Il n'y a point de doute que l'on dit & que l'on escrit,* Ie vous prens tous à partie, *& non pas à* parties, *&* ie vous prens tous à garent *& non pas à* garens: *donc par Analogie & par ressemblance il faut dire* ie vous prens tous à tesmoin, *& non pas à* tesmoins. *Cela est encore confirmé par vne autre sorte d'Analogie, qui est celle de certains mots ou de certaines phrases, qui se disent aduerbialement, & par consequent indeclinablement, comme* ils se font fort de faire cela, *& non pas* ils se font forts, ils demeurerent court, *& non pas* ils demeurerent courts; fort, *&* court *s'employent là aduerbialement;* à tesmoin *se peut dire de mesme. Donnons encore vn exemple de l'*Analogie. *On est en doute si au preterit defini ou simple* Fuis *en toutes ses personnes & en tous ses nombres est d'vne syllabe ou de deux. La prononciation, ny l'orthographe ne nous en apprennent rien; à qui faut-il donc auoir recours? à l'*Analogie. *I'en ay fait vne Remarque bien ample que le Lecteur pourra voir.*

V. 1. Que nostre lãgue n'est fondée que sur l'Vsage, ou sur l'Analogie, qui est l'image ou la copie de l'Vsage. 2. que la raison en matiere de lãgues, & particulierement en la nostre n'est point considerée. 3. que l'Vsage fait beaucoup de choses par raison, beaucoup sans raison, & beaucoup contre raison.

*1. De tout ce discours il s'ensuit que nostre langue n'est fondée que sur l'Vsage ou sur l'*Analogie, *laquelle encore n'est distinguée de l'Vsage, que comme la copie ou l'image l'est de l'original, ou du patron sur lequel elle est formée, tellement qu'on peut trancher le mot, & dire que nostre langue n'est fondée que sur le seul Vsage ou desia reconnû, ou que l'on peut reconnoistre par les choses qui sont connuës, ce qu'on appelle* Analogie. *D'où il s'ensuit encore que ceux-là se trompent lourdement, & pechent contre le premier principe des langues, qui veulent raisonner sur la nostre, & qui condamnent beaucoup de façons de parler generalement receuës, parce qu'elles sont contre la raison; car* *la raiſon n'y eſt point du tout conſiderée, il n'y a que l'Vſage & l'Analogie; Ce n'eſt pas que l'Vſage pour l'ordinaire n'agiſſe auec raiſon, & s'il eſt permis de meſler les choſes ſaintes auec les prophanes, qu'on ne puiſſe dire ce que i'ay appris d'vn grand homme, qu'en cela il eſt de l'Vſage comme de la Foy, qui nous oblige à croire ſimplement & aueuglément, ſans que noſtre raiſon y apporte ſa lumiere naturelle; mais que neantmoins nous ne laiſſons pas de raiſonner ſur cette meſme foy, & de trouuer de la raiſon aux choſes qui ſont par deſſus la raiſon. Ainſi l'Vſage eſt celuy auquel il ſe faut entierement ſouſmettre en noſtre langue, mais pourtant il n'en exclut pas la raiſon ny le raiſonnement, quoy qu'ils n'ayent nulle authorité; ce qui ſe voit clairement en ce que ce meſme Vſage fait auſſi beaucoup de choſes cõtre la raiſon, qui non ſeulement ne laiſſent pas d'eſtre auſſi bonnes que celles où la raiſon ſe rencontre, que meſmes bien ſouuent elles ſont plus elegantes & meilleures que celles qui ſont dans la raiſon, & dans la reigle ordinaire, iuſques-là qu'elles font vne partie de l'ornement & de la beauté du langage. 3. En vn mot l'Vſage fait beaucoup de choſes* par raiſon, *beaucoup* ſans raiſon, *& beaucoup* contre raiſon. Par raiſon, *comme la plus part des conſtructions grammaticales, par exemple, de ioindre l'adjectif au ſubſtantif en meſme genre & en meſme nombre; de ioindre le pluriel des verbes au pluriel des noms, & pluſieurs autres ſemblables;* ſans raiſon, *comme la variation ou la reſſemblance des temps & des perſonnes aux conjugaiſons des verbes; car quelle raiſon y a-t'il que* i'aimois *veuille pluſtoſt dire ce qu'il ſignifie que* i'aimeray, *ou que* i'aimeray *veüille pluſtoſt dire ce qu'il ſignifie que* i'aimois, *ny que* ie fais, *&* tu fais *ſe reſſemblent pluſtoſt que la ſeconde & la troiſieſme perſonne* tu fais *&* il fait? *Non pas que ie veüille dire que cet-*

te variation se soit faite sans raison, puis qu'elle marque la diuersité des temps & des personnes qui est necessaire à la clarté de l'expression, mais parce qu'elle se varie plustost d'vne façon que d'autre par la seule fantaisie des premiers hommes qui ont fondé la langue. Toutes les conjugaisons anomales sont sans raison aussi; car par exemple, cette coniugaison Ie vais, tu vas, il va, nous allons, vous allez, ils vont *est sans raison; Et* contre raison, *par exemple, quand on dit* peril eminent *pour* imminent, recouuert *pour* recouuré, *quand on fait regir le verbe non pas par le nominatif; mais par le genitif, & qu'on dit* vne infinité de gens croyent, *& plusieurs autres semblables qui se voyent dans ces Remarques; car il ne faut pas dire que ce soit le mot collectif* infinité, *qui face cela, parce qu'estant mis auec vn genitif singulier, ce seroit vne faute de luy faire regir le pluriel, & de dire* vne infinité de monde croyent. *Ces Remarques fourniront grand nombre d'exemples de tous les trois, de ce que l'Vsage fait auec raison, sans raison, & contre raison, à quoy ie renuoye le Lecteur.*

V I. D'vn certain Vsage, qui ne consiste qu'aux particules.

Il reste encore à parler d'vn certain Vsage, *qui n'est point different de celuy que nous auons definy, puis qu'il n'est point contraire à la façon de parler de la plus saine partie de la Cour, & qu'il est selon le sentiment & la pratique des meilleurs Autheurs du temps. C'est l'Vsage de certaines particules qu'on n'obserue gueres en parlant, quoy que si on les obseruoit, on en parleroit encore mieux; mais que le stile qui est beaucoup plus seuere demande pour vne plus grande perfection; Et c'est ce que l'on ne sçauroit iamais, quand on auroit passé toute sa vie à la Cour, si l'on n'est consommé dans les bons Autheurs. Ce sont proprement les delicatesses & les mysteres du stile. Vous en trouuerez diuers exemples dans ces Remarques. Il suffira d'en donner icy vn ou deux pour faire entendre ce que c'est, comme d'escrire tousiours* si l'on, *& non pas* si on, *si ce n'est en certains cas qui sont exceptez, & de mettre aussi tousiours* l'on *apres la conionction* &, *parce que le* t, *ne se prononce pas en cette conionctiue.*

VII. 1 Que le bon & le bel Vsage ne sont qu'vne mesme chose. 2. que les honnestes gens ne doiuent iamais parler que dans le bon Vsage, ny les bons Escriuains escrire que dans le bon Vsage. 3. que pour ceux qui veulent parler & escrire comme il faut, l'estenduë du bon Vsage est tres grande, & celle du mauuais tres petite, & en quoy elle consiste.

1. Au reste quand ie parle du bon Vsage, *i'entens parler aussi du* bel Vsage, *ne mettant point de difference en cecy entre le bon & le beau; car ces Remarques ne sont pas comme vn Dictionnaire qui reçoit toutes sortes de mots, pourueu qu'ils soient François, encore qu'ils ne soient pas du bel Vsage, & qu'au contraire ils soient bas & de la lie du peuple. Mais mon dessein en cét œuure est de condamner tout ce qui n'est pas du bon ou du bel Vsage, ce qui se doit entendre sainement, & selon mon intention, dont ie pense auoir fait vne declaration assez ample au commencement de cette Preface. 2. Pour moy i'ay creu iusqu'icy que dans la vie ciuile, & dans le commerce ordinaire du monde, il n'estoit pas permis aux honnestes gens de parler iamais autrement dans le bon Vsage, n'y aux bons Escriuains d'escrire autrement aussi que dans le bon Vsage; Ie dis en quelque stile qu'ils escriuent, sans mesmes en excepter le bas; mais bien que ce sentimemt que i'ay du langage & du stile m'ait tousiours semble veritable, neantmoins comme on se doit deffier de soy-mesme, i'ay voulu sçauoir l'opinion de nos Maistres, qui en demeurent tous d'accord. 3. Ainsi ce bon Vsage se trouuera de grande estenduë, puis qu'il comprend tout le langage des honnestes gens, & tous les stiles des bons Escriuains, & que le mauuais Vsage est renfermé dans le Burlesque, dans le Comique en sa propre signification, comme nous auons dit, & le Satyrique, qui sont trois genres où si peu de gens s'occupent, qu'il n'y a nulle proportion entre l'estenduë de l'vn & de l'autre.*

Et

Et il ne faut pas croire, comme font plusieurs, que dans la conuersation, & dans les Compagnies il soit permis de dire en raillant vn mauuais mot, & qui ne soit pas du bon vsage; où si on le dit, il faut auoir vn grand soin de faire connoistre par le ton de la voix & par l'action, qu'on le dit pour rire; car autrement cela feroit tort à celuy qui l'auroit dit, & de plus il ne faut pas en faire mestier, on se rendroit insupportable parmy les gens de la Cour & de condition, qui ne sont pas accoustumez à ces sortes de mots. Ce n'est pas de cette façon qu'il se faut imaginer que l'on passe pour homme de bonne compagnie; entre les fausses galanteries, celle-cy est des premieres, & i'ay veu souuent des gens qui vsant de ces termes & faisant rire le monde, ont creu auoir reussi & neantmoins on se rioit d'eux, & l'on ne rioit pas de ce qu'ils auoient dit, comme on rit des choses agreables & plaisantes. Par exemple ils disoient boutez-vous là, *pour dire* mettez-vous là, ne demarez point, *pour dire* ne bougez de vostre place, *& le disoient en raillant, sçachant bien que c'estoit mal parler, & ceux mesme qui l'oyoient, ne doutoient point que ceux qui le disoient ne le sceussent, & auec tout cela, ils ne le pouuoient souffrir. Que s'ils repartent qu'il ne faut pas dans la conuersation ordinaire parler vn langage soustenu, ie l'auouë; cela seroit encore en quelque façon plus insupportable, & souuent ridicule; mais il y a bien de la difference entre vn langage soustenu, & vn langage composé de mots & de phrases du bon Vsage, qui comme nous auons dit, peut estre bas & familier, & du bon Vsage tout ensemble; Et pour escrire, i'en diray de mesme, que quand i'escrirois à mon fermier, ou à mon valet, ie ne voudrois pas me seruir d'aucun mot qui ne fust du bon Vsage, & sans doute si ie le faisois, ie ferois vne faute en ce genre.*

VIII. Que le peuple n'est point le maistre de la langue.

De ce grand Principe, *que* le bon Vsage *est le Maistre de nostre langue*, *il s'ensuit que ceux-là se trompent*, *qui en donnent toute la iurisdiction* au peuple, *abusez par l'exemple de la langue Latine mal entendu*, *laquelle*, *à leur aduis*, *reconnoist le peuple pour son Souuerain*; *car ils ne considerent pas la difference qu'il y a entre* Populus *en Latin*, *&* Peuple *en François*, *& que ce mot de* Peuple *ne signifie aujourd'huy parmy nous que ce que les Latins appellent* Plebs, *qui est vne chose bien differente & au dessous de* Populus *en leur langue*. *Le Peuple composoit auec le Senat tout le corps de la Republique*, *& comprenoit les Patriciens*, *& l'Ordre des Cheualiers auec le reste du Peuple*. *Il est vray qu'encore qu'il faille auoüer que les Romains n'estoient pas faits comme tous les autres hommes*, *& qu'ils ont surpassé toutes les Nations de la terre en lumiere d'entendement*, *& en grandeur de courage*, *si est-ce qu'il ne faut point douter*, *qu'il n'y eust diuers degrez*, *& comme diuerses classes de suffisance & de politesse parmy ce peuple*, *& que ceux des plus bas estages n'vsassent de beaucoup de mauuais mots & de mauuaises phrases*, *que les plus éleuez d'entre eux condamnoient*. *Tellement que lors qu'on disoit que le Peuple estoit le Maistre de la langue*, *cela s'entendoit sans doute de la plus saine partie du peuple*, *comme quand nous parlons de la Cour & des Autheurs*, *nous entendons parler de la plus saine partie de l'vn & de l'autre*. *Selon nous*, le peuple n'est le maistre que du mauuais Vsage, & le bon Vsage est le maistre de nostre langue.

IX. 1. Responce à quelques Escriuains modernes qui ont

De ce mesme principe il s'ensuit encore que ce sont des plaintes bien vaines & bien iniustes, *que celles de quelques Escriuains modernes*, *qui ont tant declamé contre le soin de la pureté du langage*, *& contre ses partisans*. *Ils s'escrient sur ce sujet en des* *termes estranges, & alleguent des Autheurs, qui en verité ne disent rien moins que ce qu'ils leur font dire. Trois raisons m'empeschent de nommer ceux qui les alleguent, & qui par auance semblent auoir pris à tasche d'attaquer ces Remarques, dont ils sçauoient le projet. L'vne que ce sont des personnes que ie fais profession d'honorer, l'autre qu'ils ont sagement protesté à l'entrée de leurs Ouurages, qu'ils estoient prests de se departir de leur opinion, si elle n'estoit pas approuuée; & pleust à Dieu que chacun en vsast ainsi; car à mon gré il n'y a rien de beau & d'heroïque, comme de se retracter genereusement, dés qu'il apparoist qu'on s'est trompé. Et enfin parce que lors qu'ils ont escrit, ils n'estoient pas encore initiez aux mysteres de nostre langue, où depuis ils ont esté admis, & sont entrez si auant, qu'ils ont pris des sentimens tout contraires; mais en attendant qu'ils ayent le loisir ou l'occasion d'en rendre vn tesmoignage public, ie ne dois pas dissimuler qu'ils ont fait vn mal qui demande vn prompt remede, à cause que leurs Liures, qui ont le cours & l'estime qu'ils meritent, peuuent faire vne mauuaise impression dans les esprits, & retarder en quelques-vns le fruit legitime de ce trauail. 2. Il ne faut qu'vn mot pour destruire tout ce qu'ils disent, c'est l'*Vsage*; car toute cette pureté à qui ils en veulent tant, ne consiste qu'à vser de mots & de phrases, qui soient du bon Vsage; Il s'ensuit donc que s'il n'importe pas de garder cette pureté, il n'importe pas non plus de parler ou d'escrire contre le bon Vsage. Y a-t-il quelqu'vn qui osast dire cela? Il n'y a que ces Messieurs, qui donnent* au peuple, *comme i'ay dit, l'empire absolu du langage, & qui dans tous ces beaux raisonnemens qu'ils font sur la langue, ne parlent iamais de l'Vsage, semblables à ceux qui traiteroient de l'Architecture sans parler du niueau ny de l'esquierre, ou de la Geo-*

tasché de descrier le soin de la pureté du langage, & ont estrangement declamé contre ses partisans.
2. Tout leur raisonnement est destruit par vn seul mot, qui est l'Vsage.
3. Que tous les Autheurs qu'ils alleguent contre la pureté du langage, ne disent rien moins que ce qu'ils leur font dire.

metrie pratique ſans dire vn ſeul mot de la reigle ny du compas. Puis donc que le bon Vſage eſt le Maiſtre, faut-il prendre à partie ceux qui rendent ce ſeruice au public de remarquer les mots & les phraſes qui ne ſont pas de cét vſage, ſont-ce eux, qui font le bon ou le mauuais vſage comme ils veulent? Au contraire bien ſouuent quand vn mot ou vne façon de parler eſt condamnée par le bon Vſage, ils y ont autant de regret que ceux qui s'en plaignent; mais quoy? il faut ſe ſouſmettre malgré qu'on en ait, à cette puiſſance ſouueraine. Que s'ils s'opiniaſtrent à ne le pas faire, ils en verront le ſuccés, & quel rang on leur donnera parmy les Eſcriuains. Il ne faut qu'vn mauuais mot pour faire meſpriſer vne perſonne dans vne Compagnie, pour deſcrier vn Predicateur, vn Aduocat, vn Eſcriuain. Enfin, vn mauuais mot, parce qu'il eſt aisé à remarquer, eſt capable de faire plus de tort qu'vn mauuais raiſonnement, dont peu de gens s'apperçoiuent, quoy qu'il n'y ait nulle comparaiſon de l'vn à l'autre. 3. Quant à ce grand nombre d'allegations qu'ils ont ramaſsé contre le ſoin de la pureté, il n'y en a pas vne ſeule qui prouue ce qu'ils pretendent, ny qui en approche; car qui ſeroit l'Autheur celebre ou mediocrement ſensé, qui ſe ſeroit auisé de dire, qu'il ne faut point ſe ſoucier de parler ny d'eſcrire purement? Elles ſont toutes, ou contre ceux qui ont beaucoup plus de ſoin des paroles que des choſes, ou qui pechent dans vne trop grande affectation, ſoit de paroles, ſoit de figures, ſoit de periodes, ou qui ne ſont iamais ſatisfaits de leur expreſſion, & qui ne croyent pas que la premiere qui ſe preſente, puiſſe iamais eſtre bonne; qui ſont toutes choſes que nous condamnons auſſi bien qu'eux, & qui n'ont rien de commun auec le ſujet que nous traitons. Il ne faut que voir dans leur ſource les paſſages qu'ils ont citeZ, pour iuſtifier tout ce que ie dis; car pour le Gram-

mairien Pomponius Marcellus, ces Meßieurs se font accroire, qu'il s'estoit rendu extremement importun & mesme ridicule, à force d'estre exact obseruateur de la pureté de sa langue. Suetone de qui ils ont pris ce passage, ne dit nullement cela; Ie ne veux pas dire aussi, qu'on l'ait allegué non plus que les autres, de mauuaise foy, ie croirois plustost que c'est par surprise, ou par negligence, & faute de le lire attentiuement; parce que tout le blasme que donne Suetone à ce Grammairien, ne consiste qu'en sa façon de proceder, & non pas au soin qu'il auoit de la pureté du langage; car voicy l'histoire en deux mots. Il plaidoit vne cause, & Cassius Seuerus qui plaidoit contre luy, parlant à son tour, fit vn solecisme. Ce Pedant qui se deuoit contenter de l'en railler en passant, comme eust fait vn honneste homme, s'emporta contre luy auec tant de violence, & luy reprocha si souuent cette faute, que ne cessant de crier & de redire tousiours la mesme chose auec exaggeration, il se rendit insupportable. Caßius Seuerus pour s'en mocquer, demanda du temps aux Iuges, afin que sa partie peust se pouruoir d'vn autre Grammairien, parce qu'il voyoit bien qu'il ne s'agissoit plus que d'vn solecisme, qui estoit deuenu le nœud de l'affaire, exposant ainsi à la risée de tout le monde l'impertinence du Pedant. Par ce seul passage, iugez, ie vous prie, de tous les autres. Prouue-t-il qu'on se rende ridicule en obseruant la pureté du langage? le Grammairien n'auoit-il pas eu raison de reprendre la faute que Caßius Seuerus auoit faite? car on ne peut pas dire que ce ne fust vne faute, & des plus großieres, puis que Suetone la nomme vn solecisme. En quoy donc ce Grammairien a-t-il manqué? en son procedé Pedantesque; comme il arriue en la correction fraternelle, quand elle n'est pas faite auec la discretion qu'il faut; le peché que l'on reprend ne laisse pas d'estre peché, & d'estre bien repris; mais on ne laisse pas aussi de reprendre d'indiscretion celuy qui a fait la correction mal à propos. Il a fallu vn peu s'estendre sur ce passage, parce que ces Messieurs en font leur espée & leur bouclier.

Pour nous, ce seroit se mettre en peine de prouuer le iour en plein midy, que d'alleguer des Autheurs en faueur de la pureté du langage. Ils se presentent en foule de tous costez; mais le seul Quintilien suffit, & de tous ses passages il n'en faut qu'vn seul qui en vaut mille, pour defendre ce petit trauail & la pureté de la langue. An ideo, *dit-il*, minor est M. Tullius Orator quòd idem artis huius (*scilicet Grammaticæ*) diligentissimus fuit, & in filio, vt in Epistolis apparet rectè loquendi ac scribendi vsquequáque (*remarquez ce mot*) asper quoque exactor? aut vim Cæsaris fregerunt editi de Analogia libri? Aut ideo minùs Messalla nitidus, quia quosdam totos libellos non de verbis modò singulis, sed etiam literis dedit? *c'est à dire, Quoy? Ciceron a-t-il esté moins estimé pour auoir eu vn soin extraordinaire de la pureté du langage, & pour n'auoir cessé de crier apres son fils, qu'il s'estudiast sur tout à parler & à escrire purement? & l'eloquence de Cesar a-t-elle eu moins de force, quoy qu'il ait esté si instruit & si curieux de la langue, qu'il a mesme fait des Liures de l'Analogie des mots? Et enfin doit-on moins faire d'estat de Messalla, pour auoir donné au public des Liures entiers, non seulement de tous les mots, mais de tous les caracteres? Apres cela, oseroit-on dire, comme ils disent, car ie ne rapporteray que leurs propres termes,* que de s'occuper à ces matieres, soit vn indice asseuré de grande bassesse d'esprit, & que ceux dont le Genie n'a rien de plus à cœur que cét examen scrupuleux de paroles, & j'ose dire de syllabes, ne sont pas pour reussir noblement aux choses serieuses, ny pour arriuer iamais à la magnificence des pensées? *Appellera-t-on ces Obseruations, comme ils font,* de vaines subtilitez, des scrupules impertinens, des superstitions pueriles, des imaginations ridicules, des contraintes seruiles, & en vn mot des bagatelles? *dira-t-on auec eux, que* c'est vne gesne que l'on s'impose, & que l'on veut donner aux autres? *dira-t-on que ces Remarques*, n'ont rien à quoy vn esprit s'il n'est fort petit se puisse attacher, & qu'elles sont capables de nous faire perdre la meilleure partie de nostre langage, & que si l'on ne s'opposoit aux vaines imaginations de ces esprits, qui croyent meriter beaucoup par ces sortes de subtilitez, il ne faudroit plus parler du bon sens? *Et encore apres tout cela ils ajoustent*, qu'ils n'oseroient s'expliquer de ce qu'ils pensent de tant de belles maximes. *quoy? n'en ont-ils point assez dit? que peuuent-ils dire ny penser de pis sur ce suiet? Enfin dira-t-on auec eux*, que c'est vne grande misere de s'asseruir de telle sorte aux paroles, que ce soin prejudicie à l'expression de nos pensées, & que pour éuiter vne diction mauuaise ou douteuse, on soit contraint de renoncer aux meilleures conceptions du monde, & d'abandonner ce qu'on a de meilleur dans l'esprit, *& mille autres choses semblables qui sont importunes à rapporter. Il faut donc que ces Messieurs ayent perdu ou supprimé leurs plus belles conceptions dans ces Ouurages qu'ils ont faits contre mes Remarques, puis qu'ils ont eu grand soin de n'y mettre point de mauuais mots, en quoy il se voit que leur pratique ne s'accorde pas auec leur* *theorie. Qui a iamais oüy dire, que la pureté du langage nous empesche d'exprimer nos pensées? les deux plus eloquens hommes qui furent iamais, & dont le langage estoit si pur, Demosthene & Ciceron, n'ont-ils donc laissé à la posterité que leurs plus mauuaises pensées, parce que cette scrupuleuse & ridicule pureté, à laquelle ils s'attachoient trop, les a empeschez de nous donner les bonnes?*

Ce qui a trompé ces Messieurs, c'est qu'ils ont confondu deux choses bien differentes, & qui toutefois sont bien aisees à distinguer, l'Vsage public, *&* le caprice des particuliers. *A la verité, de ne vouloir pas dire que* quelque chose s'abbat, (*ie ne rapporte icy que leurs exemples*) *à cause de l'allusion ou de l'equiuoque qu'il fait auec* le Sabbat des Sorciers, *ny se seruir du mot de* pendant, *à cause* d'vn pendant d'espée, *& plusieurs autres semblables, i'auoüe que cela est ridicule, & digne des epithetes & de la bile de ces Messieurs. Mais il en faut demeurer là; car de passer de la fantaisie d'vn particulier à ce que l'Vsage a estably, & de blasmer également l'vn & l'autre, c'est ne sçauoir pas la difference qu'il y a entre ces deux choses. Par exemple, ils se plaignent de ce qu'on n'oseroit plus dire* face *pour* visage, *si ce n'est en certaines phrases consacrées; Est-ce vne chose digne de risée, comme ils la nomment en triomphant sur ce mot, de se soûmettre à l'Vsage en cela, comme en tout le reste? c'est veritablement vne chose digne de risée, qu'on ait commencé à s'en abstenir par vne raison si ridicule, & si impertinente, que celle que tout le monde sçait, & que ces Messieurs expriment, & l'on en peut dire autant de* Poitrine *& de quelques autres; mais cette raison quoy qu'extrauagante & insupportable a fait neantmoins qu'on s'est abstenu de le dire & de l'escrire, & que par cette discontinuation,* *qui dure depuis plusieurs années, l'Vsage enfin l'a mis hors d'vsage pour ce regard; de sorte qu'en mesme temps que ie condamne la raison pour laquelle on nous a osté ce mot dans cette signification, ie ne laisse pas de m'en abstenir, & de dire hardiment qu'il le faut faire, sur peine de passer pour vn homme qui ne sçait pas sa langue, & qui peche contre son premier principe qui est l'Vsage.*

Il est vray qu'il y a de certains mots, qui ne sont pas encore absolument condamnez, ny generalement approuuez, comme au surplus, affectueusement, à present, aucunefois, *& plusieurs autres semblables. Ie ne voudrois pas blasmer ceux qui s'en seruent; mais il est tousiours plus seur de s'en abstenir, puis qu'aussi bien on s'en peut passer, & faire des volumes entiers tres-excellens sans cela.* Ces *Messieurs pour grossir leurs plaintes, & rendre leur party plus plausible, alleguent encore certains autres mots, dont ie n'ay iamais oüy faire de scrupule, tant s'en faut que ie les aye ouy condamner, comme ces aduerbes,* aujourd'huy, soigneusement, generalement; *Cela m'a surpris. Il ne se faut iamais faire des chimeres pour les combattre.*

Pour ce qui est de ces deux mots, veneration *&* souueraineté, *où ils triomphent aussi, il est vray que M. Coëffeteau n'a iamais voulu vser de l'vn ny de l'autre; mais a tousiours dit* souueraine puissance, *pour* souueraineté, *&* auoir en grande reuerence, *pour* auoir en grande veneration. *Neantmoins de son temps il n'y a eu que luy, qui ait eu ce scrupule, en quoy il n'a pas esté loüé, ny suiuy. L'vn & l'autre sont fort bons, & particulierement* veneration, *que i'aymerois mieux dire que* reuerence, *quoy qu'excellent en la phrase que i'ay rapportée. Pour* souueraineté, *il y a des endroits dans le genre* *sublime, où* souueraine puissance, *seroit beaucoup plus elegant que* souueraineté.

Voilà quant aux mots. *Leurs plaintes ne sont pas plus iustes pour* les phrases. *Ils ne peuuennt souffrir qu'on s'assujettisse à celles qui sont de la langue, & nous accusent de la rendre pauure sur ce mauuais fondement que nous posons,* disent-ils, *que ce qui est bien dit d'vne sorte,* ce sont leurs termes, *est par consequent mauuais de l'autre. Il est indubitable que chaque langue a ses phrases, & que l'essence, la richesse, & la beauté de toutes les langues, & de l'elocution, consistent principalement à se seruir de ces phrases-là. Ce n'est pas qu'on n'en puisse faire quelquefois, comme i'ay dit dans mes Remarques, au lieu qu'il n'est iamais permis de faire des mots; mais il y faut bien des precautions, entre lesquelles celle-cy est la principale, que ce ne soit pas quand l'autre phrase qui est en vsage approche fort de celle que vous inuentez. Par exemple, on dit d'ordinaire* leuer les yeux au ciel, (*ie n'allegue que les exemples de ces Messieurs*) *c'est parler* François *que de parler ainsi; neantmoins comme ils croyent qu'il est tousiours vray, que ce qui est bien dit d'vne façon n'est pas mauuais de l'autre, ils trouuent bon de dire aussi* éleuer les yeux vers le ciel, *& pensent enrichir nostre langue d'vne nouuelle phrase; mais au lieu de l'enrichir, ils la corrompent; car son genie veut que l'on die* leuez, *& non pas* éleuez les yeux, au ciel, *& non pas* vers le ciel. *Ils s'escrient encore, que si nous en sommes creus,* Dieu ne sera plus supplié, *mais* seulement prié. *Je soustiens auec tous ceux qui sçauent nostre langue, que* supplier Dieu *n'est point parler François, & qu'il faut dire absolument* prier Dieu, *sans s'amuser à raisonner contre l'Vsage, qui le veut ainsi.*

Quitter l'enuie *pour* perdre l'enuie, *ne vaut rien non plus.*

Ie ne me suis seruy que de leurs exemples ; mais pour fortifier encore cette verité, qu'il n'est pas permis de faire ainsi des phrases, ie n'en allegueray qu'vne, qui est que l'on dit abonder en son sens, *& non pas* abonder en son sentiment, *quoy que* sens *&* sentiment *ne soient icy qu'vne mesme chose, & ainsi d'vne infinité d'autres, ou plustost de toute la langue, dont on sapperoit les fondemens, si cette façon de l'enrichir estoit receuable.*

Enfin ils finissent leurs plaintes par ces mots, qu'il n'en faut pas dauantage pour vous conuaincre, que vous n'estes pas dans la pureté du beau langage, que de vous seruir d'vne diction qui entre dans le stile d'vn Notaire: *Les termes de l'art sont tousiours fort bons & fort bien receus dans l'estenduë de leur iurisdiction, où les autres ne vaudroient rien; & le plus habile Notaire de Paris se rendroit ridicule, & perdroit toute sa pratique, s'il se mettoit dans l'esprit de changer son stile, & ses phrases pour prendre celles de nos meilleurs Escriuains; Mais aussi que diroit-on d'eux s'ils escriuoient,* Iceluy, jaçoit que, ores que, pour & à icelle fin, *& cent autres semblables que les Notaires employent? Ce n'est pas pourtant vne consequence, comme ces Messieurs nous la veulent faire faire, que toutes les dictions qui entrent dans le stile d'vn Notaire, soient mauuaises; au contraire, la pluspart sont bonnes, mais on peut dire sans blesser vne profession si necessaire dans le monde, que beaucoup de gens vsent de certains termes, qui sentent le stile de Notaire, & qui dans les actes publics sont tres-bons, mais qui ne valent rien ailleurs.*

On m'objectera, que puis que l'Vsage est le maistre de

X.

1\. Responſe à l'objection qu'on peut faire contre ces Remarques, ſur le changement de l'Vſage. 2. que ces Remarques contiennent beaucoup de principes, ou de maximes de noſtre langue, qui ne ſont point ſujettes au changement.

noſtre langue, & que de plus il eſt changeant, comme il ſe voit par pluſieurs de mes Remarques, & par l'experience publique, ces Remarques ne pourront donc pas ſeruir long temps, parce que ce qui eſt bon maintenant, ſera mauuais dans quelques années, & ce qui eſt mauuais ſera bon. Ie reſpons, & i'auouë, que c'eſt la deſtinée de toutes les langues viuantes, d'eſtre ſuiettes au changement; mais ce changement n'arriue pas ſi à coup, & n'eſt pas ſi notable, que les Autheurs qui excellent auiourd'huy en la langue, ne ſoient encore infiniment eſtimez d'icy à vingt-cinq ou trente ans, comme nous en auons vn exemple illuſtre en M. Coëffeteau, qui conſerue touſiours le rang glorieux qu'il s'eſt acquis par ſa Traduction de Florus, & par ſon Hiſtoire Romaine; quoy qu'il y ait quelques mots & quelques façons de parler, qui floriſſoient alors, & qui depuis ſont tombées comme les feüilles des arbres. Et quelle gloire n'a point encore Amyot depuis tant d'années, quoy qu'il y ait vn ſi grand changement dans le langage? quelle obligation ne luy a point noſtre langue, n'y ayant iamais eu perſonne, qui en ayt mieux ſceu le genie & le caractere que luy, ny qui ait vſé de mots, ny de phraſes ſi naturellement Françoiſes, ſans aucun meſlange des façons de parler des Prouinces, qui corrompent tous les iours la pureté du vray langage François. Tous ſes magazins & tous ſes threſors ſont dans les Oeuures de ce grand homme, & encore aujourd'huy nous n'auons gueres de façons de parler nobles & magnifiques, qu'il ne nous ait laiſſées; & bien que nous ayons retranché la moitié de ſes phraſes & de ſes mots, nous ne laiſſons pas de trouuer dans l'autre moitié preſque toutes les richeſſes dont nous nous vantons, & dont nous faiſons parade. Auſſi ſemble-t-il diſputer le prix de l'eloquence Hiſtorique auec ſon

Autheur, & faire douter à ceux qui sçauent parfaitement la langue Grecque & la Françoise, s'il a accreu ou diminué l'honneur de Plutarque en le traduisant.

Que si l'on auoit esgard à ce changement, en vain on trauailleroit aux Grammaires & aux Dictionnaires des langues viuantes, *& il n'y auroit point de Nation qui eust le courage d'escrire en sa langue, ny de la cultiuer, ny nous n'aurions pas auiourd'huy ces Ouurages merueilleux des Grecs & des Latins, puis que leur langue en ce temps là n'estoit pas moins changeante que la nostre, & que les autres vulgaires, tesmoin Horace,*

Multa renascentur quæ jam cecidere, &c.

Mais quand ces Remarques ne seruiroient que vingt-cinq ou trente ans, ne seroient-elles pas bien employées? & si elles estoient comme elles eussent peu estre, si vn meilleur ouurier que moy y eust mis la main; combien de personnes en pourroient-elles profiter durant ce temps-là? Et toutefois ie ne demeure pas d'accord, que toute leur vtilité soit bornée d'vn si petit espace de temps, non seulement parce qu'il n'y a nulle proportion entre ce qui se change, & ce qui demeure dans le cours de vingt-cinq ou trente années, le changement n'arriuant pas à la milliesme partie de ce qui demeure; 2 mais à cause que ie pose des principes qui n'auront pas moins de durée que nostre langue & nostre Empire; Car il sera tousiours vray qu'il y aura vn bon & vn mauuais Vsage, que le mauuais sera composé de la pluralité des voix, & le bon de la plus saine partie de la Cour, & des Escriuains du temps; qu'il faudra tousiours parler & escrire selon l'Vsage qui se forme de la Cour & des Autheurs, & que lors qu'il sera douteux ou inconnu, il en faudra croire les maistres de la langue, & les meilleurs Escri-

uains. Ce sont des maximes à ne changer iamais, & qui pourront seruir à la posterité de mesme qu'à ceux qui viuent aujourd'huy, & quand on changera quelque chose de l'Vsage que i'ay remarqué, ce sera encore selon ces mesmes Remarques que l'on parlera & que l'on escrira autrement, pour ce regard, que ces Remarques ne portent. Il sera tousiours vray aussi, que les Reigles que ie donne pour la netteté du langage ou du stile subsisteront, sans iamais receuoir de changement. Outre qu'en la construction Grammaticale les changemens y sont beaucoup moins frequens qu'aux mots & aux phrases.

A tout ce que ie viens de dire en faueur de mes Remarques contre le changement de l'Vsage, vn de nos Maistres ajouste encore vne raison, qui ne peut pas venir d'vn esprit, ny d'vne suffisance vulgaire. Il soustient que quand vne langue a nombre & cadence en ses periodes, comme la Françoise l'a maintenant, elle est en sa perfection, & qu'estant venuë à ce point, on en peut donner des reigles certaines, qui dureront tousiours. Il appuye son opinion sur l'exemple de la langue Latine, & dit que les reigles que Ciceron a obseruées, & toutes les dictions & toutes les phrases dont il s'est seruy, estoient aussi bonnes & aussi estimées du temps de Seneque, que quatre-vingts ou cent ans auparauant, quoy que du temps de Seneque on ne parlast pas comme au siecle de Ciceron, & que la langue fust extremement descheuë. Mais comme il se rencontre en cela beaucoup de difficultez, qui demandent vne longue discussion, il n'appartient qu'à l'Autheur d'vne erudition si exquise de les desmesler, & d'en auoir toute la gloire. Pour moy, c'est assez qu'il m'ait permis d'en toucher vn mot en passant, & d'attacher cette piece comme vn ornement à ma Preface.

Mais puis que i'ay resolu de traiter à fond toute la matiere de l'Vsage, il faut voir s'il est vray, comme quelques-vns le croyent, qu'il y ait de certains mots qui n'ont iamais esté dits, & qui neantmoins ont quelquefois bonne grace; mais que tout consiste à les bien placer. En voicy vn exemple d'vn des plus beaux & des plus ingenieux esprits de nostre siecle, à qui il devroit bien estre permis d'inuenter au moins quelques mots, puis qu'il est si fertile & si heureux à inuenter tant de belles choses en toutes sortes de sujets, entre lesquels il y en a vn d'vne inuention admirable, où il a dit,

XI. S'il est vray que l'on puisse quelquefois faire des mots.

Dedale n'auoit pas de ses rames plumeuses
Encore trauersé les ondes escumeuses.

Il a fait ce mot Plumeuses, *qui n'a iamais esté dit en nostre langue; il est vray que ce n'est pas vn mot tout entier, mais seulement allongé, puis que d'vn mot receu* plume, *il a fait* plumeux, *suiuant le conseil du Poëte, dont nous auons desia parlé,*

Licuit, sempérque licebit, &c.

Et certainement il l'a si bien placé, que s'il en faut receuoir quelqu'vn, celuy-cy merite son passeport. Mais auec tout cela ie me contente de ne point blasmer ceux, qui ont ces belles hardiesses, sans les vouloir imiter, ny les conseiller aux autres, nostre langue les souffrant moins que langue du monde, & estant certain qu'on ne les sçauroit si bien mettre en œuure, que la plus part ne les condamnent. Il n'est permis à qui que ce soit de faire de nouueaux mots, non pas mesme au Souuerain; de sorte que M. Pomponius Marcellus eut raison de reprendre Tibere *d'en auoir fait vn, & de dire qu'il pouuoit bien donner le droit de Bourgeoisie Romaine aux hommes, mais non pas aux mots, son authorité ne s'estendant pas iusques là. Ce n'est pas qu'il ne soit vray, que si quelqu'vn en* peut faire qui ait cours, il faut que ce soit vn Souuerain, ou vn Fauory, ou vn principal Ministre, non pas que de soy pas vn des trois ayt ce pouuoir, comme nous venons de dire auec ce Grammairien Romain; mais cela se fait par accident, à cause que ces sortes de personnes ayant inuenté vn mot, les Courtisans le recueillent aussi-tost, & le disent si souuent, que les autres le disent aussi à leur imitation; tellement qu'enfin il s'establit dans l'Vsage, & est entendu de tout le monde; Car puis qu'on ne parle que pour estre entendu, & qu'vn mot nouueau, quoy que fait par vn Souuerain, n'en est pas d'abord mieux entendu pour cela, il s'ensuit qu'il est aussi peu de mise & de seruice en son commencement, que si le dernier homme de ses Estats l'auoit fait. Enfin i'ay oüy dire à vn grand homme, qu'il est iustement des mots, comme des modes. Les Sages ne se hazardent iamais à faire ny l'vn ny l'autre; mais si quelque temeraire, ou quelque bizarre, pour ne luy pas donner vn autre nom, en veut bien prendre le hazard, & qu'il soit si heureux qu'vn mot, ou qu'vne mode qu'il aura inuentée, luy reüssisse; alors les Sages qui sçauent qu'il faut parler & s'habiller comme les autres, suiuent non pas, à le bien prendre, ce que le temeraire a inuenté, mais ce que l'Vsage a receu, & la bizarrerie est égale de vouloir faire des mots & des modes, ou de ne les vouloir pas receuoir apres l'approbation publique. Il n'est donc pas vray qu'il soit permis de faire des mots, si ce n'est qu'on veüille dire, que ce que les Sages ne doiuent iamais faire, soit permis. Cela s'entend des mots entiers; car pour les mots allongez ou deriuez, c'est autre chose; on les souffre quelquefois, comme i'ay dit, suiuant le sens d'Horace, & le bel exemple que i'en ay donné.

Peut-estre qu'on trouuera estrange, que ie n'aye obserué aucun

aucun ordre en ces Remarques, n'y ayant rien de si beau ny de si necessaire que l'ordre en toutes choses; mais n'est-il pas vray que si i'eusse obserué celuy qu'on appelle Alphabetique, on eust esté content? Et la Table ne le fait-elle pas? & encore auec plus d'auantage, puis que non seulement elle reduit à l'ordre de l'Alphabet tout le texte des Remarques, qui est tout ce qu'on eust demandé; mais aussi toutes les choses principales qu'elles contiennent, qui est ce qu'on n'auroit pas eu sans la table. Outre que cét ordre Alphabetique ne produit de soy autre chose, que de faire trouuer les matieres plus promptement; c'est pourquoy il a tousiours esté estimé le dernier de tous les ordres, qui ne contribuë rien à l'intelligence des matieres que l'on traite; Et de fait pour en donner vn exemple tout visible, entendroit-on mieux la remarque que ie fais sur ce mot amour, & celle que ie fais sur la preposition auec, s'ils estoient tous deux rangez sous vne mesme lettre? ont-ils quelque chose de commun ensemble, si ce n'est de commencer par vne mesme lettre, qui n'est rien? XII.

1. Pourquoy l'Autheur n'a point voulu obseruer d'ordre en ces Remarques. 2. qu'il y a grande difference entre vn meslange de diuerses choses & vne confusion.

Mais on me dira, qu'il y auoit vne autre espece d'ordre à garder plus raisonnable & plus vtile, qui estoit de ranger toutes ces Remarques sous les neuf parties de l'Oraison, & de mettre ensemble premierement les articles, puis les noms, puis les pronoms, les verbes, les participes, les aduerbes, les prepositions, les conionctions, & les interiections. Ie respons que ie ne nie pas que cét ordre ne soit bon, & si l'on iuge qu'il soit plus commode ou plus profitable au Lecteur, il ne sera pas malaisé par vne seconde table, & par vne seconde impression d'y reduire ces Remarques, quoy que pour en parler sainement, il ne seruiroit qu'à ceux qui sçauent la langue latine, & par consequent toutes les parties de la Grammaire; car pour les autres *qui n'ayant point estudié, ne sçauront ce que c'est que de toutes les parties de l'Oraison, tant s'en faut que cét ordre leur agreast ny leur donnast aucun auantage, qu'il pourroit les effaroucher, & leur faire croire qu'ils n'y comprendroient rien, quoy qu'en effet elles soient, ce me semble, conceuës d'vne sorte, que les femmes & tous ceux qui n'ont nulle teinture de la langue Latine en peuuent tirer du profit. C'est pourquoy i'y ay meslé beaucoup moins d'erudition que la matiere n'en eust pû souffrir, & encore à-ce esté par l'auis de mes amis, & d'vne façon que le Latin, ny le Grec ne troublent point le François. Et certainement si j'auois eu à faire vne Grammaire, ie confesse que ie ne l'aurois deu ny peu faire autrement, que dans l'ordre des parties de l'Oraison, à cause de la dependance qu'elles ont l'vne de l'autre par vn certain ordre fondé dans la nature, & non point arriué par hazard, comme Scaliger le Pere l'a admirablement demonstré.*

Mais comme ie n'ay eu dessein que de faire des Remarques, qui sont toutes destachées l'vne de l'autre, & dont l'intelligence ne depend nullement, ny de celles qui precedent, ny de celles qui suiuent, la liaison n'y eust seruy que d'embarras, & j'eusse bien pris de la peine pour rendre mon trauail moins agreable, & moins vtile; car il est certain que cette continuelle diuersité de matieres recrée l'esprit, & le rend plus capable de ce qu'on luy propose, sur tout quand la briefueté y est iointe, comme icy; & qu'on est asseuré que chaque Remarque fait son effet.

Apres tout, il y a vne certaine confusion qui a ses charmes, aussi bien que l'ordre; toutefois ie ne tiens pas que ce soit vne csnfusion qu'vn meslange de diuerses choses, dont chacune subsiste separement.

I'ay eu encore vne autre raison qui m'a obligé de n'obseruer point d'ordre, ie ne la veux point dissimuler. C'est que n'ayant pas acheué ces Remarques, quand ceux qui ont tout pouuoir sur moy, m'ont fait commencer à les mettre sous la presse, i'ay eu moyen d'en ajouster tousiours de nouuelles, ce que ie n'eusse pû faire si i'eusse suiuy l'vn des deux ordres, dont ie viens de parler; Mais certainement quand tout auroit esté acheué, ie n'aurois pas laißé de les donner auec cét agreable meslange, pour les raisons que i'ay dites.

XIII. 1 D'où vient qu'il n'y a point de faute corrigée dãs ces Remarques, qui ne soit attribuée à quelque bõ Autheur. 2. En cõbien de façons differentes il peut arriuer aux meilleurs Autheurs de faire des fautes. 3. le moyen absolument necessaire dõt les Autheurs se doiuent seruir pour ne faire point de faute, où plutost pour n'en gueres faire. 4. Commẽt il faut vser des auis de ceux que l'on consulte.

On m'obiectera encore que toutes les fautes que ie remarque, ie les attribuë à nos bons Autheurs, & qu'ainsi il n'y en a donc point selon moy, qui en soit exent! Ie l'auouë auec tout le respect qui leur est deu, & ie ne crois pas, que comme ce sont tous d'excellens hommes, il y en ait vn seul qui pretende, s'il est encore viuant, ou qui ait pretendu s'il ne l'est plus, d'estre impeccable en cette matiere, non plus qu'aux autres, ce seroit leur faire grand tort de penser qu'ils eussent ce sentiment d'eux mesmes:

Magni homines sunt, homines tamen

Les vns pechent en se seruant d'vne locution du mauuais Vsage, *croyant qu'elle soit* du bon, *& c'est la faute la plus ordinaire qui se commette; les autres, comme i'ay dit, par vne certaine inclination qu'ils ont à vser de certains mots, & de certaines phrases, que tous les autres desapprouuent; ou bien par vne auersion qu'ils ont pour d'autres mots, ou d'autres termes qui sont bons, & que tout le monde approuue; les autres par negligence; les autres pour ne sçauoir pas tous les secrets de la langue; car qui se peut vanter de les sçauoir? Et les autres par vne authorité qu'ils croyent que leur reputation leur a acquise, s'attachent, comme i'ay dit, à leur propre sen-*

timent contre l'opinion commune. 3 *C'est pourquoy i'ay tousjours creu, qu'il n'y auoit point de meilleur remede pour ne point faire de faute, ou plustost pour n'en gueres faire, que de communiquer ce que l'on escrit, auant que de le mettre au jour. Mais quand ie dis* communiquer, *ie l'entends de la bonne sorte, que ce soit pour chercher la censure & non pas la loüange, quoy qu'il soit également iuste de donner & de receuoir l'vn & l'autre quand ils sont bien fondez. Il est vray que pour cela il faut s'adresser à des personnes intelligentes & fidelles, & les prier auec autant de sincerité, qu'ils en doiuent auoir à dire franchement leur auis; car que sert de dissimuler? il y a encore plus de gens qui donnent leur auis auec franchise, qu'il n'y en a qui le demandent de cette sorte. Ie ne voudrois pas que le* Censeur *oüyst lire; mais qu'il leust luy mesme; la censure des yeux comme chacun sçait, estant bien plus exacte & plus asseurée que celle de l'oreille, à qui il est tres-aisé d'imposer, ny qu'on leust en compagnie; mais chacun à part,*
4 *Et quand ceux que i'aurois consultez me diroient leur auis, si ie voyois qu'ils eussent raison de me reprendre, ie passerois franchement condamnation; car vn homme du mestier, s'il n'est bien preoccupé & aueuglé de l'amour propre, connoist aussitost s'il a tort; que si l'on croit auoir la raison de son costé, il ne la faut pas abandonner par vne lasche complaisance, mais s'enquerir d'autres personnes capables, & si plusieurs nous condamnent, quelque bonne opinion que nous ayons de nostre sentiment, il y faut renoncer & se sousmettre à celuy d'autruy. C'est comme i'en ay vsé dans ces Remarques; car encore que i'aye esté tres-fidelle & tres-religieux à rapporter la verité, c'est à dire à ne decider iamais aucun doute, qu'apres auoir verifié auec des soins & des perquisi-*

tions extraordinaires, que c'estoit le sentiment & l'Vsage de la Cour, des bons Autheurs, & des gens sçauans en la langue, & que d'ailleurs ie serois coupable d'vne lasche imposture enuers le public, de vouloir faire passer mes opinions particulieres, si i'en auois, au lieu des opinions generales & receuës aux trois tribunaux que ie viens de nommer; si est-ce que ie n'ay pas laissé de communiquer ces obseruations à diuerses personnes, qui possedent en vn haut degré les deux qualitez que i'ay dites. Les vns en ont veu vne partie, les autres vne autre; mais il y en a trois qui ont pris la peine de les voir toutes, & qui au milieu de leurs doctes occupations, ou de leurs plus grandes affaires, n'ayant point d'heure qui ne leur soit precieuse, ont bien voulu en donner plusieurs à l'examen de ce Liure.

Mais pour reuenir aux Autheurs que ces Remarques reprennent, le Lecteur se souuiendra s'il luy plaist, de ce que ie suis contraint de repeter plusieurs fois 1. que ce n'est point de mon chef que ie prens la liberté de reprendre ces excellens hommes; mais que ie rapporte simplement le bon Vsage, où ie ne contribuë rien, si ce n'est de faire voir qu'vn bon Autheur y a manqué, & qu'il ne le faut pas suiure. 2. Au reste dans ces reprehensions, ie ne nomme ny ne designe iamais aucun Autheur, ny mort, ny viuant; En seruant le public ie ne voudrois pas nuire aux particuliers que i'honore. 3. Mais aussi il ne faut pas croire que ie me forge des fantosmes pour les combattre, ie ne reprens pas vne seule faute qui ne se trouue dans vn bon Escriuain, & quelquefois en laissant la faute ie change les mots, pour empescher qu'on ne connoisse l'Autheur. Aussi ces Remarques ne sont pas faites contre les fautes grossieres, qui se commettent dans les Pro-

XIV. 1. Que ce n'est pas de son chef, que celuy qui a fait ces Remarques reprend les Autheurs, qu'il ne fait que rapporter la cẽsure generale. 2. qu'aucun de ceux qui est repris, mort ou viuant n'est nõmé dans ces Remarques. 3. que neantmoins l'Autheur des Remarques ne reprend aucune faute, qui ne se trouue dans de bons ouurages. 4. Que c'est vne verité & non

uinces, ou dans la lie du peuple de Paris; elles sont presque toutes choisies & telles, que ie puis dire sans vanité, puis que ce n'est pas moy qui prononce ces Arrests, mais qui les rapporte seulement, qu'il n'y a personne à la Cour, ny aucun bon Escriuain, qui n'y puisse apprendre quelque chose, & que comme i'ay dit, qu'il n'y en auoit point qui ne fist quelque faute, il n'y en a point aussi qui n'y trouue à profiter. Moy-mesme qui les ay faites, ay plus de besoin que personne, comme plus suiet à faillir, de les relire souuent, & mon Liure est sans doute beaucoup plus sçauant que moy; car il faut que ie redise encore vne fois, que ce n'est pas de mon fonds, que ie fais ce present au public; mais que c'est le fonds de l'Vsage, s'il faut ainsi dire, que ie distribue dans ces Remarques.

pas vne vanité de dire, qu'il n'y a personne qui ne puisse profiter de ces Remarques.

XV.

1 Qu'il n'y a que les morts qu'on loüe, qui sont nommez dans ces Remarques, & qu'on ne fait que designer les viuans. 2 qu'on n'y a point affecté la loüange de certaines personnes, si le sujet ne les a presentées. 3. Pourquoy les Autheurs anciens & modernes sont traitez differemment dãs ces Remarques.

1 Ie nomme les morts quand ie les loue, mais non pas les personnes viuantes, de peur de leur attirer de l'enuie, ou de passer pour flateur; ie me contente de les designer, & quoy que ce soit d'vne façon qu'on ne laisse pas de les reconnoistre à trauers ce voile, il sert tousiours à soulager leur pudeur, & à rendre la loüange moins suspecte & de meilleure grace.

2 Il m'importe aussi que l'on sçache, que ie n'ay point affecté la loüange de certaines personnes particulieres; mais parlé seulement de celles, qui se sont comme presentées deuant moy, ou qui sont comme nées dans mon suiet, & que ie ne pouuois non plus refuser, qu'appeller les autres, qui n'y auoient que faire. Ceux qui y prendront garde, verront que ie n'ay point mendié ces occasions, & que ie n'ay fait que les receuoir.

3 I'ay traité differemment les Autheurs anciens, & ceux de nostre temps, pour obseruer moy-mesme ce que ie recommende tant aux autres, qui est de suiure l'Vsage. Par exem-

ple, ie dis tousiours Amyot, *& tousiours* M. Coëffeteau, *&* M. de Malherbe, *quoy qu'Amyot ait esté Euesque aussi bien que M. Coëffeteau:* Car *puis que tout le monde dit & escrit* Amyot, *& que l'on parle ainsi de tous ceux qui n'ont pas esté de nostre temps, ce seroit parler contre l'Vsage, de mettre* Monsieur *deuant; mais pour ceux que nous auons veus, & dont la memoire est encore toute fraische parmy nous, comme M. Coeffeteau, & M. de Malherbe, nous ne les sçaurions nommer autrement, ny en parlant ny en escriuant, que comme nous auions accoustumé de les nommer durant leur vie, & ainsi ie me suis conformé en l'vn & en l'autre à nostre Vsage.*

Au reste il y auoit beaucoup d'autres choses, dont ie pouuois enrichir cette Preface, qui eust esté vn champ bien ample à vn homme eloquent pour acquerir de l'honneur; Car premierement que n'eust-il point dit de l'excellence de la parole, ou prononcée, ou escrite, & des merueilles de l'eloquence, dont la pureté & la netteté du langage sont les fondemens? N'eust-il pas fait voir que les plus belles pensées & les plus grandes actions des hommes mourroient auec eux, si les Escriuains ne les rendoient immortelles; mais que ce diuin pouuoir n'est donné qu'à ceux qui escriuent excellemment, puis qu'il se faut sçauoir immortaliser soy mesme pour immortaliser les autres, & qu'il n'est point de plus courte vie, que celle d'vn mauuais liure? Apres, descendant du general au particulier de nostre langue, ne l'eust-il pas considerée en tous les estats differens où elle a esté? N'eust-il pas dit depuis quel temps elle a commencé à sortir comme d'vn Caos, & à se deffaire de la barbarie, qui l'a tenuë durant tant de siecles dans les tenebres, sans qu'elle nous ait laissé aucun monument des memorables actions de nos Gaulois, que nous n'auons sçeües que par nos ennemis? Il est vrayque nous pouuons dire, que ces glorieux tesmoignages sortis d'vne bouche ennemie, sont plus certains, & que ces grands hommes auoient tant de soin de bien faire, qu'ils ne se soucioient gueres de bien parler, ny de bien escrire. N'eust-il pas representé nostre langue comme en son berceau, ne faisant encore que begayer, & en suite son progrés, & comme ses diuers âges, iusqu'à ce qu'en fin elle est paruenue à ce comble de perfection, où nous la voyons auiourd'huy? Il eust bien osé la faire entrer en comparaison auec les plus parfaites langues du monde, & luy faire pretendre plusieurs auantages sur les vulgaires les plus estimées. Il luy eust osté l'ignominie de la pauureté, qu'on luy reproche, & parmy tant de moyens qu'il eust eu de faire paroistre ses richesses, il eust employé les Traductions des plus belles pieces de l'Antiquité, où nos François égalent souuent leurs Autheurs, & quelquefois les surpassent. Les Florus, les Tacites, les Cicerons mesme, & tant d'autres sont contraints de l'auoüer, & le grand Tertullien s'estonne, que par les charmes de nostre eloquence on ayt sceu transformer ses rochers & ses espines en des iardins delicieux. Il ne faut donc plus accuser nostre langue, mais nostre genie ou plustost nostre paresse, & nostre peu de courage, si nous ne faisons rien de semblable à ces chef-d'œuures, qui ont suruescu tant de siecles, & donné tant d'admiration à la posterité. Apres cela il eust encore fait voir, qu'il n'y a iamais eu de langue, où l'on ait escrit plus purement & plus nettement qu'en la nostre, qui soit plus ennemie des equiuoques & de toute sorte d'obscurité, plus graue & plus douce tout ensemble, plus propre pour toutes sortes de stiles, plus chaste en ses locutions, plus iudicieuse en ses figures, qui aime plus l'ele-

gance & l'ornement, mais qui craigne plus l'affectation. Il eust fait voir, comme elle sçait temperer ses hardiesses auec la pudeur & la retenuë qu'il faut auoir, pour ne pas donner dans ces figures monstrueuses, où donnent auiourd'huy nos voisins degenerans de l'eloquence de leurs Peres. En fin il eust fait voir, qu'il n'y en a point qui obserue plus le nombre & la cadence dans ses periodes, que la nostre; en quoy consiste la veritable marque de la perfection des langues. Il n'eust pas oublié l'Eloge de cette illustre Compagnie qui doit estre comme le Palladium de nostre langue, pour la conseruer dans tous ses auantages & dans ce florissant estat où elle est, & qui doit seruir comme de digue contre le torrent du mauuais Vsage, qui gaigne tousiours si l'on ne s'y oppose. Mais comme toutes ces belles matieres veulent estre traitées à plein fond, & auec apparat, il y auroit eu de quoy faire vn iuste volume, plustost qu'vne Preface. La gloire en est reseruée toute entiere à vne personne qui medite depuis quelque temps nostre Rhetorique, & à qui rien ne manque pour executer vn si grand dessein; Car on peut dire qu'il a esté nourry & éleué dans Athenes, & dans Rome, comme dans Paris, & que tout ce qu'il y a eu d'excellens hommes dans ces trois fameuses villes a formé son eloquence. C'est celuy que i'ay voulu designer ailleurs, quand ie l'ay nommé l'vn des grands ornemens du Barreau, aussi-bien que de l'Academie, & que i'ay dit, que sa langue & sa plume sont également eloquentes. C'est celuy qui doit estre ce Quintilien François, que i'ay souhaité à la fin de mes Remarques. Le sçachant i'aurois esté bien temeraire de m'engager dans cette entreprise, qui d'ailleurs surpasse mes forces, & demande plus de loisir que ie n'en ay. Outre que ces choses, quoy qu'excellentes & rares, ne sont pas neantmoins si peu connuës, ny si necessaires à mon sujet, que celles que i'ay dites de l'Vsage, sans lesquelles mes Remarques ne sçauroient estre bien entendues, ny par consequent faire l'effet que ie me suis proposé pour l'vtilité publique, & pour l'honneur de nostre langue.

Fautes d'Impression.

ON a marqué seulement les fautes, qui peuuent gaster le sens, ou estre attribuées à l'Autheur, soit par la negligence de l'Imprimeur, soit par le defaut de l'Autheur mesme, qui apres auoir releu son Ouurage, depuis qu'il a esté imprimé, y a corrigé de certains endroits.

Par tout où il y a *les autres deux*, ou *les autres trois*, lisez *les deux autres*, *les trois autres*. Par tout où il y a *Ethymologie*, *ethymologiste*, lisez *etymologie*, *etymologiste*. Par tout où il y a *dyphthongue*, lisez *diphtongue*. Par tout où il y a *de mesmes*, lisez *de mesme*. p. 4 l. 18. parlé, *lisez* parler. p. 8. l. 11. parlé, *lisez* parler. p. 43. l. derniere, *par exemple*, *ostez* ces deux mots. p. 47. l. 4. *ostez* neantmoins. En la mesme ligne, ne laisse pas de, *lisez* ne laisse pas neantmoins de. p. 76. l. 21. soldat, *lisez* vaisseau Ibid. l. 22. *ostez* mal. p. 81. l. 15. *ostez* pas. p. 104. l. 22. rabouteuse, *lisez* raboteuse. p. 107. l. 21. ἀλλήλοι, *lisez* ἄλληλοι. p. 108. l. 4. ἀλλήλοι, *lisez* ἄλληλοι. p 112. l. 11. *ostez* le. p. 152. l. 15. ποῖειν, *lisez* ποιεῖν. p. 183. l. 7. & 8. mangé, *lisez* manger. p. 195. l. 19. si il, *lisez* s'il. p. 204. l. 4. pas vn seul mot venant, *lisez* presque point de mots venans. p. 212. l. 20 prise, *lisez* pris. p. 237. l. 8. ὁμοιοτέλευτα, *lisez* ὁμοιωτέλευτα. p. 303. l. 20. est, *lisez* c'est. p. 313. l. 2. parce, *lisez* parce que. p. 319. l. 5. de, *lisez* du. p. 343. l. 18. on le peut estre encore par, *lisez* on peut encore estre trompé par. p. 385. l. 21. equipollent, *lisez* equipolant. p. 386. l. 9. d'articles, *lisez* d'article. p. 397 l. 17 c'est, *lisez* ce sont. p. 417. l. 18. operæ prætium, *lisez* operæ-pretium. p. 419. qui n'est pas marquée du chiffre. l. 5. l'vn, *lisez* l'on. p. 445. l. 4. *ostez* bien. p. 449. l. 3. & falloit, *lisez* & qu'il falloit. p. 461. l. 5. receuoir, *lisez* prendre. p. 483 *bis*. l. 14. cueillir, *lisez* cueiller. p. 484. l. 19. & quoy, *lisez* quoy. p. 489. l. 21 has, *lisez* hanc p. 490. l. 25. il ne le soit, *lisez* on ne l'imite. p 493. l. 4. qui est, *lisez* qu'est p. 513. l. 21. ont esté, *lisez* ont point esté. p. 527. l. 14. *ostez* le. Ibid. fait, *lisez* fait absynthe. p. 537. l. penult, temps, *lisez* temps aussi bien qu'insulte, comme. p. 553. l. 1 *ostez* y. p. 555 l. 2. qu'vn, *lisez* que. Ibid. de ceux qui y, *lisez* lors qu'il. Ibid. l. 3 estoient, *lisez* opinoit. p. 573. l. 3. faisons, *lisez* faisions. p. 585. l. 14. donner, *lisez* donné.

On n'a pas marqué les autres fautes qui s'y peuuent rencontrer, comme vn *c* pour vn *e*, ou vn *e* pour vn *c*, vne *f*, pour vne *s*, ou vne *s* pour vne f, vne *n* pour vn *u*, ou vn *u* pour vne *n*, vne *r* pour vn *t*, ou vn *t* pour vne *r*. Il sera aisé au Lecteur de suppléer à ce defaut, qui sera corrigé auec les autres dans vne seconde impression plus exacte.

S'il se trouue qu'en cét Ouurage l'Autheur n'obserue pas tousjours ses propres Remarques, il declare que c'est sa faute ou celle de l'Imprimeur, & qu'il s'en faut tenir à la Remarque, & non pas à la façon dont l'Autheur en aura vsé contre sa Remarque, ou dont l'Imprimeur aura corrompu la copie.

On sçaura aussi que les noms que l'Autheur allegue comme Latins, quoy que de personnes d'autres Nations, comme Cyrus, Crœsus, Pyrrhus, Porus, &c. *ne laissent pas de passer pour des mots Latins, puis que les Latins les ont naturalisez, & leur ont donné cette terminaison. Les François en ont fait de mesme.*

En la page 175. l. 13. traitant des preterits qui se composent des participes passifs, il y a ces mots: Notez que participes & preterits ne sont icy qu'vne mesme chose. *L'Autheur a appris que plusieurs ne comprenoient pas comme il se peut faire, qu'en aucun lieu les participes & les preterits ne soient qu'vne mesme chose; mais il l'esclaircit par vn seul exemple, qui fait voir qu'il est indifferent d'appeller participe ou preterit, ce qu'il veut faire passer icy pour vne mesme chose. Quand il dit* icy, *il entend parler des preterits composez des participes passifs seulement, & iamais des autres; car qui ne sçait que le verbe à qui le preterit appartient, & le participe sont deux parties de l'Oraison toutes distinctes? Voicy l'exemple;* Quant aux preterits composez, lors que le nom auquel ils se rapportent, les precede, ils, *c'est à dire,* les preterits, doiuent estre du mesme genre & du mesme nombre que le nom. *Le voicy de l'autre façon;* Quant aux preterits composez, lors que le nom les precede, les participes doiuent estre du mesme genre & du mesme nombre que le nom. *Qui ne voit qu'il est indifferent en cét exemple de mettre* preterits *ou* participes, *& que de-là il s'ensuit, que participes & preterits ne sont donc* icy *qu'vne mesme chose? Et comme dans la Remarque tres-ample que l'Autheur en a faite, il se pouuoit faire qu'il nommeroit tantost preterit & tantost participe, ce qui en effet n'est icy qu'vne mesme chose, il auoit creu bien faire d'en auertir le Lecteur au commencement, de peur que cela ne l'embarrassast. Mais puis que l'Autheur s'est apperceu que sa trop grande precaution a fait vn effet tout contraire, il ostera cette pierre d'achoppement à la premiere impression, & cependant* *il a esté obligé de faire voir que ce qu'il a dit est vray, & qu'il a eu raison de le dire ainsi.*

En la page 39. *l.* 17. *il y a ces mots*, Il est mal-aisé de iuger d'où vient cette façon de parler, *sortir son effet. L'Autheur a appris depuis qu'elle venoit de* sortiri effectum; *ce qu'il n'auoit peu s'imaginer, parce qu'il n'y a pas vn bon Autheur Latin, qui l'ait iamais dit. Et de fait Robert Estienne dans son thresor de la langue Latine, qui est si copieux, met huit vsages differens de ce verbe* sortiri, *sans faire aucune mention de* sortiri effectum. *Il ne se trouue que dans le Code en la loy vnique* Si de momentanea possessione fuerit appellatum, *où il y a*, lata sententia sortitur effectum; *mais c'est du Latin barbare de Tribonien, ou du siecle d'Arcadius. On ne le verra iamais dans le Digeste, ny dans les endroits du Code, qui n'ont point esté corrompus, apres auoir esté tirez des anciens Iurisconsultes. Au lieu de* sortiri effectum, *ils disent tousiours auec tous ceux qui ont bien parlé Latin*, habere effectum, obtinere effectum, perduci ad effectum. *Ce n'est pas que l'Autheur veüille dire que* sortir son effet, *ne vienne de* sortiri effectum, *pour barbare que soit la phrase.*

En la page 333. *il y a vne Remarque intitulée* Se condouloir, *l'Autheur dit que cette façon de parler est bonne. Elle l'est encore dans plusieurs excellens Autheurs modernes; mais à la Cour, elle n'est plus en vsage; on dit* s'affliger auec quelqu'vn, *ou* faire compliment à quelqu'vn sur, &c.

REMARQVES
SVR LA LANGVE
FRANÇOISE.

Heros, heroïne, heroïque.

EN ce mot *Heros*, la lettre *h*, est aspirée, & non pas müette, c'est à dire que l'on dit *le heros*, & non pas *l'heros*, contre la reigle generale, qui veut que tous les mots François qui commencent par *h*, & qui viennent du Latin, où il y a aussi vne *h*, au commencement, n'aspirent point leur *h*. Par exemple *honneur* vient d'*honor*; on dit donc *l'honneur*, & non pas *le honneur*: *heure* vient d'*hora*; on dit donc *l'heure*, & non pas *la heure*, & ainsi des autres. Par cette reigle il faudroit dire *l'heros*, & non pas *le heros*, parce

A

qu'il vient du Latin qui l'escrit auec vne *h*, & il n'importe pas que les Latins l'ayent pris des Grecs, il suffit que les Latins le disent ainsi, aussi bien qu'*hora*, qui est Grec & Latin tout ensemble. Neantmoins cette reigle infaillible presque en tous les autres mots souffre exception en celuy-cy, & il faut dire *le heros*. La curiosité ne sera pas peut-estre desagreable, de sçauoir d'où peut proceder cela ; car bien qu'il soit vray qu'il n'y a rien de si bizarre que l'Vsage qui est le maistre des langues viuantes; si est-ce qu'il ne laisse pas de faire beaucoup de choses auec raison, & où il n'y a point de raison comme icy, il y a quelque plaisir d'en chercher la conjecture. C'est à mon auis, que ce mot *heros*, quand on a commencé à le dire, n'estoit guere entendu que des sçauans, & parce qu'il a vne grande ressemblance auec *heraut*, qui est vn mot de tout temps fort vsité, on a pris aisément l'vn pour l'autre: Ainsi tout le monde ayant accoustumé de prononcer *le heraut*, & non pas *l'heraut*, il y a grande apparence que ceux qui ne sçauoient pas ce que c'estoit que *heros*, & qui faisoient sans doute le plus grand nombre, ont pris le change, & ont prononcé *heres* comme *heraut*, croyant que ce n'estoit qu'vne mesme chose, ou qu'il luy ressembloit si fort, qu'il n'y falloit point mettre de difference pour la prononciation. Et de fait il se trouue des gens, qui parlant du *Heros* d'vn Roman, ou d'vn Poëme heroïque, l'appellent *le heraut*. Ce qui confirme fort cette conjecture, c'est qu'*heroïne* & *heroïque*, se prononcent d'vne façon toute contraire, & comme l'on dit *le heros*, on dit *l'heroïne*, & *l'heroïque*, la mesme lettre *h*, estant aspirée en *heros*, & müette en *heroïne* & *heroïque*. Cette contrarieté si estrange procede apparemment de ce que la ressemblance que *heraut* a auec *heros*, ne s'est pas rencontrée auec *heroïne*, & *heroïque*, qui d'ailleurs n'ont point d'autres mots qui leur ressemblent, ausquels l'*h*, soit aspirée, comme le mot de *heraut* ressemble à celuy de *heros*.

Il s'est rencontré encore vne chose assez plaisante pour authoriser la prononciation irreguliere de *heros*; c'est qu'au pluriel, si on le prononçoit selon la reigle, & que l'on ne fist pas l'*h*, aspirante, on feroit vne fascheuse & ridicule equiuoque, & il n'y auroit point de difference entre ces deux prononciations, *les heros* de l'Antiquité & *les zeros* de chiffre.

Periode.

CE mot est masculin quand il signifie le plus haut point, ou la fin de quelque chose, comme *Monté au periode de la gloire; iusqu'au dernier periode de sa vie*, Mais il est feminin quand il veut dire vne partie de l'oraison qui a son sens tout complet *Vne belle periode, des periodes nombreuses*.

Quelque.

CE mot est quelquefois aduerbe, & par consequent indeclinable. Il signifie alors *enuiron*. Il ne faut donc point y adjouster d's, quand il est joint auec des pluriels, comme il faut dire, *Ils estoient quelque cinq cens hommes*, & non pas *quelques cinq cens*: car là il n'est point pronom, mais aduerbe.

Ce qu'il vous plaira.

IL faut dire ainsi, & non pas, *ce qui vous plaira*, & pour preuue, mettons vn pluriel deuant & disons, *Ie vous rendray tous les honneurs qu'il vous plaira*, personne ne doute que ce ne soit bien parlé, & toutefois si au lieu de *qu'il*, nous mettions *qui*, comme font plusieurs, & de nos meilleurs Escriuains, il est certain qu'il faudroit dire, *Ie vous rendray tous les honneurs qui vous plairont*, ce qui seroit ridicule. On dit, *ce qu'il vous plaira*, parce qu'on y sous-entend des paroles, que l'on supprime par élegance, comme quand ie dis, *Ie vous ren-*

dray tous les honneurs qu'il vous plaira, il y faut sous-entendre ces mots, *que ie vous rende*. Et ainsi en tous les autres endroits où l'on se sert de cette façon de parler, *Ie fais tout ce qu'il vous plaist*, on sous-entend, *que ie face*; car outre qu'il est plus elegant de le supprimer, il seroit importun d'y ajouster tousjours cette queuë dans vn vsage si frequent, qu'est celuy de ce terme de courtoisie & de ciuilité.

Propreté, & non pas *Proprieté*.

PRoprieté est bon pour signifier le *proprietas* des Latins; mais il ne vaut rien pour dire, *le soin que l'on a de la netteté, de la bien-seance, ou de l'ornement en ce qui regarde les habits, les meubles, ou quelque autre chose que ce soit*. Il faut appeller cela *propreté*, & non pas *proprieté*. Et ce n'est pas seulement pour mettre de la difference entre *proprieté* & *propreté*, qui signifient deux choses si esloignées, car il est assez ordinaire en toutes langues, qu'vn mesme mot signifie deux ou plusieurs choses, mais c'est parce que *proprieté* est vn mot qui vient du Latin *proprietas*, au lieu que *propreté*, n'en vient point, (car *proprietas* ne signifie iamais cela) mais vient de son adjectif *propre*, qui dans la signification de *net*, ou d'*ajusté*, est vn mot purement François, duquel adjectif se forme *propreté*, comme *ſaleté* ſe forme de *ſale*, & *pauureté* de *pauure*. Ie ſçay bien que quelques-vns croyent que *propre* d'où vient *propreté*, eſt pris du Latin *proprius* figurément, comme ſi l'on vouloit dire, que d'apporter à chaque choſe la bien-ſeance qui luy eſt propre & conuenable, a donné lieu d'appeller *propres* toutes les choſes, où cette bien-ſeance ſe rencontre; mais cela eſt trop ſubtil, & trop recherché. Quoy qu'il en ſoit, il eſt conſtant qu'il faut dire *propreté* en ce ſens là, & non pas *proprieté*.

Chypre.

IL faut dire *l'Iſle de Chypre, la poudre de Chypre*, & non pas *l'Iſle de Cypre, la poudre de Cypre*. L'Vſage le veut ainſi, nonobſtant ſon origine. Ie penſois que M. de Malherbe euſt eſté le premier qui l'euſt eſcrit de cette ſorte, mais i'ay trouué que M. de Montagne dans ſes Eſſais, ne le dit iamais autrement.

Perſonne.

CE mot a deux ſignifications, & deux genres differens; & cette difference, pour eſtre ignorée de quelques-vns, fait qu'ils n'oſent s'en ſeruir, & qu'ils l'euitent comme vn écueil, ne ſçachant s'il le faut faire maſculin ou feminin. Il signifie donc, *l'homme & la femme tout ensemble*, comme fait *homo* en Latin, & en ce sens il est tousiours feminin, & a *personnes* au pluriel, se gouuernant en tout & par tout comme les autres substantifs reguliers. Par exemple, *I'ay veu la personne que vous sçauez. Il faut porter du respect aux personnes constituees en dignité, c'est vne belle personne, de mauuaises personnes*: Il signifie aussi le *nemo* des Latins, le *nadie* des Espagnols, & le *nissuno* des Italiens, & ce que les vieux Gaulois disoient, *nully*, c'est à dire, *nulle personne, ny homme ny femme*. En ce sens il est indeclinable, & n'a point proprement de genre, ny de pluriel; mais il se sert tousjours du genre masculin, à cause de la reigle qui veut que les mots indeclinables n'ayant point de genre de leur nature, s'associent tousjours d'vn adjectif masculin, comme de celuy qui est le plus noble. Par exemple on dit *Personne n'est venu*, & non pas *Personne n'est venuë.* De mesmes on dira parlant à vn homme *Ie ne vois personne si heureux que vous* & non pas *Ie ne vois personne si heureuse.* Neantmoins si l'on parle à vne femme, ou d'vne femme on dira, *Ie ne vois personne si heureuse que vous*, ou *si heureuse qu'elle*, & cela se dit ainsi eu esgard *à la femme*, & non pas eu esgard à *personne*, qui en ce lieu là n'est point feminin, comme nous auons dit, & comme il ſe voit clairement en l'autre exemple, lors qu'en parlant à vn homme on dit *Ie ne vois perſonne ſi heureux que vous*. Que ſi l'on parle à vne femme, ou d'vne femme, ſur quelque qualité qui ſoit en elle, & qui ne puiſſe pas eſtre en vn homme, comme par exemple, d'vne femme groſſe, on eſt encore plus obligé d'vſer du feminin & de dire *Ie n'ay iamais veu perſonne ſi groſſe qu'elle*, & ſi l'on diſoit *ſi gros qu'elle*, cela ſeroit eſtrange & ridicule. Mais apres tout, ce n'eſt pas encore fort bien parlé de dire *ſi groſſe*, parce qu'en ces ſortes d'expreſſions, noſtre langue ne ſe ſert pas de *perſonne*, mais on le dit d'vne autre façon, comme *Ie n'ay iamais veu de femme ſi groſſe qu'elle*. De meſmes vous ne direz pas à vne fille, *ie ne vois perſonne ſi beau*, ny *ſi belle que vous*, ce n'eſt pas là ſon vſage, parce que vous tirez *perſonne* du general, pour en faire vn rapport particulier à vne fille; On dira, *Ie ne vois rien de ſi beau que vous*, ou *ie ne vois point de ſi belle fille que vous*. L'vſage de *perſonne* pour *nemo*, n'eſt proprement que pour les choſes qui regardent l'vn & l'autre ſexe conjointement, comme *perſonne n'a eſté faſché de ſa mort*. Icy *perſonne*, comprend l'homme & la femme ſans les ſeparer, & ainſi il a le genre maſculin. Mais quand vous ſortez du general, qui comprend les deux ſexes conjointement, pour faire que *perſonne* ſe rapporte particulie-

particulierement à vn ſexe, ou à vne perſonne ſeule, alors ce n'eſt pas le lieu d'employer *perſonne*, pour *nemo*.

Il y a encore vne remarque à faire pour *perſonne*, de la premiere ſignification. I'ay dit qu'il eſt tousjours feminin, & que l'on dit *vne perſonne, les perſonnes deuotes, les perſonnes qualifiées*, & ainſi des autres; mais aprés qu'on l'a fait feminin, on ne laiſſe pas de luy donner quelquefois le genre maſculin, & meſmes plus elegamment que le feminin. Par exemple, M. de Malherbe dit, *I'ay eu cette conſolation en mes ennuis, qu'vne infinité de perſonnes qualifiées ont pris la peine de me teſmoigner le deſplaiſir* QV'ILS *en ont eu. Qu'ils*, eſt plus élegant que ne ſeroit *qu'elles*, parce que l'on a eſgard à la choſe ſignifiee, qui ſont *les hommes* en cet exemple, & non pas à la parole qui ſignifie la choſe, ce qui eſt ordinaire en toutes les langues.

Si on, & ſi l'on.

A cauſe de la rencontre des deux voyelles en ces deux petits mots, *ſi on*, pluſieurs eſcriuent tousjours, *ſi l'on*, excepté en vn ſeul cas, qui eſt, quand aprés l'*n*, il ſuit immediatement vne *l*. Par exemple ils diront, *ſi on le veut*, & non pas *ſi l'on le veut*, parce qu'il y a vne *l*, immmediatement aprés l'*n*, & que des deux cacophonies, il faut choisir la moindre; Car si, *si on*, blesse l'oreille, *si l'on le*, à leur auis, la blesse encore dauantage : De mesmes ils disent, *si on laisse*, & non pas, *si l'on laisse*. I'ay dit qu'ils vouloient que l'*l*, fust immediatement aprés l'*n*, parce que lors qu'il y a vne syllabe, ou seulement vne lettre entre deux, ils disent *si l'on*, & non pas *si on*, comme *si l'on ne le fait*, & *si l'on a laissé*, & non pas *si on ne le fait*, & *si on a laissé*. Au reste, quand on n'y sera pas du tout si exact, il n'y aura pas grand mal; mais pour vne plus grande perfection, i'en voudrois vser ainsi.

On, l'on, & t-on.

ON, & *l'on*, se mettent deuant le verbe. *On*, se met deuant & aprés le verbe; *l'on* ne se met iamais aprés le verbe que par les Bretons, & quelques autres Prouinciaux, & *t-on* se met tousjours aprés le verbe. *On dit*, & *l'on dit* sont bons, mais *on dit* est meilleur au commencement de la periode. Si le verbe finit par vne voyelle deuant *on*, comme *prie-on, alla-on*, il faut prononcer & escrire vn, *t*, entre-deux *prie-t-on, alla-t-on*, pour oster la cacophonie, & quand il ne seroit pas marqué, il ne faut pas laisser de le prononcer, ny lire comme lisent vne infinité de gens, *alla on, alla il*, pour *alla-t-on, alla-t-il*. Il est vray qu'en cette orthographe du, *t*, on a accouſtumé de faire vne faute, qu'il faut corriger deſormais, pour ne rien obmettre qui puiſſe contribuer à la perfection de noſtre langue. C'eſt que tous impriment & eſcriuent *alla-t'on*, ainſi, mettant vne apoſtrophe aprés le *t*, qui eſt tres-mal employée, parce que l'apoſtrophe ne ſe met iamais qu'en la place d'vne voyelle qu'elle ſupprime, & chacun ſçait qu'il n'y en a point icy à ſupprimer aprés le *t*. Il faut donc mettre vn tiret aprés le *t*, comme on l'a mis deuant, & eſcrire, *alla-t-on, prie-t-on.* Car de dire que le tiret ne joint iamais la lettre qui le precede auec la ſyllabe ſuiuante, comme par exemple, en *tres-haut*, l'*s*, ne ſe joint point auec l'*h*, qui ſuit; & qu'en *prie-t-on, alla-t-on*, le *t*, ſe joint auec *on* qui ſuit, on reſpond que cela eſt vray, lors qu'il n'y a qu'vn tiret, mais non pas quand il y en a deux comme icy, qui rendent le, *t*, commun à toutes les deux ſyllabes.

Ie crois que ce ne ſera pas vne curioſité impertinente de ſçauoir l'ethymologie de ces deux mots, *on*, & *l'on*; Ils viennent ſans doute d'*homme*, ou de *l'homme*, comme ſi, *on dit*, vouloit dire *homme dit*, & que *l'on dit* vouluſt dire *l'homme dit.* Mais par ſucceſſion de temps, parce qu'on en a beſoin à tout propos, on l'a abbregé, & on l'a eſcrit comme on l'a prononcé. Ce qui confirme cela, ce ſont les Poëtes

Italiens, qui se seruent ordinairement d'*huom* pour *huomo*, auec le verbe qui commence par vne consone, *huom brama*, pour dire *on desire*, *huom teme*, pour dire *on craint*. Mais si l'on en veut vne preuue conuaincante, & non pas vne simple conjecture, c'est que les Allemans, & presque toutes les nations Septentrionales, expriment nostre *on* par le mesme mot, qui dans leur langue signifie *homme*, qui est *man*. D'autres disent auec beaucoup moins d'apparence, qu'il vient d'*omnis*.

En quels endroits il faut dire on, *& en quels endroits* l'on.

AV commencement d'vn discours, il faut dire *on* plustost que *l'on*, quoy que *l'on* ne soit pas mauuais. Que si ce n'est qu'au commencement d'vne periode, deuant laquelle il y en ait desia d'autres, *on* est encore meilleur que *l'on*; quelques-vns neantmoins tiennent que lors que le mot qui finit la periode precedente, a vn *é*, masculin à la fin, comme par exemple, si, *extremité*, est le dernier mot de la periode, on doit commencer l'autre par *l'on*, pour éuiter la cacophonie; mais c'est estre trop scrupuleux, & cela ne se doit pratiquer que dans le cours de la periode, & non pas quand ce sont deux periodes separées par vn point, qui arrestant le Lecteur, oste la cacophonie de l'*é* masculin auec l'*o*. Quand on repete plusieurs fois l'vn ou l'autre, il faut tousjours repeter le mesme sans changer, comme *on loüe, on blasme, on menace, & non pas on loüe, l'on blasme, on menace, on fait, & on dit tant de choses*, quoy qu'aprés *&*, comme nous dirons tout à cette heure, il faille tousjours dire *l'on* à cause que le *t*, ne se prononçant point, cette particule a la terminaison d'vn *é*, masculin. Mais cét inconuenient de dire *on*, aprés *&*, n'est pas si grand, & ne sonne pas si mal à l'oreille en cét endroit, que de dire, *on dit & l'on fait tant de choses*; & il seroit encore mieux de dire, *l'on dit & l'on fait*. *On*, generalement se met aprés les consones, ou l'*e*, feminin, comme *quand ie le dirois, on ne le feroit pas, quoy que tu puisses dire, on ne le fera pas*. Il se met aussi aprés *dont*, comme *celuy dont on ne cesse de parler*, plustost que *dont l'on ne cesse*. *L'on* se met aprés l'*é* masculin, comme *en cette extremité l'on ne sçauroit faire autre chose*. Aprés la conjonction *&*, pour la raison que nous venons de dire, si ce n'est au cas que nous auons excepté. Aprés la particule *ou*, comme *ou l'on rit, ou l'on pleure, c'est vn lieu où l'on vit à bon marché*. Et aprés tous les mots qui finissant par *ol*, se prononcent en *ou*, comme *fol, mol, col*, & autres semblables, qu'on prononce *fou, mou, cou, c'est vn* *fou, l'on ſe mocque de luy*, & generalement aprés toutes les voyelles, excepté l'*e* feminin.

Que, deuant *on*, & deuant *que l'on*.

IL *faut qu'on ſçache*, & *il faut que l'on ſçache*, ſont tous deux bons, mais auec cette diference neantmoins, qu'en certains endroits il eſt beaucoup mieux de mettre l'vn que l'autre.

Pluſieurs mettent *qu'on*, & non pas *que l'on*, quand il y a vne *l*, immediatement aprés l'*n*, comme *ie ne crois pas qu'on luy veüille dire*, & non pas *que l'on luy veüille dire*, à cauſe du mauuais ſon des deux *l*, *ie ne crois pas qu'on laiſſe*, & non pas *que l'on laiſſe*.

Il faut mettre *qu'on* auſſi, & non pas *que l'on* quand il y a pluſieurs *que*, dans vne periode, comme cela arriue ſouuent en noſtre langue, qui s'en ſert auec beaucoup de grace en diferentes façons, par exemple, *il n'eſt que trop vray que depuis le temps que l'on a commencé, &c.* Il eſt bien mieux de dire *qu'on a commencé*, pour diminuer le nombre des *que*, qui n'offenſent pas ſeulement l'oreille de celuy qui eſcoute, mais auſſi les yeux de celuy qui lit, voyant tant de *que*, de ſuite. Il faut encore mettre *qu'on*, & non pas *que l'on*, quand le mot qui le precede immediatement, ſe termine par *que*, comme, *on remarque qu'on ne fait iamais ainsi, &c.* & non pas, *on remarque que l'on ne fait iamais ainsi.*

Il faut mettre *que l'on* & non pas *qu'on*, deuant les verbes qui commencent par *com*, ou *con*, comme ie ne dirois pas *qu'on commence, qu'on conduise*, mais *que l'on commence, que l'on conduise*: Mais comme j'ay desia dit, tout cela n'est que pour vne plus grande perfection, & ce n'est pas vne faute que d'y manquer.

L'vsage de ces deux termes diferens, *qu'on* & *que l'on*, est encore tres-commode en prose & en vers, mais sur tout en vers pour prendre ou quitter vne syllabe, selon qu'on a besoin de l'vn ou de l'autre dans la versification. Il est superflu d'en donner des exemples, les Poëtes en sont pleins. Mais pour la prose, peu de gens comprendront l'auantage qu'elle tire d'allonger ou d'accourcir d'vne syllabe vne periode, s'ils n'entendent l'art de l'arrondir, & s'ils n'ont l'oreille delicate.

Recouuert, & *recouuré.*

R*Ecouuert* pour *recouuré* est vn mot que l'Vsage a introduit depuis quelques années contre la reigle, & contre la raison ; Ie dis depuis quelques années, parce qu'il ne se trouue point qu'Amyot en ayt iamais vsé; &

que Des-Portes ſemble auoir eſté le premier Autheur qui s'en eſt ſeruy à la fin de quelques-vns de ſes vers, y eſtant inuité par la rime. Ie dis qu'il eſt contre la reigle, parce que ce participe ſe formant de l'infinitif *recouurer*, il ne faut qu'oſter l'*r*, d'où ſe fait *recouuré*, comme de *manger*, *mangé*, de *prier*, *prié*, & ainſi des autres. I'adjouſte qu'il eſt contre la raiſon, parce que *recouuert* veut dire vne autre choſe, & que la raiſon ne veut pas que l'on face des mots equiuoques, quand on s'en peut paſſer.

L'V ſage neantmoins a eſtably *recouuert* pour *recouuré*, c'eſt pourquoy il n'y a point de difficulté qu'il eſt bon : car l'V ſage eſt le Roy des langues, pour ne pas dire le Tyran : Mais parce que ce mot n'eſt pas encore ſi generalement receu, que la pluſpart de ceux qui ont eſtudié ne le condamnent, & ne le trouuent inſupportable, voicy comme ie voudrois faire ; Ie voudrois tantoſt dire *recouuré*, & tantoſt *recouuert* ; j'entens dans vn œuure de longue haleine, où il y auroit lieu d'employer l'vn & l'autre ; car dans vne lettre, ou quelque autre petite piece, ie mettrois plutoſt *recouuert* comme plus vſité. Ie dirois donc *recouuré*, auec les gens de Lettres, pour ſatisfaire à la reigle & à la raiſon, & ne paſſer pas parmy eux pour vn homme qui ignoraſt ce que les enfans ſçauent, & *recouuert*, auec toute la Cour, pour ſatisfaire à

l'V ſage

l'Vsage, qui en matiere de langues, l'emporte tousjours par dessus la raison.

A cause de *recouuert*, force gens disent, *recouurir*, pour *recouurer*, & pensent auoir raison, mais il n'est pas encore estabLi comme *recouuert*, & il ne le faut pas souffrir; Car si au commencement, deux ou trois personnes d'authorité se fussent opposées à *recouuert*, quand il vint à s'introduire à la Cour, on en eust empesché l'vsage, aussi bien que M. de Malherbe l'a empesché de quelques autres mots tres-mauuais, qui commençoient à auoir cours.

Pour que.

CE terme est fort vsité, particulierement le long de la riuiere de Loire, & mesme à la Cour, où vne personne de tres-eminente condition a bien aydé à le mettre en vogue. On s'en sert en plusieurs façons, qui ne valent toutes rien.

Premierement, ils en vsent pour dire *affin que*, comme, *ie luy ay escrit pour qu'il luy pleust auoir esgard*, au lieu de dire *affin qu'il luy pleust.*

Secondement, en vn autre sens, par exemple, *il est trop honneste homme pour qu'il me refuse cela*, au lieu de dire *pour me refuser cela.*

En troisiesme lieu, ils s'en seruent d'vne façon si commode & si courte, que si l'on auoit à le dire, il faudroit que ce ne fust que de cette sorte; comme, *Ils sont trop de gens pour qu'vn homme seul les attaque.* On ne sçauroit bien exprimer cela que l'on ne change le verbe actif en passif, & que l'on ne die auec moins de grace, ce semble, *ils sont trop de gens pour estre attaquez par vn homme seul.* Mais on ne le peut pas tousjours resoudre par le passif, comme si ie dis, *ie parlois assez haut pour qu'il m'entendist,* pour dire, *ie parlois si haut qu'il me pouuoit bien entendre,* ie ne le dirois pas si bien par le passif en disant, *ie parlois assez haut pour estre entendu de luy.* Et quand on dit, *ie ne suis pas assez heureux pour que cela soit,* il faut prendre vn grand tour de paroles pour l'exprimer autrement. Enfin toutes les fois que l'on parle de deux personnes, comme, *Ie suis assez malheureux pour qu'il passe icy,* il est malaisé de dire cela en si peu de mots, sans changer la phrase. Du moins il faut ajouster *faire,* aprés *pour,* & dire, *ie suis assez malheureux pour faire qu'il passe icy*; mais il n'a gueres de grace. On s'en sert encore d'vne autre façon bien estrange, comme, *vn pere sera-t-il deshonoré pour que ses enfans soient vicieux?* au lieu de dire, *vn pere sera-il deshonoré si ses enfans sont vicieux?* ou de l'exprimer de quelque autre sorte. Et en l'autre exemple, *ie ne suis pas assez heureux pour que cela soit*; on pourroit exprimer la mesme chose en ajoustant vn seul verbe, *esperer*, ou *croire*, & dire, *ie ne suis pas assez heureux pour esperer*, ou *pour croire que cela soit*; Mais c'est tousjours allonger l'expression. C'est pourquoy il y a grande apparence que, *pour que*, estant court & commode, s'establira tout à fait, & alors nous nous seruirons de cette commodité comme les autres, mais en attendant ie m'en voudrois abstenir, selon le sentiment general de nos meilleurs Escriuains.

Rencontre.

EN quelque sens qu'on l'employe, il est tousjours feminin, & les bons Autheurs n'en vsent iamais autrement: car quand il signifie *hazard*, *occasion*, ou *conjoncture*, on dira, *par vne heureuse rencontre*, *par vne mauuaise rencontre*, *vne facheuse rencontre*, quoy que plusieurs dient & escriuent aujourd'huy, *en ce rencontre*. Quand on s'en sert en terme de guerre, on dit aussi, *ce n'est pas vne bataille, ce n'est qu'vne rencontre*. Et lors qu'il signifie *vn bon mot*, il est aussi feminin; on dit, *voilà vne bonne rencontre*. Neantmoins en matiere de querelle, plusieurs le font masculin, & disent, *ce n'est pas vn duel, ce n'est qu'vn rencontre*; mais le meilleur est de le faire feminin.

Haïr.

CE verbe se conjugue ainsi au present de l'indicatif, *ie hais, tu hais, il hait, nous häissons, vous häissez, ils häissent*, en faisant toutes les trois personnes du singulier d'vne syllabe, & les trois du pluriel de trois syllabes. Ce que ie dis, parce que plusieurs conjuguent, *ie haïs, tu haïs, il haït:* faisant *haïs* & *haït*, de deux syllabes, & qu'il y en a d'autres, qui font bien encore pis en conjuguant & prononçant *i'haïs*, comme si, l'*h*, en ce verbe n'estoit pas aspirée, & que, l'*e*, qui est deuant se peust manger; Au pluriel il faut conjuguer comme nous auons dit, & non pas, *nous hayons, vous hayez, ils hayent*, comme font plusieurs, mesme à la Cour, & tres-mal.

Promener.

IL faut dire & escrire, *promener*, & non pas *pourmener.* Tantost il est neutre, comme quand on dit, *allons promener, il est allé promener, ie vous enuoyeray bien promener.* Tantost neutre-passif, comme, *il s'est allé promener, ie me promeneray.* Et tantost actif, lors qu'on ne parle pas des personnes qui se promenent, comme quand on dit, *promenez cét enfant, promenez ce cheual.*

Iusque, sans *s* à la fin.

IAmais on n'escrit *iusque*, sans, *s*, à la fin; car, où il est suiuy d'vne consone, ou d'vne voyelle; si d'vne consone il faut dire *iusques*, comme *iusques là*; si d'vne voyelle, il faut manger l'*e*, & dire *jusqu'à*, *jusqu'à la mort*, *jusqu'aux enfers*, *jusqu'à Pasques*, ou *jusques à*. Ainsi l'on n'escrit jamais *jusque* sans, *s*, à la fin.

Iusques à, & *jusqu'à*.

TOus deux sont bons, seulement il faut prendre garde, que si l'oreille desire vne syllabe de plus ou de moins pour arrondir vne periode, on choisisse celuy des deux qui fera cét effet. Les Maistres de l'art demeurent d'accord de cette justesse, & ceux qui ont l'oreille bonne le reconnoissent sans art.

Il faut aussi euiter de dire, *jusqu'à*, lors qu'il y a vne repetition de la derniere syllabe *qu'à*, tout proche de la premiere. Par exemple, Ie ne dirois pas, *jusqu'a quatre*, mais *jusques à quatre*, ny *jusqu'a ce qu'aprés*, ou *jusqu'à ce qu'ayant*, pour fuïr la cacophonie. Que si le soin que l'on aura de l'euiter d'vn costé, fait que de l'autre on desajuste sa periode, il vaut mieux tomber dans l'inconuenient du mauuais son, pourueu qu'il ne choque pas trop rudement l'oreille, que de rompre la juste cadence d'vne periode. Mais auec vn peu de soin, on se peut exemter de l'vn & de l'autre.

Ie dirois aussi *jusques à quand*, & non pas *jusqu'à quand.*

Cette diference de *jusques à*, & *jusqu'à*, sert aussi à rompre la mesure d'vn vers, quand il se rencontre dans la prose.

En cette preposition *jusques à*, ou *jusqu'à*, ou *jusqu'aux*, au pluriel, il y a encore vne chose à remarquer, qui est assez curieuse; c'est qu'elle, tient lieu de certains cas. Par exemple, *ils ont tué jusqu'aux animaux*; Icy, *jusqu'aux animaux*, tient lieu d'accusatif. *Iusqu'aux plus vils & aux plus abjets des hommes, se donnoient la licence de &c*; Icy, *jusqu'aux plus vils*, tient lieu de nominatif. *Il a donné à tout le monde, il a donné jusqu'aux valets*; Icy il tient lieu de datif.

Quelques-vns disent *jusques à là*, pour dire *jusques là*, & *jusques à icy*, pour dire *jusques icy*; mais l'vn & l'autre est barbare.

Mais mesmes.

IL se dit & s'escrit communement, & tous les bons Autheurs s'en seruent; Mais parce que plusieurs font difficulté d'en vser à cause de la rudesse de ces trois syllabes, ou pour mieux dire, à cause du son d'vne mesme syllabe repetée trois fois, j'ay creu qu'il le falloit defendre, & que c'estoit vn scrupule, qu'on ne doit ny faire, ny souffrir. Premierement nous auons l'authorité de tous les bons Escriuains, anciens, & modernes, qui aprés *non seulement*, ont accoustumé de le mettre, comme *non seulement il luy a pardonné, mais mesmes il luy a fait du bien.* En second lieu, il y a vne maxime generale en matiere de cacophonie, ou de mauuais son, que les choses qui se disent ordinairement, n'offensent jamais l'oreille, parce qu'elle y est toute accoustumée. Outre que la troisiesme syllabe de *mais mesmes*, a vn son fort different des deux autres, comme on le juge aisément à la prononciation, les deux premieres ayant la terminaison masculine, & la derniere, la terminaison feminine.

Ceux qui font ce scrupule, veulent que l'on mette tousjours en sa place *mais aussi.* Il y a pourtant bien de la diference entre *mais mesmes*, & *mais aussi.* Celuy-là emporte vn sens bien plus fort, & a bien plus d'emphase que l'autre.

Mesme, & *mesmes* aduerbe.

TOus deux sont bons & auec *s* & sans *s*, mais voicy comme ie voudrois vser tantost de l'vn & tantost de l'autre. Quand il est proche d'vn ſubſtantif ſingulier, ie voudrois mettre *meſmes* auec *s*, & quand il eſt proche d'vn ſubſtantif pluriel, ie voudrois mettre *meſme* ſans *s*, & l'vn & l'autre pour éuiter l'equiuoque, & pour empeſcher que *meſme*, aduerbe ne ſoit pris pour *meſme*, pronom. Vn exemple de chacun le va faire entendre, *Les choſes meſme que ie vous ay dites me juſtifient aſſez*, & *la choſe meſmes que ie vous ay dite*, &c. Car encore que pour l'ordinaire le ſens face aſſez connoiſtre quand *meſme* eſt aduerbe, ou quand il eſt pronom ; ſi eſt-ce qu'il ſe rencontre aſſez ſouuent des endroits, où l'eſprit d'abord eſt ſurpris & heſite pour en iuger. Le moyen de le diſcerner, c'eſt de le tranſpoſer, & de le mettre deuant le nom, car s'il fait le meſme effet deuant le nom qu'apres le nom, c'eſt vne marque infaillible qu'il eſt aduerbe, comme aux deux exemples que nous auons donnez. Ceux qui n'obſerueront pas cette remarque ne feront point de faute, mais ceux qui l'obſerueront, ſeront plus reguliers, ſoulageront l'eſprit du Lecteur, & contribueront quelque choſe à la netteté du ſtile.

Quaſi.

CE mot eſt bas, & nos meilleurs Eſcriuains n'en vſent que rarement. Ils diſent

sent d'ordinaire *presque*. Ce n'est pas que *quasi* en certains endroits ne se puisse dire, mesme auec quelque grace, comme quand on dit, *il n'arriue quasi jamais que, &c.* Quelques vns qui ont le goust tres-delicat, trouuent qu'en cét exemple *presque*, n'y vient pas si bien que *quasi*.

Fronde.

SAns considerer l'ethymologie de ce mot, qui vient du Latin *Funda*, où il n'y a point d'*r*, il faut dire *fronde*, & non pas *fonde*, l'Vsage le voulant ainsi, & personne ne le prononçant autrement. C'est comme M. de Malherbe l'a tousjours escrit, quoy que M. Coeffeteau, & aprés luy vn de nos meilleurs Autheurs dient tousjours *fonde*.

Soumission, & submission.

IL y a vingt ans qu'on disoit *submission*, & non pas *soumission*, quoy que l'on dist *soumettre*, & *soumis*, & non pas *submettre*, ny *submis*; maintenant on dit & on escrit, *soumission*, & non pas *submission*. Ie sçay bien qu'on dit au Palais, *il a fait les submissions au greffe*, mais c'est vn terme de Palais, qui ne tire point à consequence pour le langage ordinaire.

De cette ſorte, & de la ſorte.

PLuſieurs en vſent indifferemment; Toutefois *de la ſorte* ne ſe doit mettre, qu'aprés qu'vne choſe vient d'eſtre dite ou faite, & *de cette ſorte* ſe met deuant & aprés. Par exemple, vn Hiſtorien venant de rapporter vne harengue d'vn General d'armée, dira *ayant parlé de la ſorte*, & s'il le va faire parler, il dira *il commença à parler de cette ſorte*, & non pas *de la ſorte*, comme le met tousjours vn de nos meilleurs Eſcriuains. *De cette ſorte* ſe peut auſſi mettre aprés, comme nous auons dit, mais pour l'ordinaire il n'a pas ſi bonne grace que *de la ſorte*. Du temps du Cardinal du Perron, & de Monſieur Coeffeteau, cette remarque s'obſeruoit exactement; mais ie viens d'apprendre des Maiſtres, qu'aujourd'huy on ne l'obſerue plus, & que tous deux ſont bons deuant & aprés, quoy que neantmoins ils auoüent qu'il eſt bien plus élegant d'en vſer ſelon la remarque, que de l'autre façon.

Epithete, equiuoque, anagramme.

EPithete eſt feminin, *vne belle epithete, les epithetes Françoiſes*, qui eſt le titre d'vn liure nouuellement imprimé; quelques-vns pourtant le font maſculin; tous deux ſont bons.

Equiuoque eſt feminin auſſi, *vne dangereuſe equiuoque*; *on demande ſi les equiuoques ſont defenduës, toutes les equiuoques ne ſont pas vicieuſes, vne faſcheuſe equiuoque.* Quelques-vns encore le font maſculin. *Anagramme* eſt touſiours feminin, *vne belle anagramme, vne heureuſe anagramme.*

Je vais, ie va.

TOus ceux qui ſçauent eſcrire, & qui ont eſtudié, diſent, *ie vais*, & diſent fort bien ſelon la Grammaire, qui conjugue ainſi ce verbe, *ie vais, tu vas, il va*; car lors que chaque perſonne eſt differente de l'autre, en matiere de conjugaiſon, c'eſt la richeſſe & la beauté de la langue, parce qu'il y a moins d'equiuoques, dont les langues pauures abondent. Mais toute la Cour dit, *ie va*, & ne peut ſouffrir, *ie vais*, qui paſſe pour vn mot Prouincial, ou du peuple de Paris.

La, pour *le*.

C'Eſt vne faute que font preſque toutes les femmes, & de Paris, & de la Cour. Par exemple, ie dis à vne femme, *quand ie ſuis malade, j'ayme à voir compagnie*, Elle me reſpond, *& moy quand ie la ſuis, ie ſuis bien aiſe de ne voir perſonne.* Ie dis, que c'eſt vne faute de dire, *quand* *ie la ſuis*, & qu'il faut dire, *quand ie le ſuis.* La raiſon de cela eſt, que ce, *le*, qu'il faut dire, ne ſe rapporte pas à la perſonne, car en ce cas là il eſt certain qu'vne femme auroit raiſon de parler ainſi, mais il ſe rapporte à la choſe; & pour le faire mieux entendre, c'eſt que ce *le*, vaut autant à dire que *cela*, lequel *cela*, n'eſt autre choſe que ce dont il s'agit, qui eſt, *malade* en l'exemple que j'ay proposé; Et pour faire voir clairement que ce que ie dis eſt vray, & que ce *le*, ne ſignifie autre choſe que *cela*, ou *ce dont il s'agit:* propoſons vn autre exemple, où ce ſoient pluſieurs qui parlent, & non pas vne femme. Ie dis à deux de mes amis, *quand ie ſuis malade*, *ie fais telle choſe*, & ils me reſpondent, *& nous quand nous le ſommes*, *nous ne faiſons pas ainſi.* Qui ne voit que ſi la femme parloit bien en diſant, *quand ie la ſuis*, il faudroit auſſi que ces deux hommes diſſent, *& nous quand nous les ſommes?* ce qui ne ſe dit point. Ainſi M. de Malherbe dit, *les choſes ne nous ſuccedent pas comme nous le deſirons*, & non pas *les deſirons.* Cét exemple n'eſt pas tout à fait comme l'autre, mais il y a beaucoup de rapport, & eſt dans la meſme reigle. Neantmoins puis que toutes les femmes aux lieux où l'on parle bien, diſent, *la*, & non pas, *le*, peut-eſtre que l'Vſage l'emportera ſur la raiſon, &

ce ne sera plus vne faute. Pour *les*, au pluriel, il ne se dit point, ny par la raison, ny par l'Vsage.

Ingredient, expedient, inconuenient, escient, & autres semblables.

IL faut prononcer la derniere syllabe de ces mots là, comme si elle s'escriuoit auec vn *a*, & non pas auec vn *e*, *vn ingrediant, vn expediant, &c.* quoy que l'on prononce *moyen*, *citoyen, Chrestien, &c.* auec l'*e*, comme on les escrit. Pour connoistre donc quand il faut prononcer *a*, ou *e*, voicy la reigle. C'est que toutes les fois qu'au singulier des noms qui ont *en* à la derniere syllabe il y a vn *t*, aprés l'*en*, l'*e* se prononce en *a*, comme à *expedient*, *inconuenient*, & ainsi des autres. Mais quand il n'y a point de *t*, comme à *moyen, citoyen, &c.* alors on prononce l'*e*, & au singulier, & au pluriel, comme il est escrit.

Si l'on objecte qu'en ce mot *Chrestienté*, il y a vn *t*, aprés l'*n*, & que neantmoins il faut prononcer, l'*e* qui est deuant l'*n* comme vn *e*, & non pas comme vn *a*; car il ne faut jamais dire *Chrestianté*, quoy que plusieurs le dient; On respond, que cela n'est point contre la reigle qu'on vient de donner, qui ne parle que de la derniere syllabe du mot terminé en *ent*,

& non pas de celle qui n'est pas la derniere comme *en*, deuant le *t*, ne l'est pas en *Chrestienté*. Outre que le *t*, n'entre pas dans la syllabe *en*, mais dans la derniere qui est *té*.

Soit que, ou soit.

ON dit, *soit que vous ayez fait cela, soit que vous ne l'ayez pas fait.* On dit aussi, *soit que vous ayez fait cela, ou que vous ne l'ayez pas fait*, & c'est la plus ordinaire & la plus douce façon de parler; Mais l'autre ne laisse pas d'estre fort bonne, & mesmes il y a de certains endroits, dont les exemples ne se presentent pas maintenant, où la repetition des deux *soit*, a beaucoup meilleure grace, que de dire, *ou*. Il y en a vne troisiesme, dont plusieurs se seruent, mais qui est condamnée dans la prose par les meilleurs Escriuains. C'est, *ou soit*, par exemple ils disent, *ou soit qu'il n'eust pas donné assez bon ordre à ses affaires, ou que ses commandemens fussent mal executez.* Ou bien, *soit qu'il n'eust pas donné bon ordre*, &c. *ou soit que ses commandemens, &c.* Il ne faut point mettre *ou*, deuant *soit*, ny en l'vn, ny en l'autre exemple, il est redondant. Il faut dire simplement, *soit qu'il n'eust pas donné*, &c. *ou que ses commandemens, &c.* I'ay dit *dans la prose*; parce que les Poëtes ne font point de difficulté d'en vser, leur estant commode d'auoir vne syllabe de plus, ou de moins, pour le vers.

Superbe.

CE mot est tousiours adjectif, & jamais substantif, quoy qu'vne infinité de gens, & particulierement les Predicateurs disent, *la superbe*, pour dire *l'orgueil*. Ce n'est pas qu'il n'y ayt plusieurs mots qui sont substantifs & adjectifs tout ensemble, comme *colere*, *adultere*, *chagrin*, *sacrilege*, *&c.* mais *superbe*, n'est pas de ce nombre.

En somme.

CE terme est vieux, & ceux qui escriuent purement ne s'en seruent plus. Nous auons pourtant grand besoin de ces façons de parler pour les liaisons, & les commencemens des periodes qu'il faut souuent diuersifier. Puis que l'on ne veut plus receuoir *en somme*, on recevra encore moins *somme*, pour *en somme*, dont nos meilleurs Escriuains se seruoient il n'y a pas long temps, & beaucoup moins encore *somme toute*. Nous n'auons *qu'enfin*, *en vn mot*, *aprés tout*, car ny *finalement*, ny *bref*, ne s'employent plus gueres dans le beau stile, quoy que l'on s'en serue dans le stile ordinaire.

Epigramme.

IL est tousjours feminin, & l'on dit, *vne belle epigramme*, & non pas, *vn bel epigramme*, & *vne epigramme bien aiguë*, & non pas *bien aigu*; Car il y en a quelques-vns qui veulent qu'il soit masculin & feminin, selon la diuerse situation de l'adjectif qui l'accompagne, par exemple, ils veulent que l'on die, *vne belle epigramme*, & *vn epigramme bien aigu*, c'est à dire, que quand l'adjectif est deuant, *epigramme* soit feminin, & quand l'adjectif est aprés, qu'il soit masculin. Mais cette distinction qui a lieu en quelques autres mots, est condamnée en celuy-cy.

Epitaphe, Horoscope, Epithalame.

LEs vns font *Epitaphe* masculin, les autres feminin; mais la plus commune opinion est, qu'il est feminin, *vne belle epitaphe*. Au contraire, *Horoscope* qu'on fait aussi des deux genres, passe neantmoins plus communement pour masculin, l'*horoscope qu'il a fait*, *qu'il a dressé*, plustost que, *qu'il a faite* ou *dressée*. *Epithalame* est des deux genres aussi, mais plustost masculin que feminin.

LE pro-

LE, pronom relatif oublié.

PLusieurs obmettent le pronom relatif, *le*, aux deux genres & aux deux nombres. Par exemple, *vn tel veut acheter mon cheual, il faut que ie luy face voir*, au lieu de dire, *il faut que ie le luy face voir, veut acheter ma haquenée, il faut que ie la luy face voir.* Ainsi au pluriel. Amyot fait tousjours cette faute, mais ce n'est qu'auec *luy*, & *leur*, pour euiter sans doute la cacophonie de *le luy*, & *le leur*, & ne dire pas, *il faut que ie le luy face voir*, ou, *que ie le leur face voir*, qui n'est pas vne raison suffisante pour laisser vn mot si necessaire; car il vaut bien mieux satisfaire l'entendement que l'oreille, & il ne faut jamais auoir esgard à celle-cy; qu'on n'ayt premierement satisfait l'autre. Amyot donc, ny ceux qui font encore aujourd'huy cette faute, ne diront pas *vous voulez acheter mon cheual, il faut que ie vous monstre*, mais *que ie vous le monstre*; parce que ce n'est qu'auec *luy* & *leur* qu'ils parlent ainsi, comme j'ay dit, à cause de la cacophonie des deux *l, l.*

Les pronoms, LE, LA, LES, transposés.

IL y a encore vne autre petite remarque à faire sur la transposition de ce pronom relatif. Par exemple, il faut dire, *ie vous le pro-*

mets, & non pas, *ie le vous promets*, comme le disent tous les anciens Escriuains, & plusieurs modernes encore. Il faut tousjours mettre le pronom relatif auprés du verbe, mesme lors qu'il y a repetition du pronom personnel, comme, *il n'est pas si meschant que vous vous le figurez*, & non pas, *que vous le vous figurez*, nonobstant la cacophonie des deux *vous*. Pour les vers, quelques-vns se seruent de l'vn & de l'autre, & disent aussi, *vous le vous figurez*; mais non pas, *ie le vous asseure*, pour, *ie vous l'asseure*.

Mensonge, poison, relasche, reproche.

CEs mots sont tousjours masculins, quoy que quelques-vns de nos meilleurs Autheurs les ayent fait feminins; il est vray que ce ne sont pas des plus modernes. On dit toutesfois au pluriel, *à belles reproches*, *de sanglantes reproches*, & en ce nombre il est certain qu'on le fait plus souuent feminin que masculin; Mais quand on le fera par tout masculin, on ne sçauroit faillir.

Oeuure, œuures.

AV singulier, quand il signifie *liure*, ou *volume*, ou *quelque composition*, il est masculin, *vn bel œuure*. Pour *action*, il est feminin, *faire vne bonne œuure*, quelques-vns disent, & tres-mal, faire *vn bon œuure*. Au pluriel il est tousjours feminin, soit qu'il signifie l'vn ou l'autre; car on dit, *faire de bonnes œuures*, &, *j'ay toutes ses œuures*, & non pas *tous ses œuures*. On dit, *le grand œuure*, pour dire la pierre philosophale en vn sens different des deux autres.

Tant plus.

CE terme n'est plus gueres en vsage parmy ceux qui font profession de bien parler, & de bien escrire. On ne dit que *plus*. Par exemple, *tant plus il boit, tant plus il a soif*, c'est à la vieille mode, il faut dire, *plus il boit, plus il a soif*. Qui ne voit combien ce dernier est plus beau?

Valant, pour *vaillant*.

IL est vray que selon la raison, il faudroit dire, *cent mille escus valant*, & non pas, *cent mille escus vaillant*, parce qu'outre l'equiuoque de *vaillant*, & la reigle qui veut qu'on ne face point d'equiuoque sans necessité, *valoir* fait *valant*, comme *vouloir* fait *voulant*, & non pas *vaillant*. Aussi l'on dit, *equiualant*, & non pas *equiuaillant*. Mais l'Vsage plus fort que la raison dans les langues, fait dire à la Cour, & escrire à tous les bons Autheurs, *cent mille escus vaillant*, & non pas *valant*. C'est en Poictou principalement, où l'on dit *valant*.

Ne plus ne moins.

POur signifier *comme*, ou, *tout ainsi que*, il faut dire *ne plus ne moins*, & non pas, *ny plus, ny moins*, qui est bon pour exprimer exactement la quantité d'vne chose; comme, *il y a cent escus, ny plus, ny moins. Ie ne vous dis que ce qu'il m'a dit, ny plus, ny moins.* Mais quand c'est vn terme de comparaison, il faut dire & escrire, *ne plus ne moins*, comme le Cardinal du Perron, M. Coeffeteau, & M. de Malherbe l'ont tousjours escrit. Et bien que par tout ailleurs cette negatiue se nomme, *ny*, & non pas *ne*, qui est vn vieux mot qui n'est plus en vsage que le long de la riuiere de Loire, où l'on dit encore, *ne vous, ne moy*, pour, *ny vous, ny moy*, ; si est-ce que l'ancien *ne*, s'est conserué entier en *ne plus ne moins*; car l'on ne dit point *ny plus, ne moins*, ny, *ne plus, ny moins*. L'Vsage le veut ainsi; quoy qu'à le bien prendre, & selon que les mots sonnent, ce terme de comparaison ne signifie autre chose, sinon que les deux choses que l'on compare ont vn rapport si parfait, qu'il semble qu'il n'y a ny plus ny moins en l'vne qu'en l'autre.

I'ay dit comme il falloit vser de ce terme, quand on s'en sert, parce que plusieurs y manquent. Mais il est bon que l'on sache, qu'il n'est presque plus en vsage parmy ceux qui parlent & escriuent bien.

Ny deuant le second epithete d'vne proposition negatiue.

CEtte remarque est assez curieuse, & peu de gens y prennent garde. Ie parle des meilleurs Escriuains, mais M. Coeffeteau n'y manque jamais. Ie dis donc que, *ny*, ne se doit pas mettre deuant la seconde epithete, ou le second adjectif d'vne proposition negatiue, quand cette seconde epithete n'est que le synonime de la premiere. Exemple, *il n'est point de memoire d'vn plus rude & plus furieux combat*, dit M. Coeffeteau, ie dis qu'il n'a pas mis *d'vn plus rude ny plus furieux combat*, parce qu'icy *rude & furieux* sont synonimes; quoy que ce ne seroit pas vne faute de mettre le, *ny*, comme font quelques-vns, mais il seroit moins bon que, *&*. *Ny* se doit mettre seulement quand les deux epithetes sont tout à fait differentes, comme *il n'y eut iamais de Capitaine plus vaillant, ny plus sage que luy*, car *vaillant* & *sage* sont deux choses bien differentes, & il ne seroit pas si bien dit, *il n'y eut jamais de Capitaine plus vaillant & plus sage que luy*. A plus forte raison on doit mettre *ny*, si ce sont deux choses contraires.

Nier.

QVand la negatiue *ne*, est deuant *nier*, il la faut encore repeter aprés le mesme verbe, par exemple, *ie ne nie pas que ie ne l'aye dit*, & non pas, *ie ne nie pas que ie l'aye dit*. Ce dernier neantmoins ne laisse pas d'estre François; mais peu élegant: l'autre est beaucoup meilleur; nostre langue ayme deux negations ensemble, qui n'affirment pas comme en Latin, où *nec-non*, veut dire, *&c*.

Subuenir.

IL faut dire, *subuenir à la necessité de quelqu'vn*, & non pas *suruenir*, comme dit la plus part du monde; Car *suruenir* veut dire toute autre chose, comme chacun sçait.

Sortir.

CE verbe est neutre, & non pas actif. C'est pourquoy, *sortez ce cheual*, pour dire, *faites sortir ce cheual*, ou, *tirez ce cheual*, est tres-mal dit, encore que cette façon de parler se soit renduë fort commune à la Cour, & par toutes les Prouinces. On accuse les Gascons d'en estre les autheurs, à cause qu'ils ont accoustumé de conuertir plusieurs verbes neutres en actifs, comme *tomber*, *exceller*, *&c.* jusques là, qu'ils disent mesmes *entrez ce cheual*; pour dire, *faites entrer ce cheual*, ce que j'ay oüy dire aussi à des Courtisans nez au cœur de la France. Surquoy il faut remarquer, que de toutes les erreurs qui ſe peuuent introduire dans la langue, il n'y en a point de ſi aiſée à eſtablir, que de faire vn verbe actif, d'vn verbe neutre; parce que cét vſage eſt commode, en ce qu'il abrege l'expreſſion, & ainſi il eſt incontinent ſuiuy & embraſſé de ceux qui ſe contentent d'eſtre entendus ſans ſe ſoucier d'autre choſe; on a bien pluſtoſt dit, *Sortez ce cheual*, ou *entrez ce cheual*, que, *faites ſortir ce cheual*, ou *faites entrer ce cheual*.

On dit pourtant, *ſortir le Royaume*, pour *du Royaume*, qui me ſemble bien meilleur, &c. *ſortez-moy de cette affaire : j'eſpere qu'il me ſortira d'affaire*. Il eſt vray qu'en terme de Palais on dit, *la ſentence ſortira ſon plein & entier effect*; mais c'eſt en vne ſignification ſi differente de l'autre, qu'il eſt malaiſé de juger d'où vient cette façon de parler, qui d'ailleurs n'eſt vſitée qu'au barreau, quoy qu'vne de nos meilleures plumes ayt eſcrit, *ſortir ſon effet*, en vne matiere qui n'eſt pas de la juriſdiction du Palais; Ie ne voudrois pas l'imiter en cela comme en tout le reſte, au moins dans le beau langage.

Inſidieux.

C'Eſt vn mot purement Latin, que M. de Malherbe a taſché de faire François: car il eſt le premier, que ie ſçache, qui en ayt vſé.

Ie voudrois bien qu'il fuſt ſuiuy , parce que nous n'auons point de mot qui ſignifie celuy-là, outre qu'il eſt beau & doux à l'oreille, ce qui me fait augurer qu'il ſe pourra eſtablir. Il n'auroit pas grand'peine à s'introduire parmy ceux qui entendent la ſignification & la force du mot, & qui ſçauent le Latin; mais pour les autres qui n'en ont aucune connoiſſance , ils ne luy ſeront pas ſi fauorables, à cauſe que ny *inſidieux*, ny *inſidiæ* d'où il vient, n'ont rien qui approche d'aucun mot de noſtre langue, qui ſignifie cela & qui luy fraye le chemin, tellement qu'il faudroit du temps pour le faire connoiſtre. Les exemples tirez de M. de Malherbe en feront voir & la ſignification & l'vſage. Il dit en vn lieu, *ces ſubtilitez qui ſemblent inſidieuſes*. Et en vn autre, *c'eſt vne inſidieuſe façon de nuire, que de nuire en ſorte qu'on en ſoit remercié*. I'ajouſteray vn troiſieſme exemple qui le fera entendre encore plus clairement, *il ne faut pas ſe fier aux careſſes du monde, elles ſont trompeuſes, & s'il faut vſer de ce mot, inſidieuſes*; c'eſt à dire, que ce ſont autant de pieges & d'embuſches que le monde nous dreſſe; Car pour l'introduire au commencement, ie voudrois l'adoucir auec ce correctif, *s'il faut vſer de ce mot*, ou *s'il faut ainſi dire*, ou quelque autre ſemblable, ou bien l'expliquer deuant ou aprés, par quelque mot ſynonime qui l'appuye, &

luy

luy serue d'introducteur. Vn vers qui commenceroit ainsi, *Insidieux Amour, qui &c.* n'auroit pas mauuaise grace. Ce mot y seroit bien placé.

Vne infinité.

VNe *infinité de personnes*, regit le pluriel. M. de Malherbe, *j'ay eu cette consolation en mes ennuis, qu'vne infinité de personnes ont pris la peine de me tesmoigner le desplaisir qu'ils en ont eu.* Cela ne se fait pas à cause que le mot d'*infinité* est collectif, & signifie beaucoup plus encore que la pluralité des personnes, mais parce que le genitif est pluriel, qui en cét endroit donne la loy au verbe contre la reigle ordinaire de la Grammaire, qui veut que ce soit le nominatif qui regisse le verbe; Car si vous dites *vne infinité de monde*; parce que ce genitif est au singulier, vous direz, *vne infinité de monde se jetta là dedans*, & non pas, *vne infinité de monde se jetterent*, ce qui est vne preuue manifeste que c'est le genitif pluriel, qui fait dire, *vne infinité de personnes ont pris la peine*, & non pas la force collectiue du mot *infinité*.

La plusпart, la plus-grand'part.

LA pluspart regit tousjours le pluriel, comme, *la plusрart se laissent emporter à la cous-*

tume, & *la plus grand' part*, regit tousiours le singulier, comme, *la plus grand' part se laisse emporter*. Mais pour monstrer ce qui a esté dit en la remarque precedente, que le genitif donne la loy au verbe, & non pas le nominatif (ce qui est bien extraordinaire & à remarquer) on dit, *la plusþart du monde fait*, quoy que l'on die tousiours, *la plusþart font*, parce que ce genitif singulier *du monde*, donne le regime au nombre singulier du verbe; Et si vous dites, *la plusþart des hommes*, vous direz aussi, *font*, & non pas *fait*.

Voire mesme.

I'Auoüe que ce terme est comme necessaire en plusieurs rencontres, & qu'il a tant de force pour imprimer ce en quoy on l'employe ordinairement, que nous n'en auons point d'autre à mettre en sa place, qui face le mesme effet. Neantmoins il est certain qu'on ne le dit plus à la Cour, & que tous ceux qui veulent escrire purement, n'en oseroient vser. Pour moy, ie ne le condamne point aux autres, mais ie ne m'en voudrois pas seruir, à cause qu'il y a deux sortes d'Vsages, le commun, & l'excellent, & que ie ne voudrois pas vser d'vne façon de parler, que l'excellent Vsage eust condamnée. Et l'on a beau se plaindre de l'injustice de cét Vsage, il ne faut pas laisser de s'y soumettre, encore qu'on le croye injuste. I'ajousteray, que ceux qui ont accoustumé de s'en seruir, ne pensent pas s'en pouuoir passer, & que ceux qui ne s'en seruent jamais, ne s'apperçoiuent pas qu'ils en ayent besoin. *Et mesmes*, tout seul fait à peu prés le mesme effet, comme si l'on dit, *ce remede est inutile, voire mesmes pernicieux*; on peut dire aussi, *ce remede est inutile, & mesmes pernicieux*. Il est vray qu'il est vn peu plus foible.

Le pronom possessif aprés le substantif.

PAr exemple, *quel aueuglement est le vostre?* M. de Malherbe soustenoit qu'il falloit dire, *quel est vostre aueuglement?* & que ce sont les Italiens qui parlent ainsi, *che sciocchezza è la vostra?* Neantmoins j'ay appris depuis des Maistres, que l'vn & l'autre est François, mais qu'à la verité celuy-cy, *quel est vostre aueuglement?* est plus naturel que l'autre.

Securité.

M. Coeffeteau n'a jamais vsé de ce mot; mais M. de Malherbe & ses imitateurs, s'en seruent souuent. *N'auez-vous point de honte, de vous plonger*, Par exemple, dit-il, *en vne ſecurité auſſi profonde, que le dormir meſme?* Et en vn autre endroit, *jamais la fin d'vne crainte n'eſt ſi douce, qu'vne ſecurité ſolide ne ſoit beaucoup plus agreable.* C'eſt quelque choſe de different de *ſeureté*, d'*aſſeurance*, & de *confiance*, mais il me ſemble qu'il approche plus de *confiance*, & que *ſecurité*, veut dire, comme *vne confiance ſeure*, ou *aſſeurée*, ou bien *vne confiance que l'on croit eſtre ſeure, encore qu'elle ne le ſoit pas.* Il faut voir comme les bons Autheurs Latins s'en ſeruent, car nous nous en ſeruirons au meſme ſens. Ie preuois que ce mot ſera vn jour fort en vſage, à cauſe qu'il exprime bien cette confiance aſſeurée, que nous ne ſçaurions exprimer en vn mot, que par celuy-là. Ie l'ay deſia oüy dire, meſme à des femmes de la Cour. Ie ne voudrois pourtant pas en vſer encore ſans y apporter quelque adouciſſement, comme *pour vſer de ce mot*, ou quelque autre ſemblable, à l'imitation de Ciceron, qui ne ſe ſert jamais d'vn mot fort ſignificatif, lors qu'il n'eſt pas encore bien receu, qu'il n'y apporte cette precaution.

Sans deſſus deſſous.

C'Eſt comme ie crois qu'il le faut eſcrire, comme qui diroit, que la confuſion eſt telle en la choſe dont on parle, & l'ordre tellement renuerſé, qu'on n'y reconnoit plus ce qui deuroit eſtre deſſus ou deſſous. D'autres eſcriuent, *c'en deſſus deſſous*, comme qui diroit, *ce qui eſtoit ou deuoit eſtre en deſſus*, ou *au deſſus*, *eſt au deſſous*. D'autres encore eſcriuent, *ſens deſſus deſſous*, comme qui diroit, que ce qui eſtoit ou deuoit eſtre en vn *ſens*, c'eſt à dire, en vne ſituation, à ſçauoir, *deſſus*, eſt en vn *ſens* tout contraire, à ſçauoir *deſſous*. D'autres en rapportent vne autre raiſon tirée de l'hiſtoire, & eſcriuent *cens*, ainſi. Il ſeroit trop long de la deduire, veu d'ailleurs le peu d'aſſeurance que ie trouue en cette raiſon. La prononciation eſt la meſme en tous les quatre, il n'y a que l'orthographe differente.

Peur, crainte.

PEur, pour dire *de peur*, eſt inſupportable, & neantmoins ie vois vne infinité de gens qui le diſent, & quelques-vns deſia qui l'eſcriuent. Il y a long-temps que l'on a dit & eſcrit, *crainte*, pour *de crainte*, qui eſt vne faute condamnée de tous ceux qui ſçauent parler & eſcrire, mais *peur*, pour *de peur*, eſt plus nouueau.

Là où.

LA *où*, pour *au lieu que*, n'eſt pas du beau langage, quoy qu'on le die communement, & qu'Amyot s'en ſerue touſjours; Mais

M. Coeffeteau ne s'en sert jamais, ny aprés luy aucun de nos excellens Escriuains. Il est vray neantmoins, qu'vn d'entre eux & des plus celebres, en a vsé en son dernier ouurage, ce qu'il n'auoit point fait en tous les autres; il semble mesmes qu'il ayt eu dessein de le mettre en vogue, ayant affecté de le dire ie ne sçay combien de fois en peu de pages, sans se seruir vne seule fois d'*au lieu que*, qui est le vray terme dont il faut vser, & qu'il auoit accoustumé d'employer en ses autres œuures. Ce qui a empesché les bons Autheurs de s'en seruir, est l'equiuoque qui se rencontre souuent en cette façon de parler. Il ne s'en presente pas maintenant des exemples, mais il s'en trouue assez dans les escrits de ceux qui en vsent.

Particuliarité.

IL faut dire, *particularité*, & non pas *particuliarité*, comme le disent plusieurs, mesme à la Cour. Ce qui les trompe, c'est qu'on dit, *particulier*, & qu'ils croyent que *particularité* se forme de cét adjectif, & que par consequent il faut retenir, l'*i*, aprés l'*l*; Mais il n'en va pas ainsi, parce que ces sortes de noms viennent des substantifs Latins, tels qu'ils sont en effet, ou qu'ils seroient, si par l'analogie des autres de la mesme nature, on les formoit de leurs adjectifs, comme par exemple de l'adjectif *particularis*, en latin, se fait le substantif *particularitas*, lequel, encore qu'il ne soit pas neantmoins Latin, ne laisse pas de donner lieu de former en nostre langue le mot de *particularité*; Comme nous disons aussi, *singularité*, & non pas *singuliarité*, quoy que l'on die *singulier*, & *pluralité*, non pas *plurialité*, quoy que l'on die *pluriel*.

Parce que, & *pource que*.

TOus deux sont bons, mais *parce que*, est plus doux, & plus vsité à la Cour, & presque par tous les meilleurs Escriuains. *Pource que*, est plus du Palais, quoy qu'à la Cour quelques-vns le dient aussi, particulierement ceux de la Prouince de Normandie. M. Coeffeteau escrit ordinairement *parce que*, & se sert tres-rarement de l'autre. M. de Malherbe au contraire, met presque tousjours *pource que*, jusques à auoir esté sur le point de condamner *parce que*, qui est dans la bouche & dans les escrits de la pluspart du monde; Car j'oserois asseurer que pour vne personne qui dira ou escrira *pource que*, il y en a mille qui diront & escriront l'autre. Sa raison estoit, que *pource que*, a vn rapport exprés ou tacite à l'interrogation *pourquoy*, selon lequel, disoit-il, il est plus conuenable de respondre *pource*, que *parce*, affin que celuy qui interroge, & celuy qui respond s'accordent. Mais cette raison est plus ingenieuse que puissante contre l'Vsage de *parce que*, qui l'emporte presque de toutes les voix.

Par vne consideration approchante de celle-là, il semble que le mesme M. de Malherbe obserue de mettre *parce*, ou *pource*, selon qu'il s'accommode auec ce qui precede, ou qui suit. Exemples. Il dit, *non que ie dispute de leur preseance par vanité simplement de marcher deuant, mais parce qu'en cét auantage consiste la decision de tout le fait.* Vous voyez clairement que *par vanité*, & *parce que*, se rapportent. Et en vn autre endroit, *il a fallu*, dit-il, *faire ce discours, pource que faire plaisir est l'office de la vertu. Pour*, se rapporte à ce qui precede, & il croyoit que *par*, ne s'y rapportoit pas, à cause que naturellement aprés auoir dit, *il a fallu faire ce discours*, on ajouste *pour*, comme *pour faire*, ou *pour tel & tel sujet.*

QVI, repeté deux fois dans vne periode.

CE n'est pas vne faute, de repeter *qui*, deux fois dans vne mesme periode, comme le croyent quelques-vns, qui à cause de cela, metla mettent *lequel*, ou *lesquels*, *laquelle*, ou *lesquelles*; car *qui* veut dire tous les quatre. Il est bien plus rude de dire *lequel*, ou l'vn des quatre, que de repeter deux fois, *qui*; Car l'vsage en est si frequent, qu'il en oste la rudesse, & l'oreille n'en est point offensée. Les plus excellens Autheurs n'en font point de scrupule. Il ne seroit pas besoin d'en donner des exemples, parce que nos meilleurs Liures en sont pleins; mais en voicy vn qui suffira, *il y a des gens qui n'aiment que ce qui leur nuit*, ou *qui n'aiment que les choses qui leur sont contraires*. Ces deux *qui*, ne sont point rudes, & *lesquels*, mis au lieu du premier, ou *lesquelles*, au lieu du second, seroit extremement dur, sur tout *lesquelles*, au lieu du second *qui*.

Il y a vne exception; c'est quand les deux *qui*, ont rapport à vn mesme substantif, sans que la copulatiue, *et*, soit entre deux, comme, *c'est vn homme qui vient des Indes, qui apporte quantité de pierreries*; car en ce cas, il est mieux de dire, *lequel apporte*: mais il seroit encore mieux de mettre, *& qui apporte*, au moins en escriuant; car en parlant, les deux *qui*, ne sonnent point mal, mesme sans, *et*. Que s'il y a plusieurs *qui* relatifs à vn mesme sujet, ils ont fort bonne grace, sans, *et*, comme *c'est vne fille, qui danse, qui chante, qui jouë du luth, qui peint*; Mais si l'on change le genre de la loüange, il faut mettre, *et*, en suite, & dire, par exemple, aprés tout le reste, *& qui est fort sage.*

POVR, repeté deux fois dans vne mesme periode.

IL n'en est pas de, *pour*, comme de, *qui*, car estant repeté deux fois dans vne mesme periode, & sur tout deuant deux infinitifs, il sonne tres-mal, & est contre la netteté du stile. Cependant ie m'estonne que plusieurs de nos meilleurs Escriuains y manquent. Par exemple, *il cherche des raisons pour s'excuser de ce qu'il s'en alla pour donner ordre, &c.* Il me semble que ce n'est point nettement escrire; j'en fais iuge toute oreille delicate. Que si dans la repetition du *pour*, l'vn sert à l'infinitif, & l'autre à vn nom, il ne sonne pas si mal, à cause qu'il est employé diuersement, comme, *il cherche des raisons pour s'excuser de ce qu'il a sollicité pour ma partie:* Aussi ce dernier est fort en vsage, & plusieurs le trouuent bon.

Repetition des Prepositions aux noms.

LA repetition des Prepositions n'est necessaire aux noms, que quand les deux substantifs ne sont pas synonimes, ou equipollens. Exemple; *par les ruses & les artifices de mes ennemis. Ruſes*, *&* *artifices*, ſont ſynonimes, c'eſt pourquoy il ne faut point repeter la prepoſition *par*; Mais ſi au lieu d'*artifices*, il y auoit *armes*, alors il faudroit dire, *par les ruſes & par les armes de mes ennemis*; parce que *ruſes*, & *armes*, ne ſont ny ſynonimes, ny equipollens, ou approchans. Voicy vn exemple des equipollens, *pour le bien & l'honneur de ſon Maiſtre. Bien* & *honneur*, ne ſont pas ſynonimes, mais ils ſont equipollens, à cauſe que *bien*, eſt le genre qui comprend ſous ſoy *honneur*, comme ſon eſpece. Que ſi au lieu d'*honneur*, il y auoit, *mal*, alors il faudroit repeter la prepoſition, *pour*, & dire, *pour le bien & pour le mal de ſon Maiſtre*. Il en eſt ainſi de pluſieurs autres prepoſitions, comme *par*, *contre*, *auec*, *ſur*, *ſous*, & leurs ſemblables.

QVI, repeté pluſieurs fois, pour dire les vns, les autres.

C'Eſt vne façon de parler, qui eſt fort en vſage, mais non pas parmy les excellens Eſcriuains. En voicy l'exemple, *qui crioit d'vn coſté, qui crioit de l'autre, qui s'enfuyoit ſur les toits, qui dans les caues, qui dans les Egliſes*: Mais les bons Autheurs expriment cela de cette façon, *les vns crioient d'vn coſté, les autres de l'autre, les vns s'enfuyoient ſur les toits, les autres dans les caues, & les autres dans les*

Eglises. Et tant s'en faut que, *les autres*, repetez si souuent soient importuns, qu'au contraire ils ont tres-bonne grace, parce que d'ordinaire on parle ainsi; C'est cette grande Reigle, qui regne par toutes les langues, & que ie suis obligé d'alleguer souuent, Qu'*il n'y a ny cacophonie, ny repetition, ny quoy que ce puisse estre, qui offense l'oreille, quand elle y est accoustumée.*

Quant & moy, pour *auec moy*.

On le dit ordinairement, mais les bons Autheurs ne l'escriuent point, quoy que M. de Malherbe s'en soit seruy d'vne façon encore moins approuuée. *La volonté*, dit-il, *doit aller quant & la chose, & la chose quant & la volonté.* Que si l'on auoit à en vser, il faudroit escrire *quand* auec vn *d*, & non pas auec vn *t*; Car qui ne voit que cette façon de parler, *il est venu quant & moy*, ne signifie autre chose sinon, *il est venu quand ie suis venu?* Il est vray que le *d*, deuant vne voyelle, lors que le *d*, finit vn mot, & que la voyelle commence celuy qui suit, se prononce en *t*, par exemple, *grand homme*, *grand esprit*, se prononce, comme si l'on escriuoit, *grant homme*, *grant esprit*; Et c'est ce qui est cause, sans doute, que l'on a escrit *quant & moy*, auec vn *t*.

Quand à moy.

LEs autres font vne faute toute contraire, escriuant *quand à moy*, auec vn *d*, au lieu d'escrire *quant à moy*, auec vn *t*; & cette erreur, quoy que grossiere, a tellement gaigné le dessus parmy les copistes, & mesmes parmy les Imprimeurs, que depuis quelque temps ie ne le vois presque plus escrit ny imprimé autrement. Mais ce qui me semble plus estrange, est que ceux mesme qui ont estudié, & qui ne peuuent ignorer, que ce *quant*, ne vienne du Latin *quantùm*, y manquent comme les autres, & le souffrent dans l'impression de leurs ouurages.

Quant & quant moy, quant & quant.

QVant & quant moy*, pour dire, *auecque moy*, ou *aussi-tost que moy*, ne vaut rien ny à dire, ny à escrire. Et s'il estoit bon, il faudroit escrire les deux *quant* auec des *d*, & non pas des *t*, pour la mesme raison que j'ay dite à *quant & moy*.

Quant & quant, pour dire, *en mesme temps*, &, *tout quant & quant*, pour, *incontinent*, se disent, mais les bons Autheurs ne l'escriuent point.

QVOY, pronom.

CE mot a vn vsage fort elegant, & fort commode, pour suppléer au pronom *lequel*, en tout genre & en tout nombre, comme fait *dont*, d'vne autre sorte. Car *lequel*, *laquelle*, *lesquels*, & son feminin, auec leurs cas, sont des mots assez rudes; s'ils ne sont bien placez selon les reigles que nous en donnerons en son lieu. On dit donc fort bien, *le plus grand vice à quoy il est sujet*, au lieu de dire, *auquel il est sujet*: & il y a bien à dire, que ce dernier ne soit si bon; *& la chose du monde à quoy ie suis le plus sujet*, plustost qu'*à laquelle*. Voilà deux exemples pour les deux genres au singulier. En voicy deux autres pour les deux genres au pluriel. *Les tremblemens de terre à quoy ce pays est sujet*; *Ce sont des choses à quoy il faut penser*. *Ausquels*, & *ausquelles*, n'y seroient pas si bons de beaucoup; Ainsi ce mot est indeclinable.

Il n'est pas necessaire d'ajouster que l'on ne se sert jamais de ce mot en parlant des personnes, comme, on ne dira point, *ce sont les hommes du monde à quoy nous deuons le plus de respect*; mais *à qui*; Il n'y a que les Estrangers, qui puissent auoir besoin de cét aduis.

QVI, en certains cas, & comment il en faut vser. Quoy.

QVI, au genitif, datif, & ablatif, en l'vn & en l'autre nombre, ne s'attribuë jamais qu'aux personnes. Par exemple, *c'est vn cheual de qui j'ay reconnu les defauts, vn cheual à qui j'ay fait faire de grandes traites, pour qui j'ay pensé auoir querelle.* Ie dis qu'en tous ces trois cas au singulier & au pluriel, c'est vne faute de dire *qui*, parce qu'on ne parle pas d'vne personne, & qu'il faut dire, *vn cheual dont j'ay reconnu les defauts, auquel j'ay fait faire de grandes traites,* & *pour lequel j'ay pensé auoir querelle.* Ce n'est pas que quelques-vns n'approuuent *qui*, en ces exemples, mais c'est contre l'opinion commune.

Il en est de mesme, si l'on parle d'*vne chose inanimée*, comme *table, lit, chaise*, & autres semblables, car on ne dira pas, *c'est la table, de qui ie vous ay donné la mesure*, ny *à qui ie me suis blessé*, ny *pour qui on a tant fait de bruit*; mais *la table, dont ie vous ay donné la mesure, à laquelle*, ou bien, *où ie me suis blessé*, & *pour laquelle on a tant fait de bruit*. Tout de mesme au pluriel.

Cette remarque est encore vraye aux choses morales, comme *magnificence, courtoisie, bonté*, & ainsi des autres; car on ne dira point, *c'est cette courtoisie*, ou *magnificence*, ou *bonté de qui ie vous ay tant parlé*, ny *à qui vous estes obligé*, ny *pour qui vous auez tant d'estime*, mais *dont ie vous ay tant parlé*, *à laquelle vous estes obligé*, & *pour laquelle vous auez tant d'estime*. De mesme au pluriel. Si neantmoins on parle de *Gloire*, de *Victoire*, de *Vertu*, de *Renommée*, & d'autres choses de cette nature, par prosopopée, comme on les represente souuent, sur tout dans la Poësie, qui en fait des Diuinitez, ou des personnes celestes, le *qui* n'y sera pas mal, puis qu'il est propre aux personnes, soit veritables ou feintes, comme, *la Gloire à qui ie me suis deuoüé* (ce qu'Alexandre auoit accoustumé de dire) & ainsi des autres.

Il en est de mesmes des choses ausquelles on donne des phrases personnelles, comme ie diray fort bien, *voilà vn cheual à qui ie dois la vie*, *voilà vne porte à qui ie dois mon salut*, *voilà vne fleur à qui j'ay donné mon cœur*, & autres semblables, où l'on se sert des phrases qui ne conuiennent proprement qu'aux personnes. Au reste, ie dois ces deux obseruations, comme plusieurs autres choses qui sont dans ces Remarques, à l'vn des plus grands Genies de nostre langue, & de nostre Poësie Heroïque.

On se sert bien souuent de *quoy*, pour, *lequel*, aux deux genres, & aux deux nombres. Par exemple, *c'est le cheual auec quoy j'ay couru la bague*, *c'est le cheual surquoy j'ay esté blessé*, pour

dire,

dire *auec lequel*, & *ſur lequel*, ainſi des autres.

Au reſte, j'ay dit que ce n'eſtoit qu'au genitif, datif, & ablatif des deux nombres que cette remarque auoit lieu, parce qu'au nominatif & à l'accuſatif il n'en eſt pas ainſi, *qui*, au nominatif ſingulier & pluriel, s'attribuant aux perſonnes & aux choſes indifferemment, comme fait *que*, auſſi en l'accuſatif des deux nombres : les exemples en ſont ſi frequens, qu'il n'eſt pas beſoin d'en donner.

Solliciter.

SOlliciter pour *ſeruir*, *ſecourir*, & *aſſiſter vn malade*, comme on le dit ordinairement à Paris, eſt du plus bas vſage ; au lieu qu'aux autres ſignifications il eſt fort bon, & fort noble. Ie n'euſſe pas creu que les Autheurs Latins les plus élegans s'en fuſſent ſeruis au meſme ſens, que nos bons Autheurs condamnent. Neantmoins Quintilien entre autres, l'a fait en cette admirable Preface de ſon ſixieſme liure, *vt ille*, dit-il, *mihi blandiſſimus me ſuis nutricibus, me auiæ educanti, me omnibus qui ſollicitare ſolent illas ætates, anteferret.*

Longuement.

CE mot n'eſt plus en vſage à la Cour, où il eſtoit ſi vſité il n'y a que vingt ans; c'est pourquoy l'on n'oseroit plus s'en seruir dans le beau langage. On dit *long-temps*, au lieu de *longuement*.

Pourpre.

POurpre, *maladie*, est masculin, comme *il est mort du pourpre*. Quand il signifie *l'estoffe de pourpre*, il est feminin, *la pourpre des Roys*, *la pourpre des Cardinaux*, *vne pourpre esclatante*, *& viue*. En ce sens vn de nos meilleurs Escriuains l'a tousjours fait masculin, mais il en est repris de tout le monde auecque raison. Lors qu'il signifie *le poisson qui nous donne la pourpre*, quelques-vns le font masculin, & les autres feminin; Car comme ce poisson ne se trouue plus, nostre langue ne luy a point donné de genre certain. La plus-part des Autheurs, qui en ont escrit en François, l'ont fait feminin, mais ce ne sont pas à la verité des Autheurs classiques. Vn des plus eloquens hommes du barreau, est d'auis de le faire masculin, pour le distinguer de *la couleur de pourpre*, quoy que par là on ne le distingue pas de *pourpre, maladie*; mais se faisant luy-mesme cette objection, il respond fort bien, que l'equiuoque s'esclaircira mieux en l'vn qu'en l'autre, parce que *la maladie du pourpre* n'a rien de commun auec *le poisson*, au lieu que *le poisson* qui produit la pourpre peut estre aisément confondu auec *la couleur.*

D'autres croyent auec beaucoup d'apparence, & ie serois volontiers de leur aduis, que *pourpre*, quand il signifie *la couleur*, est adjectif, & du genre commun, comme *jaune, rouge, &c.* parce que ie vois que tous les mots des couleurs sont adjectifs, *blanc, noir, gris, jaune, rouge, &c.* & que selon les estoffes on leur donne le genre masculin, ou feminin, comme par exemple, si l'on demande *de quel satin voulez-vous?* ou *de quelle couleur de satin voulez-vous?* on respondra, *du blanc, du noir*, parce que *satin*, est masculin; mais si l'on demande *de quelle gaze voulez-vous?* on respondra, *de la blanche*, ou *de la noire*, parce que *gaze*, est feminin. Ainsi en est-il de *pourpre*; Car si cette riche & royale couleur ne nous eust point esté rauie par l'injure du temps, ou des mers, & qu'elle fust commune comme les autres, quand ie voudrois acheter du satin, si l'on me demandoit *duquel?* ie dirois, *donnez-moy du pourpre*, comme ie dirois, *donnez-moy du noir*, si ie voulois du noir. Mais pour de *la gaze*, ie dirois, *donnez-moy de la pourpre*, comme ie dirois, *donnez-moy de la noire.* Ie soumets neantmoins ce sentiment à vn meilleur; outre qu'il importe peu de sçauoir comme on le diroit, puis qu'il n'y a pas lieu de le dire.

Poitrine. Face.

POitrine, eſt condamné dans la proſe, comme dans les vers, pour vne raiſon auſſi injuſte, que ridicule, parce, diſent-ils, que l'on dit *poitrine de veau*; Car par cette meſme raiſon il s'enſuiuroit qu'il faudroit condamner tous les mots des choſes, qui ſont communes aux hommes, & aux beſtes, & que l'on ne pourroit pas dire, *la teſte d'vn homme*, à cauſe que l'on dit, *vne teſte de veau*. Comme auſſi on a condamné *face*, quand il ſignifie *viſage*, pour vne raiſon encore plus ridicule & plus extrauagante que l'autre. Neantmoins ces raiſons là tres-impertinentes, pour ſupprimer vn mot, ne laiſſent pas d'en empeſcher l'vſage, & l'vſage du mot ceſſant, le mot vient à s'abolir peu à peu, parce que *l'Vſage eſt comme l'ame & la vie des mots*. On ne laiſſe pas pourtant de dire encore *poitrine* aux maladies, comme *la fluxion luy eſt tombée ſur la poitrine*, *il eſt bleſſé à la poitrine*, & en d'autres rencontres. On dit auſſi, *la face toute defigurée*, *la face de noſtre Seigneur*, *voir Dieu face à face*; mais il ſemble que ce n'eſt qu'en ces phraſes conſacrées. Pour les perſonnes, on dit encore, *regarder en face*, *reprocher en face*, *ſouſtenir en face*, *reſiſter en face*, mais touſjours ſans l'article *la*.

RESOVDRE conjugué.

CE verbe ne garde le *d*, qu'au futur de l'indicatif, où l'on dit aux trois personnes, & aux deux nombres *resoudray, resoudras, resoudra, resoudrons, &c.* Mais au present, à l'imparfait, & aux preterits, il prend l'*l*, & l'on dit *nous resoluons, vous resoluez, ils resoluent*, & non *resoudons, resoudez, resoudent*, comme disent quelques-vns. De mesme l'on dit, *ie resoluois, ie resolus, j'ay resolu.* L'on dit aussi, *resoluant* au participe, & non pas *resoudant*, parce que ces participes se forment de la premiere personne pluriele du present de l'indicatif *resoluons, resoluant, voulons, voulant, allons, allant.*

RESOVDRE neutre & actif.

REsoudre pour *prendre resolution*, est vn verbe qui a tousjours esté neutre, & qui n'a jamais esté employé autrement en ce sens là par le Cardinal du Perron, par M. Coeffeteau, ny par M. de Malherbe. Par exemple, ils n'ont jamais escrit, *taschez à resoudre vostre amy à faire ce voyage*, mais *taschez à faire resoudre vostre amy.* Neantmoins depuis quelque temps ie vois que plusieurs le font actif, & disent hardiment, *ie l'ay resolu à cela*, pour *ie l'ay fait resoudre à cela.* Pour moy, j'ay vn peu de peine à me donner cette licence: la phrase ne me semble pas encore assez bien establie, mais il y a apparence qu'elle le sera bien tost, suiuant ce que j'ay dit au verbe *sortir*, de la nature des Neutres, qu'il n'y a rien si aisé, que de les faire passer en Actifs, pour la brieueté de l'expression.

SI, conjonction conditionnelle.

CEtte particule estant employée au premier membre d'vne periode, peut bien estre employée au second joint au premier, par la conjonction *et*, mais il est beaucoup plus François & plus elegant, au lieu de le repeter au second membre, de mettre *que*. Par exemple, *si nous sommes jamais heureux, & si la fortune se lasse de nous persecuter, nous ferons, &c.* Ie dis qu'il est beaucoup meilleur de dire, *& que la fortune se lasse*. Il est vray qu'il faut changer de *Mode*, qu'ils appellent en matiere de conjugaison, & si le verbe du premier membre est à l'indicatif, il faut mettre le second au subjonctif, comme, *si jamais ie suis auprés de vous, & que ie jouisse de la douceur de vostre conuersation.*

SI, pour *si est-ce que.*

C'Est vne façon de parler fort bonne, & fort elegante. M. de Malherbe, *mais si di-*

ray-je en passant, pour dire, *si est-ce que ie diray en passant.*

Si pour *adeò* en Latin.

EStant mis deuant vn adjectif, & vn substantif, il veut *que*, aprés luy, & non pas *comme*. Exemple, *ie ne le croyois pas en de si bonnes mains que les vostres*, & non *comme les vostres*, en quoy plusieurs manquent. Les Poëtes neantmoins en vsent quand ils en ont besoin.

POVR, auec l'infinitif.

CEtte preposition ne doit rien auoir entre elle & l'infinitif qui les separe, si ce n'est quelque particule d'vne ou de deux syllabes. Par exemple, on dira fort bien, *pour y aller, pour en auoir, pour luy dire,&c.* & encore *pour de là passer en Italie*; Mais d'y mettre plusieurs syllabes, comme ont fait quelques-vns de nos meilleurs Escriuains, il n'y a rien de si rude, ny de si esloigné de la politesse du langage. Exemple, *pour auec Quintius auiser, pour aprés auoir fait beaucoup de façons, ne dire rien qui vaille*; cela est du stile de Notaire. N'est-il pas plus doux de dire, *pour auiser auec Quintius, pour ne dire rien qui vaille aprés,&c.* Et ce qui augmente encore la rudesse, est que d'ordinaire aprés le *pour*, ils mettent immediatement vne autre prepoſition, comme aux deux exemples que ie viens de donner, il y a *pour auec*, & *pour aprés*.

Preface, Maxime.

PReface eſt tousjours feminin, *la preface*, & jamais *le preface*. Ie l'ay oüy faire maſculin à tant de gens qui font profeſſion de bien parler, que i'ay creu eſtre obligé d'en faire vne remarque, pour les deſabuſer, & pour empeſcher les autres de commettre cette faute; Car on ne met pas en diſpute parmy ceux qui s'y entendent, qu'il ne ſoit tousjours feminin, non plus que *maxime*, que quelques-vns font maſculin auſſi, diſant, *c'eſt vn maxime, il a ce maxime*, qui eſt tout à fait barbare.

Tandis.

IL ne ſe doit jamais dire ny eſcrire, qu'il ne ſoit ſuiuy de *que*, comme *tandis que vous ferez cela, ie feray quelque autre choſe.* Mais ce ſeroit tres-mal dit *faites cela, & tandis ie me repoſeray.* Cette faute neantmoins ſe trouue dans vn ouurage de l'vn de nos meilleurs Eſcriuains, qui ſouſtenoit alors qu'on en pouuoit vſer ainſi; Mais depuis il s'eſt rendu à l'opinion generale, & ne s'eſt plus ſeruy de cette façon de parde parler dans ſes Ouurages ſuiuans, que toute la France eſtime comme vn des grands ornemens de noſtre langue.

Il y a encore vne petite remarque à faire, qui n'eſt pas à negliger. C'eſt qu'on voit aujourd'huy vne grande affectation de ce mot parmy la pluſpart de ceux qui parlent en public, ou qui font profeſſion de bien eſcrire. En tout vn liure, en tout vn diſcours, ils ont bien de la peine à dire quelquefois, *pendant que*. Ie ne ſuis pas le ſeul qui l'ay remarqué; Des gens de la Cour, & hommes & femmes, ont fait cette obſeruation, ajouſtant que c'eſt à la Cour où l'on en vſe le moins, & où l'on dit d'ordinaire, *pendant que*.

Peux pour *poſſum*.

PLuſieurs diſent & eſcriuent, *je peux*, & M. Coeffeteau le met tousjours ainſi. Ie ne penſe pas qu'il le faille tout à fait condamner; mais ie ſçay bien que *ie puis*, eſt beaucoup mieux dit, & plus en vſage. On le conjugue ainſi, *Ie puis*, *tu peux*, *il peut*. Il eſt de la beauté & de la richeſſe des langues, d'auoir ces diuerſitez, quoy que nous ayons beaucoup de verbes, où la premiere & la ſeconde perſonne du preſent de l'indicatif ſont ſemblables, comme, *ie veux*, *tu veux*, *ie fais*, *tu fais*, *&c.*

Preigne pour *prenne*, *vieigne* pour *vienne*.

C'Est vne faute familiere aux Courtisans, hommes, & femmes, de dire, *preigne*, pour *prenne*, comme, *il faut qu'il preigne patience*, au lieu de dire, *qu'il prenne*; Et *vieigne*, pour *vienne*, comme, *il faut qu'il vieigne luy-mesme*, au lieu de dire, *qu'il vienne*.

Nauiger, *nauiguer*.

TOus les gens de mer, disent, *nauiguer*, mais à la Cour on dit, *nauiger*, & tous les bons Autheurs l'escriuent ainsi.

Nu-pieds.

CE mot se dit ordinairement en parlant, mais jamais les bons Autheurs ne l'escriuent, ils disent, *les pieds nuds*, *se trouuant les pieds nuds*, dit M. Coeffeteau en la vie de Neron. Il faut dire, *nu-pieds*, au pluriel, & non pas *nu-pied*, au singulier, comme, *il est venu nu-pieds*.

Noms propres.

SOit que les noms propres soient Grecs, ou Latins, il les faut nommer & prononcer selon l'Vsage, tellement qu'il n'y a point de reigle certaine pour cela. On dit Socrate, & Diogene, quoy que M. de Malherbe dans les Bien-faits, ayt escrit Socrates & Diogenes, sans doute parce que de son temps plusieurs parloient encore ainsi, mais il faut enfin ceder à la mode. On dit, *Antoine*, & non pas *Antonius*, & neantmoins on dit *Brutus*, & non pas *Brute*. On dit, *Cleopatre*, & non pas, *Cleopatra*, comme l'on disoit du temps d'Amyot, & toutefois on dit, *Liuia*, & non pas, *Liuie*. Pour l'ordinaire, les noms Latins terminez en *us*, s'ils ne sont que de deux syllabes, on ne les change point, comme, *Cyrus*, *Cresus*, *Pyrrhus*, *Porus*, & vne infinité d'autres semblables, si ce ne sont *des noms de Saints*, comme, *Petrus*, *Paulus*, & autres qu'on nomme, *Pierre*, *Paul*, *&c.* mais ceux qui sont de trois, on leur donne d'ordinaire la terminaison Françoise en *e*, comme, *Tacitus*, *Tacite*, *Plutarchus*, *Plutarque*, *Homerus*, *Homere*, *&c.* Et cela se fait aux noms qui sont fort connus & vsitez, comme ceux que j'ay donnez pour exemple; car quand ils se disent rarement, j'ay remarqué qu'on leur laisse la terminaison Latine; Ainsi l'on dit, *Proculus*, *Fuluius*, *Quintius*, & vne infinité d'autres semblables, mais dés que l'on commence à rendre ces noms-là familiers en nostre langue, & à les mettre souuent en vsage, on les habille à la Françoiſe, & vn meſme nom, comme, *Statius*, ſe dit ainſi auec la terminaiſon Latine, quand c'eſt le nom d'vn des Officiers des Gardes de Neron, parce qu'on ne le nomme gueres, & ſe dit encore *Stace*, auec la terminaiſon Françoiſe, quand c'eſt le nom de ce grand Poëte, qui a emporté le ſecond pris du Poëme heroïque, parce qu'il eſt ſouuent dans la bouche de ceux qui parlent des Poëtes Latins; il faut dire auſſi, *Darius*, *Marius*, & non pas *Daire*, ny *Darie*, ny *Maire*, ny *Marie*. Aux noms de quatre, ou cinq ſyllabes terminez en *us*, en Latin, c'eſt encore la meſme choſe, car de *Virgilius*, *Ouidius*, *Horatius*, on a fait, *Virgile*, *Ouide*, *Horace*, parce que ce ſont des Autheurs celebres, de qui l'on parle à toute heure, mais l'on dit, *Virginius*, *Muſonius*, *Turpilianus*, *Coſſutianus*, & vn nombre infiny d'autres ſemblables, parce qu'on les nomme rarement. Cette obſeruation ſe trouuera preſque tousjours veritable.

Elle a lieu auſſi aux noms doubles, comme ſont la pluſpart des noms appellatifs des Latins: car s'ils ne ſont gueres vſitez, comme *Petronius Priſcus*, *Iulius Altinus*, on ne les changera point en François, mais ſi on les nomme ſouuent comme, *Quinte Curce*, *Iules Ceſar*, on ne dira pas, *Quintus Curtius*, ny *Iulius Ceſar*. Et bien que le premier nom ayt la terminaiſon Françoiſe en nommant vne autre perſonne, comme l'on dit, *Petrone*, & *Iules*, parlant de Cęſar, & de cét Autheur celebre en la langue Latine, ſi eſt-ce que l'on ne dira pas, *Petrone Priſcus*, ny *Iules Altinus*. Voilà quant aux noms Latins terminez en *us*.

Pour les autres terminaiſons Latines, il me ſemble que, l'*a*, aux hommes ne ſe change gueres. On dit en Latin, & en François, *Agrippa*, *Dolabella*, *Nerua*, *Sylla*, *Galba*, *&c.* Il eſt vray que *Seneca*, ſe dit *Seneque*. Mais aux femmes, on y obſerue la reigle que j'ay dite, & qui regne en toute cette matiere, que les noms frequentez prennent la terminaiſon Françoiſe, comme l'on dit, *Agrippine*, & non pas, *Agrippina*, *Cleopatre*, & non pas, *Cleopatra*, mais quand on les dit rarement, on leur laiſſe la terminaiſon Latine, comme, *Iulia*, *Cadicia*, *Poppea*, *Liuia*, *Octauia*. Neantmoins, *Iulie*, & *Octauie*, commencent à ſe dire, parce qu'on les nomme plus ſouuent que de couſtume; à cauſe que le theatre a rendu *Octauie* familier, & que pluſieurs femmes parmy nous s'appellent Iulie; & particulierement vne, que toutes ſortes de vertus & de perfections rendent aujourd'huy celebre par tout le monde, quand elle ne le ſeroit pas desja par la renommée de l'incomparable Artenice, & du Heros, auſquels elle doit ſa naiſſance.

Ceux qui ſe terminent en, *as*, ſont en petit nombre. Nous diſons en François, *Mecenas*, mais nos Poëtes, tant pour l'accommoder à la rime, que pour rendre le mot plus doux, diſent d'ordinaire, *Mecene*. On n'oſeroit pourtant l'auoir dit en proſe. Ce mot eſt Latin, mais preſque tous les autres terminez en, *as*, ſont pris du Grec, & d'ordinaire on change l'*as*, en, *e*, *Pythagoras*, *Pythagore*, *Athenagoras*, *Athenagore*, *Pnythagoras*, *Pnythagore*, *Eneas*, *Enée*, *Anaxagoras*, *Anaxagore*. On dit, *Phidias*, & non pas, *Phidie*, *Epaminondas*, & non pas, *Epaminonde*. Les mots Hebreux comme, *Ioſias*, *Ananias*, *&c.* ne ſe changent point. Les noms des femmes terminez en *as*, quoy qu'ils viennent du Grec, ne ſe changent point non plus, comme il faut dire *Olympias* mere d'Alexandre, & non pas, *Olympie*.

Il n'y a gueres, ce me ſemble, de nom appellatif en Latin qui finiſſe par *e*; On dit pourtant *Penelopé*, qui ſe dit *Penelope*, en changeant l'*é*, *fermé* en l'*e ouuert*. *Daphné*, *Phryné*, Grecs auſſi, gardent l'*é*, *fermé* : Mais il y en a en *er*, & en *es*. Ceux qui terminent en *er*, comme, *Alexander*, *Leander*, ſont pris du Grec, & en François nous diſons, *Alexandre*, *Leandre*. Noſtre Remarque a encore lieu icy, car quand il eſt parlé d'vn autre *Alexander*, que du Grand Alexandre, il faut dire, *Alexander*, & non pas

Alexandre. Vn de nos plus nouueaux & plus excellens Escriuains, nomme ainsi vn certain *Alexander*. Les noms qui terminent en *es*, sont pris & des Grecs, & des Barbares: des Grecs, comme *Demosthenes*, des Barbares comme *Tyridates*. Mais aux vns & aux autres pour l'ordinaire, on oste l'*s*, en François, & l'on dit, *Demosthene*, & *Tyridate*. Il y a pourtant beaucoup de noms Persiens, qui gardent l'*s*, à la fin, comme, *Arsaces*, *Menes*, *Atizies*, & vn nombre infiny d'autres, qu'il faut tous prononcer auec l'accent à la derniere syllabe, comme est l'accent graue des Grecs, & jamais à la penultiesme. Que si c'estoient des personnes peu connuës qui s'appellassent ainsi, il faudroit dire sans doute *Demosthenes*, & *Tyridates*, selon nostre obseruation, qui se verifie presque par tout. Ainsi l'on dit, *Isocrate*, & *Calisthene*, & l'on dit, *Epimenes*, & *Eumenes*. On dit tousjours *Xerxes*, & le plus souuent *Artaxerxes*, au moins en prose, car en vers à cause de la rime, on dit, *Artaxerxe*, dont on a fait de nouueau vne belle piece de theatre ainsi intitulée. On dit *Apelles* en prose, & *Apelle* en vers.

Il y en a peu terminez en *is*, si l'Vsage ne les a changez, il les faut dire en François comme en Latin, par exemple, *Martialis*, est le nom de deux personnes, l'vne fort celebre, qui est le Poëte que nous appellons *Martial*, & l'autre dont parle Tacite, que peu de gens connoiſſent, ſe doit nommer *Martialis* en François. On dit *Omphis*, Roy des Indes, et *Adonis:* On dit auſſi pour des femmes, *Siſygambis* mere de Darius, *Thaleſtris*, Reyne des Amazones, & ſe faut bien garder de dire, *Siſygambe*, ny *Thaleſtre*.

Ceux qui ſe terminent en *o*, dont le nombre eſt petit, comme *Cicero*, *Corbulo*, *Varro*, *Strabo*, prennent vne *n*, en François aprés l'*o*, & nous diſons, *Ciceron*, *Corbulon*, *Varron*, *Strabon*. Neantmoins il faut prendre garde que ſi l'on met vn autre nom deuant, comme par exemple, *Strabo*, dont parle Tacite, au quatorzieſme liure de ſes Annales, s'appelloit *Acilius Strabo*, alors il ne faut pas dire, *Acilius Strabon*, mais *Acilius Strabo*, quoy qu'eſtant ſeul on die, *Strabon*. On ne dira point auſſi, *Marcus Varron*, mais, *Marcus Varrro*, quoy que l'on die *Varron* tout ſeul. On dit touſiours, *Labeo*, ce me ſemble, & non pas *Labeon*, & pour les femmes tantoſt l'vn, tantoſt l'autre. On dit *Didon*, du Latin *Didó*, et *Clio*, l'vne des Muſes, ſe dit de meſmes en Latin & en François.

Il y à encore vne terminaiſon en *os*, dont ie ne ſçay point d'autre exemple que *Nepos*, nommé dans les Annales de Tacite. Il faut le mettre en François comme en Latin.

En *u*, il n'y en a point, mais en *us*, le nombre

bre en eſt comme infini, c'eſt pourquoy i'ay commencé par là, encore que ſelon l'ordre des voyelles que i'ay ſuiui apres, la terminaiſon *us*, deuſt eſtre la derniere.

I'ay encore vn petit auis à donner, qu'il ne faut pas ſe fier à vne certaine reigle, que quelques vns eſtabliſſent, qu'on doit conſulter ſon oreille pour donner vne terminaiſon aux noms qui n'en ont point de reiglée; Car cette reigle eſt fautiue, ayant pris garde ſouuent, que les oreilles en cela ne s'accordent pas, & que ce qui paroiſt doux à l'vne, ſemble rude à l'autre.

En vn mot, *l'Vſage*, & *mon obſeruation* decideront la plus part des difficultez qui ſe preſenteront ſur ce ſujet.

Huit, huitieſme, huitain.

CEs mots ont cela de tout particulier, que l'*h*, en eſtant conſone, & non pas muette; car on dit *le huitieſme*, & non pas *l'huitieſme*, *le huitain*, & non pas *l'huitain*, & *de huit*, non pas *d'huit*; neantmoins cette *h*, ne s'aſpire point, comme font toutes les autres *h*, conſones, ſans exception; Ce qui eſt cauſe que beaucoup de gens ont ſujet de douter, ſi elle eſt conſone: mais il eſt tres-certain qu'elle l'eſt, puis que la voyelle qui la precede, ne ſe mange jamais.

Temperature, temperament.

CEs deux mots ont deux vſages bien differens, il ne les faut pas confondre. *Temperature* ſe dit de l'air, & *temperament* des perſonnes. *Il faut que le Medecin ſçache le temperament du malade*, c'eſt à dire *la complexion du malade*; Car ie ne parle pas de *temperament* en vn autre ſens pour *adouciſſement*. Toutefois M. de Malherbe vſe de *temperature* pour *temperament*. *M. le Cardinal de Lorraine*, dit-il, *fut d'vne temperature, où il n'y auoit rien à deſirer*. Ie l'ay veu auſſi employé tout de meſme dans Amyot. Mais c'eſt, qu'il ſe diſoit autrefois, & il ne ſe dit plus.

Terroir, terrein, territoire.

CEs trois mots ſi approchans l'vn de l'autre, & qui viennent d'vne meſme origine, ont neantmoins vn vſage ſi different, qu'on ne peut dire l'vn pour l'autre ſans faillir. Et ie m'eſtonne qu'vn de nos plus celebres Eſcriuains mette tousjours, *terroir* pour *territoire*.

Terroir ſe dit de la terre, en tant qu'elle produit les fruits; *territoire*, en tant qu'il s'agit de Iuriſdiction, & *terrein*, en tant qu'il s'agit de fortification. Le laboureur parle du *terroir*, le Iuriſconſulte du *territoire*, & le ſoldat, ou l'Ingenieur du *terrein*. Que si parlant d'vne garenne ie dis, *je voulois faire là vne garenne, mais ie n'ay pas trouué que le terrein y fust propre* ce sera bien dit; & selon la remarque,

Gaudet in effoßis habitare cuniculus antris:
Monstrauit tacitas hostibus ille vias.

Adjectif, quand il veut vn article à part, outre celuy du substantif.

CEtte reigle est importante & necessaire, tant à cause de son frequent vsage, que parce que ce n'est pas parler François que d'y manquer; ce qui fait que les Poëtes s'y assujettissent aussi bien que ceux qui escriuent en prose. *Tout Adjectif mis aprés le substantif auec ce mot* PLVS, *entre deux, veut tousjours auoir son article, & cét article se met immediatement deuant* PLVS, *& tousjours au nominatif, quoy que l'article du substantif qui va deuant, soit en vn autre cas, quelque cas que ce soit.* Voicy vn exemple de cette Reigle. *C'est la coustume des peuples les plus barbares.* Ie dis que c'est ainsi qu'il faut dire, & non pas *des peuples plus barbares.* Or en disant *des peuples les plus barbares*, il se voit que l'article du substantif est au genitif, & celuy de l'adjectif est au nominatif. Il en est de mesme des autres cas. *I'ay obey au commandement le plus juste qui ayt jamais esté fait.* Le voilà au datif, *ie l'ay arraché des mains les plus auares de la terre*, le voilà à l'ablatif, & cela tant au ſingulier qu'au pluriel. Pour l'accuſatif, on ſçait que ſon article eſt ſemblable à celuy du nominatif.

Que ſi l'on veut ſçauoir la raiſon pourquoy l'article de l'adjectif ſe met tousjours icy au nominatif, encore que celuy du ſubſtantif ſoit en vn autre cas, ce qui ſemble bien eſtrange, la reſponſe eſt aiſée: C'eſt parce qu'on y ſous-entend ces deux mots, *qui ſont*, ou *qui furent*, ou *qui ſera*, ou quelque autre temps du verbe ſubſtantif auec *qui*.

Au reſte, quand il eſt parlé de *plus* icy, c'eſt de celuy qui n'eſt pas proprement comparatif, mais qui ſignifie *tres*, comme aux exemples que j'ay propoſez. Ce que j'ay dit de *plus*, s'entend auſſi de ces autres mots, *moins*, *mieux*, *plus mal*, *moins mal*. Exemples, *ie parle de l'homme le moins heureux*, *de l'enfant le mieux nourri*, *de l'enfant le plus mal nourri*, *& du ſoldat le moins mal equippé*. Et en tous les autres cas il en eſt de meſme que de *plus*.

Sieger, Taſſer.

S*Ieger*, pour *aſsieger*, & *taſſer* pour *entaſſer*, ne valent rien; C'eſt vne faute familiere à de certaines Prouinces, & particulierement à la Normandie, où l'on vſe du ſimple, au lieu du composé, comme, *ſieger vne ville*, & *taſſer du bled*, pour dire, *aßieger vne ville, & entaſſer du bled.*

Le onziesme.

PLuſieurs parlent & eſcriuent ainſi, mais tres-mal. Il faut dire, l'*onziesme*; car ſur-quoy fondé, que deux voyelles de cette nature, & en cette ſituation, ne facent pas ce qu'elles font par tout, qui eſt que la premiere ſe mange? Voicy vne conjecture fort vray-ſemblable de ce qui a donné lieu à cette erreur, & ie crois que tout le monde en demeurera d'accord. C'eſt que l'on a accouſtumé de dire en contant, *le premier, le ſecond, le troiſieſme*, & ainſi generalement de tous les autres, juſques à dire, *le centieſme, le millieſme*, tous les nombres commençant par vne conſone, qui fait que l'on dit *le*, deuant, n'y ayant pas lieu de faire l'eliſion de la voyelle *e*. Et comme il n'y a qu'vn ſeul nombre en tout, qui commence par vne voyelle, qui eſt *onze*, *onzieſme*, on a pris vne telle habitude de dire *le*, & deuant & aprés le nombre *onzieſme*, parce que tous les autres nombres commencent par des conſones, que quand ce vient à *onzieſme*, on le traitte comme les autres, ſans ſonger qu'il commence par vne voyelle, & que l'*e* de l'article *le*, se mange, & qu'il faut dire, *l'onziesme*, & non pas, *le onziesme*. Du reste, il faut escrire *onze*, & *onziesme*, auec vn *o*, & non pas auec vn *u*.

Sur le minuit.

C'Est ainsi que depuis neuf ou dix ans toute la Cour parle, & que tous les bons Autheurs escriuent. C'est pourquoy il n'y a plus à deliberer, il faut dire & escrire, *sur le minuit*, & non pas *sur la minuit*, bien qu'vne infinité de gens trouuent cette façon de parler insupportable. Il est vray que depuis peu j'ay esté surpris de trouuer *sur le minuit*, dans la traduction d'Arrian faite en nostre langue, par vn des meilleurs Escriuains de ce temps-là, & imprimée à Paris fort correctement par Federic Morel, excellent Imprimeur, l'année 1581. Il est certain que *sur la minuit*, est comme l'on a tousjours dit, & comme la raison veut que l'on die ; parce que *nuit*, estant feminin, l'article qui va deuant doit estre feminin aussi, sans que l'addition de *mi*, puisse changer le genre, (On dit neantmoins *minuit sonné*, & jamais *minuit sonnée*,) Ainsi on dit, *sur le midy*, parce que *dy*, signifiant *jour*, est masculin, comme si l'on disoit, *my-jour*. Que si l'on repart que ce n'est pas le mot qui suit *mi-*, comme fait *nuit*, en ce mot de *minuit*, qui doit reigler le genre du mot entier & composé, & que pour preuue on allegue qu'on dit, *à la mi-Aoust*, quoy qu'*Aoust* soit masculin, on respond, qu'en ce lieu là on sous-entend vn mot feminin, qui est *feste*, comme qui diroit *à la feste de mi-Aoust*. Et pour moy, ie croirois que *sur le midy*, a esté cause que l'on a dit *sur le minuit*, comme *à la mi-Aoust*, a esté cause que l'on a dit ainsi de tous les autres mois, *à la mi-May, à la mi-Iuin, &c.* Malherbe, *On croit*, dit-il, *que l'on partira à la mi-Iuin.* Mais toutes ces conjectures importent peu.

Verbes regissans deux cas, mis auec vn seul.

EXemple, *ayant embrassé, & donné la benediction à son fils.* Nos excellens Escriuains modernes condamnent cette façon de parler, parce, disent-ils, qu'*embrassé* regit l'accusatif, & *donné* regit le datif, tellement que ces deux verbes ne peuuent s'accorder ensemble pour regir vn mesme cas, & ainsi l'on n'en sçauroit faire la construction auec le nom qui suit; car *embrassé*, veut que l'on die *embrassé son fils*, & neantmoins en l'exemple proposé il y a, *à son fils*; De mesme, si l'on changeoit l'ordre des verbes en ce mesme exemple, & que l'on dist, *ayant donné la benediction, & embras-*

ſé ſon fils, on feroit encore la meſme faute, parce que *donné*, regit le datif, & neantmoins il y a *ſon fils*, qui eſt accuſatif. Cette reigle eſt fort belle, & tres-conforme à la pureté & à la netteté du langage, qui demande pour la perfection que les deux verbes ayent meſme regime, comme *ayant embraſſé & baisé ſon fils*, *ayant fait des careſſes*, *& donné la benediction à ſon fils*, car en ces deux exemples les deux verbes n'ont qu'vne meſme conſtruction.

Il y a fort peu que l'on commence à pratiquer cette reigle, car ny Amyot, ny meſmes le Cardinal du Perron, ny M. Coiffeteau, ne l'ont jamais obſeruée. Certes en parlant on ne l'obſerue point, mais le ſtile veut eſtre plus exact. Les Grecs ny les Latins ne faiſoient point ce ſcrupule, fondez ſans doute ſur ce que le cas regi par le premier verbe eſt ſous-entendu, comme en l'exemple propoſé, *ayant embraſsé & donné la benediction à ſon fils*, on ſous-entend *ſon fils*, aprés *ayant embraſsé*. C'eſt pourquoy ie ne condamne pas abſolument cette façon de parler, mais parce qu'en toutes choſes il faut tendre à la perfection, ie ne voudrois plus eſcrire ainſi, & j'exhorte à en faire de meſme ceux, qui ont quelque ſoin de la netteté du ſtile.

Vn NOM

Vn NOM & vn VERBE regissans deux cas differens, mis auec vn seul cas.

EXemple, *afin de le conjurer par la memoire, & par l'amitié qu'il auoit portée à son pere*, dit vn celebre Escriuain. Ie dis que la mesme reigle qui s'obserue aux verbes, se doit aussi obseruer aux noms, & qu'il n'y a pas moyen de construire l'exemple proposé, qu'en sous-entendant *de son pere*, immediatement aprés *la memoire*. Il est certain que ce n'est point escrire nettement, que d'escrire ainsi, & que mesmes il y a vne double faute en cét exemple, l'vne que ces mots, *par la memoire*, ne se sçauroient pas construire auec ce datif, *à son pere*; & l'autre, qu'*il auoit portée* ne s'accommode pas à ce mot, *la memoire*, mais seulement à celuy-cy, *l'amitié*. Voicy vn autre exemple selon la reigle, *affin de le conjurer par l'estime & par l'affection qu'il auoit pour son pere*, car *estime*, & *affection*, sont deux mots qui s'accordent ensemble, & ne demandent qu'vne mesme construction, qu'ils ont icy doublement, & au verbe *auoit*, & en la preposition, *pour*. Ceux qui ne se soucieront pas de perfectionner leur langue, ny leur stile, se pourront encore dispenser de cette reigle; mais ces Remarques ne sont pas pour eux.

Tomber, Tumber.

IL faut dire, *tomber*, auec vn *o*, quoy que j'entende dire souuent à des personnes qui parlent tres-bien, *tumber* auec vn *u*, mais je ne le tiens pas supportable.

POVR CE, pour *à cause de cela*, ou *partant. Par ainsi.*

VN de nos plus celebres Autheurs a escrit, *le vice gaigne tousjours, & pour ce, il le faut chasser auant qu'il soit tourné en habitude.* Ie dis, que ce *pour ce*, pour dire *partant*, ou *à cause de cela*, n'est pas bon, & qu'il ne doit jamais estre employé à cét vsage. Il se disoit autrefois, mais il ne se dit plus.

De mesme, *par ainsi*, dont M. Coeffeteau, & M. de Malherbe se seruent si souuent en ce mesme sens, n'est presque plus en vsage; On dit simplement *ainsi*, sans *par*.

Vn adjectif auec deux substantifs de different genre.

EXemple, *Ce peuple a le cœur & la bouche ouuerte à vos loüanges.* On demande s'il faut dire *ouuerte*, ou *ouuerts*. M. de Malherbe disoit, qu'il falloit euiter cela comme vn escueil, & ce conseil est si sage, qu'il semble qu'on ne s'en sçauroit mal trouuer; Mais il n'est pas question pourtant de gauchir tousjours aux difficultez, il les faut vaincre, & establir vne reigle certaine pour la perfection de nostre langue. Outre que bien souuent voulant éuiter cette mauuaise rencontre, on perd la grace de l'expression, & l'on prend vn destour qui n'est pas naturel. Les Maistres du mestier reconnoissent aisément cela. Comment dirons-nous donc? Il faudroit dire, *ouuerts*, selon la Grammaire Latine, qui en vse ainsi, pour vne raison qui semble estre commune à toutes les langues, que le genre masculin estant le plus noble, doit predominer toutes les fois que le masculin & le feminin se trouuent ensemble; mais l'oreille a de la peine à s'y accommoder, parce qu'elle n'a point accoustumé de l'ouir dire de cette façon, & rien ne plaist à l'oreille, pour ce qui est de la phrase & de la diction, que ce qu'elle a accoustumé d'oüir. Ie voudrois donc dire, *ouuerte*, qui est beaucoup plus doux, tant à cause que cét adjectif se trouue joint au mesme genre auec le substantif qui le touche, que parce qu'ordinairement on parle ainsi, *qui est la raison decisiue*, & que par consequent l'oreille y est toute accoustumée. Or qu'il soit vray que l'on parle ainsi d'ordinaire dans la Cour, ie l'asseure comme y ayant pris garde souuent, & comme l'ayant fait dire de cette sorte à tous ceux à qui ie l'ay demandé, par vne certaine voye qu'il faut tousjours tenir, quand on veut sçauoir asseurément si vne chose se dit, ou si elle ne se dit pas. Mais qu'on ne s'en fie point à moy, & que chacun se donne la peine de l'obseruer en son particulier.

Neantmoins M. de Malherbe a escrit, *il le faut estre en lieu, où le temps, & la peine soient bien employez.* On respond que cét exemple n'est pas semblable à l'autre, & qu'en celuy-cy il faut escrire, comme a fait M. de Malherbe, parce que deux substantifs qui ne sont point synonimes, ny approchans, comme *le temps*, & *la peine*, regissent necessairement vn pluriel, lors que le verbe passif vient aprés auec le verbe substantif, ou que le verbe substantif est tout seul, comme *le mari & la femme sont importuns*, car on ne dira jamais, *le mari & la femme est importune*, parce que deux substantifs differens demandent le pluriel au verbe qui les suit, & dés que l'on employe le pluriel au verbe, il le faut employer aussi à l'adjectif, qui prend le genre masculin, comme le plus noble, quoy qu'il soit plus proche du feminin.

La question n'est donc pas pour l'exemple de M. de Malherbe; car la chose est sans difficulté, & ſans exception, mais pour l'exemple qui eſt le ſujet de cette Remarque, où le dernier ſubſtantif *bouche*, eſt joint immediatement à ſon adjectif *ouuerte* ſans qu'il y ayt aucun verbe ny ſubſtantif, ny autre entre deux; comme on dit, *les pieds & la teſte nuë*, & non pas, *les pieds & la teſte nuds*.

Songer pour *penſer*.

IL y en a qui ne le peuuent ſouffrir, mais ils n'ont pas raiſon; car qu'ont-ils à dire contre l'Vſage, qui le fait dire & eſcrire ainſi à tout le monde? Ils alleguent, que *ſonger*, ſignifie toute autre choſe, comme ſi premierement il falloit diſputer auec l'Vſage par raiſon, & que d'ailleurs ce fuſt vne choſe bien extraordinaire en toutes ſortes de langues, que les mots equiuoques; car il en faudroit donc bannir tous les autres auſſi bien que celuy-cy, ſi cette raiſon auoit lieu. Non ſeulement ce n'eſt pas vne faute de dire, *ſonger*, pour, *penſer*, comme, *vous ne ſongez pas à ce que vous faites*, mais il a beaucoup plus de grace, & eſt bien plus François, que de dire, *vous ne penſez pas à ce que vous faites*.

QVI, au commencement d'vne periode.

NOus auons quelques Escriuains, qui aprés auoir fait vne longue periode sans auoir acheué ce qu'ils veulent dire, se sont auisez d'vn mauuais expedient, pour faire d'vn costé que la periode ne passe pas les bornes, & que d'autre-part ils y puissent ajouster ce qui luy manque. Voicy comme ils font. Quand le sens est complet, ils mettent *vn point*, & puis commencent vne autre periode par le relatif, *qui*. Or ce *qui*, relatif, est incapable de commencer vne periode, ny d'auoir jamais *vn point* deuant luy, mais tousjours *vne virgule*, tellement qu'il le faut joindre à la periode precedente, & alors elle se trouue d'vne longueur demesurée & monstrueuse. Au lieu d'exemple, figurez-vous vne periode, qui ayt toute l'estenduë qu'on luy peut souffrir, & qu'au lieu de la fermer, on voulust encore y ajouster vn membre commençant par *qui*, certainement elle seroit insupportable. Ie dis donc, que de faire *vn point* deuant ce *qui*, & de commencer vne autre periode par ce mot, est vn fort mauuais remede, dont nous n'vsons jamais en nostre langue. Il est vray que les Latins se donnent ordinairement cette licence, & c'est à leur imitation que les Escriuains dont ie parle, le font: mais nous sommes plus exacts en nostre langue, & en nostre stile, que les Latins, ny que toutes les Nations, dont nous lisons les escrits.

Comme ie faisois cette Remarque, j'ay heureusement rencontré vn passage d'vn des meilleurs Autheurs de l'Antiquité, qui me fournit vn bel exemple de ce que ie viens de dire. Il m'a semblé qu'il ne seroit pas mal à propos de le mettre icy pour vn plus grand éclaircissement. *Anxium Regem tantis malis circumfusi amici, vt meminisset orabant, animi sui magnitudinem vnicum remedium deficientis exercitus esse, cùm ex ijs qui præcesserant ad capiendum locum castris, duo occurrunt vtribus aquam gestantes, vt filiis suis quos in eodem agmine esse, & ægrè pati sitim non ignorabant, occurrerent.* Il seroit temps que la periode finist là, & ie sçay bien qu'en nostre langue, à peine la pourroit-on souffrir plus longue. Neantmoins ce grand homme, qu'on admire particulierement pour l'excellence du stile, passe outre, & ajouste, *Qui, cùm in Regem incidissent, alter ex ijs vtre resoluto, vas quod simul ferebat implet, porrigens regi.* Quelques-vns donc de nos Autheurs qui traduiroient ce passage en François, finiroient la periode à *occurrerent*, sçachant bien qu'on ne la leur souffriroit pas plus longue; mais voicy ce qu'ils feroient en suite, & qu'il ne faut pas faire: ils mettroient là *vn point*, & puis commenceroient vne autre periode par *qui*, escriuant le *Q*, d'vne lettre majuscule. Au reste, tous les Latins en vsent ainsi, & Ciceron le premier. Voyez si j'ay raison de dire, que nous sommes plus reguliers qu'eux. Ce n'est pas seulement en cela, c'est en beaucoup d'autres choses, que ie remarqueray selon les occasions.

S'il faut dire, Si c'estoit moy qui eusse fait cela, ou *si c'estoit moy qui eust fait cela.*

LA plusspart asseurent, qu'il faut dire, *si c'estoit moy qui eusse fait cela*, & non pas, *qui eust fait cela.* Car pourquoy faut-il que *moy* regisse vne autre personne que la premiere? Cette raison semble conuaincante; mais outre la raison, voyons l'Vsage de la langue en la premiere personne du pluriel, a-t-on jamais dit, *si c'estoient nous qui eussent fait cela.* Or si l'on parloit ainsi au pluriel, il faudroit parler de mesme au singulier; Mais sans doute tout le monde dit, *si c'estoient nous qui eussions fait cela.* En vn mot, les personnes du verbe doiuent respondre par tout à celles des pronoms personnels, & il faut dire, *si c'estoit moy, qui eusse fait cela, si c'estoit toy qui eusses fait, luy qui eust fait, nous qui eussions fait, &c.* Neantmoins ie viens d'apprendre d'vne personne

tres-

tres-ſçauante en noſtre langue, qu'encore que la Reigle veüille que l'on die *euſſe*, auec *moy*, le plus grand Vſage dit, *euſt*. Il ajouſte, ce qui eſt tres-vray, que l'Vſage fauoriſe ſouuent des ſolecîſmes, & qu'en cét endroit il ne condamneroit pas *euſt*, quoy qu'il condamne ce meſme abus en beaucoup d'autres rencontres, comme ſi l'on dit, *ce n'eſt pas moy qui l'a fait*, il faut ſans doute dire, *qui l'ay fait*. Pour moy j'ay quelque opinion que ceux qui prononcent *qui euſt*, pour, *qui euſſe*, ou, *qui euſſes*, en la premiere & en la ſeconde perſonne, ne le font pas pour ſe ſeruir de la troiſieſme, *qui euſt*, mais qu'ils mangent cette derniere ſyllabe par abreuiation, comme quand on dit communement en parlant, *auous dit*, *auous fait*, pour, *auez vous dit, auez vous fait*. Mais comme *auous* ne s'eſcrit jamais; quoy qu'il ſe die, auſſi il ſe pourroit faire que l'on diroit *euſt*, en parlant, mais qu'il faudroit tousjours eſcrire *euſſe*, & *euſſes*, aux deux perſonnes. Et c'eſt le plus ſeur d'en vſer ainſi, puis que meſmes ceux qui approuuent *euſt*, ne deſapprouuent pas l'autre. Outre qu'*eus*, eſtant la premiere perſonne du preterit de l'indicatif, peut-eſtre que ceux qui diſent, *ſi c'eſtoit moy qui euſt fait cela*, penſent dire, *qui eus fait cela*, le diſant à l'indicatif, au lieu de le dire au ſubjonctif.

Aye, ou *ayt*.

LE verbe *auoir*, en l'optatif & au ſubjon-ctif, ne dit jamais, *aye*, en la troiſieſme perſonne, mais tousjours *ayt*, ſoit en vers, ou en proſe. Ce n'eſt pas qu'autrefois on n'ayt eſcrit, *aye*, mais on ne l'eſcrit plus qu'en la premiere perſonne : comme, *ie prie Dieu que j'aye bon ſuccés de, &c.* & *qu'il ayt bon ſuccés, afin que j'aye, & afin qu'il ayt.*

PAR CE QVE, ſeparé en trois mots.

IL ne le faut jamais dire. En voicy vn exemple pour me faire entendre. Vn de nos grands Autheurs eſcrit, *Il m'a adouci cette mauuaiſe nouuelle* PAR CE *qu'il me mande de la bonne volonté qu'en cette occaſion le Roy a teſmoignée pour vous.* On voit clairement que, *par-ce que*, ne doit point eſtre employé de cette ſorte, à cauſe que l'on a tellement accouſtumé de ne le voir qu'en deux mots ſignifier, *quia*, & rendre raiſon des choſes, que lors qu'on l'employe à vn autre vſage, il ſurprend le lecteur, & plus encore l'auditeur, qui ne peut pas remarquer dans la prononciation de celuy qui parle, cette diſtinction, comme le lecteur la peut remarquer en liſant, tellement que cela empeſche qu'on ne ſoit bien entendu, ou pour le moins, qu'on ne le soit si prontement, qui est vn grand defaut à celuy qui parle, ou qui escrit. Car en cét exemple, *par ce qu'il me mande de la bonne volonté*, n'a point de sens, si ce, *par ce que*, est pris pour *quia*, ou, *à cause que*, comme d'abord tout le monde le prendra pour cela.

OV, aduerbe pour le pronom relatif.

L'Vsage en est elegant, & commode, par exemple, *le mauuais estat où ie vous ay laissé*, est incomparablement mieux dit, que *le mauuais estat auquel ie vous ay laissé*. Le pronom, *lequel*, est d'ordinaire si rude en tous ses cas, que nostre langue semble y auoir pourueu, en nous donnant de certains mots plus doux & plus courts, pour substituer en sa place, comme, *où*, en cét exemple, & *dont*, &, *quoy* en vne infinité de rencontres, ainsi qu'il se voit dans les Remarques de ces mots là.

Quoy que.

IL faut prendre garde de ne le mettre jamais aprés *que*, comme, *ie vous asseure que quoy que ie vous aime, &c.* à cause de la cacophonie, il faut dire, *que bien*, ou *qu'encore que*, qui est peut-estre plus doux, n'y ayant qu'vn *que* entier.

Liberal arbitre.

C'Eſt vne façon de parler, dont Amyot, & tous les anciens Eſcriuains ont vſé, & dont pluſieurs modernes vſent encore. Rien ne la defend que le long vſage, qui continuë tousjours; car *liberal*, ne veut pas dire *libre*, qui eſt ce que l'on pretend dire, quand on dit, *liberal arbitre.* Quelques-vns ont voulu rendre raiſon d'vne phraſe ſi eſtrange, diſant que *liberal*, ſe prend là comme les Latins le prennent, quand ils appellent *ingenium liberale*, *indolem liberalem*, vne ame bien née, comme ſi, *liberal*, en ce ſens, eſtoit oppoſé à *ſeruile*, & que l'on vouluſt dire, que le franc arbitre eſt conuenable à vne ame bien née, au lieu que les ames ſeruiles, qui n'agiſſent que par contrainte, ſemblent eſtre priuées de l'vſage de leur liberté. D'où eſt venu, ajouſtent-ils, qu'encore en François nous appellons, *les arts liberaux*, ceux qui appartiennent aux perſonnes d'honneur, comme ſi ces arts eſtoient oppoſez aux arts mecaniques, qui ne ſont exercez que par des gens du commun. Ie ne voudrois pas abſolument rejetter cette penſée, mais elle me ſemble bien ſubtile, & tirée de loin. Il vaut mieux auoüer franchement, que l'Vſage l'a ainſi voulu, comme en pluſieurs autres façons de parler, contre toute ſorte de raiſon. D'autres diſent, qu'au lieu de *libre arbitre*, qui neantmoins eſt tres-François, on a dit, *liberal arbitre*, pour euiter la dureté des deux *b*, & des deux *r*, qui ſe rencontrent & s'entre-choquent en ces deux mots *libre arbitre*, mais c'eſt vne mauuaiſe raiſon. Tant y a qu'on le dit, & qu'on l'eſcrit encore aujourd'huy, mais le plus ſeur, & le meilleur eſt de dire & d'eſcrire, *le franc arbitre*.

Prochain, voiſin.

CEs deux mots ne reçoiuent jamais de comparatif, ny de ſuperlatif. On ne dit point, *plus prochain, tres-prochain, plus voiſin, tres-voiſin.* On n'vſe de l'vn & de l'autre que dans le ſimple poſitif, *prochain, voiſin.* Cette Remarque eſt curieuſe, & d'autant plus neceſſaire, que ie vois commettre cette faute à quelques-vns de nos meilleurs Eſcriuains. Il faut dire, *plus proche, tres-proche*, au lieu de, *plus prochain, plus voiſin, tres-prochain, tres-voiſin.* Par exemple on dit, *à la maiſon la plus proche*, & non pas, *à la maiſon la plus prochaine, ny la plus voiſine.* Et, *ie ſuis tres-proche*, ou, *fort proche de là*, & non pas, *tres-prochain*, ny, *tres voiſin.* Où il faut remarquer que *fort*, qui eſt vne marque de ſuperlatif, ne ſe joint non plus à *prochain*,

& *voiſin*, que, *plus*, &, *tres*; car on ne dira pas, *ie ſuis fort prochain*, ny, *fort voiſin*. Le peuple dit abuſiuement, *c'eſt mon plus prochain voiſin*, mais il faut dire, *c'eſt mon plus proche voiſin*.

Proches, pour *parens*.

PResque tout le monde le dit, comme, *ie ſuis abandonné de mes proches, tous mes proches y conſentent*, mais quelques vns font difficulté d'en vſer. Ie me ſouuiens que M. Coeffeteau ne le pouuoit ſouffrir, en quoy il eſt ſuiuy encore aujourd'huy par des gens de la Cour, de l'vn & de l'autre ſexe.

Y, pour *luy*.

EXemple, *j'ay remis les hardes de mon frere à vn tel, afin qu'il les y donne*, pour dire, *afin qu'il les luy donne*. C'eſt vne faute toute commune parmy nos Courtiſans. D'autres diſent, *afin qu'il luy donne*, ſans dire, *les*, comme nous l'auons deſia remarqué.

Y deuant EN, & non pas aprés.

IL faut dire, *il y en a*, & jamais, *il en y a*, comme l'on diſoit anciennement.

Y, auec les pronoms.

IL faut dire, *menez y moy*, & non pas, *menez m'y*, & au singulier aussi, *menes-y-moy*, & non pas, *mene-m'y*. Et cela à cause du mauuais & ridicule son que fait, *menez-m'y*, & *mene-m'y*, car on dit bien, *menez-nous y*, qui est la mesme construction & le mesme ordre des paroles, & *menez-les y* aussi ; parce que la cacophonie ne s'y rencontre pas si grande, qu'aux deux autres. On dit encore, *mene-l'y*, & *menez-l'y*, à cause que la lettre, *l*, ne sonne pas si mal en cét endroit que l'*m*. Outre que *mi*, de soy a vn mauuais son. De mesme on dit, *enuoyez-y moy*, & non pas, *enuoyez-m'y*, *portez-y moy*, & non, *portez-m'y*, mais oüy bien, *enuoyez-nous y*, *enuoyez-l'y*, *portez-nous-y*, *portez l'y*. Cela se dit en parlant, mais ie ne voudrois pas l'escrire, que dans vn stile fort bas. Ie l'euiterois en prenant quelque destour. Ie ferois venir à propos de dire *là* pour *y*, comme *portez-moy là*, *enuoyez-moy là*.

TOVT, aduerbe.

C'Est vne faute que presque tout le monde fait, de dire, *tous*, au lieu de *tout*. Par exemple, il faut dire, *ils sont tout estonnez*, & non pas, *tous estonnez*, parce que *tout* en cét endroit n'est pas vn nom, mais vn aduerbe, & par consequent indeclinable, qui veut dire, *tout à fait*, *omnino* en Latin. *Ils sont tout autres que vous ne les auez veus*, & non pas *tous autres*. *Ils crient tout d'vne voix*, c'est comme il faut parler, & escrire grammaticalement, mais on ne laisse pas de dire oratoirement *tous d'vne voix*, & il est plus elegant à cause de la figure que fait l'antithese de *tous*, & d'*vne voix*. Ce n'est pas encore qu'on ne puisse dire, *tous estonnez*, quand on veut dire que, *tous* le sont, mais nous ne parlons pas du nom, nous parlons de l'aduerbe, qui se joint aux adjectifs, ou pour l'ordinaire aux participes passifs, comme, *ils sont tout sales*, *ils sont tout rompus*.

Mais cela n'a lieu qu'au genre masculin, car au feminin il faut dire, *toutes*, *elles sont toutes estonnées*, *toutes esplorées*, l'aduerbe, *tout*, se conuertissant en nom, pour signifier neantmoins ce que signifie l'aduerbe, & non pas ce que signifie le nom. Car quand on dit, *elles sont toutes sales*, *elles sont toutes rompuës*, TOVTES, veut dire, *tout à fait*, *entierement*, comme qui diroit, *elles sont tout à fait sales*, *tout à fait rompuës*. La bizarrerie de l'Vsage a fait cette difference, sans raison, entre le masculin, & le feminin.

Il y a pourtant vne exception en cette reigle du genre feminin. C'est qu'auec *autres*, feminin, il faut dire, *tout*, & non pas *toutes*. Exemple,

ple, *les dernieres figues que vous m'enuoyastes, estoient tout autres que les premieres*, & non pas, *estoient toutes autres.* Mais ce n'est qu'au pluriel, car au singulier il faut dire, *toute*, comme, *j'ay veu l'estoffe que vous dites, elle est toute autre que celle-cy*. Ie n'ay remarqué que ce seul mot qui soit excepté de la Reigle, car par tout ailleurs & au singulier & au pluriel, il faut que *tout*, aduerbe, se change en l'adjectif *toute*, & *toutes*, quand il est auec vn adjectif feminin, *elle est toute telle qu'elle estoit, elles sont toutes telles que vous les auez veuës.*

Vinrent, & *vindrent*.

TOus deux sont bons, mais *vinrent*, est beaucoup meilleur & plus vsité. M. Coeffeteau dit tousjours *vinrent*, & M. de Malherbe, *vindrent*. Toute la Cour & tous les Autheurs modernes disent, *vinrent*, comme plus doux. De mesme en ses composez, & aux autres verbes de cette nature, *reuinrent*, *deuinrent*, *souuinrent*, & leurs semblables, plus elegamment que *reuindrent*, *deuindrent*, *souuindrent*, &c. l'on dit aussi, *tinrent* plustost que *tindrent*, qui neantmoins est bon, *soustinrent*, *maintinrent*, plustost que, *soustindrent*, & *maintindrent*.

Print, prindrent, prinrent.

TOus trois ne valent rien, ils ont esté bons autrefois, & M. de Malherbe en vse tousjours, *Et d'elle prindrent le flambeau, dont ils desolerent leur terre, &c.* Mais aujourd'huy l'on dit seulement, *prit*, & *prirent*, qui sont bien plus doux.

Quand la dyphtongue OI, doit estre prononcée comme elle est escrite, ou bien en AI.

A la Cour on prononce beaucoup de mots escrits auec la dyphtongue *oi*, comme s'ils estoient escrits auec la dyphtongue *ai*, parce que cette derniere est incomparablement plus douce & plus delicate. A mon gré c'est vne des beautez de nostre langue à l'oüir parler, que la prononciation d'*ai*, pour *oi*; *Ie faisais*, prononcé comme il vient d'estre escrit, combien a-t-il plus de grace que, *je faisois*, en prononçant à pleine bouche la dyphtongue *oi*, comme l'on fait d'ordinaire au Palais? Mais parce que plusieurs en abusent, & prononcent *ai*, quand il faut prononcer *oi*, il ne sera pas inutile d'en faire vne remarque. Vne infinité de gens disent, *mains*, pour dire *moins*, & par consequent *neantmains*, pour *neantmoins*, *je dais*, *tu dais*, *il dait*, pour dire, *je dois*, *tu dois*, *il doit*, ce qui eſt inſupportable. Voicy quelques reigles pour cela.

Premierement, dans tous les monoſyllabes on doit prononcer *oi*, & non pas *ai*, comme *moins*, auec ſon composé *neantmoins*, *loy*, *bois*, *dois*, *quoy*, *moy*, *toy*, *ſoy*, *mois*, *foy*, & tous les autres, dont le nombre eſt grand. Il y en a fort peu d'exceptez, comme *froid*, *crois*, *droit*, *ſoient*, *ſoit*, que l'on prononce en *ai*, *fraid*, *crais*, *drait*, *ſaient*, *ſait*; ſi ce n'eſt quand on dit *ſoit*, pour approuuer quelque choſe, car alors il faut dire *ſoit*, & non pas *ſait*, & quand il ſignifie *ſiue*, par exemple on dira, *ſoit que cela ſait ou non*, en prononçant ces deux *ſoit*, de la façon qu'ils viennent d'eſtre eſcrits. Dans tous les mots terminez en *oir*, comme *mouchoir*, *parloir*, *receuoir*, *mouuoir*, *&c.* ſans exception, on prononce tousjours, *oi*, & jamais *ai*.

On prononce tousjours auſſi *oi*, & non pas *ai* aux trois perſonnes du ſingulier preſent de l'indicatif des verbes qui terminent en *çois*, comme *conçois*, *reçois*, *apperçois*, car on ne dit jamais, *je conçais*, *je reçais*, *j'apperçais*.

Tantoſt on prononce *oi*, & tantoſt *ai*, aux ſyllabes qui ne ſont pas à la fin des mots, comme on dit, *boire*, *memoire*, *gloire*, *foire*, *&c.* & non pas, *baire*, *memaire*, *glaire*, *faire*, qui ſeroit vne prononciation bien ridicule; Et l'on prononce, *craire*, *accraire*, *creance*, *craiſtre*, *accraiſtre*, *connaiſtre*, *paraiſtre*, *&c.* pour *croire*, *accroire*, *croyance*, *&c.* Quelques-vns diſent *veage*, pour *voyage*, mais il ne ſe peut ſouffrir, non plus que *Reaume*, pour *Royaume*. On peut neantmoins aſſeurer, que preſque par tout *oi*, ne finiſſant pas le mot, ſe prononce en *oi*, & non pas en *ai*. Ainſi il faut dire, *auoine*, auec toute la Cour, & non pas *aueine* auec tout Paris.

Le grand vſage donc de la dyphtongue *ai*, pour *oi*, c'eſt au ſingulier du preterit imparfait de l'indicatif, *je faiſais*, *tu faiſais*, *il faiſait*, pour, *je faiſois*, *tu faiſois*, *il faiſoit*. *I'eſtais*, *j'auais*, *j'allais*, en toute les trois perſonnes de meſme, & en la troiſieſme perſonne du pluriel, *ils faiſaient*. Cette Reigle eſt ſans exception.

L'*ai*, ſe prononce encore pour *oi*, aux trois perſonnes du ſingulier preſent de l'indicatif, comme, *je connais*, *tu connais*, *il connaiſt*, pour, *je connois*, *tu connois*, *il connoiſt*. Mais ce n'eſt qu'en certains mots, qui ſont en fort petit nombre; Car les verbes qui ſont compoſez d'vn verbe monoſyllabe, comme, *je preuois*, *je reuois*, *j'entre-uois*, *j'entr-ois*, & autres ſemblables, n'y ſont pas compris, à cauſe qu'ils ſont compoſez d'vn verbe ſimple monoſyllabe *vois*, & *ois*, dont la dyphtongue ſe prononce en *oi*, & non pas en *ai*.

Ai, ſe prononce encore pour *oi*, à la fin des noms Nationnaux, & Prouinciaux, ou des habitans des villes, comme *Français*, *Anglais*, *Hollandais*, *Milanais*, *Polonnais*, *&c.* pour *François*, *Anglois*, *Hollandois*, *Milanois*, *&c.* On dit pourtant *Genois*, *Suedois*, & *Liegeois*, & non pas *Genais*, *Suedais*, ny *Liegeais*. Il ſe prononce auſſi à l'optatif & au ſubjonctif en toutes les trois perſonnes du ſingulier, comme *je voudrais*, *tu voudrais*, *il voudrait*, pour *je voudrois*, *tu voudrois*, *il voudroit* & en la troiſieſme du pluriel, *ils voudraient*. Et ainſi des autres dont le nombre eſt infini.

Le verbe ſçauoir, ſuiui d'vn infinitif.

EXemple, *Il marcha contre les ennemis, qu'il ſçauoit auoir paſſé la riuiere*, *Il fit du bien à tous ceux qu'il ſçauoit auoir aimé ſon fils.* Cette façon de parler, & pluſieurs autres ſemblables, ſont fort en vſage, parce qu'elles ſont fort commodes, & qu'elles abregent l'expreſſion; Outre qu'elles oſtent la rudeſſe qu'il y auroit à dire, *il marcha contre les ennemis, qu'il ſçauoit qui auoient paſſé la riuiere, qu'il ſçauoit qui auoient aimé ſon fils.* Car ce ſont les deux façons ordinaires, dont on exprime cela. Mais pour en dire la verité, ie ne voudrois jamais me ſeruir de la derniere, & rarement de l'autre, non pas que ie la croye mauuaiſe, puis que tous nos meilleurs Autheurs s'en ſeruent, qui me doiuent oſter tout ſcrupule, & me donner la loy; mais parce que ie ſçay qu'elle choque beaucoup d'oreilles delicates, & de fait, ie ſens bien qu'il y a quelque choſe de rude en cette conſtruction. Ie taſcherois de l'euiter le plus adroitement que ie pourrois.

Des vers dans la proſe.

I'Entens que la proſe meſme face vn vers, & non pas que dans la proſe on meſle des vers. Exemple, *qui ſe peut aſſeurer d'vne perſeuerance?* Ie dis qu'vne periode en proſe, qui commence ou finit ainſi, ou auec cette meſme meſure, eſt vitieuſe. Il faut euiter les vers dans la proſe autant qu'il ſe peut, ſur tout, les vers Alexandrins, & les vers communs, mais particulierement les Alexandrins, comme eſt celuy dont j'ay donné vn exemple, parce que leur meſure ſent plus le vers, que celle des vers communs, & que marchant, s'il faut ainſi dire, auec plus de train, & plus de pompe que les autres, ils ſe font plus remarquer. Mais il les faut principalement éuiter quand ils commencent, ou acheuent la periode, & qu'ils font vn ſens complet. Que s'il y a deux vers de ſuite, dont le ſens ſoit parfait en chaque vers, c'eſt bien encore pis, & si ces deux vers finissent, l'vn par vne rime masculine, & l'autre par vne feminine, le defaut en est encore plus grand, parce que cela sent dauantage sa poësie, & est plus remarquable, ces deux vers estant comme les deux premiers, ou les deux derniers d'vn quatrain. Il y en a vn bel exemple dans M. de Malherbe: *ce ne fut pas à faute*, dit-il, *ny de le desirer auecque passion, ny de le rechercher auecque diligence.* S'il eust fait *auec*, de deux syllabes aux deux vers, au lieu qu'il l'a fait de trois, ayant tousjours accoustumé d'escrire *auecque* de trois syllabes en prose, il eust rompu la mesure, qui rend ces deux membres de periode vicieux. Que si le sens ne commence, ny ne finit auec le vers, il n'y a rien à dire, parce qu'on ne s'apperçoit pas que ce soit vn vers. Exemple, *Ayant euité les malheurs, où tombe d'ordinaire la jeunesse.* Ostez-en le commencement & la fin, ce sera vn vers, *éuité les malheurs, où tombe d'ordinaire*, mais auec ce qui va deuant & aprés, il ne paroist point que c'en soit vn. Aussi quand on dit qu'il faut euiter les vers, on veut dire ceux qui ont la cadence des vers, ce que celuy-cy n'a pas. Car pour les autres, ce seroit vn scrupule sans raison, de n'en oser faire en prose, puis qu'aussi bien on ne s'en apperçoit point.

Amyot, M. Coeffeteau, & tous nos meilleurs Escriuains, anciens, & modernes, en font plusieurs, mesmes auec la cadence, & pourueu que cela n'arriue pas souuent, ie ne crois pas qu'il y ayt grand mal; parce qu'à le vouloir tousjours euiter, cette contrainte empescheroit de dire beaucoup de choses de la façon qu'elles doiuent estre dites, & ruïneroit la naifueté, à qui j'oserois donner la premiere place parmy toutes les perfections du stile.

Il y en a qui tiennent, que ce n'est point vn vice, qu'vn vers dans la prose, encore qu'il face vn sens complet, & qu'il finisse en cadence, pourueu qu'il ne soit point composé de mots specieux & magnifiques, & qui sentent la poësie. Mais ie ne suis pas de leur auis, quoy que ie leur accorde qu'vn vers composé de paroles simples & communes est beaucoup moins vicieux. Tacite a esté repris d'auoir commencé son Ouurage par vn vers, *Vrbem Romam à principio Reges habuere*, quoy qu'il n'ayt rien du vers que la mesure, & encore bien rabouteuse. Et l'on n'a pas mesme pardonné à Tite Liue l'Hemistiche, par où il commence aussi, *Facturus ne operæ-pretium sim?*

I'ay dit que les vers communs sont moins vicieux en prose, que les Alexandrins, & il est vray, parce qu'ils ressentent moins le vers. Et ie m'estonne de l'opinion contraire de Ronsard, qui dit, qu'il a voulu composer sa Franciade

ciade en vers communs, parce qu'ils ſentent moins la proſe que les Alexandrins; car outre que l'oreille, qui eſt en cela le ſouuerain Iuge, le condamne, la raiſon fait auſſi contre luy, en ce que les quatre premieres ſyllabes du vers commun, à la fin deſquelles ſe fait la ceſure, ſe rencontrent ſans comparaiſon plus ſouuent parmy la proſe, que les ſix premieres ſyllabes du vers Alexandrin, comme l'experience le fait voir, eſtant plus aiſé de trouuer quatre ſyllabes ajuſtées, que d'en trouuer ſix.

Quant aux petits vers, ils ne paroiſſent preſque pas parmy la proſe, ſi ce n'eſt qu'il y en ayt deux de ſuite de meſme meſure, comme, *on ne pouuoit s'imaginer, qu'aprés vn ſi rude combat*; que ſi vous en ajouſtez encore vn, ou deux, *ils fiſſent encore deſſein d'attaquer nos retranchemens*, cela eſt tres-vicieux, & il peut ſouuent arriuer, qu'au moins il y en aura deux de meſme meſure.

Il faut prendre garde auſſi, qu'il n'y ayt pluſieurs membres d'vne periode de ſuite, tous d'vne meſure, car encore qu'ils n'ayent pas la meſure d'aucune ſorte de vers, ils ne laiſſent pas d'offenſer l'oreille, quand elle eſt tendre. Par exemple, *on ne pouuoit pas s'imaginer, qu'aprés vn ſi furieux combat, ils euſſent encore fait deſſein d'attaquer tous nos retranchemens.*

Cette periode eſt compoſée de quatre pieces, qui ſont toutes de neuf ſyllabes, & qui ayant vne meſme cheute, peuuent deſplaire à l'oreille, ſans qu'elle ſçache pourquoy. Neantmoins c'eſt vne merueille quand cela ſe rencontre, & encore en ce cas là il ne s'en faut guere mettre en peine, à cauſe qu'il n'y a preſque perſonne qui s'en apperçoiue, & que ce ſeroit ſe donner vne cruelle geſne pour rien. Mais lors que ce ſont des vers de meſme meſure, ce ſeroit vn grand defaut de ne la pas rompre, ſur tout s'il y a plus de deux vers de ſuite, comme il ſe voit dans l'exemple que nous auons rapporté.

Parallele.

CE mot eſt maſculin dans le figuré. Il eſt vray que dans le propre, ſelon que les Geometres le definiſſent, on ne le met gueres tout ſeul, que l'on ne die *ligne*, en meſme temps, *vne ligne parallele*, *deux lignes paralleles*, & alors il eſt adjectif, comme il ſe voit clairement. Mais dans le figuré, il arriue à ce mot deux choſes aſſez extraordinaires, &, ſi ie ne me trompe, ſans exemple. L'vne, que d'adjectif qu'il eſtoit au propre, il deuient ſubſtantif au figuré, ne voulant dire autre choſe que *comparaiſon*: l'autre, qu'au propre on l'eſcrit *parallele*, ſelon ſon origine Grecque, ſuiuie des Latins, &

au figuré il change d'orthographe, & s'escrit, *paralelle*, par l'ignorance ou par la bizarrerie de l'Vsage. *Le paralelle d'Alexandre, & de Cesar, faire le paralelle, ou vn paralelle de deux Capitaines, ou de deux Orateurs.*

Il y a grande apparence que cét abus d'escrire *paralelle* auec les *l*, ainsi transposées, est venu de ce que tous nos noms substantifs, ou adjectifs terminez en *ele*, ont tous l'*l*, redoublée, & jamais simple, comme *pucelle, belle, modelle, fidelle, &c.* Car pour ceux qui ont vne *s*, entre l'*e*, & *l*, ils ne sont pas de ce nombre, ny de cette nature, comme *gresle*, adjectif & substantif, *fresle*, ou *fraile*. Ie ne parle que des noms où l'*l*, est entre deux *e*, à la fin du mot. Et ie ne parle point des verbes non plus; car il y en a qui finissent auec vne *l*, seule, comme *cele, decele, reuele*. Cependant les Doctes accuseront d'ignorance ceux qui escriront *paralelle* ainsi, comme si l'on ne sçauoit pas qu'en Grec ἀλλήλων, d'où il vient, dispose les *l*, ou les *lambda* tout au contraire. Mais il faut prier ces Messieurs de se resouuenir, que l'Vsage ne s'attache point aux ethymologies, & qu'il n'en depend qu'autant qu'il luy plaist. D'aller au contraire, ce seroit vouloir monstrer que l'on ne sçait pas sa langue maternelle, mais que l'on sçait la Grecque; & il est sans comparaison plus honteux d'ignorer l'vne que l'autre. Ajoustez que nous auons mille exemples de mots Latins pris du Grec, où l'on s'escarte bien dauantage de leur origine. Mesmes ce mot *ἀλλήλων*, n'a qu'vne *l*, ou vn *lambda* à la derniere syllabe, quoy que les Ethymologistes Grecs ne doutent point qu'il ne vienne d'*ἄλλον ἄλλος*, *aliud alij*, comme qui diroit, vne chose qui a du rapport à vne autre, changeant l'*α*, en *η*, dans la composition, & ostant vn *λ*, pour rendre le mot plus doux.

Vesquit, vescut.

CE preterit se conjugue par la pluspart de cette sorte, *ie vesquis, tu vesquis, il vesquit*, & *il vescut*, *nous vesquimes*, *vous vesquites*, *ils vesquirent*, & *ils vescurent*. I'ay dit *par la pluspart*, à cause qu'il y en a d'autres dont le nombre à la verité est beaucoup moindre, qui tiennent, qu'il le faut conjuguer ainsi, *ie vesquis*, & *ie vescus*, *tu vesquis*, & non pas, *tu vescus*, *il vesquit*, & *il vescut*, *nous vesquimes* & *vescumes*, *vous vescustes*, non pas *vesquistes*, *ils vesquirent*, & *vescurent*.

Il y en a encore qui le conjuguent autrement, & qui tiennent qu'en toutes les trois personnes, & du singulier, & du pluriel, les deux sont bons, & que l'on peut dire, *ie vesquis*, & *ie vescus*, *tu vesquis*, & *tu vescus*, & ainsi au pluriel. Tant y a que la diuersité des opinions est si grande sur ce sujet, que quelques vns n'ont point pris d'autre party, que d'euiter tant qu'il se peut, ce preterit, & de se seruir de l'autre, que les Grammairiens appellent indefini ou composé, *j'ay vescu* Il est vray que pour la tierce personne du singulier & du pluriel, presque tous conuiennent que l'on peut dire *vesquit*, & *vescut*, *vesquirent*, & *vescurent*. M. de Malherbe dit, *suruesquit*.

Seulement on peut aduertir ceux qui escriuent exactement, & qui aspirent à la perfection, de prendre garde à employer *vesquit*, ou *vescut*, selon qu'il sonnera mieux à l'endroit où il sera mis. Par exemple, j'aimerois mieux dire, *il vesquit, & mourut Chrestiennement*, que non pas, *il vescut & mourut*, à cause de la rudesse de ces deux mesmes terminaisons, comme au contraire, ie voudrois dire, *il vescut & sortit de ce monde*, plustost *qu'il vesquit & sortit*: Mais ces petites obseruations ne sont que pour les delicats. Neantmoins puis qu'il ne couste pas plus de mettre l'vn que l'autre, il faut ce me semble, choisir le meilleur, & celuy qui contente plus l'oreille.

Verbes dont l'infinitif se termine en IER.

CEs verbes, comme *signifier*, *reconcilier*, *humilier*, *&c.* ont d'ordinaire le futur de l'optatif, & du subjonctif, ou conjonctif tout semblable au present de l'indicatif. Quant au singulier, il n'y a point d'inconuenient, ny l'oreille n'est point offensée, que l'on die, *afin que ie signifie, tu signifies, il signifie:* car en tous les autres verbes de cette conjugaison on dit de mesme, *afin que j'aime, tu aimes, il aime, j'enseigne, tu enseignes, &c.* mais à la premiere & à la seconde personne du pluriel, il y a vn inconuenient; c'est que l'on y ajouste vn *j*, & l'on dit, *afin que nous aimions, que vous aimiez*, & par consequent il faut dire aussi, *afin que nous signifiions, vous signifiiez*, auec deux *ii*. Il est vray que personne ne l'escrit ainsi; mais on ne laisse pas de sentir le defaut d'vn second *i*, qui y seroit necessaire. Ie sçay bien que la rencontre des deux *ii*, est cause de cela, & qu'outre le mauuais son, il seroit difficile, & comme impossible de prononcer, *signifiions*, *signifiiez*; mais voicy quelque sorte de remede dont ie me suis auisé. C'est de faire vn seul *i*, des deux, à la façon des Grecs, par vne figure qu'ils appellent *crase*, lequel *i*, soit marqué d'vn accent circonflexe de cette sorte^, *afin que nous nous humilîons.* Cét expedient est bon pour l'orthographe, & c'est tousjours reparer en quelque façon vn defaut dans nostre langue, à quoy chacun doit contribuer, mais pour la prononciation, il n'y fait rien du tout, parce qu'encore que la *crase* faisant de deux syllabes vne seule, rende cette syllabe seule aussi longue que les deux, neantmoins cela ne se remarque point quand on la prononce. Il faut mettre aussi cét accent circonflexe au pluriel du preterit imparfait, *nous signifions*, *vous signifiez*, *significabamus*, *significabatis*, pour le distinguer du present, *nous signifions*, *vous signifiez*, *significamus*, *significatis*.

Premier que, pour *auant que*.

C'Est vne façon de parler ancienne, dont plusieurs se seruent encore aujourd'huy en parlant, & en escriuant, mais ceux qui ont quelque soin de la pureté du langage, n'en vsent jamais. On ne le trouuera pas vne seule fois dans toutes les Oeuures de M. Coeffeteau: Il dit tousjours *deuant que*. Nos meilleurs Escriuains modernes l'euitent aussi, & au lieu de dire, *premier que ie face cela*, disent *deuant*, ou *auant que ie face cela*.

Se resouuenir.

CE verbe a vn certain vsage assez extraordinaire, qui neantmoins est extremement François & elegant, par exemple, *ses soldats*, dit M. Coeffeteau, *voyant ce triste spectacle*, c'est à dire, voyant mourir Brutus deuant leurs yeux, *& se resouuenant qu'ils n'auoient plus* *de chef.* On se resouuient des choses passées & esloignées, & celle-cy estoit toute presente, comment est-ce donc qu'il dit, *& se resouuenant qu'ils n'auoient plus de chef?* C'est que *se resouuenant* se prend là tres-elegamment pour *considerant*, ou *songeant*.

Orthographe, Orthographier.

QVoy qu'en Grec & en Latin on die *orthographia*, nous disons pourtant *orthographe*, & quoy que nous disions *orthographe*, nous ne le laissons pas de dire, *orthographier*, & non pas *orthographer*. Au reste, *orthographe* est feminin, *vne bonne orthographe*. Quelques vns escriuent la derniere syllabe des deux façons *phe*, & *fe*, comme *Philosophe*, & *Philosofe*; mais ie voudrois tousjours escrire *orthographe*, & *Philosophe*, auec *ph*.

Netteté de construction.

LOrs qu'en deux membres d'vne periode qui sont joints par la conjonction *et*, le premier membre finit par vn nom, qui est à l'accusatif, & l'autre membre commence par vn autre nom, qui est au nominatif, on croit d'abord que le nom qui suit la conjonction, est au mesme cas que celuy qui le prece-

precede, parce que le nominatif & l'accusatif sont tousjours semblables, & ainsi l'on est trompé, & on l'entend tout autrement que ne le veut dire celuy qui l'escrit. Vn exemple le va faire voir clairement. *Germanicus* (en parlant d'Alexandre) *a egalé sa vertu, & son bonheur n'a jamais eu de pareil.* Ie dis que ce n'est pas escrire nettement, que d'escrire comme cela, *a egalé sa vertu, & son bonheur, &c.* parce que sa *vertu* est accusatif, regi par le verbe *a egalé*, & *son bonheur* est nominatif, & le commencement d'vne autre construction, & de l'autre membre de la periode. Neantmoins il semble qu'estant joints par la conjonctiue, *et*, ils aillent ensemble, ce qui n'est pas, comme il se voit en acheuant de lire la periode entiere. On appelle cela *vne construction lousche*, parce qu'elle semble regarder d'vn costé, & elle regarde de l'autre. Plusieurs excellens Escriuains ne sont pas exents de cette faute. Il ne me souuient point de l'auoir jamais remarquee en M. Coeffeteau; je sçay bien qu'il y aura assez de gens, qui nommeront cecy vn scrupule, & non pas vne faute, parce que la lecture de toute la periode fait entendre le sens, & ne permet pas d'en douter. Mais tousjours ils ne peuuent pas nier, que le lecteur & l'auditeur n'y soient trompez d'abord, & quoy qu'ils ne le soient pas long temps, il est certain qu'ils ne ſont pas bien aiſes de l'auoir eſté, & que naturellement on n'aime pas à ſe meſprendre. Enfin c'eſt vne imperfection qu'il faut euiter, pour petite qu'elle ſoit, s'il eſt vray qu'il faille tousjours faire les choſes de la façon la plus parfaite qu'il ſe peut, ſur tout lors qu'en matiere de langage il s'agit de la clarté de l'expreſſion.

Perſecuter.

CE mot eſt mal prononcé par vne infinité de gens, qui diſent *perzecuter*, comme ſi au lieu de l'*s*, il y auoit vn *z*. Il faut prononcer *perſecuter*, comme s'il eſtoit eſcrit auec vn *c*, *percecuter*; tout de meſme que *perſeuerer*. Ce qui m'a fait remarquer que tous les mots generalement ſans exception, qui commencent par *per*, & ont vne *s*, aprés ſuiuie d'vne voyelle, ſe prononcent ainſi, c'eſt à dire comme ſi au lieu de l'*s* il y auoit vn *c*, & non pas vn *z*, *Perſan, Perſe, perſeuerer, perſil, perſiſter, perſonne, perſonnage, perſuader.*

Lors.

LOrs, auec vn genitif, par exemple, *lors de ſon election*, pour dire *quand il fut eleu* n'eſt gueres bon, ou du moins, gueres elegant;

plusieurs neantmoins le disent & l'escriuent, parce qu'il abrege souuent vn grand tour qu'il faudroit prendre sans cela.

Lequel, laquelle.

CEs pronoms au nominatif, tant singulier, que pluriel, sont rudes pour l'ordinaire, & l'on doit plustost se seruir de *qui*, quand on le deuroit repeter deux fois dans vne mesme periode, comme il a esté dit en la remarque de *qui*, où l'on a fait voir qu'il n'en falloit faire nul scrupule. Il y a pourtant certaines exceptions & certains endroits où il faut dire *lequel*, (quand ie dis *lequel*, j'entens *laquelle*, *lesquels*, & *lesquelles*, en leurs deux genres, & en leurs deux nombres) comme quand il y a deux noms substantifs, dont l'vn est d'vn genre, & l'autre d'vn autre, alors si le pronom relatif ne se rapporte pas au plus proche substantif, mais au plus esloigné, il ne faut pas à cause de l'equiuoque, se seruir de *qui*, parce qu'il est du genre commun, & que l'on ne sçauroit auquel il se rapporteroit, mais il faut vser de l'autre relatif *lequel*. Exemple, *C'est vn effet de la diuine Prouidence, qui est conforme à ce qui nous a esté predit.* Ie dis que ce premier *qui*, se rapporte à *effet*, & non pas à *Prouidence*, & neantmoins comme de sa nature il ſe rapporte au plus proche, on auroit ſujet de croire, qu'il s'y rapporteroit en cét exemple, ce que toutefois il ne fait pas; C'eſt pourquoy au lieu de *qui*, il faut tousjours mettre *lequel*, & dire, *c'eſt vn effet de la diuine Prouidence, lequel, &c.*

On ſe ſert auſſi de ce pronom au nominatif, quand on commence quelque narration conſiderable, par exemple, *Il y auoit à Rome vn grand Capitaine, lequel par le commandement du Senat, &c.* Ie dis qu'en cét endroit, *lequel*, eſt beaucoup plus fort, que ne ſeroit *qui*, & j'ay remarqué que meſme à la Cour, où il ſemble que *lequel*, ne deuroit pas eſtre ſi bien receu, on en vſe d'ordinaire en de ſemblables rencontres. Ie ne vois ny homme, ny femme, qui racontant quelque choſe, ne die par exemple, *c'eſtoit vn homme, lequel, &c. c'eſtoit vne femme, laquelle, &c.* pluſtoſt que *qui*, & de meſme au pluriel.

Ie n'ay parlé que du nominatif, parce qu'aux autres cas il n'y a nulle rudeſſe à en vſer, ſi ce n'eſt lors que l'on peut ſe ſeruir de *qui*, de *quoy*, de *que*, & de *dont*, au lieu de *duquel*, d'*auquel*, de *lequel*, à l'accuſatif, & ainſi du feminin, & du pluriel; Car alors ce ſeroit vne faute de manquer à employer ces autres mots plus doux, que noſtre langue nous fournit, pour mettre à la place du pronom *lequel*, en tous ſes cas, & en tous ses nombres. Il faut donner des exemples de toutes ces choses pour les esclaircir. Et afin d'y proceder par ordre, commençons par le genitif, *j'ay enuoyé vn Courrier exprés, au retour duquel ie verray, &c.* Il faut necessairement dire *duquel* en ce lieu là, & non pas *de qui*, Et de mesme au feminin, *j'honore infiniment sa vertu, en consideration de laquelle*, & non pas, *de qui, il n'y a rien que ie ne voulusse faire.* Au pluriel, c'est tout de mesme en l'vn & en l'autre genre. Suiuons au datif, *c'est vn heureux succés, auquel ie n'ay contribué que de mes vœux*, & non pas *à qui je n'ay contribué*, ny *à quoy ie n'ay contribué*; quoy que quelques-vns disent ce dernier, mais il s'en faut bien, qu'il ne soit si bon qu'*auquel*. Ainsi du feminin, & du pluriel. A l'accusatif, *c'est vn sujet sur lequel on peut dire beaucoup de choses*, & jamais *sur qui*. Quelques-vns disent, *surquoy*, mais *sur lequel* est beaucoup meilleur. De mesme au feminin, & au pluriel. A l'ablatif, on en vse rarement, parce que l'on se sert en tout nombre & en tout genre, de la commode particule *Dont*, comme par exemple, on dira, *C'est vn importun, dont*, & non pas, *duquel j'ay bien eu de la peine à me deffaire, c'est vne mauuaise affaire, dont il aura bien de la peine à se demesler, ce sont des malheurs dont il n'est pas exent, ce sont des affaires, dont il se tirera.* Il y a exception, quand aprés vn genitif regi par vn nominatif, on ne sçauroit auquel des deux rapporter *dont*, comme *c'est la cause de cét effet, dont ie vous entretiendray à loisir*; On ne sçait si *dont* se rapporte à *la cause*, ou à *l'effet*; C'est pourquoy, si vous voulez qu'il se rapporte à la cause, il faut dire, *c'est la cause de cét effet, de laquelle ie vous entretiendray*, & si vous voulez qu'il se rapporte à l'effet, il faut dire, *c'est la cause de cét effet, duquel ie vous entretiendray.* Il faut donc en semblables occasions, se seruir du pronom *duquel*, & non pas de *dont*, à cause de l'equiuoque.

On se sert encore du pronom *lequel*, aux ablatifs absolus, comme *j'y ay esté vn an, pendant lequel.*

Au reste, *qui*, pour *lequel*, se met en tous les cas, en tous les genres, & en tous les nombres: mais hors du nominatif, il ne se met jamais que pour les personnes, à l'exclusion des animaux, & des choses inanimées. *Quoy*, au contraire, ne se met jamais pour *lequel*, quand on parle des personnes, mais seulement quand il s'agit des animaux, & des choses inanimées, & s'accommode à tous les genres, & à tous les nombres. Et *que*, à l'accusatif, se met pour *lequel*, *laquelle*, *lesquels*, & *lesquelles*, dequoy que ce soit que l'on parle sans exception, & est indeclinable.

Lairrois , lairray.

CEtte abreuiation de *lairrois*, *lairray*, en toutes les personnes,& en tous les nombres, pour *laisserois*, & *laisseray*, ne vaut rien, quoy qu'vne infinité de gens le disent & l'escriuent. Quelques Poëtes ont creu que les vers leur permettoient d'en vser, mais ceux qui aiment la pureté du langage, le souffrent aussi peu dans la poësie, que dans la prose. Mais ils souffrent bien encore moins, *vous me pardonrez*, pour *pardonnerez*, *donray* , ou *dorray*, pour *donneray*, qui sont des monstres dans la langue.

Inuectiuer.

INuectiuer, pour *faire des inuectiues*, n'est pas du bel vsage, & il n'est pas permis de faire des verbes à sa fantaisie, tirez & formez des substantifs. Beaucoup de gens neantmoins se donnent cette authorité; mais il n'y a que les verbes, que l'Vsage a receus, dont on se puisse seruir, sans qu'il y ayt en cela ny reigle, ny raison. Par exemple on dit, *affectionner*, *se passionner*, *d'affection* & de *passion*, & plusieurs autres semblables , & neantmoins si l'on veut bien parler, on ne dira pas *ambitionner*, *occasionner*, d'*ambition*, & *d'occasion*, non plus que *pretexter*, pour *prendre pretexte*, & *se medeciner* pour *prendre medecine*. Ie ſçay bien qu'ils ſont en la bouche de la pluſpart du monde ; mais non pas dans les eſcrits des bons Autheurs.

S'immoler à la riſee publique.

PLuſieurs ont repris M. Coeffeteau de ce qu'il ſe ſeruoit de cette façon de parler, & ne l'ont pas ſeulement condamnée comme mauuaiſe, mais comme monſtrueuſe, & fort approchante de ce qu'on appelle *Galimathias*. Toute la France neantmoins ſçait bien, que ce grand perſonnage exprimoit les choſes ſi nettement, que le galimathias n'eſtoit pas moins incompatible auec ſon eſprit, que les tenebres auec la lumiere. Mais conſiderons cette phraſe, & voyons ce qu'elle a de ſi eſtrange, qui ayt obligé tant de gens à s'eſcrier, comme à la veüe d'vn monſtre : *Immoler* n'eſt-ce pas vn bon mot? *immoler*, & *ſacrifier*, *s'immoler*, & *ſe ſacrifier*, ne veulent-ils pas dire la meſme choſe? Peut-on pas dire *ſe ſacrifier à la cruauté des ennemis*? Et pourquoy donc ne dira-t-on pas, *ſe ſacrifier à la riſee publique*, *à la riſee du monde*, ou *de tout le monde*? Car comme la cruauté des ennemis fait perdre la vie auec douleur, la riſée du monde fait perdre l'honneur auecque honte, & l'on ne peut nier, que comme on ſacrifie ſa vie, on ne puiſſe auſſi ſacrifier ſon honneur : Meſmes

Mesmes il faut confesser, que comme l'honneur est vne chose beaucoup plus precieuse que la vie, aussi le mot de *sacrifier*, ou d'*immoler*, est plus dignement employé au sacrifice de l'honneur, qu'au sacrifice de la vie. D'où il me semble qu'il s'ensuit, que cette façon de parler, *se sacrifier*, ou *s'immoler à la risée de tout le monde*, ou *à la risée publique*, est tres-bonne, tres-judicieuse, & ne contient rien qui ne soit tres-conforme à la raison. Mais on vient de me faire voir ce que ie n'auois pas obserué, que c'est le Cardinal du Perron, & non pas M. Coeffeteau, qui est l'inuenteur de cette phrase, tellement qu'ayant esté inuentée par vn si grand homme, & puis authorisée par vn autre si celebre en nostre langue, ie ne sçay comme elle a pû estre si mal receuë de quelques-vns.

Ils disent, qu'*immoler*, & *sacrifier*, sont des mots trop tragiques, pour les joindre auec *risée*. On respond, qu'à la verité, *risée* est comique à l'égard de ceux qui la font, mais qu'elle se peut dire tragique à l'égard de ceux qui la souffrent, puis que leur honneur plus precieux que la vie, en demeure blessé, & qu'il peut mesmes en estre ruiné & perdu pour jamais. Ainsi l'on ne joindra point ensemble deux choses fort discordantes, que de joindre *immoler*, & *sacrifier* auec *risée*.

Il eſt vray qu'il y a des endroits, où la phraſe ordinaire *s'expoſer à la risée de tout le monde,* ſeroit beaucoup mieux, que *s'immoler*; car lors que l'action que l'on fait, eſt ſimplement, ou mediocrement ridicule, & qu'elle ne va pas juſqu'à l'excés, il n'y a point de doute que *s'expoſer*, ſeroit plus judicieuſement dit, que *s'immoler.* Mais ſi l'action eſt ridicule & impertinente au dernier degré, alors *s'expoſer* ſeroit foible; & *s'immoler* eſtant incomparablement plus fort, ſeroit auſſi beaucoup meilleur, & plus proprement employé que l'autre.

Qu'on ne m'allegue pas, qu'aux langues viuantes non plus qu'aux mortes, il n'eſt pas permis d'inuenter de nouuelles façons de parler, & qu'il faut ſuiure celles que l'Vſage a eſtablies; Car cela ne s'entend que des mots, eſtant certain qu'il n'eſt pas permis à qui que ce ſoit, d'en inuenter, non pas meſme à celuy qui d'vn commun conſentement de toute la France, ſeroit declaré le Pere de l'Eloquence Françoiſe, parce que l'on ne parle que pour ſe faire entendre, & perſonne n'entendroit vn mot, qui ne ſeroit pas en vſage; Mais il n'en eſt pas ainſi d'vne phraſe entiere, qui eſtant toute compoſée de mots connus & entendus, peut eſtre toute nouuelle, & neantmoins fort intelligible, de ſorte qu'vn excellent & judicieux Eſcriuain peut inuenter de nouuelles façons de parler qui seront receües d'abord, pourueu qu'il y apporte toutes les circonstances requises, c'est à dire vn grand jugement à composer la phrase claire & elegante, la douceur que demande l'oreille, & qu'on en vse sobrement, & auec discretion.

Des mieux.

IL n'y a rien de si commun, que cette façon de parler, *il danse des mieux*, *il chante des mieux*, pour dire *il danse fort bien*, *il chante parfaitement bien*; mais elle est tres-basse, & nullement du langage de la Cour, où l'on ne la peut souffrir; Car il ne faut pas oublier cette maxime, que jamais les honnestes gens ne doiuent en parlant vser d'vn mot bas, ou d'vne phrase basse, si ce n'est par raillerie; Et encore il faut prendre garde qu'on ne croye pas, comme il arriue souuent, que ce mauuais mot a esté dit tout de bon, & par ignorance plustost que par raillerie. Il ne faut laisser aucun doute, que l'on ne l'ayt dit en raillant.

Quatre pour *quatriesme, & autres semblables.*

QUand on cite vn liure, ou vn chapitre, ou que l'on nomme vn Pape, ou vn Roy, ou quelque autre chose semblable, il faut se seruir du nombre adjectif ou ordinant, & non pas du substantif ou primitif, qu'ils appellent, comme on fait d'ordinaire dans les chaires, & dans le barreau. Ils disent par exemple, *au chapitre neuf*, pour *neufuiesme*, *Henry quatre*, pour *Henry quatriesme*. Quelle grammaire, & quel mesnage de syllabes est cela? Le grand vsage semble en quelque façon l'authoriser, mais puis que tous demeurent d'accord que l'adjectif est meilleur, pourquoy ne le dire pas plustost que l'autre?

Sur, sous.

CEs prepositions se doiuent tousjours mettre simples, si ce n'est en certains cas que nous remarquerons. Ie les appelle simples en comparaison des composées *dessus*, & *dessous*, que tout le monde presque employe indifferemment, & en prose, & en vers, pour *sur*, & *sous*. On en fait autant de quelques autres prepositions, comme *dedans*, *dehors*. Par exemple on dira, *Il est dessus la table*, *dessous la table*, *dedans la maison*, *dehors la ville*. Ie dis que ce n'est pas escrire purement, que d'en vser ainsi, & qu'il faut tousjours dire, *sur la table*, *sous la table*, *dans la maison*, & *hors la ville*, ou *hors de la ville*; car tous deux sont bons, & non pas *dessus la table*, *dessous la table*, &c. On le permet pourtant aux Poëtes, pour la commodité des vers, où vne syllabe de plus ou de moins eſt de grand ſeruice; Mais en proſe, tous ceux qui ont quelque ſoin de la pureté du langage, ne diront jamais, *deſſus vne table*, ny *deſſous vne table*; non plus que *dedans la maiſon*, ou *dehors la maiſon*. Il ſemble que ces composez ſoient pluſtoſt aduerbes que prepoſitions; car leur grand vſage eſt à la fin des periodes, ſans rien regir aprés eux, puis qu'ils terminent la periode & le ſens : comme, ſi ie ſuis aſſis ſur quelque choſe, & qu'on la cherche, ie diray, *Ie ſuis aßis deſſus*, ou *ie ſuis deſſus, ie ſuis demeuré deſſous, il eſt dedans, il eſt dehors*. Au lieu que les prepoſitions ſont perpetuellement ſuiuies d'vn nom, ou d'vn verbe, ou de quelque autre partie de l'Oraiſon, comme le porte le nom meſme de prepoſition.

Il eſt vray qu'il y a trois exceptions que j'ay remarquées, l'vne, quand on met les deux contraires enſemble, & tout de ſuite, comme *Il n'y a pas aſſez d'or ni deſſus, ni deſſous la terre, pour me faire commettre vne telle meſchanceté*; Alors il faut dire ainſi, & non pas, *ni ſur, ni ſous la terre*, parce que *ſur* & *ſous*, non plus que *dans* & *hors*, ne ſe mettent jamais tout ſeuls, qu'ils n'ayent incontinent leur nom aprés eux. L'autre, quand il y a deux prepoſitions de ſuite, encore qu'elles ne ſoient pas contraires, comme *elle n'eſt ni dedans, ni deſſus le coffre*. Et la troiſieſme, lors qu'il y a vne autre prepoſition deuant, comme *il luy a paſſé par deſſus la teſte, par deſſous le bras, par dedans la ville, par dehors la ville*, car on ne dira pas, *par ſur la teſte, par ſous le bras*, ny *par dans la ville, par hors la ville.* Ces cas exceptez, il ne faut jamais employer ces compoſez, que comme aduerbes, & ſe faut ſeruir des autres, comme de prepoſitions.

Intrigue.

LA pluſpart font ce mot feminin, ie dis *la pluſpart*, parce qu'il y en a qui le font de l'autre genre; il faut dire *intrigue* auec vn *g*, & non pas *intrique*, auec vn *q*, comme force gens le diſent & l'eſcriuent. C'eſt vn nouueau mot pris de l'Italien, qui neantmoins eſt fort bon, & fort en vſage.

Incendie.

DV temps du Cardinal du Perron, & de M. Coeffeteau, ceux qui faiſoient profeſſion de bien eſcrire, n'euſſent pas voulu vſer de ce mot, on diſoit tousjours *embraſement*; mais aujourd'huy *incendie* s'eſt rendu familier, & les bons Eſcriuains ſe ſeruent indifferemment de l'vn & de l'autre. Il eſt vray que les plus exacts obſeruent encore, de dire pluſtoſt *embraſement*, qu'*incendie*, mais ſi le ſujet qu'ils traittent, les oblige à exprimer la meſme chose deux fois, ils ne font point de difficulté de mettre à la seconde, *incendie*, ie dis *à la seconde*, parce qu'il faut obseruer cela, de mettre tousjours le meilleur mot & le plus ancien le premier. Il est vray que j'ay appris d'vn des Oracles de nostre langue, qu'il y a cette difference entre *incendie*, & *embrasement*, qu'*incendie* se dit proprement d'vn feu qui a esté mis à dessein, & *embrasement* conuient mieux au feu qui a esté mis par cas fortuit, que l'on ne nommeroit pas si proprement *incendie*. Cette difference est tres-delicate & tres-vraye. *Incendiaire*, a tousjours esté receu, lors mesmes qu'*Incendie* ne l'estoit pas.

Vomir des injures.

CEtte phrase ne passe pas seulement pour bonne parmy tous les bons Escriuains, mais aussi pour elegante, à l'imitation des Latins, qui se seruent figurement du mot de *vomir* comme nous. Car tous nos meilleurs liures sont pleins de ces façons de parler, *vomir des injures*, *vomir des blasphemes*, & autres semblables. Neantmoins ie suis obligé de dire, qu'à la Cour ce mot est fort mal receu, particulierement des Dames, à qui vn si sale objet est insupportable; Et certainement il semble qu'elles ont d'autant plus de raison, que leur ſentiment eſt conforme à celuy de Quintilien, & de tous les grands Orateurs, qui veulent que les metaphores ſe tirent des images les plus nobles, & des objets les plus agreables. Ie ſçay qu'on repliquera, que cela eſt vray aux choſes agreables & indifferentes, mais que dans les choſes odieuſes, ou qu'on veut rendre odieuſes, on ſe peut ſeruir de metaphores de choſes odieuſes, & deſagreables, & qu'ainſi les meilleurs Orateurs Latins ont employé le mot *lenocinia*, & pluſieurs autres mots de cette nature en beaucoup d'endroits hors de leur ſignification naturelle.

Mais ie reſpons que tout cela n'empeſche pas, que nos Dames n'ayent vne grande auerſion à ces façons de parler, incompatibles auec la delicateſſe & la propreté de leur ſexe, ni que ceux qui parleront deuant elles, s'ils ont quelque ſoin de leur plaire, ne s'en doiuent abſtenir; Au moins en le faiſant, ils ſont aſſeurez de ne deſplaire à perſonne. Mais ſoit qu'elles ayent raiſon ou non, de haïr ces phraſes, ie rapporte ſimplement la choſe, comme vne verité dont ie ſuis bien informé.

Magnifier.

CE mot eſt excellent, & a vne grande emphaſe pour exprimer vne loüange extraordinaire

ordinaire. M. Coeffeteau en vſe ſouuent aprés Amyot, & tous les anciens. Encore tout de nouueau vn de nos plus celebres Eſcriuains ne fait point de difficulté de s'en ſeruir. Mais auec tout cela, il faut auoüer qu'il vieillit, & qu'à moins que d'eſtre employé dans vn grand Ouurage, il auroit de la peine à paſſer. I'ay vne certaine tendreſſe pour tous ces beaux mots que ie vois ainſi mourir, opprimez par la tyrannie de l'Vſage, qui ne nous en donne point d'autres en leur place, qui ayent la meſme ſignification & la meſme force.

Monoſyllabes.

CE n'eſt point vne choſe vicieuſe en noſtre langue, qui abonde en monoſyllabes, d'en mettre pluſieurs de ſuite. Cela eſt bon en la langue Latine, qui n'en a que fort peu; car à cauſe de ce petit nombre, on remarque auſſi-toſt ceux, qui ſont ainſi mis de rang, & l'oreille qui n'y eſt pas accouſtumée, ne les peut ſouffrir. Mais par vne raiſon contraire, elle n'eſt point offenſée de nos monoſyllabes François, parce qu'elle y eſt accouſtumée, & que non ſeulement il n'y a point de rudeſſe à en joindre pluſieurs enſemble: mais il y a meſmes de la douceur, puis que l'on en fait des vers tout entiers, & que celuy de M. de Malherbe, qu'on allegue pour cela, est vn des plus doux & des plus coulans, qu'il ayt jamais faits. Voicy le vers,

Et moy, ie ne vois rien quand ie ne la vois pas.

Il ne faut donc faire aucun ſcrupule de laiſſer pluſieurs monoſyllabes enſemble, quand ils ſe rencontrent. Chaque langue a ſes proprietez & ſes graces. Il y a des preceptes communs à toutes les langues, & d'autres qui ſont particuliers à chacune.

Nauire. Erreur.

NAuire, eſtoit feminin du temps d'Amyot, & l'on voit encore aux enſeignes de Paris cette inſcription, *A la Nauire*, & non pas *au Nauire*. Neantmoins aujourd'huy il eſt abſolument maſculin, & ce ſeroit vne faute de le faire des deux genres. C'eſt la metamorphoſe d'Iphis;

Vota puer ſoluit quæ fœmina vouerat Iphis.

Au contraire, Amyot a tousjours fait *erreur*, maſculin, & aujourd'huy il n'eſt que feminin.

Toute ſorte, & toutes ſortes.

TOute ſorte, ſe met d'ordinaire auec le ſingulier, comme, *ie vous ſouhaite toute ſorte de bonheur*; & *toutes ſortes*, auec le pluriel, comme *Dieu vous preserue de toutes sortes de maux.* On peut y prendre garde, quoy que ie ne croye pas que ce soit vne faute de confondre en cela le singulier auec le pluriel, ou le pluriel auec le singulier, Mais j'ay remarqué que M. Coeffeteau, & plusieurs autres, mettent tousjours le singulier auec le singulier, & le pluriel auec le pluriel. Vn de nos plus celebres Escriuains a dit, *toutes autres sortes d'auantages*, mais il est bien rude, & *toute autre sorte d'auantage*, eust esté, ce me semble, bien meilleur.

Premiere personne du present de l'Indicatif.

EXemple, *ie crois, ie fais, ie dis, ie crains,* & ainsi des autres. Quelques-vns ont creu qu'il falloit oster l'*s*, finale de la premiere personne, & escrire, *ie croy, ie fay, ie dy, ie crain, &c.* changeant l'*i*, en *y*, selon le genie de nostre langue, qui aime fort l'vsage des *y* grecs à la fin de la pluspart des mots terminez en *i*; & qu'il falloit escrire ainsi la premiere personne, pour la distinguer d'auec la seconde, *tu crois, tu fais, tu dis, tu crains, &c.* Il est certain que la raison le voudroit, pour oster toute equiuoque, & pour la richesse & la beauté de la langue; mais on pratique le contraire, & l'on ne met point de difference ordinairement entre ces deux perſonnes. Auſſi eſt-il mal-aiſé qu'il en arriue aucun inconuenient, le ſens eſtant incontinent entendu par le moyen de ce qui precede, & de ce qui ſuit; Ce n'eſt pas que ce fuſt vne faute, quand on oſteroit l'*s*, mais il eſt beaucoup mieux de la mettre touſjours dans la proſe. Quelques Italiens, comme les Romains, & les Sienois, diſent en parlant, *io credeuo*, à la premiere perſonne du preterit imparfait, pour la diſtinguer de la troiſieſme, *egli credeua*, mais les bons Autheurs, ſoit en proſe, ou en vers, n'obſeruent point cela.

Nos Poëtes ſe ſeruent de l'vn & de l'autre à la fin du vers, pour la commodité de la rime. M. de Malherbe a fait rimer au preterit parfait defini, *couury*, auec *Ivry*,

N'ay-je pas le cœur aſſez haut,
Et pour oſer tout ce qu'il faut,
Vn auſsi grand deſir de gloire,
Que j'auois lors que ie couury
D'exploits d'eternelle memoire,
Les plaines d'Arques, & d'Yury?

C'eſt contre l'Vſage de noſtre langue, qui ne le permet qu'à la premiere perſonne du preſent de l'indicatif, & non pas aux autres temps. Auſſi ne faut-il pas en cela ſuiure ſon exemple.

A mon auis, ce qui a fait prendre l'*s*, c'eſt que l'on a voulu euiter la frequente cacophonie, que cette premiere perſonne faiſoit auec tous les mots, qui commencent par vne voyelle, car pour ceux qui commencent par vne conſone, l'*s*, qui precede ne ſe prononce point. Mais il ne s'agit pas d'examiner s'il y a raiſon ou non, il ſuffit d'alleguer l'Vſage, qui ne ſouffre point de replique. On peut pourtant ajouſter pour la defenſe de cét vſage, que c'eſt l'ordinaire de toutes les langues, & que les Grecs auec toute l'opulence, ou la licence de la leur, au pris de laquelle toutes les autres ſont pauures, ou retenuës, ne laiſſent pas d'auoir ce meſme defaut, & plus ſouuent que nous, puis que les duels du preſent de l'indicatif ſont ſemblables τύπτετον, τύπτετον, & que la premiere perſonne ſinguliere de l'imparfait eſt ſemblable auſſi à la troiſieſme pluriele, ἔτυπτον, ἔτυπτον, outre beaucoup d'autres temps qui ſe reſſemblent encore. Il eſt vray qu'ils ont vn accent different, mais l'accent n'y fait rien : car du temps de Demoſthene, on ne les marquoit point, & ie doute fort qu'à parler, cela fuſt ſi ſenſible, que par la prononciation ſeule, on euitaſt l'equiuoque.

Trouuer, treuuer, prouuer, eſprouuer, pleuuoir.

TRouuer, & *treuuer*, ſont tous deux bons, mais *trouuer* auec, *o*, eſt ſans comparaiſon meilleur, que treuuer auec *e*. Nos Poëtes neantmoins ſe ſeruent de l'vn & de l'autre à la fin des vers pour la commodité de la rime; Car ils font rimer *treuue*, auec *neuue*, comme *trouue*, auec *louue*. Mais en proſe tous nos bons Autheurs eſcriuent, *trouuer* auec *o*, & l'on ne le dit point autrement à la Cour. Il en eſt de meſme de *prouuer* & d'*eſprouuer*. Mais il faut dire, *pleuuoir* auec *e*, & non pas *plouuoir*, auec *o*.

Le titre de, la qualité de.

C'eſt vne faute tres-commune de finir vne lettre, par exemple, auec ces mots, *me donnent la hardieſſe de prendre le titre de*, & puis *Monſieur*, ou *Monſeigneur*, ou *Madame*, en bas à l'endroit où l'on a accouſtumé de le mettre, & en ſuite *voſtre tres-humble ſeruiteur*. De meſme quand on finit, *pour meriter la qualité de*, & puis le reſte, comme ie viens de dire. Il m'a ſemblé tres-neceſſaire d'en faire vne remarque, à cauſe qu'vne infinité de gens y manquent, ne conſiderant pas qu'il n'y a aucune conſtruction raiſonnable en cét agencement de mots. Car encore qu'on puiſſe dire que la prepoſition ſe rapporte droit à *ſeruiteur*, & que les mots de *Monſeigneur*, ou de *Madame*, ne ſont là que par honneur, & par ciuilité, ſi eſt-ce que cét arrangement, *le titre*, ou *la qualité de*

Monseigneur, vostre, &c. rompt toute la syntaxe & la construction des paroles.

Il y en a d'autres, qui manquent encore en cela, mais d'vne façon moins mauuaise, parce que la construction s'y trouue. Ils mettent *de*, en bas aprés *Monsieur*, ou *Madame*, comme *la qualité*, *Monsieur, de*, & plus bas, *vostre tres-humble, &c.* C'est encore vne autre faute toute semblable à la premiere, de finir par le datif *à*, comme, *Ie m'asseure que vous ne refuserez pas cette faueur à*, & en bas, *Monsieur*, & plus bas, *vostre tres-humble, &c.*

Il en est de mesme, quand on finit auec vne preposition, comme *sçachant bien qu'il n'y a rien que vous ne voulußiez faire pour*, & en bas, *Monsieur, &c. faites moy l'honneur de me tenir pour Monsieur, &c.* Auec *par*, de mesme, comme, *il n'y a point de seruice, qui ne nous doiue estre rendu par Monsieur, &c.* C'est pourquoy il n'y a que le nominatif & l'accusatif dont on se puisse seruir à la fin d'vne lettre. Le nominatif, est celuy qui est le plus naturel, & le plus vsité, comme *ie suis*, ou *ie demeure*, *Monsieur, vostre, &c.* L'accusatif, n'est pas si ordinaire, mais il ne laisse pas d'auoir fort bonne grace, comme, *faites moy l'honneur, de me croire, Monsieur, vostre, &c. N'accusez point de paresse, Monsieur, vostre, &c.*

Quel, & quelle, pour *quelque, languir, plustost, sortir, rester.*

C'est vne faute familiere à toutes les Prouinces, qui sont de là Loire, de dire, par exemple, *quel merite que l'on ayt, il faut estre heureux*, au lieu de dire, *quelque merite que l'on ayt.* Et c'est vne merueille, quand ceux qui parlent ainsi, s'en corrigent, quelque sejour qu'ils facent à Paris, ou à la Cour. Ce qui est cause qu'ils ne s'en corrigent point, c'est que le mot en soy est bon, & qu'ils ne pensent pas faillir d'en vser, ne considerant pas qu'il ne vaut rien en cét endroit là. Pour la mesme raison ceux du Languedoc aprés auoir esté plusieurs années à Paris, ne sçauroient s'empescher de dire, *vous languissez*, pour dire, *vous vous ennuyez*, parce que *languir*, est vn mot François, qui est fort bon, pour signifier vne autre chose; mais qui ne vaut rien pour signifier cela. Ils ne sçauroient s'empescher non plus de dire, *plustost*, pour *auparauant*, comme, *ie vous conteray l'affaire, mais plustost ie me veux asseoir*, au lieu de dire, *mais auparauant ie me veux asseoir*; Et cela leur arriue, parce que *plustost*, est François, & ainsi ils croyent bien parler, ne songeant pas que *plustost*, n'est point François au sens auquel ils l'employent. De mesme vn Bourguignon qui aura esté toute sa vie à la Cour,

Cour, aura bien de la peine à ne dire pas *sortir*, pour *partir*,, comme *ie sortis de Paris vn tel jour pour aller à Dijon*, au lieu de dire, *je partis de Paris*, *il est sorty*, pour, *il est party*. Et cela, parce que *sortir*, est vn bon mot François, mais non pas en cette signification. Ainsi les Normands ne se peuuent deffaire de leur *rester*, pour *demeurer*: comme, *je resteray icy tout l'esté*, pour dire, *je demeureray*; à cause que *rester* est vn bon mot pour dire *estre de reste*, mais non pas en ce sens-là. I'en dirois autant de toutes les autres Prouinces, & rapporterois de chacune plusieurs mots François, dont ceux qui en sont, destournent le vray vsage. Mais il suffira des exemples que ie viens de donner, pour les aduertir de ne se pas tromper en de certains mots, dont ils ne se deffient point, parce que ces mots là sont François. Car quand ils en disent vn qui ne l'est pas, en quelque sens que ce soit, on les reprend aussi tost, & ils s'en corrigent, mais on leur laisse passer les autres, sans que la pluspart mesmes des François y prennent garde.

Or il est encore plus aisé de se tromper à mettre *quel*, ou *quelle*, pour *quelque*, qu'en tous les autres, parce que ce *quel*, ou *quelle*, semble respondre au *qualis* Latin, que l'on croiroit beaucoup plus propre pour signifier ce que l'on veut dire en l'exemple que j'ay rapporté, & en ses ſemblables, que non pas *quelque*, qui paroiſt d'abord l'*aliquis* des Latins, lequel *aliquis* ne conuient nullement à exprimer ce que l'on entend, quand on dit, *quelque merite que l'on aye, il faut eſtre heureux*.

Mais outre que l'Vſage le veut ainſi, & qu'il n'y a point à raiſonner, ny à repliquer ſur cela, il y a encore vne raiſon à quoy l'on ne ſonge point, qui authoriſe cét vſage. C'eſt que le *quelque*, dont nous parlons, n'eſt pas ſimplement le *qualis*, ou l'*aliquis* des Latins, mais le *qualiſcumque*, d'où noſtre *quelque*, a eſté tiré ſans doute en ce ſens là.

Il y a vne exception digne de remarque. C'eſt qu'il faut mettre *quel*, ou *quelle*, & non pas *quelque*, quand il y a vn *que*, immediatement aprés *quelque*, comme il faut dire *quelle que puiſſe eſtre la cauſe de ſa diſgrace*, & non pas *quelque que puiſſe eſtre la cauſe*. Neantmoins vn de nos meilleurs Eſcriuains, & des plus eloquens du barreau, ſouſtient que *quelque que puiſſe eſtre la cauſe*, eſt auſſi bien dit que *quelle que puiſſe, &c.* & trouue meſmes que le *quelque*, eſt plus fort que *quelle*; mais bien que ie defere beaucoup à ſes ſentimens, & que j'aye appris force choſes de luy, dont j'ay enrichi ces Remarques, ſi eſt-ce qu'en cecy ie vois peu de gens de ſon opinion. D'ailleurs il demeure d'accord, que *quelle*, eſt bon, qui eſt touſjours vne exception conſiderable à la reigle. Que ſi entre *quelle*, & *que*, il y a quelques ſyllabes qui les ſeparent, alors il faut dire, *quelque*, & non pas, *quelle*, comme, *quelque en fin que puiſſe eſtre la cauſe*, & non pas, *quelle en fin que puiſſe eſtre la cauſe*. De meſme, *quelque*, dit-il, *que puiſſe eſtre la cauſe*, & non pas *quelle*.

Arriué qu'il fut, arriué qu'il eſtoit, marri qu'il eſtoit.

TOutes ces façons de parler ne valent rien, quoy qu'vne infinité de gens s'en ſeruent, & en parlant, & en eſcriuant. Au lieu de dire, *arriué qu'il fut, arriué qu'il eſtoit*, il faut dire, *eſtant arriué*, il exprime tous les deux, ou bien, *comme il fut arriué*, *comme il eſtoit arriué*. Et au lieu de *marri qu'il eſtoit*, il faut dire, *eſtant marri*, ou *marri*, tout ſeul. Ce qui apparemment eſt cauſe d'vne phraſe ſi mauuaiſe, c'eſt que nous en auons d'autres en noſtre langue, fort approchantes de celle-là, qui ſont tres-bonnes & tres-elegantes. Par exemple, *tout malade, tout affligé qu'il eſtoit, il ne laiſſa pas d'aller*, & au feminin, *toute affligée qu'elle eſtoit, &c.* de meſme au pluriel. Tellement qu'auec ce mot, *tout*, en tout genre, & en tout nombre, & ſon adjectif qui le ſuit immediatement, cette façon de parler eſt extremement pure, & françoiſe. On ſ'en ſert encore d'vne autre façon auec *ainſi*, comme, *il receut quantité de coups, & ainſi blessé qu'il estoit, se vint presenter au Senat.* Il est vray qu'il y a de certains endroits, où il a fort bonne grace, & où mesme il est necessaire, comme en l'exemple que ie viens de donner, mais il y en a d'autres où l'on s'en peut passer, quoy que rarement; ce que l'on ne peut pas dire de *tout*, auec l'adjectif, car il faut necessairement en ce sens là ajouster *qu'il estoit*, ou *qu'il fut*, ou d'autres temps, selon ce qui precede, ou ce qui suit.

Il se dit aussi quelquefois auec *comme*, par exemple, *Il s'informoit si Alexandre, & comme vainqueur, & comme jeune Prince qu'il estoit, n'auoit rien attenté contre les Princesses.* Quelques-vns neantmoins croyent qu'il est encore plus elegant de supprimer *qu'il estoit*, & de dire, *si Alexandre, & comme vainqueur, & comme jeune Prince, n'auoit rien attenté.*

On dit encore fort elegamment, *le malheureux qu'il est, la malheureuse qu'elle est, n'a pas seulement, &c.* Mais il faut que ce soit tousjours auec le present du verbe substantif; car on ne dira gueres, *le malheureux qu'il estoit*, & jamais *le malheureux qu'il fut.*

Trois infinitifs de suite.

ILs ne sont pas tousjours vicieux, ny n'ont pas tousjours mauuaise grace, par exemple, *le Roy veut aller faire ſentir aux rebelles la puiſſance de ſes armes*, ie ne trouue rien qui me choque en cette façon de parler, mais quatre infinitifs de ſuite, veritablement auroient bien de la peine à paſſer. Neantmoins vn de nos meilleurs Autheurs a eſcrit, *encore qu'il ſe fuſt vanté de vouloir aller faire ſentir à ces peuples la puiſſance des armes Romaines*. Ce qui peut ſauuer cela, c'eſt la naïfueté du langage, laquelle ſelon mon ſens, eſt capable de couurir beaucoup de defauts, & peut-eſtre meſmes d'empeſcher que ce ne ſoient des defauts.

L'vn & l'autre.

ON les met & auec le ſingulier, & auec le pluriel. Tous nos bons Autheurs ſont pleins d'exemples pour cela, & il eſt également bien dit, *l'vn & l'autre vous a obligé*, &, *l'vn & l'autre vous ont obligé*. Auec *ny*, c'eſt encore de meſme, comme *ny l'vn ny l'autre ne vaut rien*, &, *ny l'vn ny l'autre ne valent rien*.

Damoiſelle, Madamoiſelle.

L'On ne parle plus, ni l'on n'eſcrit plus ainſi; Il faut dire, *Demoiſelle*, & *Mademoiſelle*, auec vn *e*, aprés le *d*. C'eſt que l'*e*, eſt beaucoup plus doux que l'*a*, & comme noſtre langue se perfectionne tous les jours, elle cherche vne de ses plus grandes perfections dans la douceur. Il y en a qui escriuent, *Madmoiselle*, sans aucune voyelle entre le *d*, & l'*m*, mais cela est tres-mal.

N'en pouuoir mais.

CEtte façon de parler est ordinaire à la Cour, mais elle est bien basse pour s'en seruir en escriuant, si ce n'est en Satyre, en Comedie, ou en Epigramme, qui sont les trois genres d'escrire les plus bas, & encore faut-il que ce soit dans le Burlesque. Neantmoins M. de Malherbe en a souuent vsé, parce qu'il affectoit en sa prose toutes ces phrases populaires, pour faire esclater dauantage, comme ie crois, la magnificence de son stile poëtique, par la comparaison de deux genres si differens. *Ceux qui n'en pouuoient mais*, dit-il, *furent mis à la question.* Iamais M. Coeffeteau ne s'en est serui. Ce *mais* vient de *magis*.

Netetté de construction.

EXemple, *sçachant auec combien d'affection elle se daignera porter pour mes interests, & embrasser le soin de mes affaires.* Ie dis que cette construction n'est pas nette, & qu'il faut dire, *elle daignera ſe porter*, & non pas, *elle ſe daignera porter*, afin que *daignera* ſe rapporte nettement à la conſtruction des deux verbes ſuiuans, *porter*, & *embraſſer*; Car *ſe daignera* auec *embraſſer*, ne ſe peut conſtruire. Peut-eſtre que quelques-vns negligeront cét auis, comme vn vain ſcrupule, auquel il ne ſe faut pas arreſter: mais ils ne peuuent nier aucque raiſon, que la conſtruction ne ſoit incomparablement meilleure de la façon que ie dis, & il faut tousjours faire en toutes choſes, ce qui eſt le mieux. On ne ſçauroit, ce me ſemble, auoir aſſez de ſoin de la netteté du ſtile, car elle contribuë infiniment à la clarté, qui eſt la principale partie de l'oraiſon, & a outre cela, beaucoup d'autres auantages, dont il eſt parlé en ſon lieu, où nous traittons de la difference qu'il y a entre la pureté & la netteté du ſtile.

Les noms propres, & autres terminez en EN.

DEpuis peu d'années ſeulement, nous faiſons terminer en *en*, la pluſpart des noms propres, & pluſieurs autres tirez du Latin, où il y a vn *a*, & qui en Latin finiſſent en *anus*; comme l'on diſoit autrefois *Tertullian*, *Quintilian*, *ſaint Cyprian*, parce qu'ils viennent du Latin *Tertullianus*, *Quintilianus*, *Cyprianus*;

mais aujourd'huy l'on prononce & l'on escrit *Tertullien*, *Quintilien*, *saint Cyprien*, *&c.* ou bien, il faut ainsi faire la Remarque; Tous les noms propres, & plusieurs autres d'vne autre nature, venans du Latin, ou de quelque autre langue, qui mettent vn *a*, en la penultiesme syllabe de ce nom là, changent cét *a*, en *e*, quand on les fait François, pourueu qu'il y ayt vne voyelle immediatement deuant l'*e*; comme de *Tertullianus*, nous disons *Tertullien*, parce qu'il y a vn *i*, deuant l'*e*, de *Cyprianus*, *Cyprien*, & de *Titiano*, ce fameux Peintre Italien, nous disons *Titien*, comme d'*Italiano*, nous auons fait *Italien*. Du temps de M. Coeffeteau on disoit *les Pretorians*, & il l'a tousjours escrit ainsi, au lieu de dire *Pretoriens*.

Nous disons aussi *Caldeen*, & non pas *Caldean*, parce qu'il y a vne voyelle deuant le dernier *e*, à sçauoir vn autre *e*. De mesme *Lerneen*, *Nemeen*, & non pas *Lernean*, *Nemean*, comme nos anciens Poëtes ont accoustumé de les nommer, & plusieurs autres de cette espece. Ie ne donne des exemples que de l'*e*, & de l'*i*, qui precedent l'*e*, joint à l'*n*, parce qu'il n'y a gueres de mots, qui ayent vn *a*, vn *o*, ou vn *u*, deuant la syllabe finale *en*; Et ceux qui ont vn *a*, comme *Caën*, ville de Normandie, n'ont pas l'*a*, comme voyelle, mais comme faisant vne dyphthongue impropre auec l'*e*, qui

qui suit, tellement que les deux voyelles ne font qu'vne syllabe, & l'on ne prononce pas *Ca-en* en deux syllabes, mais *Caën* en vne seule, qui de plus, prend le son de l'*a*, & non pas de l'*e*, & se prononce *Can*, comme s'il n'y auoit point d'*e*.

Il faut donc pour prononcer *en*, en la derniere syllabe des mots, que la voyelle qui la precede, soit d'vne syllabe distincte & separée de la derniere *en*. Et ce que j'ay dit des voyelles, s'entend aussi des diphthongues, comme en ces deux mots, *payen*, *moyen*, &c. mais aux mots qui n'ont ny voyelle, ny diphthongue deuant les deux lettres finales, il faut prononcer & escrire, *an*, & non pas *en*, comme nous disons *Trajan*, *Sejan*, & non pas *Trajen*, *Sejen*, parce que l'*i*, qui va deuant l'*a*, est consone, & non pas voyelle. De mesme nous disons *Titan*, *Tristan*, & non pas *Titen*, ny *Tristen*, & ainsi de tous les autres.

Ie ne pense pas que cette Reigle des voyelles, ou des diphtongues deuant *en*, final, souffre gueres d'exceptions. Il est vray, qu'on nomme *Arrian* l'Autheur Grec qui a escrit les guerres d'Alexandre, & qui est aujourd'huy plus celebre en France par son Traducteur, que par luy mesme, le François ayant surpassé le Grec, & s'estant acquis la gloire dont l'autre s'est vainement vanté. On nomme encore *Arrian*, vn des principaux disciples d'Epictete, qui selon l'opinion de plusieurs n'est pas celuy dont nous venons de parler, & l'on nomme l'vn & l'autre *Arrian*, & non pas *Arrien*, pour faire difference entre cét Autheur & *vn Arrien*, c'est à dire, *de la secte d'Arrius*, quoy que quelques-vns seroient d'auis, que nonobstant l'equiuoque, on dit tousjours *Arrien*, & jamais *Arrian*, tant il est veritable que cette terminaison *ian*, semble estrangere, & s'accommode peu à nostre langue. C'est sans doute, comme ie l'ay remarqué en diuers lieux, que l'*e*, est vne voyelle beaucoup plus douce que l'*a*, & que nous changeons volontiers cette derniere en l'autre.

Pouuoir.

ON se sert de ce verbe d'vne façon bien estrange, mais qui neantmoins est si ordinaire à la Cour, qu'il est certain qu'elle est tres-Françoise. On dit en parlant d'vne table, ou d'vn carrosse, *il y peut huit personnes*, pour dire, *il y a place pour huit personnes*, ou *il y peut tenir huit personnes*; Car asseurément quand on dit, *il y peut huit personnes*, on sous-entend le verbe *tenir*. Ainsi l'on dit, *autant qu'il en pourroit dans mon œil*, pour dire, *autant qu'il en pourroit tenir dans mon œil*; c'est à dire *rien*. Il est vray que cette phrase est bien extraordinaire,

& que dans les Prouinces de delà Loire, on a de la peine à la comprendre, mais elle est prise des Grecs, qui se seruent de leur δυνάται au mesme sens, & j'en ay veu des exemples dans l'vn de leurs meilleurs Autheurs, qui est Lucien. Neantmoins, encore qu'on le die en parlant, on ne l'escrit point dans le beau stile, mais seulement dans le stile bas.

Si apres VINT & VN, il faut mettre vn pluriel, ou vn singulier.

PAr exemple, on demande, si *vint & vn siecles* est bien dit, ou s'il faut dire, *vint & vn siecle.* I'ay veu agiter cette question dans vne grande compagnie, tres-capable d'en juger. Les vns au commencement estoient pour le singulier, les autres pour le pluriel. Ceux qui tenoient qu'il falloit dire *siecle*, alleguoient vn exemple qui fermoit la bouche au parti contraire, à sçauoir que l'on dit, & que l'on escrit asseurement, *vint & vn an*, & non pas *vint & vn ans*, ny *vint & vne années.* Les autres opposoient vn autre exemple à celuy-cy, & qui n'est pas moins fort; que l'on dit, & que l'on escrit, *il y a vint & vn cheuaux*, & non pas *il y a vint & vn cheual.* Ces deux exemples formerent vn tiers parti, auquel à la fin les autres deux se rangerent, qui est, que tantost on met le ſingulier, & tantoſt le pluriel, ſelon que l'oreille qu'il faut conſulter en cela, le juge à propos. Neantmoins ny les vns ny les autres ne reuinrent pas ſi abſolument à ce partage, que ceux qui croyoient d'abord qu'il falloit tousjours mettre le ſingulier, ne creuſſent encore qu'il le falloit mettre beaucoup plus ſouuent que le pluriel, & que les autres qui eſtoient pour le pluriel, ne creuſſent le contraire. Ceux-cy ſe vantoient d'auoir la raiſon de leur coſté, parce que *vint* demandant ſans doute le pluriel, il n'y a point d'apparence, que pour ajoûter encore *vn* à *vint*, & augmenter le nombre, il prenne vne nature ſinguliere; que cela repugne au ſens commun. Les autres alleguant l'Vſage, le Souuerain des langues, ne laiſſoient plus rien à dire à la Raiſon, ſi ce n'eſt qu'elle ne demeuroit pas d'accord de cét Vſage. Et voicy comme ceux qui eſtoient pour le ſingulier prouuoient que l'Vſage eſtoit pour eux. On ne dit point en parlant *vint & vn hommes, vint & vne femmes, cent & vne perles*. Les autres repliquoient, que ce n'eſtoit pas, qu'*hommes*, *femmes*, *& perles*, ne fuſſent là au pluriel, mais que l'*s*, finale ne ſe prononce point en noſtre langue, & que c'eſtoit ce qui les trompoit. C'eſt veritablement la ſource & la cauſe du doute, qui a donné lieu à la diſpute, car ſi l'on eſtoit bien aſſeuré de l'Vſage, il n'y auroit point à douter, ses arrests estant decisifs, mais tout consiste en la question de fait, de sçauoir si c'est l'Vsage ou non. Or est-il que ce qui empesche certainement de le sçauoir, c'est que les *s*, finales qui font nos pluriels, ne se prononçant point, les deux nombres se prononcent d'vne mesme façon, & par ce moyen l'oreille ne peut discerner l'vn d'auec l'autre, ny reconnoistre l'Vsage. Il y a plaisir quelquefois d'examiner & de descourir, pourquoy on est en doute de l'Vsage en de certaines façons de parler.

Possible, pour *Peut-estre.*

LEs vns l'accusent d'estre bas, les autres d'estre vieux. Tant y a que pour vne raison, ou pour l'autre, ceux qui veulent escrire poliment, ne feront pas mal de s'en abstenir.

Ou la douceur, ou la force le fera.

ON demande s'il faut dire, *le fera*, ou *le feront.* Sans doute il faut dire, *le fera* au singulier; Car comme c'est vne alternatiue, ou vne disjonctiue, il n'y a que l'vne des deux qui regisse le verbe, & ainsi il ne peut estre mis qu'au singulier. Neantmoins vn de nos plus celebres Autheurs a escrit, *peut-estre qu'vn jour ou la honte, ou l'occasion, ou l'exemple, leur donneront vn meilleur auis.* Sur quoy ayant consulté diuerses personnes tres-sçauantes en la langue, quelques-vns ont creu qu'il falloit dire, *donnera*, au singulier, à cause de la disjonctiue; les autres, que l'on pouuoit dire egalement bien *donnera*, & *donneront*, au singulier & au pluriel, qui est la plus commune opinion, & les autres, que *donneront* au pluriel estoit plus elegant, que *donnera*, à cause de cette accumulation de choses, qui presentant tant de faces differentes à la fois, porte l'esprit au pluriel plustost qu'au singuluier, quoy que dans la rigueur de la Grammaire, il faudroit dire *donnera*. Mais quand il n'y a que deux disjonctiues, comme au premier exemple, *ou la douceur ou la force*, il faut tousjours mettre le singulier sans exception, & jamais le pluriel, soit que les deux soient opposez comme icy, ou qu'ils ne le soient pas.

Ni la douceur, ni la force n'y peut rien.

Tous deux sont bons, *n'y peut rien*, & *n'y peuuent rien*, parce que le verbe se peut rapporter à l'vn des deux separé de l'autre, ou à tous les deux ensemble. I'aimerois mieux neantmoins le mettre au pluriel qu'au singulier.

Maint, & maintefois.

POur *maint, & mainte*, on ne le dit plus en parlant, mais on dit *maintefois* à la Cour en raillant, & de la mesme façon qu'on dit *ains au contraire*. Neantmoins on ne l'escrit plus en prose, non plus que *maint* adjectif. L'vn & l'autre n'est que pour les vers, & encore y en a-t-il plusieurs, qui n'en voudroient pas vser. Ie crois qu'à moins que d'estre employé dans vn Poëme heroïque & encore bien rarement, il ne seroit pas bien receu. Du temps de M. Coeffeteau on l'escriuoit & en vers & en prose. Il dit en vn certain endroit, qu'vn Legislateur *auoit fait maintes belles loix*.

Matineux, matinal, matinier.

DE ces trois, *matineux* est le meilleur: c'est celuy qui est le plus en vsage, & en parlant, & en escriuant, soit en prose, ou en vers. *Matinal* n'est pas si bon, il s'en faut beaucoup; les vns le trouuent trop vieux, & les autres trop nouueau, & l'vn & l'autre ne procede que de ce qu'on ne l'entend pas dire souuent. *Matineux*, & *matinal*, se disent seulement des personnes. Il seroit ridicule de dire, l'*Estoile matineuse*, ou *matinale*. Pour *matinier*, il ne se dit plus, ny en prose, ny en vers, ny pour les perſonnes, ny pour autre choſe, ſur tout au maſculin; car il ſeroit inſupportable de dire, *vn aſtre matinier*, mais au feminin, *l'Eſtoile matiniere*, pourroit trouuer ſa place quelque part.

Apres ſouper, ou *apres ſoupé.*

TOus deux ſont bons, & nos meilleurs Autheurs anciens & modernes diſent l'vn & l'autre. Ils en font de meſme à l'infinitif, *le manger*, car quelques-vns eſcriuent *le mangé*, & les autres *le manger*; *vn deſmeſlé*, & *vn deſmeſler*; mais j'aime mieux ce dernier auec l'*r*, parceque c'eſt vn infinitif, dont nous faiſons vn nom ſubſtantif auec l'article *le*, à l'imitation des Grecs, τὸ ποιεῖν, & que d'ailleurs nous n'oſtons pas la lettre *r*, des autres noms tirez de l'infinitif, qui ne ſe terminent pas en *er*, ny nous ne changeons rien de ce qu'ils ont aux autres conjugaiſons, comme par exemple nous diſons, *le dormir*, & non pas *le dormi*, *le boire*, & non pas *le beu*. Il eſt vray qu'il faut tousjours dire *le procedé*, & non pas *le proceder.*

Remplir, & *emplir.*

L'Vn & l'autre eſt bon, mais auec cette difference, que *remplir* ſe dit d'ordinaire des choſes immaterielles, ou figurées, comme me *il a remply tout l'vniuers de la terreur de son nom, il a dignement remply la place du premier Magistrat.* Et *emplir* se dit communement des choses materielles, & liquides, comme *emplir vn tonneau, emplir vn vaisseau.* Et quand on dit *remplir vn tonneau,* c'est quand on en a desja tiré, & que l'on remplit ce qui est vuide, d'où vient le mot de *remplage.* I'ay ajousté *liquides*, parce que l'on ne dira pas si ordinairement, qu'*vn auaricieux emplit ses coffres d'or & d'argent*, comme *remplit ses coffres*, ny *emplit ses greniers*, comme *remplit ses greniers.* Mais aprés tout, j'ay appris que l'on ne sçauroit faillir à dire tousjours *remplir*, de quoy que ce soit que l'on parle, où l'on croira que le mot d'*emplir*, soit bon, au lieu que l'on peut souuent manquer en mettant *emplir* pour *remplir.*

C'est vne des plus belles actions, qu'il ayt jamais faites.

I'ay appris que c'estoit ainsi qu'il falloit escrire, & non pas au singulier *qu'il ayt jamais faite*, parce que ce participe se rapporte à *plus belles actions*, & non pas à *vne*. La preuue en est claire, en ce que le participe *faite*, ou *faites*, se rapporte de necessité absoluë au pronom *que*, qui est aprés *actions*, & il n'y a point de Grammairien, qui n'en demeure d'accord.

Il reste donc à sçauoir, auquel des deux ce *que*, se rapporte, à *actions*, ou à *vne*. Deux choses font voir que c'est à *actions*, & non pas à *vne*, la premiere est que ces mots *des plus belles actions*, demandent necessairement le pronom *qui*, ou *que*, aprés eux, autrement on ne les sçauroit construire. Car *plus*, est vn terme de comparaison, qui presuppose vne relation ou à ce qui precede, ou à ce qui suit, comme en cét exemple, *des plus belles actions*, a sa relation aux paroles suiuantes *qu'il ayt jamais faites*. L'autre raison est, que *jamais* comprend toutes les actions precedentes, & ne se peut pas dire d'vne seule action, tellement qu'estant placé dans cét exemple entre *que*, & *faites*, *il* fait voir clairement que le pronom & le participe ne peuuent estre entendus ny pris d'vne autre façon que *jamais*, c'est à dire, qu'ils ne se peuuent rapporter qu'à *actions*, & non pas à *vne*. Outre que *jamais* estant aduerbe joint à *faites*, ou *ayt faites*, il est impossible & contre la nature de l'aduerbe, que *jamais* se rapporte à *actions*, & *ayt faite* à *vne*. L'aduerbe & le verbe vont tousjours d'vne mesme sorte, & ont tousjours mesme visée, comme inseparables dans le sens, aussi bien que dans la construction, ainsi que le mot d'*aduerbe*, c'est à dire, *attaché au verbe*, le tesmoigne.

Approcher.

CE verbe regit elegamment l'accusatif pour les personnes, mais non pas pour les choses. Exemple, M. de Malherbe, *Vous auez l'honneur d'approcher la Reyne de si prés.* Toute la Cour, & tous les Autheurs parlent ainsi, *Approcher la personne du Roy*, *approcher la personne du Prince.* Mais ce seroit tres-mal dit, *approcher la ville*, *approcher le feu.* Il faut dire, *s'approcher de la ville*, *s'approcher du feu.* Neantmoins on dit, *approchez-vous de moy*, *il s'est approché du Roy pour luy faire la reuerence*, & ce seroit fort mal dit *approchez moy*, *il a approché le Roy pour luy faire la reuerence.* D'où vient donc *qu'approcher* pour ce qui est des personnes, a tantost vn regime, & tantost vn autre, & le moyen de connoistre quand il en faut vser d'vne façon, & non pas de l'autre? C'est qu'il a pour les personnes deux significations; l'vne qui designe le mouuement corporel, par lequel ie m'approche actuellement de quelqu'vn, & c'est sa propre & veritable signification: l'autre, qui ne signifie pas cét acte particulier, ny ce mouuement local, mais bien l'habitude qui resulte de plusieurs actes reïterez, en s'approchant de quelqu'vn, par le moyen desquels il s'est acquis vn grand accés, & vne grande priuauté auecque luy, qui est vn sens plus esloigné du mot & vne façon de parler comme figurée. Au premier sens il faut dire, *s'approcher du Roy*, & au second, *approcher le Roy*, de sorte qu'*approcher* en cette derniere façon, signifie *estre en faueur, & en consideration auprés du Roy*. Il se dit aussi des Officiers qui ont l'honneur d'approcher le Roy à cause de leurs charges, quoy qu'ils ne soient point en faueur. Au reste il faut remarquer, qu'*approcher* en cette signification, ne se dit que des Grands.

Epithete mal placé.

EXemple, *en cette belle solitude, & si propre à la contemplation*. Ie dis que le second epithete, *& si propre*, n'est pas bien situé, & qu'il le faut mettre ainsi, *en cette solitude si belle, & si propre à la contemplation*, parce que les deux adjectifs doiuent tousjours estre ensemble, & jamais il ne faut mettre le substantif entre les deux adjectifs; comme en cét exemple, *solitude*, est entre *belle*, & *si propre*. Cette reigle est importante pour la netteté du stile & de la construction. I'en ay fait vne remarque, à cause que beaucoup de gens y manquent. M. Coeffeteau n'y a jamais manqué, il escriuoit trop nettement; Ce n'est pas que quelquefois ce renuersement n'ayt beaucoup de grace &

de force, mais cela eſt tres-rare, & il ne me vient point d'exemple pour le faire voir, c'eſt pourquoy il ne le faut faire que le moins que l'on pourra, & auec jugement.

Satifaire, ſatifaction.

C'Eſt depuis peu, que pluſieurs perſonnes prononcent ainſi, au lieu de prononcer *ſatisfaire, ſatisfaction* auec l'*s* deuant l'*f*, comme on doit auſſi l'orthographier. Iuſqu'icy ſans doute c'eſt vne faute de dire, *ſatifaire*, & *ſatifaction*, & la plus ſaine partie de la Cour, & des Autheurs, s'y oppoſe, & ne le peut ſouffrir; mais ie crains bien que dans peu de temps cette mauuaiſe prononciation ne l'emporte, parce qu'il eſt plus doux de dire, *ſatifaire*, & *ſatifaction* ſans *s*, qu'auec vne *s*, & la prononciation en eſt beaucoup plus aiſée. Que ſi maintenant elle nous ſemble rude, c'eſt que l'oreille n'y eſt pas encore accouſtumée. La meſme choſe eſt arriuée à pluſieurs mots, que nous auions en noſtre langue eſcrits auec l'*s*, qui ſe prononçoit au commencement, & qu'on a ſupprimé depuis pour les rendre plus doux.

Vnir enſemble.

C'Eſt fort bien dit, on parle ainſi, & tous les bons Autheurs l'eſcriuent. M. Coeſfeteau en la vie d'Auguste, *Antoine*, dit-il, *&* *Lepidus s'estoient vnis ensemble, d'vne façon assez estrange.* Plusieurs neantmoins le condamnent comme vn Pleonasme, & vne superfluité de mots, & soustiennent qu'il suffit de dire *vnir*, sans ajouster *ensemble*, parce que deux choses ne peuuent pas estre vnies, qu'elles ne soient ensemble. Par cette mesme raison ils ne peuuent souffrir que l'on die, *je l'ay veu de mes yeux, je l'ay oüy de mes oreilles, voler en l'air,* qu'Amyot dit si souuent aprés les anciens Autheurs Grecs & Latins, aussi bien qu'aprés son Plutarque. O*rphée fut cruellement deschiré,* & autres semblables; Car dequoy voit-on, disent-ils, que des yeux, & de ses yeux? voit-on sans yeux, ou des yeux d'autruy ? Et ainsi, oit-on si ce n'est des oreilles? peut-on voler si ce n'est en l'air, ny vne personne estre deschirée que cruellement ? Mais ce ne sont que ceux qui n'ont point estudié, & qui n'ont nulle connoissance des anciens Autheurs, dont l'exemple sert de loy à toute la posterité, qui blasment ces façons de parler. Il ne faut qu'auoir vne legere teinture des bonnes lettres, pour n'ignorer pas combien ces locutions sont familieres à tous ces grands hommes, que l'on reuere depuis tant de siecles. Terence qui passe sans contredit pour le plus exact & le plus pur de tous les Latins, ne feint point de dire, *Hisce oculis egomet vidi*, ou cét *egomet* qu'il ajouste, semble encore vn nouueau surcroist de Pleonasme. Et l'incomparable Virgile ne dit-il pas si souuent, *Sic ore locutus*, *il parla ainsi de la bouche*; *Vocemque his auribus hausi*, *je l'ay oüy de mes oreilles*? Ciceron, & tous les Orateurs, en sont pleins aussi bien que les Poëtes. Et cela est fondé en raison, parce que lors que nous voulons bien asseurer & affirmer vne chose, il ne suffit pas de dire simplement, *ie l'ay veu*, *ie l'ay oüy*, puis que bien souuent il nous semble d'auoir veu & oüy des choses que si l'on nous pressoit d'en dire la verité, nous n'oserions l'asseurer. Il faut donc dire, *ie l'ay veu de mes yeux*, *ie l'ay oüy de mes oreilles*, pour ne laisser aucun sujet de douter, que cela ne soit ainsi: tellement qu'à le bien prendre, il n'y a point là de mots superflus, puis qu'au contraire ils sont necessaires pour donner vne pleine asseurance de ce que l'on affirme. En vn mot, il suffit que l'vne des phrases die plus que l'autre, pour euiter le vice du Pleonasme, qui consiste à ne dire qu'vne mesme chose en paroles differentes & oisiues, sans qu'elles ayent vne signification ny plus estenduë, ny plus forte, que les premieres.

Mais ces Messieurs pourront repartir, que si cela est vray aux deux phrases que nous venons d'examiner, il ne l'est pas en ces deux autres, *voler en l'air*, & *cruellement deschiré*; Car que peut, disent-ils, signifier dauantage *voler en l'air*, que *voler* tout seul, & *cruellement deschiré*, que *deschiré* simplement? Ie respons, que la parole n'est pas seulement vne image de la pensée, mais de la chose mesme que nous voulons representer, laquelle ie representeray beaucoup mieux en disant, *les oyseaux qui volent en l'air*, que si ie ne faisois que dire, *les oyseaux qui volent*. Il est vray, qu'il faut que cela se face auec jugement, y ayant des endroits où il feroit vne agreable peinture, & d'autres, où l'on ne le pourroit souffrir. Et quand ie diray *cruellement deschiré*, j'exposeray bien mieux aux yeux de l'esprit, l'horreur de cette action, & rendray l'objet bien plus sensible & plus vif, que si ie ne disois que *deschiré*; Car comme le son de la voix lors qu'il est plus fort, se fait mieux entendre à l'oreille du corps, aussi l'expression, quand elle est plus forte, se fait mieux entendre à l'oreille de l'esprit. En fin toutes les langues ont de ces façons de parler, tous les bons Autheurs Grecs & Latins, anciens & modernes s'en seruent, non par vne licence, ou par vne negligence affectée, mais comme d'vne plus forte maniere de s'exprimer, & tout ensemble comme d'vn ornement. Qu'y a-t-il à repliquer aprés cela?

Souuenir.

Souuenir.

IE *me souuiens*, & *il me souuient*, sont tous deux bons, mais *ie me souuiens*, me semble vn peu plus vsité à la Cour. Nos bons Autheurs en vsent indifferemment.

Temple feminin.

LA *temple*, cette partie de la teste, qui est entre l'oreille & le front, s'appelle *temple*, & non pas *tempe*, sans *l*, comme le prononcent & l'escriuent quelques-vns, trompez par le mot Latin, *tempus*, d'où il est pris, qui signifie la mesme chose.

En suite de quoy.

CEtte façon de parler est Françoise, & ordinaire, mais elle ne doit pas estre employée dans le beau stile, d'où nos bons Autheurs du temps, la bannissent.

Sans.

CEtte preposition ne veut jamais auoir aprés elle, ny immediatement, ny mediatement, la particule *point*; Car encore qu'on ayt accoustumé de dire, *sans point de fau-*

te, c'eſt vne façon de parler de la lie du peuple, dont les honneſtes gens n'ont garde de ſe ſeruir, & beaucoup moins encore, les bons Eſcriuains; C'eſt pourquoy vn des plus celebres que nous ayons, a eſté juſtement repris d'auoir eſcrit, *ſans point de nuages, ſans point de Soleil.*

Suruiure.

CE verbe regit le datif, & l'accuſatif tout enſemble, comme, *il a ſurueſcu tous ſes enfans*, & *il a ſurueſcu à tous ſes enfans.* Il depend aprés cela de l'oreille, de mettre tantoſt l'vn, tantoſt l'autre, ſelon qu'elle le juge plus à propos..

Mais que.

M*Ais que*, pour *quand*, eſt vn mot, dont on vſe fort en parlant, mais qui eſt bas, & qui ne s'eſcrit point dans le beau ſtile. Par exemple, on dit à toute heure, & meſme à la Cour, *venez-moy querir mais qu'il ſoit venu*, pour dire, *quand il ſera venu.* Vn de nos plus fameux Eſcriuains a dit, *l'affection auec laquelle j'embraſſeray voſtre affaire, mais que ie ſçache ce que c'eſt, vous fera voir, &c.* Il affectoit toutes ces façons de parler populaires, en quelque ſtile que ce fuſt, leſquelles neantmoins ne se peuuent souffrir qu'au plus bas & au dernier de tous les stiles.

Allusion de mots.

IL n'en faut pas faire profession, comme a fait vn des plus grands hommes de lettres de nostre siecle, qui en a parsemé toutes ses œuures. Toute affectation est vicieuse, & particulierement celle-cy. Mais quand l'allusion se presente d'elle mesme, sans qu'on la recherche, ou qu'il semble qu'on ne l'a pas recherchée, elle est tres-bonne, & tres-agreable. Il est vray, que mesmes de cette façon, il en faut vser rarement, mais si l'on n'en vse que lors qu'elle se rencontre à propos, il ne faut pas craindre d'en vser souuent; car ces rencontres sont rares. Ciceron ne l'a pas euitée. Il dit en l'Oraison *de Prouinc. Consul. Bellum affectum vidimus, & verè vt dicam, penè confectum*, & s'y opiniastrant encore, il ajouste immediatement aprés, *sed ita, vt si idem extrema exequitur qui inchoauit, iam omnia perfecta videamus.* Infailliblement disant *perfecta*, il a voulu continuer la figure, parce qu'il fait encore cette mesme allusion vn peu plus bas, *nam ipse Cæsar*, dit-il, *quid est cur in Prouincia commorari velit, nisi vt ea quæ per eum affecta sunt, perfecta Reipublicæ tradantur?* M. Coeffeteau qui la fuyoit auec autant de ſoin, que les autres en apportent à la chercher, n'a pas laiſſé de s'en ſeruir quelquefois de fort bonne grace, comme par exemple en la vie d'Auguſte, où il dit, *mais depuis on fit courir le bruit qu'il auoit fait mourir les deux Conſuls, afin qu'ayant deffait Antoine, & s'eſtant deffait d'eux, il euſt ſeul les armes victorieuſes en ſa puiſſance.* L'alluſion de ces mots, *ayant deffait Antoine, & s'eſtant deffait d'eux*, eſt d'autant plus belle, qu'elle conſiſte au meſme mot *deffait*, dans deux ſignifications differentes, ſelon leurs differens regimes. Certainement quand cette figure ſe preſente, & que les paroles qu'il faut neceſſairement employer pour expliquer ce que l'on veut dire, font l'alluſion, alors il la faut receuoir à bras ouuerts, & ce ſeroit eſtre ingrat à la fortune, & ne ſçauoir pas prendre ſes auantages, que de la rejetter.

Precipitément, ou *precipitamment. Armez à la legere, legerement armez.*

PRecipitément, eſt bon, mais *precipitamment* eſt beaucoup meilleur, & j'en voudrois tousjours vſer. On dit auſſi, *armez à la legere*, & *legerement armez*. Neantmoins le premier eſt vn peu plus en vſage, mais pour diuerſifier il ſe faut ſeruir de tous les deux.

Monsieur, Madame.

IL n'y a rien qui blesse dauantage l'œil & l'oreille, que de voir vne Lettre qui aprés *Monsieur*, ou *Madame*, commence encore par l'vn ou par l'autre, & quand il y a deux *Monsieur*, ou deux *Madame*, de suite, c'est encore pis. Cela est si clair, qu'il n'en faut point donner d'exemple. I'en fais vne remarque, parce que ie vois plusieurs personnes qui y manquent, quoy que d'ailleurs ils escriuent bien.

Asseoir.

CE verbe se conjugue ainsi au present de l'indicatif; *je m'aßieds, tu t'aßieds, il s'aßied, nous nous asseions, vous vous asseiez, ils s'assient*, & non pas, *ils s'asseient*. Au preterit imparfait, *je m'asseiois, tu t'asseiois, il s'asseioit, nous nous asseions, vous vous asseiez*; (Ces deux personnes du pluriel sont semblables aux deux plurieles du present) *ils s'asseioient*. Mais ce temps n'est gueres en vsage. On se sert d'ordinaire en sa place du mot de *mettoit*, comme *il se mettoit tousjours là, nous nous mettions tousjours là*, quand *s'asseoir* veut dire, *se placer*; & lors qu'il veut dire, *se reposer*, on se sert de ce verbe mesme pour l'exprimer, comme *aprés quatre tours d'allée il se reposoit tousjours*; Ce n'eſt pas pourtant que l'on ne puiſſe dire auſſi, *s'aſſeioit*, mais il eſt moins vſité. A l'imperatif pluriel, il faut dire, *aſſeiez-vous*, & non pas *aßiſez-vous*, comme diſent vne infinité de gens, ny *aßiez-vous*, qui eſt neantmoins moins mauuais, qu'*aßiſez-vous*. Au ſubjonctif, il faut dire, *aſſeie*, & *aſſeient* au pluriel, & non pas *aßient*, & bien moins encore *aßiſent*, comme *aſſeions-nous*, *afin qu'il s'aſſeie*, ou *qu'ils s'aſſeient*. Au gerondif, ou au participe *s'aſſeiant*, & non pas *s'aſſeant*, quoy que le ſimple ſoit *ſeant*, & non pas *ſeiant*, parce que le ſimple & le compoſé ne ſe rapportent pas tousjours; comme l'on dit, *maudiſſoit* auec deux *s*, & *diſoit* auec vne *s*, bien qu'il n'y ayt point de doute que *maudire* eſt le compoſé de *dire*. Ainſi l'on dit *decidé*, & *indecis*, ſans dire, ny *decis*, ny *indecidé*. On dit *s'aſſeiant*, & non pas *s'aſſeant*, parce que ce temps ſe forme de la premiere perſonne pluriele du preſent de l'indicatif, qui eſt *aſſeions*, & non *aſſeons*.

Soy, de ſoy.

BEaucoup de gens, & de nos meilleurs Eſcriuains diſent, par exemple, *ces choſes ſont indifferentes de ſoy*. On croit que c'eſt mal parler, & qu'il faut dire *ſont indifferentes d'elles meſmes*. Et là deſſus j'ay oüy faire cette obſeruation, qui eſt comme ie crois, veritable, que lors que *de soy* est aprés l'adjectif pluriel, comme en l'exemple que nous venons de donner, il est vicieux, mais quand il est deuant, il est tres-bien dit; car nous disons tous les iours, *de soy ces choses sont indifferentes*, & *ces choses de soy sont indifferentes*, mais *ces choses sont indifferentes de soy*, la pluspart condamnent cette locution. Enquoy il faut auoüer que c'est vne bizarre chose que l'Vsage, & qu'en voicy vn bel exemple. I'ay dit *la plus-part*, à cause qu'il y en a qui ne condamnent pas *indifferentes de soy*, mais ils confessent que *d'elles mesmes*, est mieux dit, c'est pourquoy il faut tousjours choisir le meilleur.

Tomber aux mains de quelqu'vn.

CEtte phrase est si familiere à plusieurs de nos meilleurs Escriuains, qu'il est necessaire de faire cette remarque, afin que l'on ne se trompe pas en les imitant. Auant que la particule *és*, pour *aux*, fust bannie du beau langage, on disoit, *tomber és mains*, depuis on a dit, *tomber aux mains*, mais ny l'vn ny l'autre ne valent rien, & il faut tousjours dire, *tomber entre les mains de quelqu'vn*. L'vsage moderne le veut ainsi. *Tomber és mains*, est particulierement de Normandie.

Quand il faut dire, grande, *deuant le substantif, ou* grand' *en mangeant l'*e.

PAr exemple on dit, *à grand' peine, Il nous a fait grand' chere,* & non pas *à grande peine,* ny *grande chere.* Et neantmoins on dit, *c'est vne grande meschanceté, vne grande calomnie,* & non pas *vne grand' meschanceté, vne grand' calomnie.* Comment est-ce donc que l'on connoistra quand il faudra mettre l'*e*, ou ne le mettre pas? Il n'y a point d'autre reigle que celle-cy, *Qu'il y a certains mots comme consacrez à cette elision, où l'on dit grand' auec l'apostrophe,* comme *à grand' peine, grand' chere, grand' mere, grand' pitié, grand' Messe, la grand' Chambre,* & plusieurs autres de cette nature, qui ne se presentent pas maintenant à ma memoire; mais en ceux où l'Vsage n'a pas estably cette elision, il ne la faut pas faire, comme aux exemples que j'ay donnez, *vne grande meschanceté, vne grande calomnie, vne grande sagesse, vne grande marque.* A quoy il est necessaire d'ajouster, que le nombre des substantifs feminins, deuant lesquels il faut dire *grande*, sans elision, est incomparablement plus grand, que celuy des autres, où l'on mange l'*e,* tellement qu'on n'aura pas grand' peine à n'y manquer pas, pour peu que l'on ayt de connoissance de l'Vsage.

Monde.

Monde.

CE mot est souuent employé par les bons Autheurs, pour dire *vne infinité, vne grande quantité de quoy que ce soit.* M. Coeffeteau à qui l'vsage en est familier, dit en la vie d'Auguste, *sur le point de cette sanglante journée, à Rome & ailleurs on vit vn monde d'horribles prodiges.* Ie voudrois pourtant en vser sobrement, & non pas encore en toutes sortes de choses, mais seulement en celles où il s'agiroit des personnes, comme M. de Malherbe s'en est seruy, quand il a dit, *qu'ay-je à faire de vous en nommer vn monde d'autres*, c'est à dire, d'autres hommes. Il semble bien appliqué là. Ce n'est pas que ie le voulusse condamner dans vn autre vsage.

Monde *auec le pronom possessif.*

ON dit ordinairement en parlant, *tout mon monde est venu, son monde n'est pas venu*, pour dire, *tous mes gens*, ou *tous mes domestiques sont venus, ses gens ne sont pas venus*; Mais il le faut euiter comme vn terme bas, & si ie l'ose dire, de la lie du peuple. C'est pourquoy il me semble insupportable dans vn beau stile, mais beaucoup plus encore, quand on s'en sert en vn sens plus releué; par exemple, quand on dit, comme ie le trouue ſouuent dans vn fort bon Autheur moderne, *il fit auancer tout ſon monde*, pour dire *toutes ſes troupes*, *il r'allia ſon monde*, pour dire *ſes troupes*, *ſes gens*. Dans le ſtile noble on ne le ſouffriroit pas pour dire *ſes domeſtiques*, on le ſouffriroit moins encore pour dire *ſes troupes*.

Le long, du long, au long.

PAr exemple, les vns diſent, *le long de la riuiere*, les autres, *du long de la riuiere*, & les autres *au long*. Tous les trois eſtoient bons autrefois, mais aujourd'huy il n'y en a plus qu'vn qui ſoit en vſage, à ſçauoir, *le long de la riuiere*.

Il a eſprit, il a eſprit & cœur.

C'Eſt depuis peu que cette nouuelle façon de parler eſt en vogue. Elle regne par toute la ville, & s'eſt meſmes inſinuée dans la Cour, mais elle n'y a pas eſté bien receüe, comme ayant fort mauuaiſe grace, & trop d'affectation. Nos bons Eſcriuains l'ont condamnée d'abord, & s'oppoſent tous les jours à ſon eſtabliſſement, qu'il ne faut pourtant plus apprehender dans le decry où elle eſt. Noſtre langue à l'imitation de la Grecque, aime extremement les articles; il faut dire, *il a de l'esprit, il a de l'esprit & du cœur*, je ne sçay si l'on ne dira point encore, *il a sang aux ongles*. Ce n'est pas qu'en certains endroits on ne se dispense des articles auec vne grace merueilleuse, mais c'est rarement, & il faut bien les sçauoir choisir. M. Coeffeteau, *il fit main basse, & tua femmes & enfans*. Mais *il a esprit*, ne se peut dire ny selon le bon vsage, ny selon la Grammaire.

Iamais plus.

QVelques-vns doutent, si ce terme est François, & s'il n'est point plustost Italien, *mai più*. Mais il est aussi bon en nostre langue, qu'en l'Italienne, d'où nous l'auons pris. Nous le disons, & l'escriuons tous les jours. M. de Malherbe, *jamais plus ie ne me rembarque auecque luy*. Et en vn autre endroit, *à condition, que ie n'en oye jamais plus parler.*

Meshuy, dés meshuy.

CE mot n'est plus en vsage parmy les bons Escriuasns, ny mesmes parmy ceux qui parlent bien. Il faut neantmoins auoüer, qu'il est tres-doux & tres-agreable à l'oreille. Au lieu de *meshuy*, ou *dés-meshuy*, on dit *desormais*, *tantost*, comme *il est tantost temps*, pour *il est meshuy temps*.

Deuers.

CEtte prepoſition a tousjours eſté en vſage dans les bons Autheurs, par exemple, *il ſe tourna deuers luy*, *cette ville eſt tournée deuers l'Orient, deuers le Midy*. Et ainſi des autres. Mais depuis quelque temps ce mot a vieilli, & nos modernes Eſcriuains ne s'en ſeruent plus dans le beau langage. Ils diſent tousjours *vers*, comme *ſe tournant vers luy, vers l'Orient, vers le Midy.*

S'il faut dire, Il y en eut cent tuez, *ou* il y en eut cent de tuez.

NOus auons de bons Autheurs, qui diſent l'vn & l'autre. M. Coeffeteau y met ordinairement l'article *de*. M. de Malherbe la pluſpart du temps ne l'y met pas, comme quand il dit, *il y en eut trois condamnez*, *il n'y auoit pieu ſi ferme, qu'auec peu de peine ils n'arrachaſſent, & depuis qu'il y en auoit vn arraché.* Neantmoins en vn autre lieu il dit, *il y en auoit desja trente d'acheuez*, parlant de vaiſſeaux. Aujourd'huy le ſentiment le plus commun de nos Eſcriuains, eſt qu'il faut tousjours mettre le *de*; car en parlant, jamais on ne l'obmet, & par conſequent c'eſt l'Vſage, qu'on eſt obligé de ſuiure auſſi bien en eſcriuant, qu'en parlant sans s'amuser à esplucher pourquoy cét article deuant le participe passif, & aprés le nombre. C'est la beauté des langues, que ces façons de parler, qui semblent estre sans raison, pourueu que l'Vsage les authorise. La bizarrerie n'est bonne nulle part que là.

Que c'est.

ON ne dit plus gueres maintenant *que c'est*, comme l'on disoit autrefois. On dit, *ce que c'est*, Par exemple, M. de Malherbe dit, *Il n'y a point de loy qui nous apprenne que c'est, que l'ingratitude.* Aujourd'huy l'on dit, *qui nous apprenne ce que c'est que, &c.*

Du depuis.

IE connois vn homme fort âgé, & fort sçauant en nostre langue, qui dit, que lors qu'il vint à la Cour jeune garçon, il y auoit beaucoup de gens qui disoient & escriuoient *du depuis*, & que desja dés ce temps là ceux qui entendoient la pureté du langage, condamnoient cette façon de parler, comme vicieuse & barbare, ne permettant pas seulement aux Poëtes d'en vser comme d'vne licence poëtique, pour s'accommoder d'vne syllabe, dont ils ont souuent besoin. Mais que nonobſtant cela on n'a pas laiſſé depuis cinquante ans de continuer tousjours la meſme faute, quoy que l'on ayt auſſi continué de la reprendre, juſqu'à ce qu'encore aujourd'huy vne infinité de gens diſent & eſcriuent, *du depuis*, contre le ſentiment de tous ceux qui ſçauent parler & eſcrire. Il remarque donc qu'il n'y a point de terme en toute noſtre langue, qui ſe ſoit tant opiniaſtré pour s'eſtablir, ny qui ayt tant eſté rebuté, que celuy là. Il faut tousjours dire *depuis*, & jamais *du depuis*, ſoit qu'on le face prepoſition, ou aduerbe; car il eſt l'vn & l'autre, & c'eſt la raiſon qu'alleguent les plus ſçauans de ceux qui diſent *du depuis*, que c'eſt pour marquer la difference des deux, parce que par exemple, quand on dit *depuis vn an*, là *depuis* eſt prepoſition, & lors qu'on dit *depuis, ie n'y ſuis pas retourné*, ou *ie n'y ay pas eſté depuis*, il eſt aduerbe. Mais on reſpond en vn mot, que le bon vſage a banny cette locution, à quoy il n'y a point de replique. Outre qu'à le prendre meſme par la raiſon, il eſt tres-rare que *depuis* aduerbe ſe trouue ſitué en vn lieu, où il puiſſe faire equiuoque, ny eſtre pris pour la prepoſition, non plus qu'aux exemples que ie viens de donner. Et ſi par hazard il engendre quelque equiuoque, on n'a qu'à mettre vne virgule aprés, pour le ſeparer du mot qui ſuit, bien que la construction entiere face assez connoistre s'il est preposition ou aduerbe.

De l'vsage des participes passifs, dans les preterits.

EN toute la Grammaire Françoise, il n'y a rien de plus important, ny de plus ignoré. Ie dis, *de plus important*, à cause du frequent vsage des participes dans les preterits, & *de plus ignoré*, parce qu'vne infinité de gens y manquent. Ne laissons rien à dire en ce sujet, & voyons toutes les façons dont ces participes peuuent estre employez, mais par ordre. Notez que *participes* & *preterits* ne sont icy qu'vne mesme chose.

Premierement, le preterit va deuant le nom qu'il regit, comme quand ie dis, *j'ay receu vos lettres*. Alors *receu*, qui est le participe, est indeclinable, & voilà son premier vsage, où personne ne manque. Qui a jamais dit, *j'ay receües vos lettres*, comme disent les Italiens depuis peu, *ho riceuute le vostre lettere?*

Son second vsage est, quand le nom va deuant le preterit, comme quand ie dis, *les lettres que j'ay receües*; car alors il faut dire, *que j'ay receües*, & non pas *que j'ay receu*, à peine de faire vn solecisme. Cela est passé en reigle de Grammaire, non seulement aujourd'huy, mais du temps mesmes d'Amyot, qui l'obserue inuiolablement; comme on faisoit desja du temps, & auant le temps de Marot, qui en a fait cette Epigramme à ses Disciples,

Enfans oyez vne leçon:
Nostre langue a cette façon,
Que le terme qui va deuant,
Volontiers regit le suiuant.
Les vieux exemples *ie suiuray*
Pour le mieux, car à dire vray
La chanson fut bien ordonnée,
Qui dit, m'amour vous ay donnée;
Voilà la force que possede
Le feminin quand il precede.
Or prouueray par bons tesmoins,
Que tous pluriels n'en font pas moins,
Il faut dire en termes parfaits,
Dieu en ce monde nous a faits,
Faut dire en paroles parfaites,
Dieu en ce monde les a faites,
Ne nous a fait pareillement,
Mais nous a faits tout rondement.
L'Italien, dont la faconde
Passe le vulgaire du monde,
Son langage a ainsi basti,
En disant, Dio noi a fatti, *&c.*

Neantmoins ie m'estonne de plusieurs Autheurs modernes, qui faisant profession de bien escrire, ne laissent pas de commettre cette faute.

En

En troisiesme lieu, le preterit peut estre placé entre deux noms, comme *les habitans nous ont rendu maistres de la ville*; Car *ont rendu* est vn preterit situé entre deux noms, à sçauoir *nous*, (que j'appelle nom, quoy qu'il soit pronom, parce que cela n'importe) & *maistres*, qu'il regit tous deux à l'accusatif. Alors le participe est indeclinable, & il faut dire, *nous ont rendu maistres*, & non pas *rendus*, comme on deuroit dire selon le second vsage, que nous venons d'expliquer. Mais il faut prendre garde que nous ne sommes pas icy dans les termes de ce second vsage, où nous n'auons consideré le preterit aprés le nom, que lors que le sens finissoit auec le preterit, au lieu qu'icy le preterit *ont rendu*, ne finit pas la periode, ny le sens, car il y a encore aprés *maistres de la ville*. C'est pourquoy l'vsage du preterit estant different, il se gouuerne d'vne autre façon, & *maistres* qui le suit, marque assez le pluriel, sans qu'il soit besoin que le participe le marque encore.

En quatriesme lieu, le preterit estant placé entre deux noms, le dernier est, ou substantif, comme *maistres*, dont nous venons de parler, ou adjectif, qui fait le quatriesme vsage, par exemple, *le commerce nous a rendu puissans*, & si nous parlons d'vne ville, *le commerce l'a rendu puissante*; Car en ces exemples il est indeclinable, & ne ſuit ny le nombre, ny le genre des noms.

Son cinquieſme vſage, eſt quand le preterit eſt paſſif; (car juſqu'icy aux quatre premiers vſages nous l'auons tousjours conſideré comme actif,) par exemple, *nous nous ſommes rendus maiſtres*, ou *rendus puiſſans*. Alors, il faut dire *rendus*, & non pas *rendu*, ce participe dans le preterit paſſif n'eſtant plus indeclinable, mais prenant le nombre & le genre des noms qui le precedent & le ſuiuent.

Cette reigle qui diſtingue les actifs & les paſſifs, eſt fort belle, & ie la tiens d'vn de mes amis, qui l'a appriſe de M. de Malherbe, à qui il en faut donner l'honneur. Que ſi l'on objecte que M. de Malherbe luy-meſme ne l'a pas tousjours obſeruée, c'eſt ou la faute de l'Imprimeur, ou que luy-meſme n'y prenoit pas tousjours garde, ou pluſtoſt qu'il n'a fait cette remarque, comme dit encore cét amy, qu'à la fin de ſes jours, & aprés l'impreſſion de ſes œuures.

Il y a pourtant vne exception, quand aprés le preterit paſſif il y a vn participe paſſif, comme en cét exemple de M. de Malherbe, *la deſobeiſſance s'eſt trouué montée au plus haut point de l'inſolence*, car il faut dire, *s'eſt trouué montée*, & non pas *s'eſt trouuée montée*. Et que l'on ne croye pas que ce ſoit à cauſe de la cacophonie, que feroient ces deux mots, *trouuée montée*; car quand au lieu de *montée* il y auroit vne autre terminaison, comme *guerie*, il le faudroit dire de mesme, par exemple, *elle s'est trouué guerie tout à coup*, & non pas *trouuée guerie.*

Son sixiesme vsage est, quand les preterits actifs, ou passifs, au lieu d'vn nom, ont vn verbe en suite; car alors ils sont tousjours indeclinables sans exception, comme si ie parle d'vne fille ie diray, *ie l'ay fait peindre*, & non pas, *ie l'ay faite peindre*, &, *elle s'est fait peindre*, & non pas, *elle s'est faite peindre*. De mesme au pluriel, *ie les ay fait peindre*, *ils se sont fait peindre*, & jamais *faite*, *ny faits peindre*. M. de Malherbe dit, parlant à vne femme, *le mauuais estat où ie vous ay veu partir*, non *veüe partir*, & peu de lignes aprés, *jusques icy vous eussiez moins fait, que ce que ie vous ay veu faire.* Et en vn autre endroit, *la Reyne la plus accomplie que nous eussions jamais veu seoir dans le Throsne des fleurs de Lys*, non *veüe seoir.*

Ce mesme vsage s'estend encore aux phrases, où entre le preterit & le verbe infinitif qui suit, il y a quelque mot, comme, *c'est vne espece de fortification que j'ay appris à faire en toutes sortes de places*, & non pas, *que j'ay apprise à faire.* La raison de cela, que nous auons desja touchée est, qu'il faut aller en ces sortes de phrases jusqu'au dernier mot qui termine le sens, & que par consequent c'est tousjours le dernier mot des phrases entieres, qui a rapport au substantif precedent, & non pas le participe, qui est entre-deux, si ce n'est au preterit passif, où nous auons donné l'exemple, *nous nous sommes rendus maistres*, ou *nous nous sommes rendus capables*; car selon la raison que ie viens de rendre, il faudroit dire aussi, *nous nous sommes rendu maistres*, *nous nous sommes rendu capables*, & non pas *rendus*. C'est pourquoy force gens n'admettent point la difference de M. de Malherbe, pour cette seule raison, qu'ils croyent auoir lieu par tout.

Voila tout ce que j'ay creu pouuoir dire sur ce sujet, mais pour rendre la chose plus claire & plus intelligible, il me semble à propos de mettre de suite tous les exemples des diuers vsages, & de marquer ceux où tout le monde est d'accord, & ceux où les vns sont d'vne opinion, les autres d'vne autre.

I. *I'ay receu vos lettres.*

II. *Les lettres que j'ay receües.*

III. *Les habitans nous ont rendu maistres de la ville.*

IV. *Le commerce*, parlant d'vne ville, *l'a rendu puissante.*

V. *Nous nous sommes rendus maistres.*

VI. *Nous nous sommes rendus puissans.*

VII. *La desobeissance s'est trouué montée au plus haut point.*

VIII. *Ie l'ay fait peindre, ie les ay fait peindre.*

IX. *Elle s'est fait peindre, ils se sont fait peindre.*

X. *C'est vne fortification que j'ay appris à faire.*

Le premier & le second exemple sont sans contredit. Le troisiesme, quatriesme, cinquiesme, sixiesme, & septiesme, sont contestez, mais la plus commune & la plus saine opinion est pour eux. Le huitiesme, neufuiesme, & dixiesme, ne reçoiuent point de difficulté, toute la Cour & tous nos bons Autheurs en vsent ainsi.

Estude.

CE mot en toutes ses significations est feminin, tant au pluriel qu'au singulier; Car s'il veut dire *l'application de l'esprit aux lettres*, on dira par exemple, *aprés auoir long temps estudié aux belles lettres, il s'est adonné à vne estude plus serieuse.* S'il signifie *soin*, on le fait feminin aussi, comme *sa principale estude estoit de semer des querelles.* Enfin si on le prend pour *le lieu où les Procureurs & les Notaires trauaillent & reçoiuent les parties*, il est encore feminin, comme *il a fait faire encore vne fenestre pour rendre son estude plus claire.* Au pluriel de mesme, comme *il auoit grand regret à ses estudes, qu'il n'auoit pas acheuées ; les estudes des Notaires ne sçauroient estre trop claires.* Pour *soin*, ie ne donne point d'exemple au pluriel, parce qu'il ne se dit iamais en ce sens là qu'au singulier.

De l'Adjectif deuant ou aprés le substantif.

IL y a des adjectifs que l'on met tousjours deuant les substantifs, & d'autres que l'on met tousjours apres, comme les adjectifs numeraux se mettent tousjours deuant, par exemple *la premiere place, la seconde fois, la troisiesme fois, &c.* Car encore que l'on die *Henry quatriesme, Loüis treziesme* & ainsi des autres, ce n'est pas proprement vne exception à la reigle, parce que l'on sous-entend *Roy*, comme qui diroit *Henry quatriesme Roy de ce nom.* Il y a aussi certains mots, qui marchent tousjours deuant le substantif, comme *bon, beau, mauuais, grand, petit.* On ne dit iamais *vn homme bon, vne femme belle, vn cheual beau,* mais *vn bon homme, vne belle femme, vn beau cheual.* Il y en a encore sans doute quelques autres de la mesme nature, qui ne tombent pas maintenant sous la plume. Et pour les adjectifs, qui ne se mettent iamais qu'apres le subſtantif, ie n'en ay remarqué qu'en vne ſeule choſe, dont l'vſage n'eſt pas de grande eſtenduë, qui ſont les adjectifs des couleurs, comme *vn chapeau noir*, *vne robe blanche*, *vne eſcharpe rouge*, & ainſi des autres; car l'on ne dit iamais *vn noir chapeau*, *vne blanche robe*, *&c.* quoy que l'on die *les Blancs-manteaux*, & *du blanc-mangé*, par où il paroiſt qu'anciennement on n'obſeruoit pas cela. Mais ce n'eſt pas de quoy il eſt queſtion en cette remarque, puis qu'il n'y a point de François naturel, meſme de la lie du peuple, ny des Prouinces, qui manque à cela, ny qui die *la choſe premiere qu'il faut faire*, pour dire *la premiere choſe*, *vn noir chapeau*, *vne blanche robe*, comme parlent les Allemans & les peuples Septentrionnaux; Et noſtre deſſein n'eſt pas de redire ce que les Grammaires Françoiſes aprennent aux Eſtrangers, mais de remarquer ce que les François meſme les plus polis & les plus ſçauans en noſtre langue peuuent ignorer.

Il s'agit donc ſeulement des adjectifs qui peuuent ſe mettre deuant & apres les ſubſtantifs, & de ſçauoir quand il eſt à propos de les mettre deuant ou derriere. Certainement apres auoir bien cherché, ie n'ay point trouué que l'on en puiſſe eſtablir aucune reigle, ny qu'il y ayt en cela vn plus grand ſecret que de conſulter l'oreille. M. Coeffeteau eſt celuy de tous nos Autheurs, qui aime le plus à mettre l'adjectif deuant, fondé comme ie crois, sur cette raison que la periode en est plus ferme, & se soustient mieux; au lieu qu'elle deuient languissante quand l'adjectif est apres. Nos modernes Escriuains, tout au contraire donnent beaucoup plus souuent la preseance au substantif, qu'à l'adjectif, fondez aussi comme j'estime, sur ce que cette façon de parler est plus naturelle & plus ordinaire, au lieu que l'autre semble auoir quelque sorte d'affectation. De ces deux contraires sentimens, le iugement & l'oreille peuuent faire comme vn tiers parti, qui à mon auis sera le meilleur: Et ce sera de n'affecter ny l'vn ny l'autre, mais de reigler leur situation, selon qu'elle sonnera le mieux, non seulement à nostre oreille, mais aux oreilles les plus delicates, qui en seront meilleurs iuges que nous mesmes, si nous les consultons. Il faut aussi prendre garde de quelle façon les plus celebres Escriuains du temps ont accoustumé d'en vser, affin qu'en imitant ceux qui ont l'approbation & la loüange publique, nous ne craignions pas de manquer, ny de desplaire, si nous faisons comme eux. Voila toute l'addresse que ie puis donner aux autres & que ie prens pour moy-mesme en vne matiere, où l'on ne sçauroit trouuer de reigle.

Il y en a qui tiennent que lors qu'il y a vn genitif

genitif aprés vn substantif & vn adjectif, il faut tousjours mettre le substantif auprés du genitif, comme, *elle estoit mortelle ennemie d'Agrippine*. Mais ils se trompent; car encore qu'il soit vray que pour l'ordinaire il soit mieux d'en vser ainsi, à cause que la construction en est plus nette, neantmoins on peut fort bien, & auec grace, y mettre l'adjectif, comme, *vne multitude infinie de monde, les peuples les plus farouches, & les plus indomtables de la terre*; Et il n'y a pas vn bon Autheur qui ne le pratique.

Va croissant, va faisant, &c.

CEtte façon de parler auec le verbe *aller*, & le gerondif, est vieille, & n'est plus en vsage aujourd'huy, ny en prose, ny en vers, si ce n'est qu'il y ayt vn mouuement visible, auquel le mot d'*aller* puisse proprement conuenir, par exemple, si en marchant vne personne chante, on peut dire, *elle va chantant*, si elle dit ses prieres, *elle va disant ses prieres*; De mesme d'vne riuiere, on dira fort bien, *elle va serpentant*, parce qu'en effet elle va, & ainsi des autres. Mais pour les choses où il n'y a point de mouuement local, il ne se dit plus, en quoy les vers ont plus perdu que la prose, à cause de plusieurs petits auantages qu'ils en receuoient. Vn grand Poëte a escrit,

Ainsi tes honneurs florissans
De jour en jour aillent croissans.

On ne l'oseroit dire aujourd'huy, parce qu'on ne se sert plus du verbe *aller* de cette façon, & si l'on s'en seruoit, il faudroit dire, *aillent croissant*, & non pas, *croissans*, à cause qu'il faut necessairement que ce soit vn gerondif, qui en François est indeclinable, & different du participe, qui a diuers genres & diuers nombres. On ne dira donc point, *ces arbres vont croissant*, *sa vigueur alloit diminuant*, & autres semblables phrases, comme on disoit autrefois.

En, *deuant le gerondif.*

PArce que les gerondifs ont vne marque, qu'ils prennent deuant eux quand ils veulent, qui est *en*, comme *en faisant cela, vous ne sçauriez faillir*, & que le plus souuent ils ne la prennent point, il faut euiter de mettre *en* relatif aupres du gerondif, comme, *ie vous ay mis mon fils entre les mains, en voulant faire quelque chose de bon.* Icy *en*, n'est pas la particule qui appartient au gerondif, mais c'est vn relatif à *fils*, comme le sens le donne assez à entendre. Pour escrire nettement, ie crois qu'il faut tousjours fuïr cette equiuoque.

Si dans vne mesme periode on peut mettre deux participes, ou deux gerondifs, sans la conjonction et.

PAr exemple, *l'ayant trouué fort malade, j'ay plustost appellé le Confesseur que le Medecin, aimant plus son ame que son corps.* Ie dis que dans les termes de la question, on ne peut pas mettre, ny deux participes, ny deux gerondifs, mais que l'vn est gerondif, & l'autre participe; Ce qui se peut fort bien faire, & dont on ne sçauroit passer dans le stile historique, où il faut narrer. En l'exemple que nous auons donné, *ayant trouué* est le gerondif, car jamais *ayant* n'est employé auec le participe passif, qu'il ne soit gerondif, & *aimant*, est le participe, tellement que si j'auois mis l'exemple au pluriel, & que j'eusse dit, *l'ayant trouué fort malade, nous auons plustost appellé le Confesseur, que le Medecin*, il eust fallu mettre *aimans* auec vne *s*, *plus son ame que son corps*; car les participes ont singulier & pluriel, ce que n'ont pas les gerondifs. C'est ainsi qu'en a vsé M. Coeffeteau, *la chose*, dit-il, *passa si auant que les vainqueurs ayant rencontré la litiere d'Auguste, croyans qu'il fust dedans, la fausserent.* Il dit encore en vn autre lieu, *dont Auguste ayant esté aduerty, se resolut ainsi malade qu'il estoit, de se faire porter à l'armée, craignant que durant son absence Antoine ne hazardast la bataille.* Tous les Historiens en sont pleins, & l'on ne sçauroit, comme j'ay dit, faire de narration sans cela. En faisant l'vn gerondif, & l'autre participe, la periode n'est point vicieuse, & la construction n'a pas besoin d'estre liée par la conjonctiue *et*; mais sans cela elle ne pourroit subsister.

Eux-mesme, elles-mesme.

C'Est fort mal parler, il faut dire, *eux-mesmes, elles-mesmes* auec vne *s*, parce que *mesmes*, là est nom ou pronom, & non pas aduerbe. Quand il est aduerbe, il est libre d'y mettre l'*s*, ou de ne l'y mettre pas, mais quand il ne l'est pas, comme en ces mots, *eux-mesmes, elles-mesmes*, c'est vn solecisme d'obmettre l'*s*. C'est pourquoy vn de nos meilleurs Poëtes a failly, quand il a dit,

Les immortels eux-mesme en sont persecutez.

Il n'y a point de licence poëtique, qui puisse dispenser de mettre des *s*, aux pluriels. Ce seroit vn priuilege fort commode à nostre Poësie, où il y auroit lieu d'en vser fort souuent.

S'il faut mettre vne s, *en la seconde personne du singulier de l'imperatif.*

IL y a des imperatifs de trois sortes, les vns, où d'vn consentement general on ne met jamais d'*s*, d'autres, où l'on en met tousjours, & certains autres où les opinions sont partagées, les vns y mettant l'*s*, les autres, non. I'ay conté jusqu'à dixneuf ou vint terminaisons differentes de ces imperatifs, les voicy, *a, e, i, ais, ains, aus, eins, eus, oy, ous, ans, ats, ens, en, ers, ets, eurs, ors, ours, üy.*

Tout le monde est d'accord que l'on ne met jamais l'*s* en ceux qui terminent en *a*, & en *e*.

Que l'on en met tousjours en ceux qui qui terminent en *aus, eus, ous, ans, ens, ats, ers, eurs, ets, ors, & ours*, où l'*s*, neantmoins bien souuent ne se prononce pas, tellement qu'à les oüyr prononcer, on ne peut pas discerner s'ils ont vne *s*, ou non.

Et les vns croyent qu'il ne faut point d'*s*, à ceux qui terminent en *i, ai, ain, ein, oy, en*, & *üy*, & les autres, qu'il en faut.

Donnons des exemples de tous, & par ordre. En *a*, il n'y a que *va*, ce me semble, qui s'escrit & se prononce *va*, deuant toutes les voyelles, excepté en deux particules, à sçauoir *en*, aduerbe relatif, & *y*; car deuant *en*, aduerbe, il prend vn *t*, comme *va-t-en*, & c'eſt le ſeul imperatif de quelque terminaiſon qu'il ſoit, qui prenne vn *t*, aprés luy. Remarquez que ie dis deuant la particule *en*, aduerbe relatif, parce que lors qu'*en* eſt prepoſitition, on n'y adjouſte rien; Par exemple on dit, *va en Italie*, *va en Hieruſalem*, & non pas *va-t-en Italie*, *&c.* Et deuant *y*, il prend vne *s*, comme *va-s-y*. Mais il faut noter que cette *s*, n'eſt pas de ſa nature, & qu'elle n'eſt qu'adjointe ſeulement pour oſter la cacophonie, comme nous auons accouſtumé de nous ſeruir du *t*, en orthographiant & prononçant *a-t-il*, pour *a il*, & comme nous nous en ſeruons encore à *va-t-en*.

En *e*, comme *aime*, *ouure*, & ainſi de tous les autres de la meſme terminaiſon, qui de leur nature n'ont jamais d'*s*, mais en empruntent ſeulement pour mettre deuant les deux particules aduerbes *en*, & *y*, comme font tous les imperatifs qui finiſſent par vne voyelle.

En *aus*, comme *vaus*, *preuaus*, *&c.* *vaus autant que ton pere*, car icy l'*s*, eſt de ſa nature, & non pas adjointe, *preuaus toy*, non *preuau toy*.

En *eus*, comme *meus*, *eſmeus*, *veus*, où l'*s*, eſt encore eſſentielle, & non pas eſtrangere, tout de meſme qu'aux autres qui ſuiuent, où il y a vne *s*, *eſmeus à pitié*, *veus ce que tu peus*, & non pas, *esmeu à pitié*, ny *veu ce que tu peux.*

En *ous*, comme *resous*, *resous vn peu la question*, *resous toy*, & non pas *resou vn peu*, ny *resou toy.*

En *ans*, comme *respans*, & non pas, *respan*, *respans de l'eau*, *respans y de l'eau.*

En *ens*, comme *prens*, *rends*, *vends*, & non pas *pren*, *rend*, *vend.*

En *ats*, comme *bats*, *abbats*, & non pas *ba*, *& abba.*

En *ers*, comme *sers*, *perds*, & non *ser*, *per.*

En *ets*, comme *mets*, *permets*, & comment le pourroit-on dire autrement?

En *eurs*, comme *meurs*, & non pas *meur.*

En *ors*, comme *dors*, *sors*, & non pas *dor*, *sor.*

En *ours*, comme *cours*, *secours*, *recours*, non *cour*, *secour*, *&c.*

En *i*, comme *beni*, *fini*, *di*, *li*, *ri*, les vns disent ainsi, les autres *benis*, *finis*, *dis*, *lis*, *ris.*

En *ai*, ou *ay*, comme *fay*, *tay*. Les vns disent ainsi, & les autres, *fais*, *tais*, cette derniere façon est la plus suiuie.

En *ain*, comme *crain*, ou *crains*, qui est le meilleur.

En *ein*, comme *fein*, *pein*, ou *feins*, *peins*, ce dernier est le plus suiuy.

En *oy*, comme *voy*, *connoy*, ou *vois*, *connois*, le premier est le plus suiuy.

En *en*, comme *tien*, *vien*, ou *tiens*, *viens*, le premier est le plus suiuy.

En *uy*, comme *fuy*, ou *fuys*, le premier est le plus suiuy.

Pour l'heure.

CEtte façon de parler pour dire *pour lors*, est bonne, mais basse, & ne doit pas estre employée dans le beau stile, où il faut dire *pour lors*.

A l'improuiste, à l'impourueu.

TOus deux sont bons, & signifient la mesme chose, mais *à l'improuiste*, quoy que pris de l'Italien, est tellement naturalisé François, qu'il est plus elegant qu'*à l'impourueu*.

Rais.

R*ais* pour *rayons* ne se dit plus de ceux du Soleil, ny en prose, ny en vers, mais il se dit de ceux de la Lune & en vers & en prose. Vn de nos excellens Autheurs en ce dernier genre en a ainsi vsé. Hors de là estant ainsi escrit, il ne signifie que *les rais d'vne roüe*, qui neantmoins ne s'appellent ainsi que figurément, pour la ressemblance qu'ils ont auec les rayons.

Exemple

Exemple d'vne construction estrange.

VN de nos plus celebres Autheurs a escrit, *l'auenture du lion & de celuy qui vouloit tüer le Tyran, sont semblables*. Comment se construit cela *l'auenture sont?* c'est qu'il y a deux nominatifs, l'vn expres, & l'autre tacite, ou sous-entendu, qui regissent le pluriel, comme s'il y auoit, l'*auenture du lion & l'auenture de celuy qui vouloit*, &c. *sont semblables*. La question est, si cette expression est vicieuse, ou elegante. Les opinions sont partagées. Pour moy, ie ne m'en voudrois pas seruir.

De moy, pour moy, quant à moy.

CE dernier ne se dit, ny ne s'escrit presque plus, sans doute à cause de cette façon de parler prouerbiale; *Il se met sur son quant à moy*; Et qu'ainsi ne soit, on dit fort bien, *quant à luy, quant à vous, quant à nous*, pourquoy donc ne diroit-on pas aussi *quant à moy*? *De moy* est fort bon, & fort elegant, mais j'euiterois de le mettre souuent en prose, & me contenterois de l'auoir employé vne fois ou deux dans vn iuste volume. Mon vsage ordinaire seroit *Pour moy*, comme c'est celuy de tout le monde, soit en parlant, ou en escriuant. *De moy*, semble estre consacré à la Poëſie, & *pour moy* à la proſe. Auſſi ne l'ay-je iamais veu en vers, mais *de moy*, ſe met en proſe dans le beau ſtile, quoy qu'il en faille vſer tres-rarement.

H, *aſpirée, ou conſone, & H, muëtte.*

LEs lieux où l'on parle bien François, n'ont pas beſoin de cette remarque; car on ne manque iamais d'y prononcer l'vne & l'autre *h*, comme il faut. Mais elle eſt extremement neceſſaire aux autres Proüinces, qui ſont la plus grande partie de la France, & aux Eſtrangers. La faute qui ſe commet en cela, n'eſt pas d'aſpirer vne *h*, muëtte, comme de dire, *le honneur*, pour dire *l'honneur* : *la heure*, pour dire *l'heure*, perſonne ne parle ny n'eſcrit ainſi; C'eſt de faire l'*h*, muëtte quand elle eſt aſpirée, ou conſone, ſelon Ramus, & pluſieurs grands Grammairiens, qui l'appellent *aſpirée*, *aſpirante*, ou *conſone*, indifferemment, par exemple de dire, *l'hazard*, au lieu de dire, *le hazard: l'hardy*, au lieu de dire, *le hardy: l'halebarde*, au lieu de *la halebarde*. Voilà pour le ſingulier, où l'on ne ſçauroit manquer ny en parlant ny en eſcriuant qu'il ne paroiſſe, mais pour le pluriel, quand on y manque, ce ne peut eſtre qu'en la prononciation, & non pas en l'eſcriture. L'exemple le va expliquer. Ceux qui parlent bien, & ceux qui parlent mal, escriront egalement bien *les hazards*, *les hardis*, *les halebardes*, mais en la prononciation, il n'en sera pas de mesme; car ceux qui parlent bien, prononceront *les hazards*, & tous les autres de cette nature, comme ils prononcent les mots qui commencent par vne consone aprés l'article du pluriel, par exemple, *les combats*, *les difficultez*, où l'*s*, de l'article qui precede, ne se prononce point; car puis que l'*h*, aspirante est consone, tous les mots qui commencent par cette sorte d'*h*, doiuent produire le mesme effet que produisent toutes les autres consones. Or deuant les autres consonantes on ne prononce ny l'*s*, ny certaines autres consones, qui se rencontrent immediatement deuant, par exemple, on prononce *les combats*, comme si il n'y auoit point d'*s* deuant le *c*, *sont plusieurs*, comme s'il n'y auoit point de *t*, deuant le *p*. Il faut donc prononcer *les hazards*, comme s'il n'y auoit point d'*s*, deuant l'*h*, & *sont hardis*, comme si deuant l'*h*, il n'y auoit point de *t*. Mais ceux qui parlent mal, prononcent *les hazards*, comme ils prononcent *les honneurs*, & *sont hardis*, comme ils prononcent *sont asseurez*.

On a grand besoin dans les pays où l'on parle mal, de bien sçauoir la nature de cette lettre; c'eſt pourquoy ie me trouue obligé de dire icy le peu que j'en ſçay. Vne des fautes principales, outre celles que j'ay remarquées, ſe commet en la prononciation de la lettre *n*. Par exemple, ceux qui parlent mal, prononceront *en haut*, comme ils prononcent *en affaire*; & cependant il y faut mettre vne grande difference, car l'*n* qui finit vn mot, & en precede vn autre qui commence par vne voyelle, ſe prononce comme s'il y auoit deux *n*. On prononce *en affaire*, tout de meſme que ſi l'on eſcriuoit *en naffaire*, comme beaucoup de femmes ont accouſtumé d'orthografier. *En honneur*, comme ſi l'on eſcriuoit *en nonneur*; mais *en haut*, *en hazard*, ſe doit prononcer comme n'y ayant qu'vne *n*, & aprés l'*n*, il faut aſpirer l'*h*, à quoy ceux des Prouinces qui parlent mal, ſur tout de là Loire, ne ſongent point.

D'ailleurs, il y a pluſieurs conſones, qui finiſſant vn mot ne ſe mangent point deuant l'*h*, conſone, mais cela eſtant commun à toutes les autres conſonantes auſſi bien qu'à cette ſorte d'*h*, on n'a qu'à ſuiure la reigle des autres. Que ſi l'on en deſire encore quelque eſclairciſſement, le voicy par ordre. Premierement le *b*, finiſſant le mot, ſe prononce deuant vn autre mot qui commence par vne conſone, comme *Achab ce meſchant*, on prononce le *b*, Nostre langue n'a point de mot qui finisse par cette lettre, il faut emprunter des mots estrangers, où cette reigle se pratique, & l'on prononcera *Achab hardi*, comme on prononce *Achab ce meschant*. Le *c*, ne se mange point non plus, on le prononce en disant *vn sac de bled*, & *vn sac haut & grand*. Le *d*, ne se prononce point, on dit *vn fond creux*, comme si l'on escriuoit *vn fon creux* sans *d*. De mesme on dira *vn fond hideux*, comme si l'on escriuoit *vn fon hideux*. La lettre *f*, se mange, on dit *vn œuf de pigeon*, & *vn œuf hasté*, sans prononcer l'*f*, en tous les deux. Le *g*, se mange aussi, on dit, *vn sang bruslé*, & *vn sang hardy*, comme si l'on escriuoit, *vn san bruslé*, *vn san hardy*. L'*l*, ne se mange point, on dit, *vn cruel traitement*, & *vn cruel hazard*. Ny l'*m*, non plus (car comment diroit-on *Abraham*, *Hierusalem*, ou *Bethleem*, sans prononcer l'*m*?) ny deuant les consones, ny deuant l'*h*, aspirée, seulement il faut prendre garde de ne pas doubler l'*m* deuant l'*h*, aspirée, comme on la double deuant les autres voyelles, par exemple, on prononce *Bethleem heureuse*, comme si l'on escriuoit *Bethleem meureuse*, & il ne faut pas prononcer *Bethleem honteuse*, de mesme comme s'il y auoit *Bethleem monteuse*. Pour l'*n*, il en a esté parlé. Le *p*, ne se prononce point, on prononce *vn coup*, *d'espée*, & *vn coup hardy*, comme si l'on escriuoit *vn cou d'espee*, & *vn cou hardy*. Le *q*, se prononce, & l'on dit, *vn coq de parroisse*, & *vn coq hardy*, en prononçant le *q*, en tous les deux. *R*, se prononce aussi, *pour faire*, *pour hazarder*, *pur sang*, *pur hazard*, excepté aux infinitifs, car on prononce *aller*, *courir*, comme si l'on escriuoit, *allé*, *couri*. L'*s*, & le *t*, ne se prononcent point, comme il a esté dit. L'*x*, & le *z*, à la fin des mots se prononçant comme l'*s*, ils sont traitez tous trois de mesme façon, & ne passent que pour vn. On prononce *les Cieux voutez*, & *les Cieux hauts*, tout de mesme, comme s'il n'y auoit point d'*x*, & *loüez generalement*, & *loüez hautement*, comme s'il n'y auoit point de *z*.

Pour bien expliquer la chose, il falloit dire tout cela au long. En voicy l'abregé en peu de mots. L'*h*, est ou *consone*, ou *muëtte*; Si elle est *muëtte*, il la faut considerer aux mots comme si elle n'y estoit point; Si elle est *consone*, il faut faire deux choses, l'vne, l'*aspirer*, & l'autre, *y obseruer tout ce qui s'obserue auec les autres consones*.

*Reigle pour discerner l'*h, *consone d'auec la muëtte.*

CEtte reigle est fort connuë, mais on y ajoustera quelques nouuelles remarques. Il eſt vray qu'il faut ſçauoir le Latin, pour ſe preualoir de cette reigle, & ceux qui ne le ſçauent pas, ne peuuent auoir recours qu'à l'Vſage, & à la lecture des bons liures.

Tous les mots François commençans par *h*, qui viennent du Latin, où il y a auſſi vne *h*, au commencement, ont l'*h*, muette, & ne s'aſpirent point, comme *honneur* vient d'*honor*, il faut dire *l'honneur*, & non pas *le honneur*. Peu en ſont exceptez, comme *heros*, *hennir*, *henniſſement*, *harpie*, *hargne*, *haleter*, *hareng*, ſelon ceux qui tiennent qu'il vient de *halec*, mais il n'en vient pas. Car tous ces mots & peut eſtre quelques autres, ont l'*h*, au Latin, & neantmoins ils s'aſpirent en François. I'ay ajouſté cette remarque, qu'il faut qu'il y ayt vne *h*, au commencement du mot Latin; car il y a des mots François commençans par *h*, qui viennent du Latin, leſquels neantmoins aſpirent l'*h*, comme *haut*, & il n'y a point de doute qu'il vient d'*altus*, mais parce qu'au Latin il n'y a point d'*h*, elle s'aſpire en François. De meſme *hache* pour *coignee*, s'aſpire en François, & neantmoins vient du Latin *aſcia*. On dit auſſi *vne hupe* oiſeau, qui vient du Latin *vpupa*, où il n'y a point d'*h*, *hurler*, d'*vlulare*, où il n'y a point d'*h*, auſſi, & *hors* vient aſſeurement de *foras*, l'*f*, ſe changeant ſouuent en *h*, comme en la langue Eſpagnole, mais parce que le mot Latin ne commence pas par *h*, on prononce *hors* auec vne *h*, consone & aspirée, comme s'il n'en venoit pas. *Huit*, vient aussi d'*octo*, mais *h*, ne s'aspire pas en ce mot, quoy qu'elle y soit consone. Voyez la remarque de *huit*. Ces mots en sont exceptez, *huit*, *huistre*, *huile*, *hieble*, qui viennent tous quatre du Latin, où il n'y a point d'*h*, & neantmoins ne s'aspirent point en François.

Mais tous les mots commençans par *h*, qui ne viennent pas du Latin, ont l'*h*, consone & l'aspirent, comme *hardy*, *Philippe le Hardy*, *le hazard*, *la halebarde*, *la haquenée*, *la harangue*, & plusieurs autres semblables. On objecte qu'*hermine*, & *heur*, ne viennent point du Latin, & que neantmoins l'*h*, de ces mots est muette, & qu'on dit l'*hermine*, & non pas *la hermine*, & l'*heur*, & non pas *le heur*.

On respond premierement, que ce sont les seuls mots que j'ay remarquez jusqu'icy, qui facent exception à la reigle.

En second lieu, il y a grande apparence qu'*heur*, vient d'*heure*, d'où est venu le mot *à la bonne heure*, qui pourroit bien estre aussi la vraye ethymologie de *bon-heur*, comme *malheur* vient de *mal-heure*, c'est à dire mauuaise heure, selon l'opinion des Astrologues.

Quelques-vns opposent encore à cette reigle le mot d'*helas*, qui ne vient point du Latin,

Latin, & qui neantmoins n'aspire point l'*h*, comme il se voit dans nos vers François, où la voyelle qui precede *helas*, se mange tousjours, par exemple, *ie souffre helas ! vn si cruel martyre.*

Ie respons, qu'ils se trompent de dire, qu'il ne vienne point du Latin, car il vient d'*heu*, & la syllabe *las*, que l'on a ajoustée aprés, n'y fait rien. Peut-estre l'auons-nous prise des Italiens, qui disent, *ahi lasso*, mais la vraye interjection consiste en la premiere syllabe *he*, qui respond à l'*heu* Latin.

*De l*h, *dans les mots composez.*

NOus n'auons consideré l'*h*, qu'au commencement du mot, mais quand elle se trouue ailleurs dans les mots composez, elle se prononce tout de mesme que si elle estoit au commencement, chacune selon sa nature, par exemple, *deshonoré* se prononce comme *honoré* en *h*, muette, & *enhardir*, *eshonté*, *dehors*, comme *hardi*, *honte*, *hors*, en *h*, consone & aspirante, & il se faut bien garder de prononcer, *ennardir*, *esonté*, & *deors*, comme l'on fait de là Loire.

Il y a vne seule exception, c'est que l'on dit, *haut-exhaussé*, sans prononcer l'*h*, qui est en *exhaussé*, comme si l'on escriuoit *exaussé*, sans *h*, & l'on ne met point de difference pour la prononciation entre *exhaußé*, pour les bastimens, & *exaucé*, pour les prieres.

Cela vient sans doute de la difficulté & de la grande rudesse qu'il y auroit à aspirer l'*h*, immediatement aprés l'*x*, qui se prononçant tousjours tout entier en nostre langue quand il n'est pas à la fin, ne peut pas souffrir comme l'*s*, qui se mange aisément, vne aspiration en suite; Ou bien, qu'*exaucé* ayant esté plustost connu qu'*exhaußé*, le premier a fait la prononciation du second, comme nous auons dit, que *heraut* a fait celle de *heros*.

Comment il faut prononcer, & orthographier les mots François venans des mots grecs, dans lesquels mots grecs il y a vne ou plusieurs aspirations, en effet, ou en puissance.

POur bien respondre à la question, il faut sçauoir que tous les mots François venans du Grec, ausquels il y a vne ou plusieurs *h*, n'en peuuent venir que par cinq voyes. La premiere, quand le mot Grec, d'où est pris le François, commence par vne voyelle, ou par vne diphthongue aspirée, comme ἁρμονία, αἵρεσις, que les Latins disent, *harmonia*, *hæresis*, auec vne *h*, & nous de mesme, *harmonie*, & *heresie*. La seconde, quand le mot François vient d'vn mot Grec, où il y a vn θ, *thita*, que les Latins & nous faisons valoir *th*, comme θέσις, *thesis*, *these*. La troisiesme, quand il vient d'vn mot Grec, qui commence par vn ῥ, *rho*, que les Latins & nous faisons valoir *rh*, comme Ῥόδος, *Rhodes*, ou que ce ῥ *rho* est redoublé au milieu du mot, car le second ῥ *rho*, vaut *rh*, quoy que le premier ne vaille qu'vne simple *r*, comme Πύῤῥος, *Pyrrhus* en Latin & en François. La quatriesme, quand il vient d'vn mot Grec, où il y a vn φ *ph*, que les Latins & nous faisons valoir *ph*, comme φιλόσοφος, *Philosophus*, Philosophe. Et la cinquiesme quand il vient d'vn mot Grec, où il y a vn χ, *chi*, qui vaut *chi* parmy les Latins, & parmy nous, comme χειρουργία, *Chirugia*, *Chirurgie*.

Ce fondement posé, examinons maintenant ces cinq voyes l'vne aprés l'autre, & voyons comme nostre langue se gouuerne en chacune des cinq. Premierement pour les voyelles, ou les diphthongues aspirées, lors qu'il y en a au commencement des mots Grecs, d'où les nostres sont pris, nostre langue y met aussi l'*h*, comme ἁρμονία, *harmonie*, αἵρεσις, *heresie*, & ainsi des autres. Il est vray que cette *h*, ne s'aspire point selon la reigle que nous en auons donnée, mais elle s'escrit, & ce seroit vne faute insupportable en nostre orthographe de ne la mettre pas, & d'escrire par exemple *armonie*, & *eresie*, sans *h*. Surquoy il faut noter, que nous n'auons pas vn seul mot venant du Grec, qui commence par *h*, où l'*h*, s'aspire, quand mesme nous n'aurions pas receu ce mot là par les mains des Latins, mais qu'il seroit venu droit à nous, ce qui est bien rare; quoy que nous ayons quantité de mots Grecs en nostre langue, que nous ne tenons point des Latins, mais immediatement des Grecs. Il y en a quelques-vns, comme *Hierosme*, *Hierusalem*, *Hierarchie*, où l'*h* ne s'aspire pas, mais la premiere syllabe se prononce, comme si elle estoit escrite auec vn *g*, *mol* (qu'ils appellent) & que l'on dist, *Gerosme*, *Gerusalem*, *Gerarchie*. Pour euiter cela, il y en a qui escriuent *Ierosme*, *Ierusalem*, *Ierarchie*, auec vn *j*, consone, mais j'aimerois mieux garder l'*h*, puis qu'ils s'aspirent en Grec; quoy qu'il soit vray que la premiere syllabe de ces trois mots se prononce absolument comme si elle estoit escrite auec vn *j*, consone.

Pour la seconde voye, qui est des mots pris des Grecs, où il y a vn θ, *theta*, comme *these*, il ne faut jamais manquer de mettre l'*h* aprés le *t*, mais cela ne sert qu'à l'orthographe, & ne sert de rien pour la prononciation.

La troisiesme, où il y a vn, ῥ *rho*, comme

Rhodes, *Pyrrhus*, tout de mesme; il ne faut jamais oublier l'*h*, pour la bonne orthographe, quoy qu'il ne serue de rien pour la prononciation.

La quatriesme, où il y a vn φ, *phi*, comme *Philosophe*, il faut l'escrire auec *ph*, & non pas auec vn *f*, ny à la premiere, ny à la derniere syllabe, quoy qu'il y en ayt plusieurs aujourd'huy qui bannissent le *ph*, & qui mettent tousjours l'*f*, mais mal.

Et la cinquiesme enfin, où il y a vn χ, *ch*, sur lequel il y a beaucoup plus à dire que sur les quatre autres ensemble, dont nous venons de parler, & qui est le principal sujet de cette Remarque; Car lors que nos mots pris du Grec, où il y a vn χ, au commencement, sont suiuis d'vn *a*, comme par exemple, *charactère*, les vns soustiennent qu'il le faut escrire ainsi, pour garder l'orthographe de son origine, & les autres au contraire, alleguent vne raison si forte pour n'y mettre point d'*h*, qu'il semble qu'ils n'y a pas de replique. Ils disent qu'en François *cha* ne fait point, *ca*, mais *cha*, ainsi qu'on le prononce en ce mot *charité*: comme *che*, ne fait pas *que*, mais *che*, ainsi qu'on le prononce en ce mot *cherir*: tellement que nostre *cha* se prononce comme le *scia* des Italiens, ou le *scha* des Allemands. D'où ils concluent fort bien, que tous les François, ou les Eſtrangers qui ſçauront noſtre langue, mais qui ignoreront la Grecque, & la Latine, ne manqueront jamais de prononcer *charactere* eſcrit de cette ſorte, comme s'il eſtoit eſcrit en Italien, *ſciaractere*. Et de fait, j'en ay veu pluſieurs fois l'experience, & en ce mot, & en pluſieurs autres, qui eſtant moins connus que *charactere*, ſont auſſi ſujets à en eſtre plus mal prononcez par les perſonnes qui n'en ſçauent pas l'origine, comme ſont toutes les femmes, & tous ceux qui n'ont pas eſtudié.

Ie ſçay bien qu'on voit *caractere* eſcrit auec vne *h*, au frontiſpice de ce grand Ouurage, qui fera deſormais nommer ſon Autheur, *le Genie des paßions*, où la doctrine & l'eloquence regnent egalement, & où la Philoſophie n'a point d'eſpines qui ne ſoient fleuries; Mais ie ſçay auſſi, & de luy meſme, qu'eſcriuant principalement pour les ſçauans, il a voulu ſuiure l'orthographe des ſçauans, & qu'outre cela il a quelque veneration pour l'ancienne orthographe, non pas pour cette barbare qui eſcrit *vn* auec vn *g*, *vng*, & *eſcrire* auec vn *p*, *eſcripre*; & beaucoup d'autres encore plus eſtranges, mais pour celle que les gens de lettres les plus polis, & les meilleurs Autheurs du ſiecle paſſé, ont ſuiuie. Pour moy, ie reuere la venerable Antiquité, & les ſentimens des Doctes; mais d'autre-part, ie ne puis que ie ne me rende à cette raison inuincible, qui veut que chaque langue soit maistresse chez soy, sur tout dans vn Empire florissant, & vne Monarchie predominante & auguste, comme est celle de France. Ie veux bien que nostre langue rende hommage à la Grecque, & à la Latine, d'vne infinité de mots qui en releuent, comme par exemple, pour ne parler que de la Grecque, nous deuons escrire *harmonie, heresie, histoire, horloge, hyperbole*, auec vne *h*, & de mesme tous les mots pris du Grec, où il y a vn θ, *theta*, vn φ, *phi*, vn ῥ, *rho*, comme *these*, *Philosophe*, & *Rhodes*, dont la prononciation, ny l'orthographe, ne choquent en rien nostre langue: Mais que pour faire voir qu'on n'ignore pas la langue Grecque, ny l'origine des mots, & que pour honorer l'Antiquité, il faille aller contre les principes, & les elemens de nostre langue maternelle, qui veut que *cha*, se prononce comme scia en Italien, ou *scha*, en Allemand, & non pas *ca*, & qu'il faille donner cette incommodité, & tendre ce piege à toutes les femmes, & à tous ceux qui ne sçauent pas le Grec en leur faisant prononcer *charactere*, *sciaractere*, pour *caractere*, *cholere*, *sciolere*, pour *colere*, & *Bacchus Baccius* pour *Baccus*, comme nous disons *bacchique*, *fureur bacchique*, & non pas *baquique*; certainement il n'y a nulle apparence, & ie n'y puis consentir. Aprés tout, on doit plus conside-rer en ce sujet les viuans que les morts, qui aussi bien ne nous en sçauent point de gré, & n'y profitent de rien, & l'on doit plus considerer ceux de son pays, que les Estrangers; Outre que les Grecs, ny les sçauans, n'ont pas dequoy se plaindre du partage qu'on leur fait en cette rencontre, puis qu'on leur laisse les voyelles & les diphtongues aspirées auec le θ *thita*, le φ *phi*, & le ῥ, *rho*, & que nostre langue ne se reserue que le seul χ, *chi*, pour le prononcer à sa mode.

Il ne reste plus rien à dire, sinon que les dernieres syllabes des mots François pris des Grecs, s'escriuent tantost auec l'*h*, comme *Antioche*, & se prononcent selon la prononciation Françoise, & tantost auec le *qu*, comme *Monarque*. Mais il faut noter que le χ, ne se change jamais en *que*, dans nostre langue, qu'aux dernieres syllabes, car par exemple, en ce mot *Monarque*, les deux dernieres syllabes viennent du mesme mot Grec ἀρχὸς, que nous traduisons en François auec *che*, au commencement de cét autre mot *Archeuesque*, tellement que nous tournons ce mot Grec en trois façons, à sçauoir aux deux que je viens de dire, & en cette troisiesme qui se trouue en la prononciation d'Archange, où je ne suis pas d'auis de mettre vne *h*, non plus qu'à *ca-*

ractere

ractere. Ce n'eſt pas pourtant que tous nos mots pris du Grec, qui finiſſent par *que*, expriment touſjours le χ, Grec, car ils expriment auſſi le κ, *cappa*, comme en ces mots, *Logique*, *Phyſique*, *ethique*, *melancolique*, & vne infinité d'autres.

Si cette conſtruction eſt bonne, en voſtre abſence, & de Madame voſtre mere.

LA plus part tiennent qu'oüy, & que tant s'en faut que la ſuppreſſion de ces paroles *en celle*, qui ſont ſous-entenduës, ſoit vicieuſe, qu'elle a bonne grace; Car diſent-ils, quelle oreille delicate ne ſera pas plus ſatisfaite d'ouïr dire, *en voſtre abſence*, & *de Madame voſtre mere*, qu'*en voſtre abſence*, & *en celle de Madame voſtre mere?* Quelques-vns neantmoins condamnent cette conſtruction, non ſeulement comme contraire à la netteté du ſtile, mais comme barbare; Ils trouuent auſſi l'autre trop languiſſante; C'eſt pourquoy ils croyent qu'il eſt bon de les euiter toutes deux, & de prendre vn autre tour. Pour moy, ie ſuis de cette opinion, quoy que ie n'approuue gueres cét expedient en des endroits où l'on ne peut gauchir ſans perdre la grace de la naïfueté, & des expreſſions naturelles, qui font vne grande partie de la beauté du langage.

N'ont-ils pas fait, & *ont-ils pas fait.*

TOus deux ſont bons pour exprimer la meſme choſe; Car comme noſtre langue aime les negatiues, il y en a qui croyent que l'on ne peut pas dire, *ont-ils pas fait*, & & qu'il faut tousjours mettre la negatiue *ne* deuant, & dire, *n'ont-ils pas fait.* Mais ils ſe trompent, & il eſt d'ordinaire plus elegant de ne la pas mettre. Depuis, m'en eſtant plus particulierement informé de diuerſes perſonnes tres-ſçauantes en noſtre langue, ie les ay trouué partagées: Tous conuiennent que l'vn & l'autre eſt bon, mais le partage eſt en ce que les vns le tiennent plus elegant ſans la negatiue, & les autres auec la negatiue.

De la premiere perſonne du preſent de l'indicatif, deuant le pronom perſonnel je.

EXemple, *aimé-je ſans eſtre aimé?* Ie dis qu'*aime* premiere perſonne du preſent de l'indicatif en cette rencontre, ne s'eſcrit ny ne ſe prononce comme de couſtume; car l'*e*, qui eſt feminin *aime*, ſe change en *é*, maſculin, *aimé*, & ſe doit eſcrire & prononcer *aimé-je*. Cette remarque eſt tres-neceſſaire pour les Prouinces de delà Loire, où l'on eſcrit & où l'on prononce *aime-je*, tellement que ceux qui en ſont, ont bien de la peine, quelque ſejour qu'ils facent à la Cour, de s'en corriger. Mais elle ne laiſſera pas de ſeruir encore aux autres, en ce que d'ordinaire on orthographie ce mot de cette ſorte, *aimay-je*, au lieu d'*aimé-je*; Car qui ne voit qu'*aimay-je* fait vne equiuoque auec la premiere perſonne du preterit ſimple ou defini, & qu'en eſcriuant *aimé-je*, il fait le meſme effet pour la prononciation, en allongeant l'*e*, & de feminin & ouuert qu'il eſtoit, le faiſant maſculin, & fermé, ſans qu'on le puiſſe prendre pour vn autre?

Il y a encore vne remarque à faire meſme pour ceux qui ſont de Paris, & de la Cour, dont pluſieurs diſent, *menté-je*, pour dire, *ments-je*: *perdé-je*, pour dire, *perds-je*: *rompé-je*, pour *romps-je*. Nous n'auons pas vn ſeul Autheur ny en proſe, ny en vers, ie dis des plus mediocres, qui ayt jamais eſcrit, *menté-je*, ny *perdé-je*, ny rien de ſemblable,

Que de tragiques ſoins, comme oyſeaux de Phinee,
Sens-je me deuorer,

dit M. de Malherbe, & non pas *senté-je*. Ce qui donne lieu à vne si grande erreur, c'est que d'ordinaire deuant le *je*, il y a vn *é*, masculin & long, de sorte qu'ils ne croyent pas pouuoir jamais joindre le *je*, immediatement au verbe, qu'en y mettant vn *é*, masculin entre-deux. Mais il faut sçauoir que jamais cét *é*, long ne se met que pour changer l'*e*, feminin, qui n'est qu'aux verbes, où la premiere personne du present de l'indicatif se termine en *e*, comme *aime*, *couure*, & non pas aux autres, comme *perds*, *romps*, &c.

A quoy il ne sert de rien d'opposer que *ments-je*, *perds-je*, *romps-je*, font vn fort mauuais son; car ceux qui disent qu'il faut parler ainsi, n'en demeurent pas d'accord, & trouuent au contraire, que c'est, *menté-je*, *perdé-je*, *rompé-je*, qui sont insupportables à l'oreille, aussi bien qu'à la raison. Mais la coustume qu'en ont prise ceux qui parlent ainsi, est cause qu'ils trouuent cette locution douce, & qu'ils trouuent dure & rude celle qu'ils n'ont pas accoustumée.

Conioncture.

CE mot pour dire *vne certaine rencontre bonne ou mauuaise dans les affaires*, est tres-excellent, quoy que tres-nouueau, & pris des Italiens, qui l'appellent *congiontura.* Il exprime merueilleusement bien ce qu'on luy fait signifier, de sorte qu'on n'a pas eu grand' peine à le naturaliser. Ie me souuiens que du temps du Cardinal du Perron, & de M. de Malherbe, on le trouuoit desja beau, mais on n'osoit pas encore s'en seruir librement. Au reste, il se faut bien garder de dire *conjointure*, comme disent quelques-vns, car encore que l'on die *jointure*, & non pas *joncture*, si est-ce qu'en beaucoup de mots il n'y a point de consequence à tirer du simple au composé, comme on pourra voir en quelques endroits de ces Remarques.

Se conjoüyr, feliciter.

I'Ay veu ce premier mot en plusieurs Autheurs approuuez, mais il ne me souuient point de l'auoir jamais oüy dire à la Cour. On dit plustost *se resjoüir*, quoy que l'autre soit plus propre, parce qu'il ne signifie que *se resjoüir auec quelqu'vn du bon-heur qui luy est arriué*, au lieu que *se resjoüir* est vn mot extremement general. M. de Malherbe, *Il a enuoyé icy vers leurs Majestez vn Ambassadeur extraordinaire pour se resjoüir auec elles.* Depuis peu on se sert d'vn mot, qui auparauant estoit tenu à la Cour pour barbare, quoy que tres-commun en plusieurs Prouinces de France, qui est *feliciter*. Mais aujourd'huy nos meilleurs Escriuains en vsent, & tout le monde le dit, comme *feliciter quelqu'vn de, &c. ie vous viens feliciter de &c.* ou simplement, *ie vous viens feliciter*. C'est à peu prés le μακαρίζειν des Grecs. *Si ce mot n'est François cette année, il le sera l'année qui vient*, dit de bonne grace dans l'vne de ses lettres, celuy à qui nostre langue doit ses nouuelles richesses, & ses plus beaux ornemens, & par qui l'eloquence Françoise est aujourd'huy riuale de la Greque & de la Latine.

Reigle nouuelle & infaillible pour sçauoir quand il faut repeter les articles, *ou* les prepositions, *tant deuant les noms, que deuant les verbes.*

POur ce qui est des Articles deuant les noms, on obseruoit autrefois la reigle que ie vais dire, mais aujourd'huy ie m'apperçois qu'on ne l'obserue plus. Par exemple, on disoit, *I'ay conceu vne grande opinion de la vertu & generosité de ce Prince.* M. Coeffeteau mesme si exact à mettre les articles, escriuoit d'ordinaire ainsi, & non pas *j'ay conceu vne grande opinion de la vertu & de la generosité de ce Prince.* Mais il n'auoit garde de dire, *j'attens cela de la force & dexterité d'vn tel*, mais bien *de la force & de la dexterité.* C'estoit par cette reigle *que quand deux substantifs joints par la conjonction* et, *sont synonymes, ou approchans,* comme *vertu* & *generosité, il ne faut pas repeter l'article, mais quand ils sont contraires, ou tout à fait differens,* comme *force & dexterité, alors il le faut repeter, & dire, de la force & de la dexterité.*

Mais cette Reigle, que j'appelle nouuelle, à cause qu'en cette matiere on n'a point encore fait de distinction des synonimes, ou approchans d'auec les contraires, ou les differens tout à fait, est infaillible aux articles deuant les verbes, & aux prepositions tant deuant les verbes, que deuant les noms. Les exemples vont esclaircir & verifier tout cecy; Premierement, voyons les articles deuant les verbes. Ce que nous appellons icy *articles,* d'autres l'appellent prepositions, mais la dispute du nom ne fait rien à la chose. *Il n'y a rien qui porte tant les hommes à aimer & cherir la vertu.* Ie dis qu'à cause qu'*aimer & cherir,* sont synonimes, c'est à dire, ne signifient qu'vne mesme chose, il ne faut point repeter l'article, *à aimer & à cherir la vertu,* mais *à aimer & cherir la vertu.* Voilà vn exemple pour les synonimes, donnons-en vn autre pour *les approchans. Il n'y a rien qui porte tant les hommes à aimer & reuerer la vertu.* Ces mots *aimer* & *reuerer,* ne sont pas synonimes, mais ils sont approchans, c'est à dire, qu'ils tendent à mesme fin, qui est de faire estat de la vertu, & ainsi par nostre Reigle, il ne faut pas repeter l'article, *à* & dire *à aimer*, & *à reuerer*. Donnons maintenant vn exemple des contraires, *il n'y a rien qui porte tant les hommes à aimer & à haïr leurs semblables, &c.* Parce qu'*aimer*, & *haïr*, sont contraires, il faut necessairement repeter l'article, & ce ne seroit pas sçauoir escrire purement que de dire, *il n'y a rien qui porte tant les hommes à aimer & haïr leurs semblables*. Il reste à donner vn exemple des verbes qui ne sont pas contraires, mais qui sont tout à fait differens, *il n'y a rien qui porte tant les hommes à loüer, & à imiter les Saints*. Parce que *loüer*, & *imiter*, sont tout à fait differens, ce n'est point entendre la pureté de nostre langue, de dire *à loüer*, & *imiter les Saints*, il faut de necessité repeter *à*, & dire *à loüer & à imiter*. Il en est de mesme de l'article *de*, si en tous les exemples donnez vous mettez *de*, au lieu d'*a*, & *oblige* au lieu de *porte*, afin qu'*oblige* regisse le *de*, auec qui le verbe *porte*, ne s'accommoderoit pas.

Pour les prepositions deuant les verbes, en voicy des exemples, *le Roy m'a enuoyé pour bastir & construire, &c. bastir & construire*, sont synonimes, ce seroit mal parler de repeter la prepo-

prepoſition, & dire *pour baſtir, & pour conſtruire.*

Des approchans. *Le Roy m'a enuoyé pour baſtir & aggrandir la maiſon*, ou *pour baſtir, & eleuer la maiſon.* Parce que *baſtir, & aggrandir* ou *baſtir & eleuer* ſont de meſme nature, & approchans ou alliez, il ne faut point repeter la prepoſition, & dire *pour baſtir, & pour eleuer la maiſon.*

Au lieu qu'aux contraires il la faut repeter, & dire. *Le Roy m'a enuoyé pour baſtir & pour demolir,* & non pas *pour baſtir & demolir.*

Aux differens tout à fait, de meſme, comme *le Roy m'a enuoyé pour baſtir & pour fortifier,* ou *le Roy m'a enuoyé pour baſtir & pour planter,* & non pas *pour baſtir & fortifier*, ni *pour baſtir & planter.*

Pour les prepoſitions deuant les noms, c'eſt encore la meſme choſe. En voicy les exemples. *Par vn orgueil & vne vanité inſupportable.* Icy *orgueil* & *vanité* ſont ſynonimes, c'eſt pourquoy il ne faut pas repeter la prepoſition & dire, *Par vn orgueil, & par vne vanité &c.*

Des approchans, *Par vne ambition, & vne vanité inſupportable.* Parce qu'*ambition* & *vanité*, ſont de la meſme nature, il ne faut point repeter *par.*

Au lieu qu'aux contraires il faut repeter la prepoſition & dire *par l'amour & par la haine dont il estoit agité*, & non pas *par l'amour & la haine*.

Aux differens tout à fait, de mesme, *par l'orgueil & par l'auarice des Gouuerneurs*, & non pas *par l'orgueil & l'auarice*.

Ie sçay bien que quelques vns de nos meilleurs Escriuains ne prennent point garde à cette Reigle, & ostent ou repetent l'article & la preposition tantost d'vne façon, tantost d'vne autre, selon leur fantaisie sans se prescrire aucune loy, & mesmes sans y faire aucune reflexion; Mais ie sçay bien aussi qu'ils en sont iustement blasmez par tous ceux qui font profession d'escrire purement, & que si chacun s'emancipoit de son costé, les vns à n'estre pas si exacts en certaines choses, les autres en d'autres, nous ferions bien tost retomber nostre langue dans son ancienne barbarie, *Qui minima spernit, paulatim decidit.*

Au reste cette Reigle n'est pas vn simple caprice de l'Vsage, elle est toute fondee en raison; Car la raison veut que des choses qui sont de mesme nature, ou fort semblables, ne soient point trop separees, & qu'on les laisse demeurer ensemble; Comme au contraire elle veut que l'on separe celles qui sont opposees, & tout à fait differentes, & que l'article, ou la preposition soit comme vne barriere entre-deux.

Autre vsage de cette mesme Reigle, au regime des deux substantifs & du verbe.

PAr exemple, *Sa clemence & sa douceur estoit incomparable.* Parce que *clemence & douceur* sont synonimes, ces deux substantifs regissent le singulier; Mais *sa clemence & sa douceur sont incomparables*, ne seroit pas si bien dit, il s'en faudroit beaucoup, quoy que ce ne fust pas vne faute.

Aux approchans, *Son ambition & sa vanité fut insupportable*, est aussi incomparablement meilleur que, *furent insupportables.*

Au lieu qu'aux contraires, il faut dire absolument *l'amour & la haine l'ont perdu*, & non pas *l'a perdu*, ce seroit vn solecisme.

Et aux differens tout à fait, de mesme, *l'orgueil & l'auarice l'ont perdu*, & non pas *l'a perdu.*

En fin cette Reigle est belle & de grand vsage. Elle a lieu encore en quelques autres endroits, qui me sont eschappez de la memoire.

Arroser.

C'Est ainsi qu'il faut dire, & non pas *arrouser*, quoy que la plus part le disent & l'escriuent, cette erreur estant nee lors que l'on prononçoit *chouse* pour *chose*, *cousté*, pour *costé*, & *foussé* pour *fossé*. Il est tellement vray qu'il ne faut pas dire *arrouser*, qu'on ne permettroit pas mesmes à nos Poëtes de rimer *arrouse* auec *ialouse*.

C'est chose glorieuse.

L'On parloit, & l'on escriuoit encore ainsi du temps du Card. du Perron, de M. Coëffeteau & de M. de Malherbe; mais tout à coup cette locution a vieilli, & l'on dit maintenant *C'est vne chose glorieuse*, & point du tout, *c'est* ou *ce seroit chose glorieuse*.

Quelque chose.

CEs deux mots sont comme vn neutre selon leur signification, quoy que *chose* selon son genre soit feminin. C'est pourquoy il faut dire par exemple, *Ay-ie fait quelque chose que vous n'ayez fait?* Et non pas *que vous n'ayez faite?* Et c'est pour cette mesme raison que le Tasse a dit en son Poëme heroïque,

Ogni cosa di strage era ripieno;

où la rime fait voir qu'il y a *ripieno*, & non pas *ripiena*. Et c'est comme le Poëte Latin a dit; *Triste lupus stabulis*.

Taxer.

CE mot employé par tant d'excellens Autheurs anciens & modernes, pour dire *blasmer*, *noter*, *reprendre*, n'est plus receu auiourd'huy dans le beau langage. Il me sembloit fort significatif pour exprimer ce que *blasmer* & *reprendre*, ne semblent dire qu'à demy. L'equiuoque de ce mot vsité dans le Palais & dans les finances, est à mon auis, ce qui nous l'a fait perdre, quoy que tres-iniustement, puis qu'à ce conte il faudroit donc bannir tous les mots equiuoques.

Supplier.

BIen que ce terme soit beaucoup plus respectuëux & plus soumis, que celuy de *prier*, & que nous n'oserions dire *prier le Roy*, ni aucune autre personne fort eleuee au dessus de nous, mais *supplier le Roy*, *supplier nos Superieurs*; si est-ce qu'il ne faut iamais dire *supplier Dieu*, ni *supplier les Dieux*, comme disent quelques-vns de nos bons Escriuains en la traduction des liures anciens, pensant honorer dauantage la Diuinité, & en parler auec plus de reuerence. Il faut dire *prier Dieu*, *prier les Dieux*, ce mot estant particulierement consacré à Dieu en cette façon de parler.

A la reseruation.

PAr exemple, *Ils sont presque tous morts de maladie, à la reseruation de ceux qui se sont noyez.* Ie dis que cette phrase est barbare, quoy qu'vsitee par certains Autheurs, qui estant d'ailleurs estimez ne le sont pas en cecy, mais qui pourroient faire faillir par leur exemple ceux qui sont encore nouices en la langue. Il y a peu de gens, qui ne sçachent, qu'il faut dire *à la reserue de &c.* Ie me doute, que cette mauuaise façon de parler ne soit particuliere à vne certaine Prouince de France, car i'ay veu deux Escriuains d'vn mesme pays qui en vsent.

Aller à la rencontre.

CEtte phrase pour dire *Aller au deuant*, comme *aller à la rencontre de quelqu'vn, luy aller à la rencontre*, quoy que tres-commune, n'est pas approuuee de ceux qui font profession de bien escrire. Ie dis de la plus grand' part, car ie sçay qu'il y en a qui la soustiennent, & qui disent qu'*aller à la rencontre* se dit sans deference, au lieu qu'*aller au deuant* peut marquer quelque deference; qu'on ne diroit pas *aller à la rencontre du Roy*, & qu'on le dit seulement d'*egal, à egal:* Mais en fin il faut auoüer, qu'*aller à la rencontre* n'est pas fort bon, de quelque façon qu'on l'employe.

Par apres, en apres.

CEs façons de parler ont vieilli, & l'on dit *apres* tout seul. Neantmoins ces particules *par*, & *en* n'y estoient pas inutiles, parce qu'elles seruoient à distinguer l'aduerbe *apres* d'auec *apres* preposition ; car il est l'vn & l'autre: Au lieu qu'auiourd'huy ne disant qu'*apres* simplement, le Lecteur se trouue souuent en peine de discerner d'abord s'il est preposition ou aduerbe, & il faut auoir soin de mettre tousjours vne virgule entre ce mot & le nom qui suit, s'il n'est pas preposition, comme *D'abord parurent cinq cens cheuaux, apres, deux mille hommes de pied suiuoient.*

Cependant, pendant.

IL y a cette difference entre *cependant*, & *pendant*, que *cependant* est tousjours aduerbe; & qu'il ne faut iamais dire *cependant que*, & que *pendant* n'est iamais aduerbe, mais tantost conjonction, comme *pendant que vous ferez cela*, & tantost preposition, comme *pendant les vacations*. Il y en a pourtant quelques-vns, qui n'estiment pas que *pendant que* soit conjonction, mais preposition, comme si l'on disoit, *pendant le temps que vous ferez cela.* Le principal but de cette remarque est de faire entendre, qu'il ne faut jamais dire *cependant que*, mais *pendant que.* Ceux qui sçauent la pureté de la langue, n'y manquent jamais, & si quelques Autheurs modernes, quoy que d'ailleurs excellens, ne l'obseruent pas, ils s'en doiuent corriger, parceque c'est du consentement general de tous nos Maistres, que l'on en vse ainsi.

A present.

IE sçay bien que tout Paris le dit, & que la plus part de nos meilleurs Escriuains en vsent; mais je sçay aussi que cette façon de parler n'est point de la Cour, & j'ay veu quelquefois de nos Courtisans, & hommes, & femmes, qui l'ayant rencontré dans vn liure, d'ailleurs tres-elegant, en ont soudain quitté la lecture, comme faisans par là vn mauuais jugement du langage de l'Autheur. On dit *à cette heure, maintenant, aujourd'huy, en ce temps, presentement.*

A qui mieux mieux.

CEtte locution est vieille, & basse, & n'est plus en vsage parmy les bons Autheurs, & encore moins *à qui mieux,* comme l'escriuent quelques-vns, ne disant

mieux

mieux qu'vne fois. Il faut dire. *A l'enuy*.

Partant.

CE mot, qui ſemble ſi neceſſaire dans le raiſonnement, & qui eſt ſi commode en tant de rencontres, commence neantmoins à vieillir, & à n'eſtre plus gueres bien receu dans le beau ſtile. Ie ſuis obligé de rendre ce teſmoignage à la verité, apres auoir remarqué pluſieurs fois que c'eſt le ſentiment de nos plus purs & plus delicats Eſcriuains. C'eſt pourquoy je m'en voudrois abſtenir, ſans neantmoins condamner ceux qui en vſent.

Lors, & alors.

LOrs ne ſe dit jamais qu'il ne ſoit ſuiui de *que*, s'il n'eſt precedé de l'vne de ces deux particules *dez*, ou *pour*, *dez lors*, *pour lors*; car en ces deux cas, il n'a point de *que*, apres luy. Auſſi ſont-ce des ſignifications bien differentes, parce que *lors que*, eſt vne conjonction qui ſignifie *cùm*, en Latin, & *dez-lors*, & *pour lors*, ſont des aduerbes qui veulent dire *tunc*. C'eſt donc mal parler de dire, comme font quelques-vns de nos meilleurs Eſcriuains, *voyant lors le peril dont il eſtoit menacé*. I'ay appris de nos Maiſtres, &

du Maistre des Maistres, qui est l'Vsage, qu'il faut dire *voyant alors le peril &c.* Outre qu'il en peut encore arriuer vn inconuenient, qui est vne equiuoque, & vne obscurité. Par exemple vn de nos bons Autheurs a escrit, *voyant lors qu'il ne pourra pas euiter &c.* On ne sçait si ce *lors*, se joint auec *que*, & en ce cas là veut dire *quand*, ou le *cùm* des Latins, ou s'il ne s'y joint point, & qu'ainsi il signifie *tunc*, qui sont deux choses bien differentes. A quoy il faut ajouster que l'equiuoque est d'autant plus vicieuse, que le vray & naturel vsage de *lors*, estant d'auoir le *que*, apres luy pour exprimer le *cùm* des Latins, on prend d'abord ces paroles, *voyant lors qu'il ne pourra pas euiter*, pour signifier celuy des deux sens, que l'Autheur n'a point entendu; car l'Autheur en cet exemple a mis *lors*, pour *alors*, & il deuoit mettre au moins vne virgule apres *lors*, pour monstrer qu'il vouloit dire *tunc*, & non pas *cùm*.

Lors donc, s'il n'est precedé de *dez*, ou de *pour*, ne se dit jamais qu'il ne soit suiui de la conjonction *que*; Il y en a pourtant qui croyent que *dez-lors que je le vis*, pour dire *dez que je le vis*, est bien dit; Mais ceux-là mesmes croyent aussi que ce dernier est incomparablement meilleur; c'est pourquoy je ne dirois jamais l'autre, je le laisserois aux Poëtes.

Alors ne reçoit jamais la conjonction *que*, apres luy, il ne veut dire qu'*en ce temps-là*, *en ce cas là*, qui est le *tunc* des Latins, comme *quand vous aurez accompli vostre promesse, alors je verray ce que j'auray à faire.*

Il est bien necessaire d'en faire vne remarque, à cause de l'abus qui commence à se glisser, mesmes parmy quelques-vns de nos meilleurs Escriuains en prose, par l'exemple des Poëtes; Car il est certain qu'ils ont les premiers introduit cette erreur, pour faire la mesure de leurs vers, quand ils ont eu besoin d'vne syllabe, comme quand ils disent *croistre*, neutre pour *accroistre*, actif.

Alors que de ton passage
On leur fera le message.

dit M. de Malherbe, & apres luy tous les autres. Mais quand ils ont vne syllabe de trop, ils sont bien aises de dire *lors que*, se seruant presque aussi souuent de l'vn que de l'autre selon les occasions. Pour moy, j'ay pris garde qu'à la ville, à la Cour, hommes, femmes, enfans, jusqu'à la lie du peuple, disent tousjours *lors que*, & il est extremement rare d'oüir dire, *alors que*. I'auoüe pourtant que je l'ay oüi dire quelquefois, mais j'ay remarqué, que ce n'estoit qu'à ceux qui ont accoustumé de faire des vers. Iamais nos bons Escriuains en prose n'ont fait cette faute. Si donc on le veut escrire, que ce ne soit jamais en prose, & qu'en vers il passe tousjours pour vne licence Poëtique.

Que l'on ne m'objecte pas, qu'on trouue souuent *alors que*, dans la bonne prose, par exemple, *si cette affaire me reußit, ce sera alors que je vous tesmoigneray mon affection*; Car qui ne voit que cette objection est captieuse, & que *alors*, en cet exemple ne se joint point auec *que*, mais qu'il faut mettre vne virgule entre les deux, & qu'il ne signifie point *cùm*, mais *tunc*?

Au reste *dez alors*, *les hommes d'alors*, sont des façons de parler qui ne valent rien, non plus que *à l'heure* pour *alors*, au moins cette derniere est bien basse.

A peu pres.

CEtte façon de parler, disent quelques-vns, est vne de celles, que l'Vsage a authorisées contre la raison; Car si l'on vouloit examiner l'vn apres l'autre les mots dont elle est composee, ou les considerer joints ensemble, on ne sçauroit conceuoir pourquoy ni comment ils signifient ce qu'on leur fait signifier. Par exemple, *Ie vous ay rapporté à peu pres la substance de sa harangue.* Ils soustiennent qu'il faudroit dire à *fort pres*, & non pas *à peu pres*, qui eſt tout le contraire du ſens que l'on pretend exprimer; Et pluſieurs en ſont ſi bien perſuadez, qu'ils diſent & eſcriuent tousjours *à plus pres*, comme plus conforme à la raiſon, & plus aiſe à comprendre.

Mais je ne ſuis pas de cet auis; car outre qu'il n'y a rien à repliquer à l'Vſage, qui dit *à peu pres*, & qui a bien eſtabli d'autres manieres de parler contre la raiſon; je trouue qu'*à peu pres* ne doit pas eſtre mis au nombre de celles-là, & qu'il y a de la raiſon & du ſens en cette phraſe comme ſi l'on diſoit, *Il y a peu à dire que je ne vous aye rapporté toute la ſubſtance de ſa harangue* : Or il eſt aiſé de monſtrer qu'*à peu pres*, ſignifie, *il y a peu à dire*, par les autres phraſes où ce mot de *pres*, eſt employé, comme quand on dit *à cela pres, il a raiſon*, *à cent eſcus pres nous ſommes d'accord*, qui ne voit que le ſens de ces paroles eſt, *Il n'y a que cela à dire qu'il n'ayt raiſon, il n'y a que cent eſcus à dire*, ou *il ne s'en faut que cent eſcus, que nous ne ſoyons d'accord.* Ainſi quand je dis, *je vous ay rapporté à peu pres toute la ſubſtance de ſa harangue*, j'exprime tout auſſi bien *qu'il s'en faut fort peu*, ou *qu'il ne s'en faut que fort peu*, ou *qu'il y a peu à dire que je ne vous aye rapporté toute la ſubſtance de ſa harangue*, que je me ſuis exprimé aux autres exemples que j'ay alleguez; dont l'expreſſion eſt ſi intelligible, que ceux qui accusent *à peu pres*, de n'auoir point de sens, n'oseroient le dire des autres. Ie dis d'*à cela pres*, & *à cent escus pres*.

I'ajouste ce mot pour faire voir que ceux-là se trompent, qui croyent qu'il faut dire *à plus pres*, & non pas *à peu pres*, ce dernier, disent-ils, s'estant introduit par la corruption de l'autre, & cela estant d'autant plus vray-semblable que durant soixante ou quatre-vingts ans, on a prononcé *plus*, à la Cour sans *l*, comme si l'on eust escrit *pu*: on disoit, *il n'y en a pu*, pour dire *il n'y en a plus*. Depuis neuf ou dix ans cela est changé, & l'on dit *plus* en prononçant *l*. Pour monstrer donc qu'il faut dire, & qu'on a tousjours dit *à peu pres*, son contraire *à beaucoup pres*, le fait voir, où *beaucoup*, est opposé à *peu*, & l'on ne dit pas *à moins pres*, comme il faudroit dire si l'on disoit *à plus pres*.

D'abondant.

CE terme aduerbial, ou pour mieux dire, cet aduerbe, qui signifie *de plus*, a vieilli, & l'on ne s'en sert plus dans le beau stile.

Il en est des hommes, comme de ces animaux.

CEtte maniere de comparaison, est tres-françoise & tres-belle, mais il faut prendre garde à vne chose, où plusieurs de nos meilleurs Escriuains, ont accoustumé de manquer. C'est qu'ils disent *il en est*, comme en l'exemple que j'ay donné, & il faut oster *en*, & dire, *il est des hommes comme de ces animaux.* Vn excellent Autheur a escrit, *il en sera de sa felicité, comme de ces songes.* Il faut dire. *il sera de sa felicité comme &c.* Ce qui peut les auoir trompez, c'est que l'on dit souuent & fort bien. *Il en est comme de ces animaux, il en est comme de ces songes*, mais c'est parce que l'on a parlé deuant *des hommes*, ou *de la felicité*, afin de nous tenir dans nos exemples, & cet *en*, est relatif à ce qui a esté dit deuant, mais quand le substantif auquel cet *en*, se rapporte, va aprés le verbe *estre*, comme aux exemples que nous auons donnez, il ne faut point d'*en*.

S'il faut dire reuestant, ou reuestissant.

IL faut dire *reuestant* & non pas *reuestissant*, parce que le participe actif, ou le gerondif se forme de la premiere personne pluriele du present de l'indicatif, en changeant *ons* en *ant*, comme *aimons*, *aimant*, *sortons*, *sortant* &c. Que si ceux qui tiennent qu'il faut dire *reuestissant*, repartent, que la premiere personne pluriele du present de l'indicatif est *reuestissons*, & non pas *reuestons*, & que par consequent selon noſtre propre reigle il faut dire *reueſtiſſant*, il eſt aiſé de les conuaincre qu'il faut dire *reueſtons*, & non pas *reueſtiſſons*, quand l'Vſage ne ſe seroit pas entierement declaré pour nous. C'eſt par l'analogie des conjugaiſons, qui eſt dans la Grammaire vn principe comme infaillible. Or eſt-il que tous les verbes de la quatrieſme conjugaiſon, dont l'infinitif ſe termine en *ir*, ont cela ſans exception, au moins je n'en ay point remarqué iuſqu'icy, que ſi la premiere perſonne ſinguliere du preſent de l'indicatif garde l'*i* en ſa terminaiſon, & a autant de ſyllabes que l'infinitif, alors la premiere perſonne pluriele du meſme temps eſt en *iſſons*, comme *joüir a joüis*, qui ſe termine en *i*, & a deux ſyllabes comme ſon infinitif, c'eſt pourquoy l'on dit au pluriel *joüiſſons*. De meſme *adoucir, adoucis, adouciſſons, aſſoupir, aſſoupis, aſſoupiſſons, demolir, &c.* Et ainſi generalement de tous les autres, dont les exemples ſont en grand nombre. Mais au contraire, quand cette premiere perſonne ſinguliere du preſent de l'indicatif ne garde pas l'*i*, dans ſa terminaiſon, ni n'a pas tant de ſyllabes que ſon infinitif, alors ſans exception auſſi, la premiere perſonne pluriele du meſme temps ne ſe termine point en *iſſons*, ni par conſequent ſon participe, qui en eſt formé, en *iſſant*, comme par exemple *ſortir* a *ſors*, en la premiere personne singuliere du present de l'indicatif, & ne garde pas l'*i* de l'infinitif, ni n'a pas autant de syllabes que ce mesme infinitif; c'est pourquoy en la premiere personne pluriele du mesme temps, on dit *sortons*, non pas *sortissons*. On dit au contraire *ressortissons*, & *ressortissant* en matiere de iurisdiction, & non pas *ressortons*, ni *ressortant*, parce que l'infinitif *ressortir*, & le present de l'indicatif *je ressortis*, quoy que peu vsité, ont autant de syllabes l'vn que l'autre; Et bien que *je ressortis, tu ressortis*, ne se disent quasi jamais, parce, comme je pense, qu'il n'y a presque jamais occasion d'en vser, si est-ce que *ressortit*, se dit tous les jours en la troisiesme personne, & qui diroit au Palais, *il ressort*, feroit rire tout le barreau. Or est-il, que puis qu'on dit *ressortit*, en la troisiesme personne, c'est vne preuue conuaincante que l'on dit aussi *je ressortis, tu ressortis*; car ces trois personnes sont tousjours egales en syllabes. Mais pour reuenir à *sortir*, d'où *ressortis*, nous a obligez de faire vne digression, *dormir* se gouuerne encore tout de mesme que *sortir*. On dit *dors*, à la premiere personne du singulier de l'indicatif, & *dormons*, à la premiere pluriele, *oüir*, en deux syllabes, *ois*, en vne, *oyons*; En ce verbe *oüir*, il garde bien l'*i*, mais non pas le nombre des syllabes, & il suffit pour nostre reigle qu'il manque en l'vn des deux. Car *couurir*, a bien autant de syllabes en ce temps de l'indicatif *couure*, que *couurir*, à l'infinitif, mais parce qu'il manque à garder l'*i*, on dit *couurons*, au pluriel. Ainsi pour reuenir à nos premiers exemples de *sortir*, *dormir*, l'on dit *repentir*, *repens*, *repentons*, *mentir*, *ments*, *mentons*, *partir*, *pars*, *partons*, & tous les autres de mesme, generalement sans nulle exception. Il s'ensuit donc, que puis que *reuestir* a *reuests*, en la premiere personne singuliere du present de l'indicatif, il doit auoir *reuestons*, en la premiere plurièle du mesme temps, & par consequent *reuestant*, en son participe, ou en son gerondif, & non pas *reuestissant*. Il n'y a plus rien à repliquer là dessus, si ce n'est qu'vn opiniastre aduersaire, plustost que de se rendre, voulust encore se sauuer comme dans vn dernier retranchement, & dire, que tout ce que nous auons deduit conclud fort bien, pourueu que l'on nous accorde qu'il faut dire *ie me reuests*, *tu te reuests*, *il se reuest*, & non pas *je me reuestis*, *tu te reuestis*, *il se reuestit*, mais qu'au contraire il soustient qu'il faut dire *je me reuestis*, *&c.* Icy l'Vsage tout commun le condamnera, & la voix publique ne souffrira pas qu'il le dispute.

Humilité.

L'Vsage de ce mot en nostre langue est purement Chrestien, & ne signifie point du tout ce qu'*humilitas*, veut dire en bon Latin, les anciens Payens ayant si peu connu cette vertu Chrestienne, que ceux mesme qui possedoient eminemment toutes les vertus morales, n'auoient autre but, lors qu'ils trauailloient pour les acquerir, ni ne pretendoient autre fruit apres les auoir acquises, que de satisfaire à leur vanité durant leur vie, & d'eterniser leur gloire apres leur mort. Or je fais cette Remarque, à cause que plusieurs de nos Autheurs, & des bons, se seruent de ce mot aux traductions des Anciens, & en d'autres ouurages prophanes, l'employant tantost pour *modestie*, ou *vn sentiment moderé de soy-mesme*, & tantost pour *vne sousmission & vne deference entiere que l'on rend à ses Superieurs*. Et il est tres-certain qu'il ne vaut rien ni pour l'vn, ni pour l'autre, & que jamais, sans exception, nous ne disons *humilité*, en François, que pour exprimer cette sainte vertu, qui est le fondement de toutes les autres.

Rimes dans la prose.

IL faut auoir vn grand soin d'euiter les rimes en prose, où elles ne sont pas vn moindre defaut, qu'elles sont vn des principaux ornemens de nostre Poësie. Et ce n'est pas assez de les euiter dans la cadence des periodes, ou des membres d'vne periode, elles sont mesmes à fuir fort proches l'vne de l'autre, comme *il entend pourtant auant toutes choses*. Et si dans vne mesme periode de deux ou trois lignes il y a trois mots, comme *consideration, reception, affection*, ou comme *deliurance, souffrance, abondance*, encore que pas vn des trois ne se rencontre ni à la fin de la periode, ni à aucune cadence des membres qui la composent, si est-ce qu'ils ne laissent pas de faire vn tres-mauuais effet, & de rendre la periode vicieuse. Cependant je m'estonne que si peu de gens y prennent garde, & que plusieurs de nos meilleurs Escriuains, qui par la douceur de leur stile charment tout le monde, ne s'apperçoiuent pas de la rudesse de ces rimes. Il y en a qui ne font point de difficulté de dire, par exemple, *dauantage le courage &c.* & de faire d'autres rimes semblables, comme s'ils n'auoient ni yeux ni oreilles, pour voir en lisant, ou pour oüir en escoutant la difformité & le mauuais son qui procede de cette negligence.

Mais ce n'est pas encore assez d'euiter les rimes, il faut mesmes se garder des consonances, comme *amertume, & fortune, soleil, immortel*, & vne infinité d'autres de cette nature. Il ne faut gueres moins fuir les vnes que les autres.

Au reste, il y a apparence que si nostre Poësie se fust faite sans rime, comme celle des Grecs & des Latins, nous n'aurions non plus qu'eux euité la rime dans la prose, où tant s'en faut que ce soit vn vice parmy eux, comme parmy nous, qu'au contraire ils l'affectent souuent comme vne espece de grace & de beauté, appellant ces consonances, ὁμοιοτέλευτα, & *similiter desinentia.* Il y en a vn bel exemple dans Ciceron, *In magna sum sollicitudine de tua valetudine.* Mais celuy que je viens de voir fraischement dans vn Autheur estimé l'vn des plus polis de toute l'Antiquité, en doit valoir mille, pour seruir de preuue conuaincante, qu'ils en faisoient sans doute vn des ornemēs de leur prose. Le voicy; *Brancidæ eius incolæ erant. Mileto quondam iussu Xerxis, cùm è Græcia rediret, transierant, & in ea sede consliterant; quia templum, quod didymæon appellatur, in gratiam Xerxis violauerant. Mores patrij nondum exoleuerant, sed jam bilingues erant.* Voyla six rimes de suite, nous n'auons aucune sorte de poësie en François, qui en reçoiue ou en souffre tant. C'est pourquoy je ne doute point, que si la rime n'eust pas esté vn des partages de nostre Poësie, lequel il n'est pas permis à nostre prose d'vsurper, y ayant de grandes barrieres qui les separent l'vne de l'autre, comme deux mortelles ennemies, ainsi que

Ronſard les appelle dans ſon Art Poëtique, nous aurions ſouuent cherché la rime, au lieu que nous l'euitons; car pour en parler ſainement, comment ſe peut-il faire, que la rime dans nos vers contente ſi fort l'oreille, & que dans noſtre proſe elle la choque, juſqu'à luy eſtre inſupportable? Il faut neceſſairement auoüer que de ſa nature la rime n'eſt point vne choſe vicieuſe, ni dont le ſon offenſe l'oreille, & qu'au contraire elle eſt delicieuſe & charmante, mais que le Genie de noſtre langue l'ayant vne fois donnée en appannage, s'il faut ainſi parler, à la Poëſie, il ne peut plus ſouffrir que la proſe, comme j'ay dit, l'vſurpe, & paſſe les bornes qu'il leur a preſcrites comme à ſes deux filles, qui neantmoins ſont ſi contraires l'vne à l'autre, qu'il les a ſeparees, & ne veut pas qu'elles ayent rien à deſmeſler enſemble. Et cela ſe voit clairement encore en la meſure des vers, laquelle faiſant leur principale beauté pour ce qui eſt du ſon, eſt neantmoins vn grand defaut dans la proſe, comme nous l'auons remarqué. Ce ne peut pas eſtre, ſans doute, parce que cette meſure choque l'oreille, puis qu'au contraire elle luy plaiſt, & la flatte en la Poëſie. C'eſt donc ſeulement à cauſe des partages faits entre ces deux ſœurs, qui ne peuuent ſouffrir que l'vne vſurpe & s'approprie ce qui appartiét à l'autre.

Exact, exactitude.

PLusieurs disent *exacte*, au masculin pour *exact*, & tres-mal. *Exacte*, ne se dit qu'au feminin. *Vn homme exact, vne exacte recherche.* Pour *exactitude*, c'est vn mot que j'ay veu naistre comme vn monstre, contre qui tout le monde s'escrioit, mais en fin on s'y est appriuoisé, & dez-lors j'en fis ce jugement, qui se peut faire de mesme de beaucoup d'autres mots, qu'à cause qu'on en auoit besoin, & qu'il estoit commode, il ne manqueroit pas de s'establir. Il y en a qui disent *exaction*, mais il est insupportable pour son equiuoque; car encore que les equiuoques soient frequens en nostre langue, comme en toutes les langues du monde, si est-ce que lors qu'il est question de faire vn mot nouueau, dont il semble que l'on ne se peut passer, comme est celuy d'*exactitude*, la premiere chose à quoy il faut prendre garde, est qu'il ne soit point equiuoque, car dez là faites estat qu'il ne sera jamais bien receu. Quelques-vns ont escrit depuis peu *exacteté*, qui est sans doute beaucoup moins mauuais qu'*exaction*, mais comme il n'est point connu, & qu'il vient vn peu tard, apres qu'*exactitude* a desia le droit d'vne longue possession tout acquis, je ne vois pas, quelque authorité que luy donne la reputation de son Autheur, qui est assez connu, parce qu'il est aujourd'huy celebre, & qu'il n'y a que luy encore qui en ayt vsé, je ne crois pas, dis-je, qu'il puisse jamais prendre la place de l'autre. S'il fust venu le premier, peut-estre qu'on l'auroit mieux receu d'abord qu'*exactitude*, quoy que tous deux ayent des terminaisons, qui ne sont pas nouuelles en nostre langue, puis que nous disons *solitude*, *habitude*, *incertitude*, *ingratitude*, *&c.* & *netteté*, *sainteté*, *honnesteté*. Ie marque ces trois derniers en faueur d'*exacteté*, afin que l'on ne trouue pas estranges ces deux dernieres syllabes *teté*, puis qu'il y a desia d'autres mots de cette nature, qui se terminent ainsi. Quelques-vns adjoustent qu'il a encore vn autre auantage sur *exactitude*, qui est, que celuy-cy a vne syllabe de plus qu'*exacteté*, & qu'en cela la reigle vulgaire des Philosophes a lieu, de n'allonger point ce qui se peut racourcir. Mais cela est friuole, & l'Vsage, qui est pour *exactitude*, l'emporte. Aussi ay-je oüy dire, que l'Autheur qui auoit dit *exacteté* en ses premiers liures, a dit *exactitude* dans les derniers, & s'est corrigé.

Manes.

ON se sert de ce mot en vers, & en prose, tousjours masculin, & tousjours au pluriel

pluriel; Mais il faut prendre garde à ne l'employer jamais comme les Latins pour *les Dieux infernaux*; Car *Dijs manibus*, *&* *Dijs inferis*, n'est qu'vne mesme chose, quoy que les Latins le disent aussi de l'ame d'vne seule personne; Les François ne s'en seruent jamais ni en prose, ni en poësie, qu'en cette derniere signification, c'est à dire pour *l'ame d'vne personne*.

Souloit.

CE mot est vieux, mais il seroit fort à souhaitter qu'il fust encore en vsage, parce que l'on a souuent besoin d'exprimer ce qu'il signifie, & quoy qu'on le puisse dire en ces trois façons, *il auoit accoustumé*, *il auoit de coustume*, *il auoit coustume*, lesquels il faut placer differemment selon le conseil de l'oreille, si est-ce qu'ils ressemblent si fort l'vn à l'autre, que c'est presque la mesme chose; Car de dire *il auoit appris*, pour dire *il auoit accoustumé*, c'est vne façon de parler qu'il faut laisser à la lie du peuple, bien que deux ou trois de nos plus celebres Escriuains, mais non pas des plus modernes, en ayent vsé aussi souuent que de l'autre. Il est vray que ces grands hommes s'estoient laissé infecter de cette erreur, que pour enrichir la langue, il ne falloit rejetter aucune des locutions populaires, en quoy ils n'eussent pas eu grand tort, s'ils ne les eussent voulu receuoir que dans le stile bas, & non pas dans le mediocre, & mesme dans le sublime, comme ils ont fait en leurs propres œuures.

Nonchalamment, loisible.

LE premier est encore vn vieux mot, pour lequel on dit *negligemment*, *peu soigneusement*; Car pour *nonchalance*, & *nonchalant*, ils sont bons. *Loisible*, n'est pas meilleur, que les autres deux, & mesmes il sent encore dauantage le vieux.

Autant.

CE mot, quand il est comparatif, demande *que*, apres luy, & non pas *comme*, par exemple vne infinité de gens disent, *ne me deuez vous pas autant d'amitié comme eux*, au lieu de dire, *autant d'amitié qu'eux*.

Oüy, pour Ita.

IE ne sçaurois deuiner pourquoy ce mot, veut que l'on prononce celuy qui le precede, tout de mesme que s'il y auoit vne *h* consonante deuant *oüy*, & que l'on escriuist *hoüy*, excepté que l'*h* ne s'aspireroit point.

comme nous auons remarqué au mot de *huit*, qui se gouuerne tout ainsi que les mots qui commencent par vne *h* consonante, si ce n'est qu'il ne s'aspire pas. On prononce donc *vn oüy*, & non pas *vn noüy*, comme l'on prononce *vn nomme, vn nobstacle*, quoy que l'on escriue *vn homme*, & *vn obstacle*. Ainsi, quoy que l'on escriue *cet oüy*, on prononce neantmoins *ce oüy*, comme s'il n'y auoit point de *t*, & *ces oüy*, comme s'il n'y auoit point de *s* à *ces*; Que si l'on dit qu'il ne se presente jamais ou fort peu d'occasions de dire *vn oüy*, ni *cet oüy*, ni *ces oüy*, ni de mettre rien deuant; ie respons que l'on se trompe, & que non seulement on peut dire par exemple, *il ne faut qu'vn oüy d'vn Roy pour rendre vn homme heureux*, ou *il y a long temps que je trauaille pour obtenir cet oüy*, mais qu'il n'y a rien, qui puisse venir plus souuent en vsage, que de dire par exemple, *il disoit oüy de tout, ils diront oüy, je prie Dieu qu'ils disent oüy*; Et en ces trois exemples, comme en tous les autres semblables, il ne faut point prononcer le *t*, qui est deuant *oüy*; quoy qu'on ayt accoustumé de le prononcer deuant toutes les autres voyelles.

Innumerable, innombrable.

DV temps du Cardinal du Perron & de M. Coeffeteau, on disoit tousjours *innumerable*, & jamais *innombrable*; maintenant tout au contraire on dit *innombrable*, & non pas *innumerable*. Il est vray qu'vne des meilleures plumes, & des plus eloquentes bouches dont le Palais se puisse vanter, m'a appris que dans le genre sublime, ce mot comme plus majestueux peut encore trouuer sa place.

Mesmement.

CEt aduerbe passoit desja pour vieux il y a plus de vingt-cinq ans, & jamais les bons Escriuains ne s'en seruoient, ils disoient tousjours *mesmes*. Ie ne vois pas que depuis ce temps là il se soit renouuellé, ny que ceux qui escriuent purement, en vsent.

De deçà, de delà.

PLusieurs manquent en se seruant de ces termes; par exemple ils disent, *les Espagnols chez qui toutes les nouuelles de de deçà sont suspectes*, au lieu de dire *toutes les nouuelles de deçà*. Ils alleguent que *de deçà*, est vn aduerbe local, qui veut dire *icy*, & quand on dit *deçà*, ou *delà*, auec vn nom, alors il n'est plus aduerbe, mais preposition, comme *deçà la riuiere*, *delà la riuiere*, mais quand il est aduerbe, on ne dit jamais *deçà*, qu'on ne mette *de*, deuant, & qu'on ne die *de deçà*, si ce n'est en vn seul cas, qui est quand on dit *deçà & delà*, pour dire *çà & là*, mais il faut que *deçà & delà*, soient tous deux ensemble, l'vn ne se disant point, & n'estant point aduerbe, separé de l'autre; Tellement que lors qu'il tient lieu de genitif, comme en l'exemple que nous auons donné, où *les nouuelles de de deçà*, vaut autant à dire que *les nouuelles de ce pays*, il faut necessairement, disent-ils, que l'article du genitif, qui est *de*, le precede, & par consequent que l'on die *les nouuelles de de deçà*; Autrement sans l'article *de*, ce seroit comme qui diroit *les nouuelles ce pays*, au lieu de dire *les nouuelles de ce pays*. On respond qu'il est vray qu'apres *nouuelles*, il faut necessairement dire *de*, qui est l'article du genitif qui suit le substantif precedent; Mais aussi l'on soustient qu'on l'y met, quand on dit *les nouuelles de deçà*, parce qu'on ne demeure pas d'accord, que l'aduerbe *deçà*, doiue tousiours auoir vn *de* deuant; Car il est certain que *deçà*, tout seul signifie *icy*, & quand on y adjouste vn *de*, c'est par vne elegance de nostre langue, qui n'est plus elegance dans la rencontre de tant de *de*; Et de fait on trouuera dans nos anciens Autheurs, *nous auons deçà d'excellens fruicts*, & encore aujourd'huy on ne croira point mal parler en parlant ainsi, quoy que *de deçà*, en cet endroit soit plus elegant. Certainement ce seroit vne grande dureté de dire *les nouuelles de de deçà*, & l'Vsage à cause de cela a fort bien fait de retrancher vn de ces *de*, comme pour la mesme raison il a fait dire *de là Loire*, au lieu de *delà la Loire*.

Affaire.

CE mot est tousjours feminin à la Cour, & dans les bons Autheurs, je ne dis pas seulement modernes, mais anciens, Amyot mesme ne l'ayant jamais fait que feminin. Il est vray que sur les despesches du Roy on a accoustumé de mettre *pour les expres affaires du Roy*, & non pas *pour les expresses affaires*, mais ou c'est vn abus, ou vne façon de parler affectee particulierement aux paquets & aux despesches du Roy, qu'il ne faut point tirer en consequence, puisque pour cela on n'a pas laissé de dire tousjours à la Cour, *vne bonne affaire, vne grande affaire*, & jamais *vn bon & vn grand affaire*. Il y en a qui disent que lors qu'*affaire* est apres l'adjectif, il est masculin, & par exemple qu'il faut dire, *vn bon affaire*, & quand il est deuant, qu'il est feminin, & qu'il faut dire *vne affaire fascheuse*, mais cette distinction est entierement fausse & imaginaire. Il est certain qu'au Palais on l'a tousjours fait masculin jusqu'icy; mais les jeunes Aduocats commencent maintenant à le faire feminin.

Benit, beni.

TOus deux sont bons, mais non pas dans le mesme vsage. *Benit*, semble estre consacré aux choses saintes, on dit à la Vierge, *Tu es benite entre toutes les femmes*, on dit *de l'eau benite, vne Chapelle benite, du pain benit, vn cierge benit, vn grain benit*, & ce *t* là, a esté pris vray-semblablement du Latin *benedictus*. Mais hors des choses saintes & sacrees, on dit tousjours *beni* & *benie*, comme *vne œuure benie de Dieu, vne famille benie de Dieu, Dieu vous a beni d'vne heureuse lignee, a beni vos armes, a beni vostre trauail*; car le participe du preterit indefini ou composé, est le mesme en tout & par tout que le participe passif tout seul.

Dependre, depenser.

IL y a long-temps, que j'ay oüy disputer de ces deux mots, non pas pour sçauoir lequel est le meilleur, mais lequel est le bon; car il y en a qui condamnent l'vn, & d'autres qui condamnent l'autre. Neantmoins tous deux sont bons, & se disent & s'escriuent tous les jours, auec cette difference pourtant, que *des-*

penſer, autrefois eſtoit plus en vſage à la Cour, que *dependre*, & qu'aujourd'huy tout au contraire on y dit pluſtoſt *dependre*, que *deſpenſer*, qui eſt maintenant plus vſité dans la ville. L'vn & l'autre eſt donc fort bien dit, *j'ay dependu*, ou *j'ay deſpenſé cent piſtoles en mon voyage*, *je depens*, ou *je deſpenſe mille eſcus par an*. Quelques-vns diſent qu'il y a des endroits, où l'on ſe ſert pluſtoſt de l'vn que de l'autre, & cela pourroit bien eſtre, puiſque la meſme choſe arriue à certains autres mots; mais pour moy, j'auoüe que je ne l'ay pas remarqué. Au reſte ceux qui condamnent *dependre*, parce qu'il eſt equiuoque, & que l'autre ne l'eſt pas, ont grand tort, ne regardant pas la conſequence, & où cela iroit, s'il eſtoit queſtion de bannir des langues, les mots equiuoques, & de les reſtreindre tous à vne ſeule ſignification. Pour ce qu'ils ajouſtent, qu'en ſe ſeruant de *dependre*, & de *dependu*, les deux dernieres ſyllabes repreſentent vn faſcheux objeʃt, c'eſt vne trop grande delicateſſe, qui ne mérite point de reſponſe. Si cette conſideration auoit lieu, il y auroit bien des mots à rejetter en noſtre langue & en toutes les autres.

Euiter.

PLuſieurs luy font regir le datif, & diſent *euiter aux inconueniens*, mais tres-mal, & ce

& ce qui a donné lieu à cette faute, c'est que l'on dit ordinairement, *pour obuier aux inconueniens*; mais *euiter*, regit l'accusatif, & *obuier* le datif.

Gaigner la bonne grace.

VN de nos plus celebres Autheurs a escrit *gaigner la bonne grace du peuple*, mais il en est repris auec raison. Il faut tousjours dire au pluriel *gaigner les bonnes graces*; Car *bonne grace*, au singulier veut dire toute autre chose, comme chacun sçait. Il est vray qu'anciennement on disoit *je me recommende à vostre bonne grace*, & on le trouuera ainsi en toutes les Lettres, qui sont au dessus de cinquante ans, mais il ne se dit plus.

Delice.

BEaucoup de gens disent, *c'est vn delice*, qui est vne façon de parler tres-basse; *Delice*, ne se dit point au singulier dans le beau langage, ni dans le beau stile, mais seulement au pluriel, & est feminin, comme *deliciæ*, en Latin, nostre langue suiuant en cela la Latine, & pour le nombre & pour le genre, *de grandes delices*.

Guarir, guerir, ſarge.

AVtrefois on diſoit l'vn & l'autre, & pluſtoſt *guarir*, que *guerir*, mais aujourd'huy ceux qui parlent & eſcriuent bien, diſent tousjours *guerir*, & jamais *guarir*. Auſſi l'*e* eſt plus doux que l'*a*, mais il n'en faut pas abuſer comme font pluſieurs qui diſent *merque*, pour *marque*, *ſerge*, pour *ſarge* (toute la ville de Paris dit *ſerge*, & toute la Cour, *ſarge*) & *merry*, que tout Paris dit auſſi pour *marry*.

Au trauers, & à trauers.

TOus deux ſont bons, mais *au trauers*, eſt beaucoup meilleur, & plus vſité. Ils ont differens regimes, il faut dire par exemple, *il luy donna de l'eſpee au trauers du corps*, & *à trauers le corps*. On ne le dit que de ces deux façons, car *au trauers le corps*, & *à trauers du corps*, ne valent rien. C'eſt l'opinion commune & ancienne, mais depuis peu il y en a & des Maiſtres, qui commencent à dire *à trauers de*, auſſi bien qu'*autrauers de*. Pour moy je ne le voudrois pas faire.

A l'encontre.

CE terme eſt purement du Palais en l'vn de ſes vſages; car il en a deux, en l'vn desquels il est preposition, & en l'autre, comme aduerbe. Il est preposition par exemple quand on dit au Palais, *il a son recours à l'encontre d'vn tel*, c'est à dire *contre vn tel*, & aduerbe en cette phrase, *je ne vais pas à l'encontre*, pour dire *je ne dis pas*, ou *je ne fais pas le contraire*. Il est vray qu'on y pourroit sous-entendre *de cela*, comme qui diroit *je ne vais pas à l'encontre de cela*, c'est pourquoy j'ay dit *comme aduerbe*. Mais quoy qu'il en soit, ni l'vn ni l'autre ne se dit jamais à la Cour, ni ne se trouue point dans les bons Autheurs, quoy qu'il soit eschappé à l'vn de nos plus modernes & plus excellens Escriuains de l'employer en toutes les deux façons. Iamais M. Coeffeteau ne s'en est voulu seruir.

Fut fait mourir.

CEtte façon de parler est toute commune le long de la riuiere de Loire, & dans les Prouinces voisines, pour dire *fut executé à mort*. La Noblesse du pays l'a apportee à la Cour, où plusieurs le disent aussi, & M. Coeffeteau qui estoit de la Prouince du Maine, en a vsé toutes les fois que l'occasion s'en est presentee. Les Italiens ont cette mesme phrase, & le Cardinal Bentiuoglio l'vn des plus exacts & des plus elegans Escriuains de toute l'Italie, s'en est serui en son Histoire de la guerre de Flandre au quatriesme liure, *Lo Strale*, dit-il, *già Borgomastro d'Anuersa, e che tanto haueua fomentate le seditioni di quella città, fu fatto morire in Viluorde.* Il en dit encore vne autre de cette mesme nature, & qui nous doit sembler plus estrange, sur la fin du sommaire du cinquiesme liure. *Valenciana*, dit-il, *cade in potere degli Vgonotti, i quali ne sono fatti vscir poco dopo*, *lesquels en sont faits sortir peu apres*, pour dire *lesquels on en fait sortir*. Nous n'auons point encore estendu cette locution *fut fait mourir*, comme font les Italiens, à d'autres phrases semblables. Mais nonobstant tout ce que je viens de dire, qui sembleroit suffisant pour l'authoriser, il est certain qu'elle est condamnee de tous ceux, qui font profession de bien parler & de bien escrire.

Encore.

IL faut tousjours dire *encore*, & jamais *encor*, ni *encores*; neantmoins en poësie; la plus part disent *encor*, à la fin du vers, & le font rimer auec *or*; mais je connois d'excellens Poëtes, qui n'en veulent jamais vser, quoy qu'ils le souffrent aux autres. Ceux qui en vsent à la fin, ne s'en seruent point ailleurs, comme ils ne commenceroient pas vn vers ainsi, *encor que des mortels &c.* Donc *encore*, est celuy qui se dit en prose & en vers, *encores* auec vne *s*, ne se dit ni en vers, ni en prose, & *encor*, se dit par la plus part des Poëtes à la fin du vers, & par quelques-vns au commencement aussi. D'autres plus scrupuleux ne le disent nulle part.

L'article deuant les noms propres.

Plusieurs disent *l'Aristote, le Plutarque, l'Hyppocrate, le Petrone, le Tite-Liue, &c.* C'est tres-mal parler, & contre le genie de nostre langue, qui ne souffre point d'article aux noms propres. Il faut dire simplement *Aristote, Plutarque, Petrone, Tite Liue,* & ne sert de rien d'opposer, qu'ils mettent l'article pour faire voir qu'ils entendent parler de leurs œuures, & non pas de leurs personnes, où ils ne mettroient pas l'article, & ne diroient point par exemple l'*Aristote fut precepteur d'Alexandre, le Tite-Liue estoit de Padoüe,* & ainsi des autres; Car dez que l'on nomme le nom propre, il n'est plus question de sçauoir si l'on entend son liure, ou sa personne, en toutes façons il n'y faut point d'article, l'vn se confond auec l'autre. Il y a vne exception en certains Autheurs Italiens, parce qu'on les nomme à la façon d'Italie, où l'on dit *il Petrarca, l'Ariosto, il Tasso,*, & ainsi nous disons *le Petrarque, l'Arioste, le Tasse, le Boccace, le Bembe, &c.* & c'est sans doute ce qui a donné lieu à l'erreur de mettre l'article à tous les autres Autheurs, sans faire la difference des Italiens, & de ceux qui ne le sont pas.

Fors, hors, hors-mis.

FOrs, se disoit autrefois en prose & en vers, pour dire *hors-mis*, mais aujourd'huy il est tout à fait banni de la prose, & il n'y a plus que les Poëtes qui en vsent, parmy lesquels non seulement il n'est pas mauuais, mais il passe pour noble, & est beaucoup meilleur que *hors*, dont la prose se sert. Les exemples en sont frequens dans M. de Malherbe, & dans tous les autres Poëtes.

Seriosité.

CE mot jusqu'icy ne s'est dit qu'en raillerie, & je l'ay veu bien souuent condamner tout d'vne voix à plusieurs personnes tres-sçauantes en nostre langue, qui s'estoient rencontrees ensemble. Ils ne croyoient pas qu'on le peust escrire dans le beau stile, & ne le souffroient que dans la Comedie, dans la Satyre, & dans l'Epigramme burlesque. Neantmoins si l'on faisoit l'horoscope des mots, on pourroit, ce me semble, predire de celuy-cy, qu'vn jour il s'establira, puis que nous n'en auons point d'autre qui exprime ce que nous luy faisons signifier; Car puis qu'il a desja tant fait que de naistre, & que d'auoir cours dans la bouche de plusieurs, & d'estre connu de tout le monde, il ne luy faut plus qu'vn peu de temps joint à la commodité ou à la necessité qu'il y aura d'en vser, pour l'establir tout à fait, *datur venia nouitati verborum*, dit Apulee, *rerum obscuritatibus seruienti.* Desja vn de nos plus fameux Escriuains s'en est serui dans son nouueau recueil de Lettres. I'ay veu *exactitude*, aussi reculé que *seriosité*, & depuis il est paruenu au point où nous le voyons, par la constellation & le grand ascendant qu'ont tous les mots, qui expriment ce que nous ne sçaurions exprimer autrement, tant c'est vn puissant secret en toutes choses, de se rendre necessaire. Mais en attendant cela, ne nous hastons pas de le dire, & moins encore de l'escrire, laissons faire les plus hardis, qui nous frayeront le chemin, *vsitatis tutiùs vtimur*, dit Quintilien, *noua non sine quodam periculo fingimus*; Mais, comme il ajouste de Ciceron, *quæ primò dura visa sunt, vsu molliuntur.* Au reste *seriosité* a de l'analogie auec *curiosité*, car comme *curiosité* se forme de l'adjectif *curieux*, aussi *seriosité*, se forme de l'adjectif *serieux*.

Il y en a qui au lieu de *seriosité*, font *serieux*,

substantif, & disent par exemple, *il est dans vn serieux, je l'ay trouué dans vn serieux*, mais quoy que cette façon de parler soit tres-frequente à Paris, elle ne laisse pas de desplaire à beaucoup d'oreilles delicates.

Courir, courre.

TOus deux sont bons, mais on ne s'en sert pas tousiours indifferemment; en certains endroits on dit *courre*, & ce seroit tres-mal parler de dire *courir*, comme *courre le cerf, courre le lieure, courre la poste*. Si quelqu'vn disoit *courir le cerf*, on se mocqueroit de luy. En d'autres endroits il faut dire *courir*, comme *faire courir le bruit, il ne fait que courir*, parlant d'vn homme, qui ne fait que voyager, &c. Et en d'autres on peut dire *courir*, & *courre*, comme *courre fortune*, & *courir fortune*. M. Coeffeteau, ce me semble, dit tousjours le premier, & M. de Malherbe le dernier, mais sans doute *courre fortune*, est le plus en vsage.

Accroire.

C'Est vn excellent mot, tant s'en faut qu'il soit mauuais comme se l'imaginent plusieurs, qui ne s'en seruent jamais, mais disent tousjours *faire croire*; car il y a cet-

te

te difference entre *faire croire*, & *faire accroire*, que *faire croire*, se dit tousjours pour des choses vrayes, & *faire accroire*, pour des choses fausses. Par exemple si je dis, *il m'a fait accroire qu'il ne joüoit point*, je fais comprendre, qu'il ne m'a pas dit la verité: mais si je dis, *il* m'a *fait croire vne telle chose*, je donne à entendre qu'il m'a fait croire vne chose veritable. D'autres disent que la difference qu'il y a entre *faire croire*, & *faire accroire*, n'est pas tant que l'vn soit pour le vray, & l'autre pour le faux, qu'en ce que *faire accroire* emporte tousjours, que celuy de qui on le dit, a eu dessein en cela de tromper. Vn de nos plus celebres Autheurs estoit dans l'erreur que nous venons de condamner. Il croyoit qu'*accroire* estoit vn barbarisme, & qu'il falloit tousjours dire *croire*. Il dit par exemple en vn certain lieu, *qui est content de sa suffisance, & se veut faire croire qu'il est habile homme*. Qui doute qu'il ne faille dire en cét endroit, *se veut faire accroire*? On l'escrit ainsi auec deux *c*, & en vn seul mot, & non pas *à croire*, ni *acroire*.

Chez Plutarque, chez Platon.

CEtte façon de parler, qui est familiere à beaucoup de gens, pour dire *dans Plutarque*, ou *dans les œuures de Plutarque, & de*

Platon, est insupportable. Vn excellent esprit auoit bonne grace de dire, que l'on auoit grand tort, de nous renuoyer ainsi *chez Plutarque, chez Platon, & chez tous ces autres Autheurs anciens, qui n'auoient point de logis*. *Chez*, ne vaut rien pour citer les Autheurs, il n'est propre qu'à denoter la demeure de quelqu'vn, *chez vous, chez moy*. Quelques-vns disent, *chez les Estrangers*, pour dire, *en vn pays estranger*, mais plusieurs le condamnent, & ie crois qu'ils ont raison.

Cesser.

CE verbe de sa nature est neutre, comme *l'hyuer fait cesser les maladies, faire cesser le trauail*, mais depuis quelques années on le fait souuent actif, & en prose, & en vers, comme *cessez vos plaintes, cessez vos poursuites, cessez vos murmures*. Nos bons Autheurs en sont pleins.

De gueres.

POur dire *gueres* simplement, il ne faut jamais dire *de gueres*, comme par exemple, *il ne s'en est de gueres fallu*, ne vaut rien, on dit, *il ne s'en est gueres fallu*, mais quand il denote vne quantité comparée auec vne autre, alors le *de*, y est bon, comme si l'on mesure deux choses, & que l'vne ne soit qu'vn peu plus grande que l'autre, on dira fort bien, *qu'elle ne la passe de gueres*.

Foudre.

CE mot est l'vn de ces noms substantifs, que l'on fait masculins, ou feminins, comme on veut. On dit donc également bien, *le foudre*, & *la foudre*, quoy que la langue Françoise ayt vne particuliere inclination au genre feminin. Ce choix des deux genres est commode, non seulement aux Poëtes, qui peuuent par ce moyen allonger ou accourcir le vers d'vne syllabe, & se faciliter les rimes, mais encore aux Orateurs qui ont aussi leurs mesures, & leurs nombres dans leurs periodes, & qui s'en peuuent preualoir d'ailleurs à euiter les rimes & les cacophonies.

Aigle, fourmy, doute.

LEs deux premiers sont encore de ces substantifs hermaphrodites, car on dit, *vn grand aigle*, & *vne grande aigle*, *à l'aigle noir*, & *à l'aigle noire*. De mesme on dit, *vn fourmy*, & *vne fourmy*. Il est vray qu'on le fait plus souuent feminin, que masculin. Mais *doute* qui estoit il y a quinze ou vint ans de ce nombre, jusques-là, que M. Coeffeteau, & M. de Malherbe, l'ont presque tousjours fait feminin

Nos doutes seront esclaircies,
Et mentiront les Propheties,

dit M. de Malherbe, n'est plus aujourd'huy que masculin, & il faut tousjours dire *le doute, ie ne fais nul doute,* & non pas, *je ne fais nulle doute*, comme l'ont escrit ces Messieurs que j'ay alleguez. Vn de nos anciens Poëtes dans vn rondeau l'a fait feminin,

Mais espoir vient ma doute reformer.

Consommer, & consumer.

CEs deux verbes ont deux significations bien differentes, que plusieurs de nos meilleurs Escriuains ne laissent pas de confondre, & tres-mal. Ils diront indifferemment *consommer*, & *consumer ses forces, consommer* & *consumer son bien.* Et neantmoins *consommer* ne veut point dire cela, mais *accomplir*, comme quand on dit, *consommer le mariage*, pour *accomplir le mariage*, & *vne vertu consommée*, pour *vne vertu accomplie & parfaite.* Ceux qui sçauent le Latin, voyent clairement cette difference par ces deux mots *consummare*, & *consumere*, qui respondent justement aux deux François, & en l'orthographe, & en la signification *consommer*, & *consumer*. Ce qui a donné lieu à cette erreur, si je ne me trompe, est que l'vn & l'autre emporte auec soy le sens, & la signification d'*acheuer*, & ainsi ils ont creu que ce n'estoit qu'vne mesme chose. Il y a pourtant vne estrange difference entre ces deux sortes d'*acheuer*, car *consumer*, acheue en destruisant & aneantissant le sujet, & *consommer*, acheue en le mettant dans sa derniere perfection, & son accomplissement entier. Et selon cela saint Augustin a dit qu'il y a *finis consumens*, & *finis consummans*. Il se pourroit faire aussi que nos Poëtes auroient contribué à ce desordre, employant *consomme*, pour *consume*, lors que la rime les y a contraints ou inuitez, de mesme qu'on les soupçonne d'estre en partie cause du cours qu'a eu, & a encore cette monstrueuse façon de parler, *recouuert*, pour *recouuré*, dont il y a vne remarque à part.

Neantmoins il est à noter que la faute ordinaire n'est pas de dire *consumer*, pour *consommer*, car personne n'a jamais dit ni escrit que je sçache, *consumer le mariage*, ni *vne vertu consumée*: mais c'est de dire *consommer*, pour *consumer*, ne disant jamais *consumer*, pour quoy que ce soit, & disant tousjours l'autre. Certainement M. de Malherbe ne les a jamais confondus, quelque besoin qu'il en ayt peu auoir dans la rime, tant il estoit persuadé de la distinction qu'il faut faire entre les deux. Il dit en vn lieu,

Et qu'aux roses de sa beauté,
L'âge par qui tout se consume,
Redonne contre sa coustume,
La grace de la nouueauté.

Ie n'ay point remarqué qu'en vers ni en prose il ayt jamais mis l'vn pour l'autre, & aujourd'huy la plus saine partie de nos meilleurs Escriuains n'a garde de les confondre.

Auoisiner.

CE mot n'est gueres bon en prose, mais la plus part des Poëtes s'en seruent, comme quand ils descriuent quelque montagne, ou quelque tour extremement haute, ils disent qu'elle *auoisine les cieux*. I'ay dit *la plusspart*, parce qu'il y en a qui ne s'en voudroient pas seruir.

Peril eminent.

VOicy vn exemple de ce que l'Vsage fait souuent contre la Raison; car personne ne doute, j'entens de ceux qui sçauent la langue Latine, que *peril eminent*, ne soit pris du Latin qui dit, *periculum imminens*, pour signifier la mesme chose, & toutefois nous ne disons pas *peril imminent*, pour euiter, comme je crois, le mauuais son des trois *i*, mais *eminent*, qui ne veut nullement dire cela, ni mesmes il n'est pas possible de conceuoir comme on peut donner cette epithete au *peril*. Au lieu qu'*imminent*, voulant dire *vne chose preste à tomber sur vne autre*, l'epithete conuient fort bien au peril qui est sur le point d'accabler vne personne. Pour cette raison, j'ay veu vn grand personnage, qui n'a jamais voulu dire autrement que *peril imminent*, mais auec le respect qui est deu à sa memoire, il en est repris non seulement comme d'vn mot, qui n'est pas François, mais comme d'vne erreur, qui n'est pardonnable à qui que ce soit, de vouloir en matiere de langues viuantes, s'opiniastrer pour la Raison contre l'Vsage.

Ce, *deuant le verbe substantif.*

QVelques-vns repetent *ce*, deuant le verbe substantif, & d'autres ne le repetent pas, par exemple, *ce qu'il y a de plus deplorable, est, &c.* M. Coeffeteau en vse tousiours ainsi. D'autres disent, *ce qui est de plus deplorable, est, &c.* & aujourd'huy tout au contraire de ce qui se pratiquoit du temps de M. Coeffeteau, ce dernier est plus vsité, auec cette difference neantmoins, que lors que le premier *ce*, est fort esloigné du verbe substantif, il est meilleur de le repeter, que de ne le repeter pas, comme ce *qui est de plus deplorable & de plus estrange en tout le cours de la vie humaine sujette à tant de miseres, c'est &c. Est*, y seroit bon aussi, mais *c'est*, y est beaucoup meilleur, parce qu'il recueille tout ce qui a esté dit entre deux, & rejoignant le nominatif au verbe, fait l'expression plus nette, & plus forte.

Que si l'on n'a pas mis *ce* auparauant, mais quelque autre mot, alors non seulement il n'est pas necessaire de mettre le *ce*, mais pour l'ordinaire il est mieux de ne le mettre pas, par exemple *la difficulté que l'on y pourroit apporter, est*, & non pas *c'est*, qui neantmoins ne seroit pas vne faute, mais *est*, est beaucoup meilleur. Mais si le nominatif, quand c'est vn autre mot que *ce*, est fort esloigné du verbe substantif, alors il est bien mieux de dire *ce*, que de ne le dire pas, comme *en fin la cause de tant de malheurs & de miseres qui nous arriuent en ce monde les vnes sur les autres, c'est &c.* plustost qu'*est*. Que s'il n'est ni trop pres, ni trop loin, on peut mettre, ou laisser le *ce*, comme l'on veut, on dira, *la meilleure voye que l'on sçauroit prendre desormais, est*, & *c'est*, tous deux sont bons, mais aujourd'huy *est*, semble estre vn peu plus en vsage, quoy que la plus saine partie des Escriuains trouue *c'est* meilleur. Il n'est pas de cette particule *ce*, comme de la conjonction *que*, dont nous auons fait vne Remarque.

Ce, auec le pluriel du verbe substantif.

CE a encore vn vsage en nostre langue, qui est fort beau, & tout à fait François. C'est de le mettre auec le pluriel du verbe substantif, par exemple *les plus grands Capitaines de l'antiquité, ce furent Alexandre, Cesar, Hannibal, &c.* & non pas *les plus grands Capitaines de l'antiquité furent*, ni *ce fut*. Ie crois neantmoins que *furent*, sans *ce*, ne seroit pas mauuais, mais auec *ce*, il est incomparablement meilleur. Pour *ce fut*, je doute fort qu'il soit bon, ou s'il l'est, c'est sans doute le moins bon de tous. Cette petite particule a vne merueilleuse grace en cet endroit, quoy qu'elle semble choquer la Grammaire en l'vn de ses premiers preceptes, qui est que le nominatif singulier regit le singulier du verbe, & non pas le pluriel, & neantmoins icy on luy fait regir le pluriel en disant *ce furent Alexandre, Cesar, &c.* Sur quoy il est à remarquer, que toutes les façons de parler, que l'Vsage a establies contre les reigles de la Grammaire, tant s'en faut qu'elles soient vicieuses, ni qu'il les faille euiter, qu'au contraire on en doit estre curieux comme d'vn ornement de langage, qui se trouue en toutes les plus belles langues, mortes & viuantes. Quelle grace pensez-vous qu'eust parmy les Grecs cette locution & cet vsage, de faire regir le ſingulier des verbes aux neutres pluriels, & de dire ζῶα τρέχει, *animalia currit*, *les animaux court*, & vne quantité d'autres ſemblables? Et croiroit-on que dans Virgile ce fuſt vne licence poëtique d'auoir dit, *Vrbem quam ſtatuo veſtra eſt*, pluſtoſt qu'vne noble & elegante maniere de s'exprimer, dont la nobleſſe & la grace conſiſte en cela ſeulement d'eſtre affranchie de la ſeruitude Grammaticale, & de la phraſe du vulgaire? Il n'y a point de langue eloquente, qui ne ſoit enrichie de ces ſortes d'ornemens. Mais reuenons à noſtre *ce*.

Ce, au commencement de la periode ſe dit encore au meſme ſens, & auec plus de grace qu'en l'exemple que j'ay propoſé, comme *ce furent les Romains qui domterent*, &c. *ce furent de grands hommes, qui les premiers inuenterent*, &c.

Ce mot ſe met encore auec le verbe ſubſtantif, quoy que le nom ſubſtantif qui precede *ce*, ſoit au ſingulier. Exemple, *l'affaire la plus faſcheuſe que j'aye, ce ſont les contes d'vn tel*, & non pas, *c'eſt les contes*. En quoy il faut encore remarquer vne plus grande irregularité que la premiere, parce que lors qu'on dit *les plus grands Capitaines de l'antiquité*, *ce furent*, au moins y a-t-il vn pluriel deuant, quoy que *ce*, ſoit au ſingulier: mais icy *affaire, ce*, ſont tous deux au ſingulier, & neantmoins ils regiſſent le pluriel *ſont*, ce qui eſt bien eſtrange; car de dire qu'en cet exemple *ſont*, ſe rapporte au pluriel qui ſuit, à ſçauoir *les contes*, & non pas à aucun des deux ſinguliers, qui precedent, j'en demeure d'accord, mais que peut-on inferer de là, ſi ce n'eſt qu'au lieu d'vne irregularité que j'y remarquois, il y en faut remarquer deux; j'ay desja dit la premiere, & voicy la ſeconde, que le verbe ſubſtantif qui ſelon l'ordre de la Grammaire & du ſens commun ſur qui la Grammaire eſt fondee, doit eſtre regi, comme il l'eſt ordinairement, par le nom ſubſtantif qui precede, neantmoins en cet exemple eſt regi par le nom ſubſtantif qui ſuit. Ces façons de parler des Latins; *domus antra fuerunt*, *omnia pontus erat*, reuiennent à peu pres à celles que nous venons de dire.

Ce que, pour *ſi*.

IL eſt bien François, & a vne grace nonpareille en noſtre langue. M. Coeffeteau en vſe ſouuent. Il l'employe par deux fois en la reſponſe de Neron à Seneque, *Ce que je reſpons*, dit-il, *ſur le champ, à vne harangue que tu as premeditee, c'eſt premierement vn fruit de ce que j'ay appris de toy*, & vn peu plus bas, *Ce que tu tiens de moy des jardins, des rentes, & des maiſons, ce ſont toutes choſes ſujettes à mille accidens*. Et M. de Malherbe. *Auſſi ne faut-il pas penſer, que ce que Mercure eſt peint en la compagnie des Graces, ce soit pour signifier, &c.* On voit en ces trois exemples, que *ce que*, se resout par *si*, & qu'en mettant *si*, au lieu de *ce que*, ce seroit tousjours le mesme sens, mais auec combien moins de grace & de beauté? Il y en a pourtant, qui croyent que *ce que*, est vieux, & bien moins elegant que *si*, neantmoins vn de nos plus excellens Escriuains modernes s'en sert souuent.

Ce dit-il, ce dit-on.

ON dit tous les jours l'vn & l'autre en parlant, mais on ne le doit point dire en escriuant, que dans le stile bas. Il suffit de *dit-il, dit-on*, sans *ce*, & c'est ainsi qu'il s'en faut seruir par parenthese, quand on introduit quelqu'vn qui parle.

Outre ce, à ce que.

CEtte premiere façon de parler ne vaut rien, il faut dire *outre cela*; & *à ce que*, pour *afin que*, est vieux. Exemple, *il faut faire prier Dieu de tous costez, à ce qu'il luy plaise appaiser son ire.*

Ce fut pourquoy.

AV lieu de *c'est pourquoy*, qu'on a accoustumé de dire, nous auons quelques-vns de nos meilleurs Escriuains qui disent presque tousjours *ce fut pourquoy*, deuant le preterit defini. Par exemple, *ce fut pourquoy les Romains immolerent des victimes &c.* estimant qu'il y doit auoir du rapport entre le temps qui suit, & celuy qui va deuant; mais ils se trompent, parce qu'en cette façon de parler *c'est pourquoy*, le temps present *c'est*, conuient à tous les temps qui suiuēt, dautant qu'il se rapporte à la cause & à la raison qui fait dire *c'est pourquoy*, qui subsiste & qui est aussi bien presente maintenant qu'elle l'estoit au temps passé; Et qu'ainsi ne soit, ne disons nous pas *pourquoy est-ce que les Romains firent telle chose*? beaucoup mieux que si nous disions, *pourquoy fut-ce que les Romains*; Cette locution *ce fut pourquoy*, vient de Normandie, au moins les Autheurs qui ont accoustumé de s'en seruir en sont. On en vse aussi en Anjou & au Mayne.

Ce, *à ce faire, en ce faisant.*

PLusieurs n'approuuent pas qu'on en vse à la place de l'article, par exemple, *il m'a fait ce bien de me dire*, ils veulent que l'on die, *il m'a fait le bien de me dire*, neantmoins M. de Malherbe a escrit, *elle m'a fait cet honneur de me dire.* I'apprens que *ce bien, cet honneur*, s'est dit autrefois, mais aujourd'huy l'on ne le dit plus gueres, quoy qu'il ne le faille pas condamner abſolument ; il eſt certain qu'*il m'a fait le bien*, *il m'a fait l'honneur de me dire*, eſt bien plus doux & plus regulier.

On ne peut pas nier, que ces deux façons de parler *à ce faire*, & *en ce faiſant*, ne ſoient fort commodes & fort ordinaires dans pluſieurs de nos meilleurs Autheurs : mais elles ne ſont plus aujourd'huy du beau ſtile, elles ſentent celuy des Notaires.

Peu s'en eſt fallu.

C'Eſt ainſi que l'Vſage veut que l'on parle, mais la raiſon ne le voudroit pas, elle voudroit que l'on diſt *peu s'en eſt failli* ; car il eſt certain qu'en ce terme *peu s'en eſt fallu*, *fallu* ne veut dire autre choſe que *manqué*, tout de meſme que ſi l'on diſoit *peu s'en eſt manqué*, comme *faillir*, à l'infinitif veut dire *manquer*. Or eſt-il que *faillir* ne fait point au preterit parfait, *il a fallu*, mais *il a failli*, comme *il a failli à me bleſſer*, & *fallu* eſt le preterit de l'infinitif *falloir*, qui n'eſt pas en vſage, & qui ſignifie en Latin *oportere*, *il a fallu*, dit-on, *ceder à la force*, *il a fallu faire cela*, mais il eſt arriué en ce mot toute la meſme choſe qu'à *recouuert*, pour *recouuré*, & je ne doute point que lors que l'on commença à dire *peu s'en eſt fallu*, pour *peu s'en eſt failli*, les Grammairiens de ce temps-là ne fiſſent les meſmes exclamations & le meſme bruit qu'ont fait ceux de noſtre temps quand on a dit *recouuert*, pour *recouuré*, mais on a eu beau inuoquer Priſcien, & toutes les puiſſances Grammaticales, la Raiſon a ſuccombé, & l'Vſage eſt demeuré le maiſtre, *communis error facit ius*, diſent les Iuriſconſultes. Quand deux verbes ſe reſſemblent, il eſt aiſé de confondre les conjugaiſons, ſi l'on n'a appris à les demeſler; & pour en donner vn exemple dans le meſme verbe de *faillir*, on dit en Normandie, *il faillira*, *il failliroit*, pour dire *il faudra*, *il faudroit*, qui eſt vne faute toute contraire à celle-cy, *peu s'en eſt fallu*.

Auec, auecque, auecques.

POur commencer par le dernier, *auecques*, ne vaut rien, ni en proſe, ni en vers, & pas vn de nos bons Poëtes ne s'eſt donné la licence d'en vſer. Mais parce que je vois de bons Autheurs qui ſouffrent cette orthographe dans leurs œuures, & qu'inſenſiblement elle pourroit bien ſe gliſſer juſques dans les vers, j'ay jugé à propos de la comprendre en cette remarque, pour empeſcher qu'on ne s'y trompe.

Auec, & *auecque*, ſont tous deux bons, & ne ſont pas ſeulement commodes aux Poëtes pour allonger ou accourcir leurs vers d'vne ſyllabe ſelon la neceſſité qu'ils en ont, mais encore à ceux qui eſcriuent en proſe auec quelque ſoin de ſatisfaire l'oreille, ſoit pour former la juſte meſure d'vne periode, ſoit pour les joindre aux mots auec leſquels ils rendent le ſon plus doux, & la prononciation plus aiſée, ſoit en fin pour empeſcher dans la proſe la meſure des vers. Ie ne voudrois jamais eſcrire *auec vous*, mais tousjours *auecque vous*, à cauſe de la rencontre de ces deux rudes conſones *c*, & *v*, ce qui a donné lieu ſans doute à ajouſter *que*, apres *auec*, puis qu'auſſi bien on ne ſçauroit prononcer *auec vous*, que de la meſme façon que l'on prononce *auecque vous*; mais ceux qui liſent auoüeront que rencontrant eſcrit *auec vous*, cela leur fait peine, & qu'au contraire ils ſont bien aiſes de trouuer *auecque vous*, de quoy je me rapporte à l'experience d'vn chacun. Il y a donc des conſones deuant leſquelles il faut dire *auec*, & d'autres, deuant leſquelles il faut dire *auecque*, pour la douceur de la prononciation. Il ne ſeroit pas beſoin de les diſtinguer icy, puis qu'il ſuffit de conſulter ſa langue & ſon oreille pour cela, neantmoins il n'y aura point de mal de le faire par l'ordre alphabetique des conſones.

Deuant le *b*, il eſt mieux de dire & d'eſcrire *auec*, qu'*auecque*, comme *auec bon paſſeport*, *auec beaucoup de peine*.

Deuant

Deuant le *c*, *auec*, eſt mieux qu'*auecque*, comme *auec cet homme, auec cette femme*, parce les deux *c*, ſe rencontrant, viennent à ſe joindre, & adouciſſent & facilitent la prononciation.

Deuant le *d*, *auec*, comme *auec deux ou trois de mes amis.*

Deuant l'*f*, *auecque*, eſt mieux qu'*auec*, comme *auecque frayeur*, & cette queüe de *que*, y eſt ſi neceſſaire, que vous ne le ſçauriez preſque prononcer ſans cela, & quand vous ne le voudriez pas prononcer, il ſemble à ceux qui vous eſcoutent que vous le prononciez.

Deuant le *g*, *auec*, parce que le *c*, & le *g*, s'accommodent fort bien enſemble, & s'vniſſent comme freres *auec grace, auec gloire, auec grandeur.*

Deuant l'*h*, conſone *auecque*, pour faciliter l'aſpiration de l'*h*, comme *auecque honte, auecque hardieſſe*, & vous ne ſçauriez vous empeſcher de prononcer le *que*, ni faire quand vous ne le prononceriez pas qu'on ne croye que vous le prononciez.

Deuant *j*, conſone *auecque*, comme *auecque joye, auecque jalouſie.*

Deuant *l*, *auecque*, comme *auecque luy, auecque loüange.*

Deuant *m*, *auecque*, comme *auecque moy, auecque mes amis.*

Deuant *n, auecque*, comme *auecque nous.*

Deuant *p, auecque*, comme *auecque peu de gens, auecque peu de soin.*

Deuant *q, auec*, parce que le *c*, s'accorde fort bien auecque le *q*, comme *auec quelqu'vn de mes amis.*

Deuant *r, auecque*, comme *auecque raison.*

Deuant *s, auec*, comme *auec soin*, car l'*s* se prononce comme le *c*, auec la virgule en bas, & ces deux lettres se joignent fort bien.

Deuant *t, auecque*, comme *auecque trouble, auecque tranquillité.*

Deuant *v*, consone, *auecque*, comme nous auons desja dit, *auecque nous, auecque vistesse.*

Deuant *x, auec*, comme *auec Xerxes*, parce que le *c*, & l'*x*, tiennent quelque chose de la nature l'vn de l'autre qui les vnit aisément.

Deuant *z, auec*, comme *auec zele*, parce que le *c*, & le *z*, se joignent aisément aussi.

Ce n'est pas que ce soit vne faute, quand on n'obseruera pas tout cela, mais il y aura sans doute moins de perfection, & que couste-t-il de l'obseruer? Ni je n'approuue ceux qui ne se seruent jamais que d'*auec*, ni ceux qui ne se seruent jamais que d'*auecque*, car nous auons de grands Escriuains, qui se partagent ainsi. Et sans parler de la difference des consones, à quel propos cette adjonction de *que*, deuant les voyelles, elle y est absolument inutile à cauſe de l'eliſion, *auec amour, auec enuie, auec intereſt, auec ombre, auec vtilité?* Pourquoy *auecque*, deuant tous ces mots? C'eſt pourquoy je m'eſtonne que M. de Malherbe ayt entierement renoncé à *auec*, pour ne dire jamais qu'*auecque*, ne pouuant euiter par ce moyen de rudes cacophonies, comme quand il s'en ſert deuant *qui, quoy, quelque*, & autres ſemblables, *auecque quelque trouble*, dit-il en vn certain endroit, quelle oreille peut ſouffrir *auecque qui, auecque quoy?* ni qu'on le mette deuant ces ſyllabes *ca, co*, & *cu*, comme *auecque carroſſe, auecque copie*, ou *auecque compagnie, auecque curioſité*. I'ay oüi dire à vne Dame de la Cour *auecque qui*, M. de Malherbe l'a dit. Au reſte, il faut tousjours prononcer le *c*, d'*auec*, deuant quelque lettre qu'il ſe rencontre, & ſe garder bien de dire *aué moy, aué vn de mes amis, &c.* comme prononcent pluſieurs.

Exemple.

CE mot eſt maſculin ſans difficulté, mais j'en fais vne remarque, parce qu'a Paris dans la ville on le fait ordinairement feminin, & l'erreur vient apparemment de ce que *exemple*, eſt de ce dernier genre, quand il ſignifie *le patron*, ou *le modelle d'eſcriture*, que les Maiſtres Eſcriuains donnent aux enfans pour leur apprendre à eſcrire. *De belles exemples.* I'ay dit dans la ville, parce qu'à la Cour on ne l'a jamais fait que masculin, *donner bon exemple*, *de bons exemples*.

Faire piece.

CEtte façon de parler, qui est si fort en vogue depuis quelques années à Paris, d'où elle s'est respanduë par toutes les Prouinces de la France, bien loin d'estre si excellente que la croyent ceux, qui en pensent orner leur langage, & affectent d'en vser à tous propos comme d'vn terme de la Cour, qu'au contraire je leur declare de la part de tous ceux qui sçauent bien parler & bien escrire, qu'il n'y en a point de plus mauuaise en toute nostre langue, ni qui leur soit plus desagreable. Ie dis mesmes que la Cour en sa plus saine partie ne la peut souffrir, & qu'entre tous les mots & toutes les phrases qu'elle condamne, celle-cy se peut dire l'objet principal de son auersion. Mais voyons si cette auersion est de la nature de celles, qui sont bien souuent sans fondement, & examinons la chose auec equité, bien qu'en matiere de langage il suffit que plusieurs des meilleurs juges de la langue rejettent vne façon de parler, pour nous obliger à ne nous en seruir plus, sans qu'il soit besoin d'en rechercher les raisons. *Piece*, en cette phrase veut dire deux choses, si je ne me trompe, l'vne, c'est *vne malice inuentee contre quelqu'vn pour luy nuire*, & l'autre, *vn tour que l'on fait ingenieusement à quelqu'vn, non pas pour luy nuire, mais pour se joüer.* En tous les deux vsages, c'est vne signification figurée, qu'on a tirée, comme je crois, d'*vne piece de theatre*, comme si l'on vouloit dire, que tout de mesme qu'on inuente des sujets de Tragedie, ou de Tragicomedie, de Comedie, & mesmes de *farce*, pour diuertir le monde, & que ces inuentions là s'appellent *des pieces de theatre*, aussi ce que l'on inuente contre vne personne, soit pour luy faire du mal, ou pour s'en joüer, & s'en diuertir, s'appelle *vne piece*, & inuenter ces choses là, s'appelle *faire vne piece.* Dez-là je laisse à juger à ceux qui se cõnoissent aux bonnes figures, & aux belles manieres de parler, si celle-cy est du nombre, & si elle n'est pas tirée de bien loin. *Vne piece de theatre*, s'appelle *piece*, parce que *piece*, veut dire *ouurage*, comme qui diroit *vn ouurage de theatre*; Car tous les ouurages soit des mains, soit de l'esprit, s'appellent *pieces*, & pour dire *voylà vn bel ouurage*, on dit *voylà vne belle piece*, *voylà vne riche piece*, de sorte que *piece*, mesmes en matiere de theatre, ne veut dire qu'*ouurage*. Il y a donc vne grande violence à transferer ce mot là au sens qu'on luy donne lors que l'on dit *faire piece*, & je m'asseure que Quintilien n'auroit pas trouué en cette metaphore toutes les conditions qu'il demande, & que nos Maistres ont obseruées. Mais ce qui acheue de la rendre insupportable, c'est la phrase *faire piece*, car encore si l'on disoit *faire vne piece*, au lieu de deux maux, il n'y en auroit qu'vn, parce que l'on se tiendroit au moins dans les termes d'vne construction reguliere, mais vne personne de grande condition, & qui parle parfaitement bien, a accoustumé de dire que cette phrase *faire piece*, est le plus cruel supplice qui ayt encore esté inuenté en ce genre là contre les oreilles delicates. Il n'appartient qu'à celuy qui a dit le premier *il a esprit, il a cœur*, *il a esprit & cœur*, d'auoir enrichi nostre langue de cette belle locution *faire piece*, sur tout dans la construction qu'on luy donne, en disant *il m'a fait piece*, qui est comme le comble & le couronnement d'vn si bel ouurage. Mais c'est trop s'arrester à vne chose, qui n'en vaut pas la peine.

Acheter.

IE ne ferois pas cette remarque, si je n'auois oüi plusieurs hommes dans la chaire, & dans le barreau prononcer mal ce mot, & dire *ajetter*, pour *acheter*, mais ce qui m'estonne dauantage, c'est que je ne vois personne qui les reprenne d'vne faute si euidente. Ce defaut eſt particulier à Paris, c'eſt pourquoy ce ſera leur rendre vn bon office que de les en aduertir.

Eu.

CE mot de preterit parfait d'*auoir, j'ay eu, tu as eu, &c.* n'eſt que d'vne ſyllabe, qui eſt vne des dyphthongues de noſtre langue, neantmoins pluſieurs font cette faute de prononcer *eu*, en faiſant de chaque lettre vne ſyllabe, comme ſi l'on eſcriuoit *eü*, auec deux point, pour en faire deux ſyllabes.

En mon endroit, à l'endroit d'vn tel

CEs façons de parler, par exemple, *ie ne ſeray jamais ingrat en voſtre endroit, en ſon endroit, &c. il faut eſtre charitable à l'endroit des pauures*, ne ſont plus du beau langage, comme elles l'eſtoient du temps de M. Coeffeteau. On dit tousjours *enuers*.

Auant que, deuant que.

TOus deux ſont bons, M. Coeffeteau a tousjours eſcrit *deuant que*, mais *auant que*, eſt plus de la Cour, & plus en vſage: L'vn & l'autre deuant l'infinitif demande l'article *de*, par exemple il faut dire *auant que de mourir*,

& *deuant que de mourir*, & non pas *auant que mourir*, ny *deuant que mourir*, & beaucoup moins encore *auant mourir*, comme disent quelques-vns en langage barbare.

Croistre.

CE verbe est neutre, & non pas actif, & jamais M. Coeffeteau ny aucun de nos Autheurs en prose ne l'a fait que neutre : mais nos Poëtes pour la commodité des vers s'emancipent, & ne feignent point de le faire actif, quand ils en ont besoin.

Qu'à des cœurs bien touchez tarder la joüissance,
C'est infailliblement leur croistre le desir.

dit M. de Malherbe. Et en cet exemple il faut noter qu'il s'est encore donné la mesme licence au verbe *tarder*, qui est aussi neutre, & non pas actif, comme est son composé *retarder*. Il faut donc dire *accroistre* en prose, quand on a besoin de l'actif, & non pas *croistre*.

Fournir.

IL a trois constructions differentes, car on dit *la riuiere leur fournit le sel, leur fournit du sel*, & *les fournit de sel*, qui est le meilleur & le plus elegant des trois.

Rien

Rien autre chose.

PLusieurs croyent que cette façon de parler, quoy que familiere à quelques excellens Autheurs, ne vaut rien. Par exemple, si l'on dit, *les paroles ne sont rien autre chose que les images des pensées*, ils soustiennent que c'est mal parler, & qu'il faut dire, *les paroles ne sont autre chose que les images des pensées*, ou *les paroles ne sont rien que, &c.* qu'il suffit de l'vn ou de l'autre, & que si on les met tous deux, l'vn est redondant. Mais il y a beaucoup d'endroits, où pour exaggerer, il est necessaire de dire, *rien autre chose*, par exemple nous dirions, *mais quand il parle ainsi, que veut-il dire? rien autre chose Messieurs, sinon, &c.* Il est donc emphatique en certains endroits, mais pour l'ordinaire il est bas, & l'autre façon de parler sans dire, *rien*, est elegante.

Quoy qu'il arriue, quoy qu'il en soit.

C'Est ainsi qu'il faut dire, & non pas *quoy qui arriue*, comme disent plusieurs; Car ce *quoy que*, est le *quidquid* des Latins. Et c'est pourquoy l'on dit *quoy que c'en soit, & quoy qu'il en soit*, & qu'apres *quoy*, il faut dire *que*, & non pas *qui*. M. Coeffeteau dit tousjours, *quoy que c'en soit*, & M. de Malherbe dit tantost, *quoy que c'en soit*, & tantost, *quoy qu'il en soit*, ils sont tous deux bons, mais le dernier, *quoy qu'il en soit*, est beaucoup plus en vsage aujourd'huy, & plus doux.

Il m'a dit de faire.

Cette façon de parler est venuë de Gascogne, & s'est introduite à Paris; mais elle ne vaut rien. Il faut dire *il m'a dit que je fisse*. Ce qui a donné lieu à cette erreur vray-semblablement, c'est que l'on a accoustumé de dire, *il m'a commandé de faire*, *il m'a prié de faire*, *il m'a conjuré de faire*, *il m'a chargé de faire*, car ce seroit mal dit, *il m'a commandé que je fisse*, *il m'a prié que je fisse*, & ainsi des autres.

Aoust.

Ce mot ne fait qu'vne syllabe, qui est triphthongue, qu'ils appellent, c'est à dire, composée de trois voyelles. Elle se prononce donc, comme si l'on escriuoit *oust*, & qu'il n'y eust point d'*a*; Car ceux qui prononcent *a-oust*, comme fait le peuple de Paris, en deux syllabes, font la mesme faute, que ceux qui prononcent *ayder*, en trois syllabes *a-y der*, quoy qu'il ne soit que de deux.

Appareiller.

BIen que ce mot ſoit vn terme de marine, & de l'art de la nauigation, il eſt neantmoins paſſé en vſage commun, & eſt entendu preſque de toute la Cour. Il ſignifie *ſe preparer à faire voile, & à ſe mettre en mer.* Ce verbe eſt tousjours neutre, & jamais on ne dit *s'appareiller*, comme l'on dit ſe preparer, ny *appareiller vn vaiſſeau*, mais on dit ſimplement *appareiller*, comme *on appareilloit lors qu'il vint vne tempeſte, &c.*

Il n'y a rien de tel, il n'y a rien tel.

TOus deux ſont bons, & il ſemble qu'en parlant on dit pluſtoſt *il n'y a rien tel*, que l'autre, mais qu'en eſcriuant, on dit pluſtoſt *il n'y a rien de tel.* Pour moy je voudrois tousjours eſcrire ainſi.

Fort, court.

CEs deux adjectifs ont vn vſage aſſez eſtrange, mais qui eſt bien François. C'eſt qu'vne femme parlant dira tout de meſme qu'vn homme, *je me fais fort de cela*, & non pas *je me fais forte.* Elle dira auſſi, *en parlant je ſuis demeurée court*, & non pas *courte.* Il eſt du nombre pluriel, comme du genre feminin ; car il faut dire aussi, *ils se font fort de cela*, & non pas *ils se font forts, ils sont demeurez court*, & non pas *courts*. En ces phrases ces deux mots sont indeclinables, & mis comme aduerbialement. Voyez *incognito*.

De, article du genitif.

CEt article veut tousjours estre joint immediatement à son nom, sans qu'il y ayt rien d'estranger entre-deux, qui les separe, par exemple, *j'ay suiui en cela l'auis de tous les Iurisconsultes, & de presque tous les Casuistes.* Ie dis que, *& de presque tous les Casuistes*, n'est pas bon, & qu'il faut que *de*, soit attaché à son nom *tous*, & que l'on escriue *& de tous les Casuistes*. Mais que deuiendra *presque* ? où le mettra-t-on? car il le faut dire necessairement. Ie respons que ce sont deux choses, de condamner vne façon de parler comme mauuaise, & d'en substituer vne autre en sa place, qui soit bonne. Les Maistres m'ont appris que cette façon d'escrire *& de presque tous les Casuistes*, est vicieuse ; je m'acquitte de mon deuoir, en le declarant au public, sans que je sois obligé de reparer la faute. Neantmoins il me semble qu'on la peut euiter en disant, *j'ay suiui le sentiment de tous les Iurisconsultes, & presque de tous* *les Casuistes*, ou bien, *& de la plus part des Casuistes*, ou *& de la plus grand' part des Casuistes.*

Le pronom demonstratif auec la particule, là.

IAmais on ne doit vser du pronom demonstratif auec la particule *là*, quand il est immediatement suiui du pronom relatif *qui*, ou *lequel*, aux deux genres & aux deux nombres. Exemple, *ceux-là qui aiment Dieu, gardent ses commandemens.* C'est tres-mal parler, il faut dire *ceux qui aiment Dieu*, & ainsi des autres. Mais quand le pronom relatif est separé du demonstratif par vn verbe qui est entre deux, alors il faut mettre la particule *là*, comme *ceux-là se trompent, qui croyent, &c.* Il n'est pas croyable combien de gens manquent à cela. Ie ne sçay s'il est permis aux Poëtes de s'en dispenser à l'imitation de celuy qui a dit,

Mais qu'il soit vne amour si forte,
Que celle-là que je vous porte,

Mais je sçay bien qu'en prose la reigle est inuiolable, & qu'en vers l'oreille est d'autant plus choquee de cette façon de parler, que la poësie doit estre plus douce que la prose. Qui oseroit nier qu'il ne soit mieux dit en prose & en vers, *qu'il soit vne amour plus forte, que celle que je vous porte*, que non pas, *que celle là que je vous porte?*

Dautant que, pour *parcé que.*

IE ne croyois pas faire cette remarque, comme la jugeant inutile, & m'imaginant qu'il n'y auoit que les Imprimeurs qui missent vne apostrophe à *d'autant que*, quand il signifie *parce que*: mais voyant que cette erreur se rend commune, & comme vniuerselle, il est necessaire d'en donner auis pour empescher qu'elle ne s'establisse tout à fait; Car encore qu'il semble que cela importe peu d'y mettre vne apostrophe, ou de ne l'y mettre pas, si est-ce que si l'on se relasche tantost en vne chose, tantost en vne autre, pour petite qu'elle soit, à la fin, comme je l'ay desja dit ailleurs, tout sera corrompu. Outre que je ne demeure pas bien d'accord, que ce soit si peu de chose que d'empescher vne equiuoque, *d'autant que*, auec vne apostrophe voulant dire toute autre chose, comme chacun sçait, que *dautant que*, ainsi orthographié. Quand je diray donc, *d'autant que je suis heureux d'vn costé, je suis malheureux de l'autre*, en l'escriuant ainsi, ce *d'autant que*, est vn terme de comparaison entre le bonheur que j'ay d'vn costé & le malheur que j'ay de l'autre; C'est pourquoy si je veux dire *d'autant que*, pour *parce que*, & que j'y mette vne apostrophe, ceux qui liront *d'autant que je suis heureux d'vn costé*, ne sçauront en quel sens le prendre, sans estudier ce qui va deuant & ce qui va apres pour s'en esclaircir. Sur quoy il faut alleguer l'Oracle de Quintilien fulminant contre les equiuoques, quels qu'ils soient sans exception, & prier le Lecteur de s'en vouloir ressouuenir en tous les endroits de ces Remarques, où ce vice est condamné. *Vitanda*, dit-il, *in primis ambiguitas, non hæc solùm de cujus genere suprà dictum est, quæ incertum intellectum facit, vt Chremetem audiui percußisse Demeam; sed illa quoque, quæ etiamsi turbare non potest sensum, in idem tamen verborum vitium incidit, vt si quis dicat visum à se hominem librum scribentem; nam etiamsi librum ab homine scribi pateat, malè tamen composuerat, fecerátque ambiguum quantùm in ipso fuit.*

Vn certain vsage du pronom demonstratif, & qui est necessaire.

PEu de gens y prennent garde s'ils ne sont versez en la lecture des bons Autheurs. Exemple, *il recompensa ceux de ses seruiteurs qui l'auoient bien serui.* Ie dis que quand on ne veut pas parler generalement de tous, mais de quelques-vns seulement qui font partie du tout, comme en cet exemple, il faut necessairement vser de ce pronom; Autrement on ne s'expliqueroit pas; Car si pour exprimer cela, on dit ſimplement, *il recompenſa ſes ſeruiteurs qui l'auoient bien ſerui*, qui ne voit que cette expreſſion eſt defectueuſe, & que l'on ne dit pas ce que l'on veut dire, puis que l'on pretend faire vne reſtriction du general, c'eſt à dire, reſtreindre la recompenſe à ceux des ſeruiteurs ſeulement qui ont bien ſerui, & que neantmoins en diſant *il recompenſa ſes ſeruiteurs, qui l'auoient bien ſerui*, on entendra qu'il recompenſa tous ſes ſeruiteurs qui tous l'auoient bien ſerui ? Il n'eſt pas beſoin de donner des exemples de cet vſage, ils ſont frequens dans Amyot, & dans tous nos bons Autheurs anciens, & modernes. Mais outre que cette façon de parler eſt neceſſaire pour exprimer de ſemblables choſes, elle a encore fort bonne grace, & eſt bien Françoiſe.

Quiconque.

QVand on a dit, *quiconque*, il ne faut pas dire *il*, apres, quelque diſtance qu'il y ayt entre-deux, par exemple *quiconque veut viure en homme de bien & ſe rendre heureux en ce monde & en l'autre, doit, &c.* & non pas *il doit.*

Bel, & beau.

TOus ces adjectifs qui ont deux terminaiſons en *el*, & en *eau*, ſelon qu'ils ſont ſuiuis d'vne voyelle ou d'vne conſone, comme *bel*, & *beau*, *nouuel* & *nouueau*, ne prennent pas leur terminaiſon *el*, indifferemment deuant toutes ſortes de mots qui commencent par vne voyelle, mais ſeulement deuant les ſubſtantifs, auſquels ils ſont joints, par exemple *vn bel homme*, eſt bien dit, mais ſi l'on diſoit, *il eſt bel en tout temps*, il ne vaudroit rien, il faut dire *beau en tout temps*. Ainſi l'on dit *nouuel an*, & l'on ne dit pas *nouuel à la Cour*, pour dire *vn homme nouueau à la Cour*. Cette reigle n'a point d'exception que je ſçache. Deuant l'*h* conſone, on le met comme deuant les autres conſones, *beau harnois*, & non pas *bel harnois*.

Au demeurant.

CE terme, du temps de M. Coeffeteau, & pluſieurs années apres ſa mort, a eſté en grand vſage parmy les bons Autheurs, pour dire *au reſte*, mais il a vieilli depuis peu, & ceux qui eſcriuent purement, ne s'en ſeruent plus. I'ay tousjours regret aux mots & aux termes retrenchez de noſtre langue, que l'on appauurit d'autant, mais ſur tout je regrette ceux qui ſeruent aux liaiſons des periodes, comme celuy-cy, parce que nous en auons grand beſoin, & qu'il les faut varier.

Bigearre, bizarre.

TOus deux sont bons, mais *bizarre* est tout à fait de la Cour, en quelque sens qu'on le prenne. Aussi la prononciation de *bizarre*, auec vn *z*, est beaucoup plus douce & plus agreable, que celle de *bigearre*, auec le *ge a*; M. Coeffeteau a tousjours escrit *bizarre*. Les Espagnols disent aussi *bizarro*, mais ce mot signifie parmy eux *leste & braue*, ou *galant*. En François selon la raison, il faudroit dire *bigearre*, parce que *bigearre* vient de *bigarrer*, & *bigarrer*, selon quelques-vns, vient de *bis variare*.

De, & des articles.

IE doutois si j'en ferois vne Remarque, mon dessein n'estant que d'en faire sur les choses, qui sont tous les jours en question & en dispute, mesme parmy les gens de la Cour, & nos meilleurs Escriuains. Il ne me sembloit pas que celle-cy deust estre mise en ce rang, comme en effet, il n'y a gueres de personnes qui ayent tant soit peu de soin d'apprendre à bien parler & à bien escrire, qui ne sçachent ce que je vais remarquer. Neantmoins ayant consideré, que dans la plus part des Prouinces, on y manque, & que parmy ce nombre infini d'Escriuains qui sont en France, il y en a vne bonne partie, qui n'y prennent pas garde, j'ay jugé cette Remarque necessaire. Au nominatif, & à l'accusatif *de*, se met deuant l'adjectif, & *des* deuant le substantif, par exemple on dit, *il y a d'excellens hommes*, & *il y a des hommes excellens, ce pays porte d'excellens hommes, & porte des hommes excellens*, & non pas *il y a des excellens hommes*, ny *il y a d'hommes excellens*, & ainsi de l'autre. C'est vne reigle essentielle dans la langue. I'ay dit que c'estoit au nominatif & à l'accusatif, qu'elle auoit lieu, parce qu'au genitif & à l'ablatif, il n'en va pas ainsi; Car on dit *la gloire des excellens hommes*, & *on l'a despoüillé des belles charges qu'il possedoit.*

Encliner.

Quelques-vns, & mesmes à la Cour, disent *encliner*, au lieu d'*incliner*, fondez sur ce que l'on dit *enclin*. Mais il ne s'ensuit pas que l'on doiue dire *encliner*. En matiere de langues, il n'y a point de consequence entre le mot formé & celuy dont il se forme, comme par exemple on dit *ennemy*, auec vn *e*, & *inimitié*, auec vn *i*, *entier*, & *integrité*, *parfait*, & *imperfection*, & ainsi de plusieurs autres. M. Coeffeteau a tousjours escrit *encliner*, & M. de Malherbe aussi, en quoy ils n'ont pas esté suiuis, par ce que presque tout le monde dit & escrit, *incliner*.

Accueillir.

M. Coeffeteau & plusieurs autres bons Autheurs encore apres Amyot, se seruent ordinairement de ce mot en mauuaise part, & disent, *accueilly de la tempeste*, *accueilly d'vne fiéure*, *accueilly de la famine*, *accueilly de toutes sortes de malheurs*. Il y a quelques endroits en France, particulierement le long de la riuiere de Loire, où l'on vse de cette façon de parler. Mais elle n'est pas si ordinaire à la Cour. On s'en sert plustost en bonne part, & l'on dit par exemple, *il a esté accueilly fauorablement*. *Accueil*, ne se dit jamais aussi qu'en bonne part, si l'on n'y ajouste, *mauuais*.

Apres.

CE mot deuant vn infinitif pour denoter vne action presente & continuë, est François, mais bas, il n'en faut jamais vser dans le beau stile. Exemple, M. de Malherbe parlant de certains vers dit, *Ie suis apres de les acheuer*, & en vn autre endroit, *la nature est tousjours apres à produire de nouueaux hommes*, & encore, *il estoit apres de faire que dans peu de temps il seroit son allié*. Il en a vsé fort souuent, tantost auec la particule *de*, tantost auec la preposition *a*, & tantost aussi sans verbe en suite, comme quand il dit, *les liures n'en apprennent rien, je m'asseure que les Q, que vous me dites estre apres, en sçauent aussi peu.*

Se condouloir.

SE condouloir auec quelqu'vn de la mort d'vne personne, ou de quelque autre malheur, est fort bien dit, & nous n'auons point d'autre terme en nostre langue pour exprimer cet office de charité, ou de ciuilité, que la misere humaine rend si frequent dans le monde. M. de Malherbe a dit, *rendre des deuoirs de condoleance,* mais cette façon de parler n'est plus du bel vsage, & *condoleance*, semble aujourd'huy vn estrange mot.

Comme, comment, comme quoy.

COmmençons par le dernier; *comme quoy*, est vn terme nouueau, qui n'a cours que depuis peu d'années, mais qui est tellement vsité, qu'on l'a à tous propos dans la bouche. Apres cela, on ne peut pas blasmer ceux qui l'escriuent, mesme à l'exemple d'vn des plus excellens & des plus celebres Escriuains de France, qui s'en sert d'ordinaire pour *comment, comme quoy*, dit-il, *n'estes-vous point persuadé*, pour dire, *comment n'estes-*

vous point persuadé? Mais pour moy, j'aimerois mieux dire, *comment*, selon cette reigle generale, qu'*vn mot ancien, qui est encore dans la vigueur de l'Vsage est incomparablement meilleur à escrire, qu'vn tout nouueau, qui signifie la mesme chose.* Ces mots qui sont de l'vsage ancien & moderne tout ensemble, sont beaucoup plus nobles & plus graues, que ceux de la nouuelle marque. Quand je parle des mots, j'entens aussi parler des phrases. Ce n'est pas que je ne me voulusse seruir de *comme quoy*, qui a souuent bonne grace, mais ce ne seroit gueres que dans vn stile familier.

Comment, & *comme*, sont deux, & il y a bien peu d'endroits, où l'on se puisse seruir indifferemment de l'vn & de l'autre. Il est certain que par tout où l'on a accoustumé de dire, *comme quoy*, on ne peut faillir de dire, *comment*, au lieu que si l'on disoit, *comme*, ce pourroit bien estre vne faute. On peut pourtant dire quelquefois, *comme*, & *comment*, par exemple, *vous sçauez comme il faut faire*, & *comment il faut faire.* M. de Malherbe disoit tousjours, *comme*, en quoy il n'est pas suiui; car il n'y a point de doute que lors que l'on interroge, ou que l'on se sert du verbe, *demander*, il faut dire, *comment*, & non pas *comme*. Ce seroit fort mal dit, *demandez luy comme cela se peut faire*, mais *demandez-luy comment*, & *comme estes-vous venu*, au lieu de dire, *comment estes-vous venu?* & ainsi des autres.

Guere, gueres, de naguere, de nagueres.

ON dit *guere*, & *gueres*, auec *s*, & sans *s*. *de naguere*, ou *de nagueres*, commence à vieillir, & l'on dit plustost, *depuis peu*, comme *qui estoit arriué depuis peu*, au lieu de dire, *qui estoit de nagueres arriué*, ainsi que M. Coeffeteau & plusieurs autres ont accoustumé d'escrire, mais on peut fort bien dire, *qui estoit nagueres arriué*, sans dire, *de nagueres*. *Nagueres* se doit orthographier de cette façon en vn seul mot, & non pas *n'a-gueres*, auec les marques de son origine & de sa composition.

Compagnée pour *compagnie.*

CE mot est barbare, s'il en fut jamais, & neantmoins il est tous les jours dans la bouche & dans les escrits d'vne quantité de gens qui font profession de bien parler & de bien escrire. Ce seroit estre peu officieux de n'en faire pas vne remarque, & de ne pas declarer que *compagnée*, en quelque sens qu'on le prenne, ne vaut rien, & qu'il faut tousjours dire, *compagnie*. Ie n'ay peu m'imaginer ce qui a donné lieu à vne faute si grossiere, si ce n'est le verbe, *accompagner*, qui dans le commerce ordinaire de la societé ciuile, a son plus grand vsage à l'infinitif, & au preterit, où il fait sonner l'*e*, comme quand on dit, *il le faut accompagner*, *il l'est allé accompagner*, *je l'ay accompagné*, *il m'a accompagé*. En effet, si l'on y prend garde, on trouuera qu'on se sert cent fois de ces deux mots, & encore d'vn troisiesme, qui est le participe passif *accompagné*, pour vne fois ou deux, que l'on dira *accompagnoit*, ou *accompagna*, ou quelque autre temps qui ne terminé pas en *e*. Car *accompagne*, encore que l'*e* en soit feminin, ne laisse pas de contribuer aussi bien que le masculin à la corruption du mot, & d'estre cause auec quelque vray-semblance que l'on a dit, *compagnée*, pour *compagnie*. Ie ne sçay si le nom feminin *compagne*, n'y a point encore aydé; Il y a quelque plaisir meslé d'vtilité, de considerer les voyes & la naissance d'vne erreur, & quand on a releué vne personne, encore est-on bien aise de voir ce qui l'a fait tomber.

Bienfaiteur, bienfaicteur, bienfacteur.

BIenfaiteur, est le meilleur, c'est comme il faut escrire, & comme il faut prononcer. *Bienfaicteur*, auec le *c*, passe encore, pourueu qu'on ne prononce pas le *c*, mais *bienfa-*

ɛteur, ſelon l'opinion des plus delicats, ne vaut rien, quoy que pluſieurs diſent ainſi; l'on dit *malfaiteur*, & *malſaicteur*, ſans prononcer le *c*, & non pas *malfacteur*.

Beſtail, & *beſtial*.

TOus deux ſont bons, mais *beſtail*, eſt beaucoup meilleur. Il ſemble que *beſtial* eſt plus dans l'vſage de la campagne, & que l'autre eſt plus de la ville & de la Cour.

Eſchapper.

CE verbe a trois regimes differens pour vne meſme ſignification, on dit *eſchapper d'vn grand danger*, & *eſchapper vn grand danger*, qui eſt plus elegant que l'autre, & l'on dit auſſi, *eſchapper aux ennemis*, *eſchapper aux embuſches*, qui eſt encore vne fort belle façon de parler.

Il eſt, *il n'eſt*, pour *il y a*, *il n'y a*.

C'Eſt vne phraſe qui eſt fort familiere à M. de Malherbe, il eſt vray qu'*il n'eſt*, pour *il n'y a*, eſt beaucoup meilleur & plus en vſage, que *il eſt*, pour *il y a*, en l'affirmatiue. Par exemple, *il n'eſt point d'homme ſi ſtupide, qui ne reconnoiſſe vne diuinité*, eſt bien meilleur, que de dire, *il n'y a point d'homme si stupide*. Mais si je disois, *il est des herbes si venimeuses, qu'elles font mourir subitement*, à mon auis je ne dirois pas si bien que si je disois, *il y a des herbes, &c.* Il faut remarquer, que l'on ne dit pas tousjours, *il n'est*, pour *il n'y a*; car l'on ne dira pas, *il n'est qu'vn an*, pour dire, *il n'y a qu'vn an*, ny *il n'est que deux personnes*, pour dire, *il n'y a que deux personnes*. On le dit seulement, ou quand il est suiui de *point*, comme en l'exemple que nous auons donné, *il n'est point d'homme si stupide*, ou quand il est suiui de la conjonction *que*, jointe à la preposition *de*, auec vn infinitif, comme, *il n'est que de seruir Dieu*, ou auec *rien de*, comme *il n'est rien de tel que de, &c.* quoy qu'il semble qu'à l'esgard de la phrase, ce ne soit qu'vne mesme chose de dire, *il n'est que de seruir*, & *il n'est rien de tel que de seruir*. Voyla ses trois principaux vsages. Ie ne sçay s'il y en a encore quelque autre. Il y a grande apparence, que ç'ont esté nos Poëtes, qui pour euiter la rencontre des voyelles, ont introduit, ou du moins confirmé l'vsage de ces façons de parler, si necessaires en vne infinité de rencontres.

Parricide, fratricide.

ON ne se sert pas seulement de ce mot pour signifier celuy qui a tué son pere, comme la composition du mot le porte, mais pour tous ceux qui commettent des crimes enormes & desnaturez de cette espece, tellement qu'on le dira aussi bien de celuy qui aura tué sa mere, son Prince, ou trahi sa patrie, que d'vn autre qui auroit tué son pere; car tout cela tient lieu de pere. Il y en a mesmes qui s'en seruent pour vn frere, ou pour vne sœur; car ceux qui disent *fratricide* parlent mal, & composent vn mot qui n'est pas François. Ainsi l'on dit *patrimoine*, du bien mesme, qui vient du costé de la mere. Il n'est pas question de s'attacher à l'origine de *parricide*, pour ne s'en seruir qu'au pere, l'vsage l'a estendu à tout ce que je viens de dire.

Cupidité.

M. Coeffeteau a tousjours dit *cupidité*, & jamais *conuoitise*. M. de Malherbe en vsoit aussi, mais aujourd'huy je ne vois plus aucun de nos bons Escriuains qui en vse, ils disent tous *conuoitise*, *vne trop grande conuoitise de regner.*

Conquere.

IL *ne tient qu'à luy*, dit quelqu'vn de nos meilleurs Escriuains, *qu'il ne conquere toute la terre.* Ie ne crois pas que ce mot ſoit bon en ce temps-là. Le verbe *conquerir*, eſt anomal, & quand il ſe conjugueroit au temps dont eſt *conquere*, il me ſemble qu'il faudroit dire *conquiere*, parce que ce verbe prend l'*i*, en quelques endroits de ſa conjugaiſon, comme nous diſons *conquerons*, *conquerez*, *conquierent*, & non pas *conquerent*.

Portrait, pourtraict.

IL faut dire *portrait*, & non pas *pourtrait* auec vn *u*, comme la plus part ont accouſtumé de le prononcer, & de l'eſcrire. Il eſt vray qu'on a fort long-temps prononcé en France l'*o* ſimple comme s'il y euſt eu vn *u* apres, & que c'euſt eſté la diphthongue *ou*, comme *chouſe*, pour *choſe*, *fouſſé*, pour *foſſé*, *arrouſer*, pour *arroſer*, & ainſi pluſieurs autres. Mais depuis dix ou douze ans, ceux qui parlent bien diſent *arroſer*, *foſſé*, *choſe*, ſans *u*, & ces deux particulierement, *fouſſé*, & *chouſe*, ſont deuenus inſupportables aux oreilles delicates. Les Poëtes ſont bien aiſes que l'on ne prononce plus *chouſe*, parce qu'encore que la rime conſiſte principalement en la prononciation, ſi eſt-ce qu'ils n'ont jamais fait rimer *chouſe*, par exemple auec *jalouſe*, mais tousjours auec les mots terminez en *oſe*, comme *roſe*, tellement que toutes les fois que *chose* finissoit le vers & faisoit la rime, s'il estoit employé le premier, & que *rose*, ou quelque autre mot de cette terminaison s'ensuiuist, le Lecteur ne manquoit jamais de prononcer *chouse*, qui ne rimoit pas apres auec *rose*, & cela estoit egalement importun au Lecteur & au Poëte.

Filleul, fillol.

TOute la Cour dit *filleul*, & *filleule*, & toute la ville *fillol*, & *fillole*. Il n'y a pas à deliberer si l'on parlera plustost comme l'on parle à la Cour, que comme l'on parle à la ville. Mais outre que l'vsage de la Cour doit preualoir sur celuy de l'autre sans y chercher de raison, il est certain que la diphtongue *eu*, est incomparablement plus douce que la voyelle *o*; c'est pourquoy les Courtisans qui vont tousjours à la douceur & à la beauté de la prononciation, en quoy consiste vn des principaux auantages d'vne langue, disent bien plustost *filleul*, que *fillol*. Et je m'asseure que si l'on proposoit à qui que ce fust qui ne le sceust pas, & qui eust l'oreille bonne, de deuiner lequel des deux est de la Cour, ou de la ville, il n'hesiteroit point à dire, qu'indubitablement *filliol* doit estre de la ville, & *filleul*, de la Cour.

Estre auec *pour.*

PAr exemple, *ils estoient pour auoir encore pis*, dit vn de nos plus fameux Escriuains, c'est à dire, *ils couroient forune d'auoir encore pis.* Il est certain que cette façon de parler est tres-Françoise, mais basse. On s'en sert encore en vn autre sens, qui n'est pas si vsité, ny si bon, comme *je suis pour soustenir cette proposition*, ainsi que l'a escrit vn de nos Autheurs modernes, c'est à dire, *j'ose soustenir*, ou *j'oseray soustenir cette proposition.*

Verbe substantif mal placé.

LE verbe substantif *estre*, ne se doit jamais mettre en aucun de ses temps deuant le nom qui le regit. Par exemple, *& fut son auis d'autant mieux receu*; il faut dire, *& son auis fut d'autant mieux receu.* Il ne faut pas dire non plus, *estant les broüillarts si espais*, mais *les broüillarts estant si espais.* I'ay fait cette remarque à cause que l'vn de nos plus celebres Escriuains parle ordinairement ainsi, & il ne le faut pas imiter en cela, c'est escrire à la vieille mode.

Date.

BEaucoup de gens disent, *le date d'vne lettre, voyons le date*, il faut dire *la date*; car il est tousjours feminin, & les epithetes ordinaires de ce mot le font voir clairement; car on dit *de fraische date*, *de nouuelle date*, *de vieille date*, & jamais *de frais date*, *de nouueau date*, *de vieux date*, qui seroient insupportables. Il faut escrire *date*, auec vn seul *t*, venant du Latin, *datum*, ou *data*, *supple*, *epistola*, & pour le distinguer encore du fruit du palmier qu'on appelle *datte*, & qui est aussi feminin.

Seureté, seurté.

QVoy qu'en parlant il semble que l'on ne fait jamais ce mot que de deux syllabes, si est-ce qu'il est tousjours de trois, & qu'il n'est pas mesme permis en vers de ne le faire que de deux. Tousjours *seureté*, & jamais *seurté*. Mais outre que la prononciation, qui ne le fait paroistre que de deux syllabes, est capable de tromper, on le peut estre encore par l'analogie de plusieurs autres noms, qui ne sont que de deux, comme *clarté*, *cherté*, *fierté*, *&c.* Neantmoins *seureté*, n'est pas tout à fait sans exemple; car nous disons *pureté*, & non pas *purté*.

Dont.

CEtte particule est tres-commode & de tres-grand vsage en nostre langue.

C'est vn mot indeclinable, qui conuient à tout genre, & à tout nombre, & qui s'accommode auec toutes sortes de choses sans exception, ce que ne fait pas *quoy*, comme vous verrez en son lieu. Il se met au lieu du genitif & de l'ablatif pour *duquel*, & *de laquelle*, ou *desquels*, & *desquelles*, comme *l'homme*, ou *la femme dont j'ay espousé la fille*, *les hommes* & *les femmes dont je vous ay parlé.* On s'en sert encore pour *dequoy*, comme *ce dont je vous ay parlé.* Mais il faut prendre garde de n'en pas abuser, à cause qu'on en a souuent besoin; I'appelle abuser, en vser trop frequemment; Car il n'est pas croyable comme ce mot tout monosyllabe qu'il est, ne laisse pas de blesser la veuë, ou l'oüye, quand il est repeté trop souuent en vne mesme page.

Quelques-vns disent encore *dont*, pour *d'où*, comme *le lieu dont je viens*, mais c'est tres-mal parler, il faut dire *d'où je viens*, quoy que ce fust sa vraye & sa premiere signification; car *dont*, vient de *vnde*. On dit neantmoins *la race*, ou *la maison dont il est sorti*, mieux que *d'où il est sorti*, qui toutefois est bon. En cet exemple *dont il est sorti*, veut dire, *de laquelle il est sorti.*

Il y en a qui font scrupule de se seruir de ce mot dans la situation où vous l'allez voir en cet exemple. *C'est vn homme dont l'ambition excessiue a ruiné la fortune*, quoy qu'icy il se rapporte

porte à *homme*, comme signifiant *duquel*, neantmoins il a encore vn autre rapport à ce qui suit aussi bien qu'à ce qui precede, & ils disent que ce n'est pas parler nettement, parce que *dont*, estant proche d'*ambition*, il semble qu'il s'y rapporte, & toutefois cela n'est pas, car il se rapporte à *fortune*, & qu'ainsi ne soit, rapportez-le à *ambition*, vous trouuerez que le sens sera imparfait, & que *fortune*, demeurera vn mot indefini, sans que l'on ayt fait entendre de la fortune de qui l'on parle. Cependant la plus part de nos meilleurs Escriuains & en prose & en vers n'en font nulle difficulté, tous leurs escrits en sont pleins, je n'en donneray qu'vn exemple de M. de Malherbe,

Que peut la fortune publique
Te voüer d'assez magnifique,
Si mise au rang des immortels,
Dont la vertu suit les exemples,
Tu n'as auec eux dans nos temples
Des images & des Autels?

Ce *dont*, ne se rapporte pas à *vertu*, qui est proche, mais à *exemples*. C'est pourquoy je l'ay appellé scrupule, & neantmoins j'ay trouué à propos de le proposer icy, afin qu'on y prenne garde, & que chacun en vse selon son jugement. Pour moy je voudrois autant qu'il se pourroit euiter cette equiuoque, sans que pourtant je la voulusse condamner.

Ambitionner.

IL y a long-temps que l'on vſe de ce mot, mais ce n'eſt pas dans le bel vſage; Ceux qui font profeſſion de parler & d'eſcrire purement, l'ont touſjours condamné, & quoy que l'on ayt fait pour l'introduire, ç'a eſté auec ſi peu de ſuccez, qu'il y a peu d'apparence qu'il s'eſtabliſſe à l'auenir. On dit *affectionner, cautionner, proportionner*, & quelques autres ſemblables, mais ce n'eſt pas à dire que l'on puiſſe par analogie former des verbes de tous les noms terminez en *ion*, comme d'*affection*, on a fait *affectionner*, & de *caution, cautionner*, *&c.* Il y en a qui ſe diſent au participe paſſif, dont le verbe n'eſt point vſité que parmy ceux qui n'ont aucun ſoin de la pureté du langage. Par exemple on dit, *paßionné*, qui eſt vn tres-bon mot, mais *paßionner*, actif eſt tres-mauuais, comme quand on dit *paſsionner quelque choſe*, pour dire *aimer ou deſirer quelque choſe auec paſſion.* En neutre paſſif *ſe paſsionner*, eſt excellent. On dit auſſi *intentionné*, & jamais *intentionner*, comme *mentionné*, *conditionné*, & jamais *mentionner*, *conditionner*, ſi ce n'eſt au Palais. Mais pour *ambitionner*, il eſt ſi mauuais, que meſme il ne vaut rien au participe, & que ceux qui rejettent le verbe, rejettent auſſi *ambitionné*.

Fond, & *fonds*.

CE sont deux choses differentes, que l'on a accoustumé de confondre, & que les Latins appellent diuersement, car *fond* sans *s*, se dit en Latin *hoc fundum*, & *fonds* auec vn *s*, *hic fundus*, *fond* sans *s*, est la partie la plus basse de ce qui contient, ou qui peut contenir quelque chose, comme *le fond du tonneau*, *le fond du verre*, *le fond de la mer*, *le fond d'vn puis*. Les Latins selon l'opinion de Valla ne disent *fundum*, proprement que de la plus basse partie de ce qui contient ou qui peut contenir quelque chose de liquide; mais en François *fond*, a vne plus grande estenduë, & se dit aussi bien des autres choses, ,qui ne sont pas liquides; car nous disons *le fond d'vne tour*, *le fond d'vn sac*, *le fond d'vne poche*, *le fond d'vn chapeau*, *&c.* *Fonds* auec *s*, est proprement *la terre qui produit les fruits propres à la nourriture de l'homme ou des animaux*; mais cette signification s'estend figurement à *tout ce qui rapporte du profit*, & à beaucoup d'autre choses encore, qu'il n'est pas à propos de dire icy: Il suffit d'auoir fait remarquer la difference des deux, afin que desormais on sçache quand il faut mettre l'*s*, ou quand il ne la faut pas mettre, par exemple il faut dire, *de fond en comble*, & non pas *de fonds en comble*, parce que *fond*, en cet endroit est la plus baſſe partie de l'edifice oppoſée à *comble*, qui eſt la plus haute. On dit auſſi *au fond*, & *venir au fond*, & non pas *au fonds*, parce qu'on entend parler, de la derniere partie que l'on atteint apres auoir penetré tout le reſte. Mais on dira, *il a vint mille liures de rente en fonds de terre*, auec vne *s*, & non pas *en fond de terre*, ſans *s*. Et de meſme dans le figuré *il n'y a point de fonds, il faut faire vn fonds, &c.* il faut dire *fonds*, & non pas *fond*, parce que ce *fonds* là vient de *fundus*, & non pas de *fundum*, le François ayant conſerué l'*s*, au propre & au figuré du mot qui vient de *fundus*, & ne l'ayant pas receuë en celuy qui vient de *fundum*, comme il n'y en a point au Latin.

Tant & de ſi belles actions.

PAr exemple, *il a fait tant & de ſi belles actions.* Cette façon de parler a eſté fort vſitée autrefois par les meilleurs Eſcriuains, mais aujourd'huy elle a je ne ſçay quoy de vieux & de rude, & ceux qui eſcriuent bien purement ne s'en ſeruent plus. Ils ſe contentent de dire *il a fait tant de belles actions*, qui eſt incomparablement plus doux, & qui comprend & la quantité & la qualité des actions, auſſi bien que ſi l'on diſoit, *il a fait tant & de ſi belles actions*; car encore que l'on ne mette pas *si*, auec *belles*, on ne laisse pas d'exprimer suffisamment ce que l'on veut dire. Quelques-vns neantmoins croyent que dans le genre sublime cela fait tout vn autre effet, de dire *tant & de si belles actions*, que si l'on disoit simplement *tant de belles actions*; mais plusieurs ne sont pas de cet auis, sur tout en escriuant; car en parlant, c'est vne autre chose, & je sens bien que la prononciation luy peut donner quelque emphase.

Quoy que l'on die, quoy qu'ils dient.

AV singulier, *quoy que l'on die*, est fort en vsage, & en parlant, & en escriuant, bien que *quoy que l'on dise*, ne soit pas mal dit; Mais *quoy qu'ils dient*, au pluriel ne semble pas si bon à plusieurs que *quoy qu'ils disent*, je voudrois vser indifferemment de l'vn & de l'autre. Il y en a qui disent *quoy que vous diiez*, pour dire, *quoy que vous disiez*, mais il est insupportable.

Bailler, donner.

CE verbe *bailler*, a vieilli, & l'on ne s'en sert plus en escriuant que fort rarement. On dit tousjours *donner*, au lieu *de bailler*, si ce n'est en certains endroits, comme quand on dit *bailler à ferme*, ou bien lors que l'on a esté contraint de se seruir souuent de *donner*, & que l'on est encore obligé de le repeter ; M. de Malherbe l'a preferé vne fois à *donner*.

Telle que nostre siecle aujourd'huy vous regarde
Merueille incomparable en toute qualité,
Telle je me promets de vous bailler en garde
Aux fastes eternels de la posterité.

I'ay oüy dire à l'vn des plus beaux esprits de ce temps vne assez plaisante chose, que ce qui luy a fait hair premierement ce mot de *bailler*, c'est vn de ses amis, qui ayant heurté à vne porte d'vn logis, où il y auoit assemblée, demanda à celuy qui luy vint ouurir, *baille-t-on le bal ceans?* Ie dis cecy pour faire voir le mauuais effet de ce mot employé au lieu de *donner*. Outre que je suis bien aise de fortifier cette Remarque du sentiment d'vne personne qu'on peut nommer vn des Oracles de nostre langue, aussi bien que de la Grecque & de la Latine ; & chez qui les Muses & les Graces, qui ne s'accordent pas tousjours, sont parfaitement vnies.

Ce peu de mots ne sont que pour, &c.

VOicy vn exemple d'vne construction estrange, où le genitif regit le verbe ; On dira que *ce peu*, est vn terme collectif, qui par consequent a le sens du pluriel,

& qu'ainsi il ne faut pas s'estonner s'il regit le pluriel; mais nous auons remarqué ailleurs, qu'encore que le nominatif singulier soit vn mot collectif, neantmoins il ne regira pas le pluriel si le genitif n'est pluriel, comme *la plus part sont, la plus part des hommes sont*, *& la plus part du monde fait*, *vne infinité de gens sont entrez*, *& vne infinité de monde est entré*. D'ordinaire apres *ce peu*, si le genitif est pluriel, il faut que le verbe soit pluriel aussi, mais si le genitif est singulier, il faut que le verbe soit singulier aussi, comme *ce peu de sel suffira*. Quelquefois auec le genitif pluriel, on met le verbe au singulier, comme *ce peu d'exemples suffira*, mais cela se fait rarement, & il est bon de l'euiter.

Mon, ton, son.

PLusieurs ne peuuent comprendre, comment ces pronoms possessifs, qui sont masculins, ne laissent pas de se joindre auec les noms feminins, qui commencent par vne voyelle; car on dit *mon ame, mon enuie, mon inclination, &c.* & ainsi des autres deux *ton*, & *son*. Quelques-vns croyent qu'ils sont du genre commun, seruant tousjours au masculin, & quelquefois au feminin, c'est à dire à tous les mots feminins qui commencent par vne voyelle, afin d'euiter la cacophonie que feroient deux voyelles, comme *ma ame, ma enuie, ma inclination, &c.* venant à se rencontrer. On dit pourtant, *m'amie*, & *m'amour*, en termes de caresses, mais ce n'est qu'en ces deux mots, que je sçache, & en certaines occasions qu'on parle ainsi; car on ne dira point *vne telle estoit fort m'amie*, mais *estoit fort mon amie*, ny *m'amour est constante*, pour dire *mon amour est constante.* D'autres soustiennent que ces pronoms sont tousjours masculins, mais qu'à cause de la cacophonie on ne laisse pas de les joindre auec les feminins, qui commencent par vne voyelle, tout de mesme, disent-ils, que les Espagnols se seruent de l'article masculin *el*, pour mettre deuant les feminins commençans par vne voyelle, disant *el alma*, & non pas *la alma.* De quelque façon qu'il se face, il suffit de sçauoir qu'il se fait ainsi, & il n'importe gueres, ou point du tout, que ce soit plustost d'vne maniere que de l'autre : Il faut ajouster ce mot pour l'*h* consone, quoy que nous en ayons parlé à plein fond dans la remarque de l'*h*, que comme lors qu'elle s'aspire, elle tient lieu d'vne veritable consone en tout & par tout sans exception, aussi deuant les noms feminins qui commencent par cette sorte d'*h*, il faut dire *ma*, & non pas *mon*, *ma haquenee*, *ma harangue*, & non pas *mon haquenée*, & *mon harangue*,

rangue, tout de mesme que l'on dit *ma femme*, & non pas *mon femme*, comme parlent les Estrangers, qui apprennent nostre langue. Que si l'*h* est muette, alors on dit *mon*, comme on a accoustumé de dire tousjours deuant les voyelles, cette *h* n'estant contée pour rien, *mon heure*, & non pas *ma heure*, *son histoire*, & non pas *sa histoire*.

Mes obeïssances.

VNe infinité de gens disent & escriuent, *ie vous iray asseurer de mes obeïssances*. Cette façon de parler n'est pas Françoise, elle vient de Gascogne, il faut dire *obeïssance*, au singulier, & jamais au pluriel, *je vous iray asseurer de mon obeïssance*; car ce mot au singulier signifie *& l'habitude, & tous les actes reïterez de l'obeïssance*.

Le voyla qui vient.

C'Est ainsi qu'il faut dire, & non pas *le voyla qu'il vient*, car ce *qui* est relatif a *le*, qui est deuant. Mais parce que dans le masculin, l'oreille ne discerne pas aisément si l'on dit *le voyla qui vient*, ou *le voyla qu'il vient*, il faut donner vn exemple au feminin, qui ne permettra pas d'en douter. On dit donc aussi *la voyla qui vient*, & non pas *la voyla qu'elle vient*. Ce dernier n'est point François. On dit tout de mesme *le voyez-vous qui vient, la voyez-vous qui vient*, & non pas *qu'il vient*, ny *qu'elle vient*; mais il est à remarquer que pour *qui*, on ne dit jamais *lequel*, ny *laquelle*, en cet endroit, ny au singulier, ny au pluriel.

Comme ie suis.

ON a repris, comme plusieurs sçauent, cette façon de parler, *quand je ne serois pas vostre seruiteur comme je suis*, disant que ces dernieres paroles *comme je suis*, sont inutiles, & qu'il suffit de dire *quand je ne serois pas vostre seruiteur*. Mais outre que l'Vsage authorise cette façon de parler, & que cette repetition a bonne grace, comme les repetitions l'ont souuent en nostre langue, il n'est pas vray que ces paroles là soient inutiles; car pour estre inutiles, il faudroit qu'on ne peust jamais dire *quand je ne serois pas vostre seruiteur*, que necessairement, & tacitement on n'entendist les paroles suiuantes *comme je suis*. Or est-il que cela est faux, parce qu'apres ces paroles, *quand je ne serois pas vostre seruiteur*, tant s'en faut qu'il faille necessairement sous-entendre les autres, qu'au contraire on peut dire, *comme je ne le suis pas*. Par exemple, vn homme dit à vn autre, *je suis asseuré que vous n'estes point mon seruiteur*, ou *mon amy*, & l'autre respond, *& quand je ne serois pas vostre seruiteur*, ou *vostre amy, comme en effet je ne le suis pas, me seroit-il imputé à crime?*

Vers où.

EXemple, *il se rendit à vn tel lieu, vers où l'armée s'auançoit.* Cette façon de parler, qui s'est introduite depuis peu, & qui commence à auoir cours, parce qu'elle est commode, n'est pas bonne; tant à cause de la transposition de ces deux mots, que pour la nature de la preposition *vers*, qui ne regit jamais vn aduerbe, comme est *où*, mais tousjours vn nom, soit auec article, soit sans article, comme *vers Paris, vers l'Orient, vers la ville.* Nous auons pris ce *vers où*, des Italiens, qui disent *verso doue.*

Plaire.

CE verbe se met quelquefois auec *de*, & quelquefois sans *de*; & en certains lieux il est comme indifferent de le mettre ou de le laisser. Ie dis *comme indifferent*, parce qu'aux endroits où l'on a le choix de l'vn ou de l'autre, il semble qu'il est tousjours mieux de le laisser. Par exemple on dit fort bien *la faueur qu'il vous a pleu me faire*, & *qu'il vous a pleu de me faire*, mais l'opinion la plus commune est que, *il vous a pleu me faire*, est beaucoup mieux dit. Ce seroit vne faute de ne mettre pas le *de*, aux phrases suiuantes, *il me plaist de faire cela*, *il me plaist d'y aller*, *il ne luy plaist pas d'y aller*; car on ne dira jamais *il me plaist faire cela*, ny *il me plaist y aller*, ny *il ne luy plaist pas y aller*. Et cependant il faut dire par exemple, *afin qu'il luy plaise me faire l'honneur de m'aimer*, & non pas *afin qu'il luy plaise de me faire l'honneur de m'aimer*, non seulement à cause de la repetition de deux *de*, mais par la nature mesme du verbe, qui en cet endroit & en vne infinité d'autres semblables aime à se passer de cette particule; car nous disons tout de mesme, *afin qu'il luy plaise me faire cette grace*, quoy qu'il n'y ayt pas lieu de repeter deux fois *de*, il est vray que pour l'ordinaire on est obligé de se seruir de la particule *de*, soit auec le nom, ou auec le verbe, comme *s'il luy plaisoit m'honorer de ses commandemens*, *s'il luy plaisoit me faire l'honneur de me commander*, tellement que si l'on mettoit encore vn *de*, apres le verbe *plaire*, cela seroit bien rude, & c'est peut-estre la cause, pour laquelle le plus souuent on n'y met point le *de*, parce que son plus grand vsage est en ces sortes de phrases. Et de fait lors qu'il n'y a pas lieu de mettre vn autre *de*, je remarque qu'on le met apres *plaire*, comme *s'il vous plaist de m'oüir*, est fort bien dit, & je doute vn peu que *s'il vous plaist m'oüir*, soit fort bon.

Quant à ce qui est de ces phrases, *il me plaist de le faire, il me plaist d'y aller*, & autres de cette nature, où le *de*, ne peut estre obmis, peut-estre que c'est pour la mesme raison, qui est qu'il n'y a point d'autre *de*, qui suiue. Mais je crois qu'on le peut encore attribuer à vne autre cause, à sçauoir à la difference qu'il faut faire entre *plaire*, quand il signifie vne volonté absolue, comme quand on dit, *il me plaist de le faire, il me plaisoit d'y aller*, & *plaire*, quand on s'en sert en termes de ciuilité, de respect, & de courtoisie, comme quand on dit, *s'il luy plaisoit me faire l'honneur, il luy a pleu me faire vne grace*; Car quand il exprime vne volonté absoluë, il faut tousjours mettre *de*, & quand on l'employe par honneur, souuent on ne le met pas. Il est vray aussi que cette difference peut-estre ne procede que de ce qu'on ne repete point le *de*, apres l'vn, & qu'on le repete presque tousjours apres l'autre.

Corriual, complaintes.

Corriual, qui signifie proprement, comme chacun sçait, vn concurrent en amour, & figurément vn competiteur en toute sorte de poursuite, est deuenu vieux, & n'est plus gueres en vsage. On ne dit plus que *riual*.

qui aussi est bien plus doux & plus court. Ainsi nos Poëtes jusques au temps de M. Bertaut inclusiuement, ont dit *complaintes*, pour *plaintes*, & ont intitulé leurs *plaintes*, *Complaintes*.

Il s'est bruslé, & tous ceux qui estoient aupres de luy.

CEtte façon de parler, quoy que familiere à vn de nos meilleurs Escriuains, n'est pas bonne, parce que la construction en est tres-mauuaise; Car il faudroit dire, *il s'est bruslé & a bruslé tous ceux qui estoient aupres de luy*, & il n'est pas question d'affecter la brieueté, ny de craindre la repetition d'vn mot en de semblables occasions. Rien n'en peut dispenser en celle-cy, & il est impossible que la construction du verbe passif puisse compatir auec celle du verbe actif, ny le verbe auxiliaire *estre*, tenir la place de l'autre verbe auxiliaire *auoir*, tant leurs fonctions & leurs regimes sont differens, ou pour mieux dire, opposez. Et neantmoins ceux qui escriuent selon l'exemple qui sert de titre à cette remarque, pechent contre tout cela.

Demi-heure, demi-douzaine.

C'Est ainsi qu'il faut dire & escrire, & non pas *demie heure*, ny *demie douzaine*, mais il faut bien dire *vne heure & demie, vne douzaine & demie, vne lieuë & demie, &c.*

Quelque riches qu'ils soient.

IL faut escrire ainsi, & non pas *quelques*, auec vne *s*, parce que *quelque*, est là aduerbe & non pas pronom, & signifie *encore que*, ou proprement le *quantumlibet* des Latins; neantmoins il faut remarquer qu'il n'est aduerbe qu'auec les adjectifs, comme en l'exemple proposé, & non pas auec les substantifs; car on ne dira pas *quelque perfections qu'il ayt*, mais *quelques perfections*, parce que là *quelques*, n'est pas aduerbe, mais pronom, & ainsi il prend l'*s* au pluriel. Nous auons fait vne autre Remarque de *quelque* aduerbe aussi en vne autre signification, qui est *enuiron*.

Valant, & *vaillant*.

NOus auons desja fait vne Remarque, pour asseurer qu'il faut dire par exemple, *il a cent mille escus vaillant*, & non pas *valant*, comme disent plusieurs, encore que l'on die *equiualent*, & non pas *equiuaillant*. Mais j'adjouste icy, que l'on ne laisse pas de dire *valant*, en certain endroit, qui est quand on ne le met pas apres l'argent, mais deuant; comme *je luy ay donné vingt tableaux, valans cent pistoles la piece*, & non pas *vaillans cent pistoles la piece*, en quoy il faut admirer la bizarrerie de l'Vsage.

A moins de faire cela.

PLusieurs manquent en cette phrase, les vns disant *à moins de faire cela*, & les autres *à moins que faire cela*, car ny l'vn ny l'autre n'est bon, quoy que le premier soit moins mauuais, il faut dire *à moins que de faire cela.*

Loin, bien loin.

PAr exemple, *bien loin de m'auoir recompensé, il m'a fait mille maux*, est tres-bien dit, mais il y en a plusieurs, qui au lieu de parler ainsi, disent *loin de m'auoir recompensé, &c.* sans mettre *bien*, deuant *loin.* C'est vne faute en prose, où il faut tousjours dire *bien loin*, & jamais *loin*, tout seul, mais en vers non seulement *loin*, tout seul se peut dire, mais il a bien meilleure grace que *bien loin*, qui seroit trop languissant & sentiroit trop la prose.

Iours Caniculaires.

ON demande s'il faut dire *les jours caniculiers*, ou *les jours caniculaires.* On dit l'vn l'vn & l'autre, mais *Caniculaires*, est beaucoup meilleur, & tellement de la Cour, qu'on n'y peut souffrir *caniculiers*. Ceux qui croyent qu'il faut dire *caniculiers*, se fondent sur l'analogie de plusieurs mots François qui ont la mesme terminaison, comme *singulier*, *regulier*, *seculier*, *particulier*, *escolier*, *&c.* qui viennent d'vn mot Latin terminé en *aris*, *singularis*, *secularis*, *&c.* comme *caniculier*, vient de *canicularis*, mais ils ne prennent pas garde, que ceux qui disent *caniculaires*, alleguent aussi l'analogie de plusieurs autres mots venans du Latin terminez en *aris*, qui prennent neantmoins leur terminaison en *aire*, comme *salutaris salutaire*, *militaris militaire*, *circularis circulaire*, *auricularis auriculaire*, *&c.* Mais quand le mot de *caniculier*, auroit toute l'analogie pour luy, *caniculaire*, ayant l'Vsage pour soy doit preualoir, parce que l'analogie n'a lieu que là où l'Vsage l'authorise, ou bien où il ne paroist pas.

Gangreine.

IL faut escrire *gangreine*, auec vn *g* au commencement, & non pas *Cangreine*, auec vn *c*, mais on prononce *cangreine*, auec vn *c*, & il est plus doux à cause qu'on euite la repetition des deux *g*. Nous auons beaucoup de mots en nostre langue, où le vulgaire confond ces deux lettres *c*, & *g*, par exemple il dit *segret*, pour *secret*, & *vacabond*, pour *vagabond*.

Exemple.

PLusieurs à la Cour prononcent *exemple*, comme si l'on escriuoit *excemple*, auec vn *c*, apres l'*x*, mais ils font vne faute ; Car nous auons des mots, où apres l'*x*, la voyelle suit immediatement, comme en ceux-cy *examiner*, *exent*, *exemple*, *exil*, *&c.* & d'autres où apres l'*x* on met vn *c*, comme à *excepter*, *exciter*, *&c.* Quand il y a vn *c*, il le faut prononcer, mais quand il n'y en a point comme à *exemple*, on ne le prononce jamais, & outre que la raison le veut ainsi, c'est l'vsage le plus general, y ayant incomparablement plus de gens qui disent *exemple*, sans *c*, que de ceux qui disent *excemple*, auec vn *c*.

Horrible, effroyable.

CEs epithetes & quelques autres semblables s'appliquent souuent en nostre langue aux choses bonnes & excellentes, quoy qu'elles ne semblent conuenir qu'à celles qui sont tres-mauuaises & tres-pernicieuses. Par exemple on dit tous les jours, *Il a vne memoire effroyable, il fait vne despense horrible, il a vne hor-*

rible grandeur, quand on parlera d'vne chose où *la grandeur* est loüange, comme d'vn palais, d'vn parc, d'vn jardin, d'vne Eglise, &c. Et tant s'en faut que cette façon de parler soit mauuaise, ny qu'il la faille condamner, qu'au contraire elle est elegante, & a Ciceron mesme pour garent, qui dit en vne de ses lettres *ad Atticum*, en parlant de Cesar, *horribili vigilantia, celeritate, diligentia.* Il veut loüer Cesar, & il dit que *sa vigilance, sa vistesse*, ou *sa promptitude*, *sa diligence est horrible.*

Souuenir.

Les vns disent, par exemple, *il faut faire cela pour eux, afin de les faire souuenir de, &c.* Et les autres disent, *il faut faire cela pour eux, afin de leur faire souuenir de, &c.* Mais il y a cette difference entre ces deux façons de parler, que *leur faire souuenir*, est l'ancienne, qui n'est plus dans le bel vsage, & *les faire souuenir*, est la nouuelle, vsitée aujourd'huy par tous ceux qui font profession de bien parler & de bien escrire.

Mien, tien, sien.

Ces trois pronoms ne se mettent plus dans le beau stile de la façon qu'on auoit accoustumé d'en vser; par exemple, on disoit autrefois, comme le disent & l'escriuent encore aujourd'huy ceux qui n'ont pas soin de la pureté du langage, *vn mien frere*, *vne tienne sœur*, *vn sien amy*. Mais on ne s'en sert plus ainsi, & si l'on demande comme il faut donc dire, on respond que s'il y a plusieurs freres, il faut dire, *vn de mes freres*, & s'il n'y en a qu'vn, *mon frere*, de mesme *vne de tes sœurs*, ou *ta sœur*, *vn de tes amis*, ou *ton amy*.

Notamment.

CEt aduerbe n'est pas du bel vsage, il faut plustost dire *nommément*, les meilleurs sont, *particulierement*, *principalement*, *sur tout*, *&c.*

Pseaumes Penitentiaux.

SElon la reigle il faudroit dire *Penitentiels*; car tous les noms dont les pluriels terminent en *aux*, se terminent en *al*, ou en *ail*, au singulier, comme *mal*, *maux*, *animal*, *animaux*, *brutal*, *brutaux*, *esmail*, *esmaux*, *ail*, *aux*. Or il est certain qu'on ne dit point *Penitential*, au singulier, mais *penitentiel*, & par consequent il faudroit dire *penitentiels*, au pluriel, & non pas *penitentiaux*. Cependant l'Vsage veut que l'on die *penitentiaux*, *les pseaumes penitentiaux*, & non pas *les pseaumes penitentiels*. C'est vne exception à la Reigle; je pense qu'elle est vnique. Il y a quelque plaisir à deuiner, ou à rechercher d'où cela peut estre venu. C'est à mon auis de ce que l'on ne se sert point de ce mot, qu'en le joignant auec *pseaumes*, & tousjours au pluriel *pseaumes penitentiaux*, car quand on veut parler d'vn seul pseaume de ce genre là, on dit *vn des pseaumes penitentiaux*, & non pas *vn pseaume penitentiel*, & asseurément si l'on disoit quelquefois *vn pseaume penitentiel*, au singulier, on diroit aussi au pluriel *les pseaumes penitentiels*, mais parce qu'on ne le dit jamais qu'au pluriel, & qu'on l'a pris du Latin *psalmi penitentiales*, on a traduit *penitentiales*, *penitentiaux*, à cause que le Latin porte à cette terminaison *aux*, par le moyen de l'*a*, qni y conduit à l'exemple d'vne infinité d'autres, qui finissant en Latin par *ales*, se terminent en *aux*, en François, comme, *æquales egaux*, *animales animaux*, *riuales riuaux*. Ce n'est pas qu'il n'y ayt plusieurs mots aussi, qui venant du Latin terminez en *ales*, se traduisent en *els*, en François, comme *mortales mortels*, *tales tels*, *&c.* mais il suffit qu'il y en ayt d'autres, qui ayant *ales* en Latin, ont *aux* en François. Mais il n'y en a point qui ayt *aux*, au pluriel qui n'ayt *al*, ou *ail*, au singulier. Il est à remarquer, qu'on prononce *seaumes*, & non pas *pseaumes*.

Oratoire, Episode.

ORatoire, est tousjours masculin. Et cela est si certain, qu'il ne seroit pas besoin d'en faire vne remarque, si certains Autheurs approuuez n'y auoient manqué, en quoy tous les autres les condamnent. Mais *episode*, est masculin & feminin, quoy que plus souuent masculin.

Cy, joint aux substantifs.

TOut Paris dit, par exemple, *cet homme-cy*, *ce temps-cy*, *cette annee-cy*, mais la plus grand' part de la Cour dit, *cet homme icy*, *ce temps icy*, *cette année icy*, & trouue l'autre insupportable, comme reciproquement les Parisiens ne peuuent souffrir *icy*, au lieu de *cy*. Ce qu'il y a à faire en cela, est ce me semble, de laisser le choix de l'vn ou de l'autre à celuy qui parle; bien que pour moy, je voudrois tousjours dire *cet homme icy*, & non pas *cet homme-cy*, & ainsi des autres; Mais pour escrire, si ce n'est dans le stile le plus bas, comme dans la Comedie, l'epigramme burlesque, ou la satyre, je ne voudrois jamais me seruir ny de l'vn, ny de l'autre; Et ce n'est pas vne reigle que je face moy-mesme, je ne pretens pas auoir cette authorité, mais c'est vne remarque tirée des escrits de tous nos meilleurs Autheurs, qui ont tousjours euité vne locution si basse, & si populaire. En effet, *cet homme*, *ce temps*, *cette année*, ne disent-ils pas toute la mesme chose sans y adjouster ny *cy*, ny *icy*? Vne des plus eloquentes pieces de nostre temps a esté comme soüillée de cette tache, s'y rencontrant par trois fois *en ce royaume-cy*, au lieu de dire simplement, *en ce royaume*. Cette particule n'est bonne qu'aux pronoms *celuy*, & *cettuy* en tous leurs genres & en tous leurs nombres, comme *celuy-cy*, *celle-cy*, *ceux-cy*, *celles-cy*, *cettuy-cy*, *cette-cy*, qui ont les mesmes pluriels que *celuy-cy*, & *celle-cy*. *Cettuy-cy*, commence à n'estre plus gueres en vsage.

Ordres pour *vn Sacrement*.

ON demande s'il le faut faire masculin ou feminin. On respond qu'il est l'vn & l'autre, non pas indifferemment, mais selon la situation où il est. Par exemple, M. Coeffeteau & tous les bons Autheurs escriuent *les sainctes Ordres*, & cependant tout le monde dit, & escrit *les Ordres sacrez*, & non pas *sacrées*. Cette bizarrerie n'est pas nouuelle en nostre langue, car nous disons tout de mesme, *ce sont de fines gens*, & *ces gens-là sont bien fins*, & non pas *bien fines*.

Euesché, Duché, Comté.

EVesché, estoit autrefois vn mot feminin, & Ronsard a dit,

& le dos empesché
Sous le pesant fardeau d'vne bonne Euesché.

Mais aujourd'huy on le fait tousjours masculin. Il en est de mesme d'*Archeuesché*, *vn bon Euesché*, *vn grand Archeuesché*. Pour *Duché*, on le fait tantost masculin, tantost feminin, mais il me semble beaucoup plus vsité au masculin, & *Comté* de mesme, quoy que l'on die *la Franche-Comté*. Ceux du pays où elle est, ne sçachant gueres bien nostre langue, peuuent l'auoir nommée ainsi. Ce n'est pas que quelques-vns à la Cour & à Paris ne facent *Comté*, feminin, mais il est plus vsité au masculin, comme j'ay dit.

Pres, aupres.

LA preposition *pres*, a deux regimes, le genitif & l'accusatif, car on dit *pres du fleuue*, & *pres le Palais royal*, mais celuy du genitif est beaucoup meilleur, & plus en vsage. Neantmoins il y en a qui croyent, que *pres du Palais royal*, non seulement ne seroit pas si bien dit, mais seroit mal dit. Ie ne suis point de cette opinion, aussi n'est-ce pas la plus commu-

ne.

me. Il eſt bien vray, qu'enſeignant vn logis à Paris, il eſt aſſez ordinaire d'oüir dire *pres la porte S. Germain, pres la porte S. Iaques*, & c'eſt peut-eſtre pour abreger ce qui ſeroit plus long en diſant *pres de la porte ſainct Iaques*. Au moins il eſt tres-certain qu'*auec les perſonnes*, on le met tousjours au genitif, & que l'on ne dit jamais que *pres de moy, pres de luy, pres de cette Dame* : mais *aupres*, y ſeroit encore meilleur, & quoy qu'il s'employe fort bien aux choſes, comme *il loge aupres de l'Egliſe*, ſi eſt-ce qu'à mon auis il conuient beaucoup mieux aux perſonnes, & l'on dira, *il a des gens aupres de luy, qui ne valent rien*, & l'on ne diroit pas, *il a des gens pres de luy*.

Expédition.

IE ſçay bien que depuis quelques années nos meilleurs Autheurs non ſeulement ne font point de difficulté d'vſer de ce mot pour dire *vn voyage de guerre en pays eſloigné*, comme *l'expedition d'Alexandre*, ou *de Ceſar*, mais le preferent meſme à toute autre expreſſion qui puiſſe ſignifier cela. Tant d'excellens hommes l'employent dans leurs plus belles pieces d'eloquence, que je ne ſuis pas ſi temeraire que de le condamner ; Mais auec le reſpect qui leur eſt deu, je diray qu'aux ouurages qui doiuent voir la Cour, & passer par les mains des Dames, je ne le voudrois pas mettre, parce que ny elles, ny les Courtisans qui n'auront point estudié, n'auront garde de l'entendre, ny de prendre jamais *expedition*, qu'au sens ordinaire, & auquel tout le monde a accoustumé de s'en seruir. Ie n'ay pas remarqué que M. Coeffeteau l'ayt mis en aucun de ses escrits, mais j'ay bien pris garde, que des Dames d'excellent esprit lisant vn liure, où ce mot estoit employé au sens dont nous parlons, s'estoient arrestées tout court au milieu d'vn des plus beaux endroits du liure, perdant ou du moins interrompant par l'obscurité d'vn seul mot le plaisir qu'elles prenoient en cette lecture. Si je m'en seruois, j'y voudrois tousjours ajouster *militaire*, & dire *vne expedition militaire, des expeditions militaires*; car cette epithete l'explique en quelque façon, quoy que la plus part des Dames entendent aussi peu *militaire* qu'*expedition*.

Preuit, preueut.

On demande s'il faut dire, *il preuit*, ou *il preueut*. Il faut dire, *preuit*, quoy qu'il y en ayt quelques-vns qui disent *preueut*. La raison de douter est, que *pouruoir*, est vn composé de *voir*, & neantmoins on dit, *il pour-*

nieut, & non pas *il pouruit*. Outre qu'il y a des verbes simples qui se conjuguent d'vne façon, & leurs composez se conjuguent d'vne autre, par exemple on conjugue *nous disons, vous dites, &c.* & au composé l'on dit, *nous mesdisons, vous mesdisez*, & non pas *vous mesdites*, & de mesme *nous predisons, vous predisez*, & non pas *vous predites*. Ainsi nous disons au simple, *quoy qu'il die*, & nous ne dirons pas au composé, *quoy qu'il mesdie*, ny *quoy qu'il predie*, mais *quoy qu'il mesdise*, & *quoy qu'il predise*. Ainsi au participe simple on dit *decidé*, & au composé on dit *indecis*, & non pas *indecidé*. Il y en a encore d'autres, qui ne se presentent pas tousjours à la plume. Ainsi encore pour la prononciation on dit *respondre*, sans prononcer l'*s*, & au composé on dit, *correspondre*, en prononçant l'*s*.

Aller au deuant.

VOicy comme il se faut seruir de cette phrase, par exemple il faut dire, *il est allé au deuant de luy, il faut aller au deuant de luy*, & non pas *il luy est allé au deuant, il luy faut aller au deuant*, comme parlent les Gascons, & mesme quelques Parisiens, qui ont corrompu leur langage naturel par la contagion des Prouinciaux.

Si, *particule conditionnelle.*

L'*I* de cette particule quand elle eſt conditionnelle, & non autrement, ne ſe mange point deuant aucune des cinq voyelles, ſi ce n'eſt deuant *i*, encore n'eſt-ce qu'en ces deux mots, *il*, & *ils*, par exemple on dit, *ſi apres cela*, & non pas *s'apres cela*; *ſi entre-nous*, & non pas *s'entre-nous*; *ſi implorant*, & non pas *s'implorant*; *ſi on le dit*, & non pas *s'on le dit*; & en fin *ſi vn homme*, & non pas *s'vn homme*; mais deuant *il*, & *ils*, cet *i*, ſe mange, & l'on dit *s'il faut*, *s'il vient*, *s'ils viennent*, & non pas *ſi il faut*, *ſi il vient*, *ſi ils viennent*, comme eſcriuent quelques-vns, meſme de ceux qui ont la reputation de bien eſcrire; Et c'eſt ce qui a donné lieu à cette Remarque, dont je ne me ſerois pas auiſé, comme la croyant ſuperfluë, ſi je n'euſſe trouué cette faute continuelle en leurs eſcrits, qui eſtant dignes d'eſtre imitez en tout le reſte, pourroient ſurprendre en cela leurs imitateurs.

Pact, pacte, paction.

P*Act*, ne vaut rien du tout, *pacte*, eſt bon. On dit *vn pacte tacite*, & que *les ſorciers font vn pacte auec le diable*; mais *paction*, eſt le meilleur, & le plus vſité, *faire vne paction.* Il y a de certaines Prouinces en France, où l'on dit *pache*, pour *paſſion*, mais ce mot eſt barbare.

Ebene, yuoire.

CEs deux mots ſont feminins, il faut dire par exemple, *voyla de l'ebene bien noire, & de l'yuoire bien blanche.* Toute la Cour parle ainſi. Ceux qui trauaillent en ebene, font ce mot des deux genres, mais il s'en faut tenir à la Cour. Pour ceux qui trauaillent en yuoire, ils le font tousjours feminin.

Courroucé.

CE mot, dans le propre eſt vieux, & n'eſt plus gueres en vſage, car on dira rarement, *il eſt courroucé contre moy*, pour dire, *il eſt en colere contre moy*; mais dans le figuré il eſt fort bon, comme quand on dit que *la mer eſt courroucée*, pour dire, qu'elle eſt fort agitée, & qu'il y a vne grande tourmente. Il y a ainſi pluſieurs autres mots, qu'on rejette dans le propre, & qu'on reçoit dans le figuré, mais ils ne ſe preſentent pas maintenant à ma memoire.

Vers, enuers.

CEs deux prepoſitions ne veulent pas eſtre confonduës; *vers*, ſignifie le *ver-*

ſus, des Latins, comme *vers l'Orient, vers l'Occident*; & *enuers*, ſignifie l'*erga*, comme *la pieté enuers Dieu, enuers ſon pere, enuers ſa mere*, *&c.* *Vers* eſt, pour *le lieu*, & *enuers*, pour *la perſonne*. Ce ſeroit mal parler, de dire *la pieté des enfans vers le pere*, comme eſcrit tousjours vn grand homme. Que ſi l'on dit, *il s'eſt tourné vers moy*, & que de là on veuille inferer, que *vers*, ſe dit auſſi bien pour *la perſonne*, que pour *le lieu*, on reſpond qu'en cet exemple *vers*, ne laiſſe pas de regarder *le lieu* , pluſtoſt que *la perſonne*, comme le mot de *tourner*, le fait aſſez voir.

Vlcere.

CE mot eſt maſculin, *vn vlcere amoureux*, dit vn grand perſonnage, en traduiſant *vulnus alit venis*. On dit *vn vlcere malin*, & non pas *maligne*, neantmoins à la Cour pluſieurs le font feminin.

Vne partie du pain mangé.

ON demande s'il faut dire, par exemple, *ie n'ay fait que ſortir de la chambre, j'ay trouué vne partie du pain mangé*, ou *j'ay trouué vne partie du pain mangée.* Cette queſtion ayant eſté agitée en fort bonne compagnie , & de perſonnes tres-ſçauantes en la langue, tous ſont demeurez d'accord que ſelon la Grammaire ordinaire, il faut dire *vne partie du pain mangée*, & non pas *mangé*; mais la plus-part ont ſouſtenu que l'Vſage diſoit *vne partie du pain mangé*, & non pas *mangée*, & que l'Vſage le voulant ainſi, il n'eſtoit plus queſtion de Grammaire ny de Reigle. Meſme on a ajouſté ce que je penſe auoir remarqué en diuers endroits, qu'il n'y a point de locution, qui ayt ſi bonne grace en toutes ſortes de langues, que celle que l'Vſage a eſtablie contre la Reigle, & qui a comme ſecoüé le joug de la Grammaire. En effet les Poëtes Grecs & Latins en ont fait de belles figures, dont ils ornent leurs eſcrits, comme eſt la ſynecdoche (qu'ils appellent) & pluſieurs autres ſemblables, ſur quoy ce mot de Quintilien eſt excellent, *aliud eſt Latinè, aliud Grammaticè loqui*. Mais pour reuenir à noſtre exemple, on dit tout de meſme, *il a vne partie du bras caßé, il a vne partie de l'os rompu, il a vne partie du bras emporté*, & non pas *caſſée, rompuë*, ny *emportée*. On pourroit en rendre quelque raiſon, mais il ſeroit ſuperflu, puis qu'il eſt conſtant que l'Vſage fait parler ainſi, & qu'il fait pluſieurs choſes ſans raiſon, & meſme contre la raiſon, auſquelles neantmoins il faut obeir en matiere de langage.

De la fason que j'ay dit.

C'Est ainsi qu'il faut dire, & non pas *de la façon que j'ay dite*, quoy que selon la Reigle il le faudroit faire feminin. Il y en a toutefois qui croyent, que l'vn & l'autre est bon, mais i'apprens qu'ils se trompent. En cet exemple, ces paroles *de la façon que*, sont comme *aduerbiales*, & ont le mesme sens que si l'on disoit *comme j'ay dit*. Il s'en rencontre quelquefois d'autres de cette nature, dont je ne me souuiens pas maintenant, où il en faut vser de mesme.

Il se vient iustifier, il vient se iustifier.

CEtte remarque est de grande estenduë, car à tous propos il s'offre occasion de dire l'vn ou l'autre en d'autres exemples, que celuy que je viens de proposer, comme *je ne le veux pas faire*, ou *ie ne veux pas le faire, ils me vont blasmer*, ou *ils vont me blasmer*, & ainsi d'vne infinité d'autres, où l'on employe les pronoms personnels. Il s'agit donc de sçauoir si tous deux sont bons, & cela estant, lequel est le meilleur. On respond que tous deux sont bons, mais que si celuy-là doit estre appellé le meilleur, qui est le plus en vsage, *je ne le veux*

pas

pas faire, sera meilleur que *je ne veux pas le faire*, parce qu'il est incomparablement plus vsité. M. Coeffeteau obseruoit ordinairement le contraire, & mettoit le pronom aupres de l'infinitif, parce que faisant profession d'vne grande netteté de stile, il trouuoit que la construction en estoit plus nette & plus reguliere; Mais il y a plus de grace, ce me semble, en cette transposition, puis que l'Vsage l'authorise, suiuant ce qui a esté dit en la Remarque, qui a pour titre, *Vne partie du pain mangé*. Vne des principales beautez du Grec & du Latin consiste en ces transpositions, & comme elles sont fort rares en nostre langue, sur tout en prose, elles en sont plus agreables.

Vieil, vieux.

TOus deux sont bons, mais non pas indifferemment; car *vieil* ne se doit iamais mettre à la fin des mots, ny deuant les substantifs, qui commencent par vne consone, comme on ne dira pas *c'est vn homme vieil*, *c'est vn habit vieil*, quoy qu'à Paris plusieurs dient *du vin vieil*, mais mal. On ne dira pas non plus, *c'est vn vieil garçon*, *c'est vn vieil manteau*, mais *vn homme vieux*, *vn habit vieux*, *du vin vieux*, *vn vieux garçon*, *vn vieux man-*

teau. Le ſeul vſage donc de *vieil*, eſt deuant les ſubſtantifs, qui commencent par vne voyelle, comme *vn vieil homme*, *vn vieil amy*, *vn vieil habit*, *&c.* Ce n'eſt pas que l'on ne die auſſi *vn vieux homme*, *vn vieux amy*, *vn vieux habit*, mais *vieil*, y eſt beaucoup meilleur.

Cymbales, tymbales hemiſtiche.

CEs deux premiers mots ſont tousjours feminins, *des cymbales ſonantes. Hemiſtiche*, qui ſignifie vn demi-vers, eſt tousjours maſculin, *vn hemiſtiche.*

Deux ou pluſieurs pluriels ſuiuis d'vn ſingulier auec la conionction ET *deuant le verbe, comment ils regiſſent le verbe?*

L'Exemple le va faire entendre, *Non ſeulement tous ſes honneurs & toutes ſes richeſſes, mais toute ſa vertu s'eſuanoüirent.* Quelques vns ont ſouſtenu que c'eſtoit bien dit, à cauſe des pluriels & de pluſieurs choſes qui precedent le verbe, car quand il n'y auroit que des ſinguliers, eſtant de diuerſe nature & joints par la conjonction *et*, ils regiroient tousjours le pluriel, donc à plus forte raiſon y ayant des pluriels. Neantmoins la plus-part ne sont pas de cet auis, & tiennent qu'asseurément il faut dire, *non seulement tous ses honneurs, & toutes ses richesses, mais toute sa vertu s'esuanoüit*, non pas à cause de *vertu*, qui est au singulier, & le plus proche du verbe *s'esuanoüit*; car il n'y a point de doute qu'il faudroit dire *ses honneurs, ses richesses, & sa vertu s'esuanoüirent*, & non pas *s'esuanoüit*, quoy que *vertu*, en cet exemple soit au singulier, & proche du verbe, comme en l'autre; Mais cela procede, si je ne me trompe, de deux raisons, l'vne que l'adjectif *tout*, comme c'est vn mot collectif, & qui reduit les choses à l'vnité, quand il est immediatement deuant le verbe au singulier, il demande necessairement le singulier du verbe qui le suit, nonobstant tous les pluriels qui le precedent, & pour le faire voir plus clairement, seruons nous du mesme exemple, & disons *tous ses honneurs, toutes ses richesses, & toute sa vertu s'esuanoüirent*. Il est certain que presque tous ceux, qui sont sçauans en nostre langue, condamnent cette façon de parler, & soustiennent qu'il faut dire *s'esuanoüit*, quoy qu'ils ne doutent point qu'en l'autre exemple, il ne faille dire *ses honneurs, ses richesses, & sa vertu s'esuanoüirent*. Il n'y a doncque l'adjectif *tout*, qui cause cette difference. La seconde raison meilleure encore que la premiere est, que la particule *mais*, qui est au premier exemple, ſepare en quelque façon ce membre de celuy qui le precede, & rompant la premiere conſtruction des pluriels, en demande vne particuliere pour elle, qui eſt le ſingulier, ce *mais*, ſeruant comme d'vne barriere entre-deux, & d'vn obſtacle pour empeſcher la communication & l'influence des pluriels ſur le verbe. Quoy qu'il en ſoit, & à quelque cauſe qu'on l'attribuë; l'Vſage le fait ainſi dire preſque à tout le monde, & les femmes que j'ay conſultées là deſſus, à l'imitation de Ciceron, ſont toutes de cet auis, & ne peuuent ſouffrir, *non ſeulement toutes ſes richeſſes & tous ſes honneurs, mais toute ſa vertu s'eſuanoüirent.* Que ſi l'on demande ce que deuiendront ces pluriels, *tous ſes honneurs, & toutes ſes richeſſes,* ſans aucun verbe qu'ils regiſſent; Il faut reſpondre, que l'on y ſous-entend le meſme verbe au pluriel *s'eſuanoüirent,* lequel neantmoins on n'exprime pas, pour n'eſtre pas obligé de le repeter deux fois, quand on le met apres *toute ſa vertu*; car ſi l'on ne le mettoit point à la fin, on diroit fort bien, *non ſeulement tous ſes honneurs, & toutes ſes richeſſes s'eſuanoüirent, mais toute ſa vertu,* & alors apres *vertu*, il faudroit ſous-entendre *s'eſuanoüit.* Mais il eſt beaucoup plus elegant de le ſous-entendre en cet exemple apres les pluriels, qu'apres le ſingulier.

Trois ſubſtantifs, dont le premier eſt maſculin, & les autres deux, feminins, quel genre ils demandent?

PArce que le genre maſculin eſt le plus noble, il preuaut tout ſeul contre deux feminins, meſme quand ils ſont plus proches du regime. Par exemple M. de Malherbe a dit,

L'air, la mer, & la terre
N'entretiennent-ils pas
Vne ſecrete loy de ſe faire la guerre,
A qui de plus de mets fournira ſes repas?

Il ne dit point, *n'entretiennent-elles pas*. Et afin qu'on ne croye pas, que ce ſoit vne licence poëtique, voicy des exemples en proſe, *le trauail, la conduite, & la fortune peuuent-ils pas eleuer vn homme? Le trauail, la conduite, & la fortune joints enſemble*, & non pas *jointes*.

Verbes qui doiuent eſtre mis au ſubionctif, & non à l'indicatif.

PAr exemple, *je ne crois pas que perſonne puiſſe dire que je l'aye trompé*, il faut ainſi parler, & non pas *que je l'ay trompé*, en l'indicatif. La Reigle eſt, que quand il y a trois verbes dans vne periode continuë, ſi le premier eſt accompagné d'vne negatiue, les deux autres qui ſuiuent, doiuent eſtre mis au ſubjonctif, comme ſont en cet exemple, *puiſſe*, *&c. je l'aye trompé*. Pour le premier, je ne vois perſonne, qui y manque, mais pour le ſecond, pluſieurs mettent l'indicatif pour le ſubjonctif, & diſent, *je ne crois pas que perſonne puiſſe dire que je l'ay trompé*, au lieu de dire, *que je l'aye trompé*. C'eſt vne faute que fait d'ordinaire vn de nos meilleurs Eſcriuains, & ce qui m'a obligé de faire cette remarque, tant pour empeſcher qu'on ne l'imite en cela, que parce qu'il y a apparence, que puis qu'vn ſi excellent Autheur y manque, d'autres y manqueront auſſi.

Enuoyer.

ON demande s'il faut dire par exemple, *il enuoya ſon fils au deuant de luy pour l'aſſeurer, &c.* ou bien, *il enuoya ſon fils au deuant de luy l'aſſeurer*, ſans *pour*. On reſpond que l'vn & l'autre eſt bon, mais la queſtion ayant eſté propoſée à des gens capables de la reſoudre, les vns ont creu qu'il eſtoit plus naturel de mettre *pour*, & les autres, plus elegant de le ſupprimer.

Apres ſix mois de temps eſcoulez.

CEtte Remarque eſt preſque ſemblable à celle qui a pour titre, *Vne partie du pain mangé*. La queſtion eſt s'il faut dire *Apres ſix mois de temps eſcoulez*, ou *apres ſix mois de temps eſcoulé*. On tient que l'vn & l'autre eſt bon, mais que le premier eſt plus grammatical, & le ſecond plus elegant.

Accouſtumance.

CE mot commence à vieillir ; Au lieu d'*accouſtumance*, on dit maintenant *couſtume*, quoy que ce ſoit vn mot equiuoque, & qu'*accouſtumance*, exprime bien mieux & vniquement ce qu'il ſignifie. Mais il n'y a point de raiſon contre l'Vſage.

D'auenture.

A*Venture* eſt vn fort bon mot en diuers ſens, mais l'aduerbe qui en eſt compoſé, *d'auenture*, pour ſignifier *par hazard*, *de fortune*, n'eſt plus gueres en vſage parmy les excellens Eſcriuains. *Par auenture*, pour *peut-eſtre*, commence auſſi à deuenir vieux, quoy qu'il y ayt encore de fort bons Autheurs qui s'en ſeruent dans des ouurages d'eloquence. Ie ne le voudrois pas faire, eſtant bien aſſeuré qu'il vieillit. On dit bien *vn mal d'auenture*, mais là il n'eſt pas aduerbe, il eſt nom.

Le peu d'affection qu'il m'a tesmoigné.

ON disputoit s'il falloit dire *le peu d'affection qu'il m'a tesmoigné*, ou *le peu d'affection qu'il m'a tesmoignée.* Quelques vns estoient d'auis du second, & de dire *tesmoignée*, au feminin, le rapportant à *affection*, mais la plus-part le condamnerent tout à fait, soustenant qu'il falloit dire *tesmoigné*, au masculin qui se rapporte à *le peu*, & certainement il n'y en a gueres, à qui ie l'aye demandé depuis, qui n'ayent esté de cette opinion. Il en est de mesme de tous les aduerbes de quantité *plus*, *moins*, *beaucoup*, *autant &c.* comme *I'ay plus perdu de pistoles en vn iour, que vous n'en auez gaigné en toute vostre vie*, & non pas *gaignees*, parce que *gaigné*, se rapporte à *plus*, & non pas à *pistoles*. Il en est de mesme des autres, que j'ay marquez. Ceux mesmes, qui croyent que *tesmoignée* soit bien dit, demeurent d'accord, que l'autre est bon aussi; C'est pourquoy on ne peut manquer de dire *tesmoigné*, & ce ne seroit pas sagement fait de risquer vne chose, quand on s'en peut asseurer. Il y a encore dans la prochaine Remarque vne raison conuaincante, par laquelle il faut dire *tesmoigné*, & non pas *tesmoignée*.

L'article

L'article indefini ne reçoit iamais apres soy le pronom relatif, ou, le pronom relatif ne se rapporte iamais au nom qui n'a que l'article indefini.

EXemple, *il a esté blessé d'vn coup de fleche, qui estoit empoisonnee.* Ce seroit mal parler, parce que *fleche*, n'est regi que d'vn article indefini qui est *de*, & à cause de cela, le pronom relatif *qui*, ne sçauroit se rapporter à *fleche*. Mais s'il y auoit *il a esté blessé de la fleche, qui estoit empoisonnée*, alors ce seroit fort bien dit, parce qu'en cet exemple *fleche*, à vn article defini, qui est *de la*, auquel le pronom *qui*, en tous les cas & en tous les nombres se rapporte parfaitement bien. A quoy il faut ajouster que le pronom *vn* ou *ce, cette, ces*, & autres semblables auec l'article indefini, valent autant que l'article defini; comme *il a esté blessé d'vne fleche qui estoit empoisonnée*, se dit tout de mesme que *il a esté blessé de la fleche qui, &c.* le pronom *vne*, equipollent l'article *la* Donc suiuant cette reigle, qui ne souffre iamais d'exception, on ne peut pas dire *le peu d'affection qu'il m'a tesmoignée*, parce que *tesmoignée*, & *que*, qui est deuant *il*, se rapporteroient necessairement à *affection*, & *tesmoignée* ne s'y peut rapporter que par la liaison

& l'entremise du pronom *que*; lequel ne se peut rapporter à *affection* à cause que ce nom en cet exemple n'a que l'article indefini, à sçauoir *de*. Il faut donc de necessité qu'il se rapporte à ces mots *le peu*; où il y a vn nom accompagné d'vn article defini. La remarque suiuante fortifiera encore celle-cy.

Le pronom relatif ne se peut rapporter à vn nom qui n'a point d'articles.

COmme nous venons de dire, que le pronom relatif ne se rapporte iamais au nom, qui n'a qu'vn article indefini, de mesme nous ajoustons, qu'à plus forte raison il ne se rapporte point au nom qui n'a point d'article. On peut exprimer cela d'vne façon, qui sera peut-estre plus claire, & dire ainsi. Tout nom qui n'a point d'article, ne peut auoir apres soy vn pronom relatif, qui se rapporte à ce nom là. L'exemple le fera encore mieux entendre, comme si l'on dit, *il a fait cela par auarice, qui est capable de tout*, c'est mal parler, parce qu'*auarice*, n'a point d'article, & ainsi ne se peut ayder du pronom relatif, ou pour mieux dire, le pronom relatif ne luy peut estre appliqué, ou rapporté en aucun des six cas, ny en aucun nombre. Il en est de mesme du mot *dont*, qui tient la place du pronom relatif; car on ne dira point *il a fait cela par auarice, dont la soif ne se peut esteindre.*

On pourroit objecter, que cette Reigle est veritable en tous les cas de la declinaison des noms, excepté au vocatif; car par exemple on dira fort bien par apostrophe, *Auarice qui causes tant de maux, hommes qui viuez en bestes, &c.* Et il est vray que c'est en ce seul cas, où l'on trouuera vn nom sans article, auec vn pronom qui se rapporte au nom; mais il y a double response, la premiere que cette exception n'empescheroit pas que la Reigle ne fust veritable en tout le reste. La seconde, que mesme la Reigle subsiste encore au vocatif, & n'y souffre point d'exception, parce que l'article du vocatif *o*, y est sous-entendu, mais l'article n'est point sous-entendu aux autres cas.

Que si l'on auoit la curiosité de demander pourquoy le nom, qui n'a point d'article, ou qui n'en a qu'vn indefini, ne peut auoir apres soy vn pronom relatif, on pourroit se deffaire de cette question par la response commune, que l'Vsage le veut ainsi. Ce ne seroit pas mal respondu, mais quoy que l'Vsage face tout en matiere de langue, & qu'il face beaucoup de choses sans raison, & mesme contre la raison, comme nous sommes obligez de dire souuent, si est-ce qu'il en fait beaucoup plus encore auecque raiſon, & il me ſemble que celle-cy eſt du nombre, bien que la raiſon en ſoit aſſez cachée. Ie crois pour moy, que c'eſt à cauſe que le pronom relatif s'appellant ainſi pour la relation ou le rapport qu'il a à quelque choſe qui a eſté nommée, il faut que les deux, & le nom & le pronom ſoient de meſme nature, & ayent vne correſpondance reciproque, qui face que l'vn ſe puiſſe rapporter à l'autre. Or eſt-il que cela ne peut arriuer entre deux termes, dont l'vn eſt touſjours defini, qui eſt le pronom relatif, & l'autre indefini, qui eſt le nom ſans article, ou ſans vn article defini. Le pronom eſt comme vne choſe fixe & adherente, & le nom ſans article, ou auec vn article indefini, eſt comme vne choſe vague & en l'air, où rien ne ſe peut attacher. Ie ne ſçay ſi je me ſeray fait entendre, ou quand on m'entendra, ſi l'on ſera ſatisfait de ce petit raiſonnement, & s'il ne ſera point trouué trop ſubtil, & trop metaphyſique; mais l'exemple du grand Scaliger, qui a fait de ſi beaux raiſonnemens ſur la Grammaire Latine, m'a donné en la noſtre cette hardieſſe, que le Lecteur prendra s'il luy plaiſt en bonne part.

Au ſurplus.

IL n'eſt pas meilleur qu'*au demeurant*, dont il eſt parlé ailleurs, & encore ce dernier a cet auantage sur l'autre, qu'au moins, du temps du Cardinal du Perron & de M. Coeffeteau, il estoit fort bon, & ce n'est que depuis quinze ou seize ans, que l'on commence à le mettre au rang des termes barbares; Au lieu qu'*au surplus* n'estoit point alors dans le bel vsage, & n'y est pas encore aujourd'huy, bien qu'vn de nos plus excellens Escriuains ne face pas difficulté de s'en seruir en ses derniers ouurages, mais il n'est pas à imiter en cela, comme il l'est en tout le reste. Cependant nous auons grand besoin de ces sortes de liaisons pour commencer nos periodes, & *au reste*, & *du reste*, n'y peuuent pas tousjours fournir, il faut varier.

Amour.

IL est masculin & feminin, mais non pas tousjours indifferemment; Car quand il signifie *Cupidon*, il ne peut estre que masculin, & quand on parle de l'Amour de Dieu, il est tousjours masculin, & non seulement on dit, *l'amour diuin*, & jamais *l'amour diuine*, ny *la diuine amour*, soit que nous entendions de l'amour que Dieu nous porte, ou de l'amour que nous auons pour Dieu, mais on dit aussi, *l'amour de Dieu doit estre graué dans nos cœurs*, & non pas *grauée*, & *l'amour que Dieu a tesmoigné aux hommes*, & non pas *tesmoignée*. C'est l'opinion commune, neantmoins vn excellent homme croit que l'on peut dire *grauée*, & *tesmoignée*, au feminin. Hors de ces deux exceptions, il est indifferent de le faire masculin, ou feminin; car on dit fort bien, *l'amour qu'vn Amant a pour sa maistresse, ou vn auaricieux pour les biens du monde, est si ardente, & si violente*, ou *si ardent & si violent*, & *l'amour des peres & des meres enuers leurs enfans est si pleine de tendresse*, ou bien *si plein de tendresse*, & ainsi de tous les autres. Il est vray pourtant qu'ayant le choix libre, j'vserois plustost du feminin que du masculin, selon l'inclination de nostre langue, qui se porte d'ordinaire au feminin plustost qu'à l'autre genre, & selon l'exemple de nos plus elegans Escriuains, qui ne s'en seruent gueres autrement. Certes du temps du Cardinal du Perron, & de M. Coeffeteau, c'eust esté vne faute de le faire masculin, hors les deux exceptions que j'ay marquées.

La petite amour parle, & la grande est muette, dit M. Bertaut, mais depuis quelques années, plusieurs de nos meilleurs Escriuains n'ont point fait de difficulté de le faire masculin, & mesme à la Cour, on a introduit cet vsage; quoy que la plus-part, & particulierement les femmes le facent feminin.

De certains mots terminez en e feminin, & en es.

ON dit tousjours *Charles, Iaques, Iules*, & jamais *Charle, Iaque, Iule*; C'est pourquoy Iules Scaliger en l'vne de ses Exercitations contre Cardan dit de bonne grace, *An tibi videtur pulchrum nomen Iulius? At Galli cùm illud pronuntiant, quasi ego non vnus, sed plures homines sim, in pluralis flexus sonum corrupere.* Mais on le pourroit bien dire auec plus de raison de cet autre *Iules*, qui agissant par tout l'Vniuers pour la gloire de la France, paroist tout seul plusieurs hommes. Quelques-vns attribuent cela à l'*i*, du mot Latin, mais ie ne puis estre de cet auis, à cause de la quantité des noms propres tirez du Latin où il y a vne *s*, qui neantmoins en François n'en ont point; Mais on dit *Philippe*, & *Philippes*, *Flandres*, & *Flandre*, auec cette difference neantmoins, qui est assez bizarre, que l'on dit *en Flandres*, & non pas *en Flandre*, & qu'il faut dire *la Flandre*, & non pas *la Flandres*, comme l'a escrit nouuellement vne des meilleures plumes de France. On dit *jusqu'à, jusqu'aux*, & *jusques à*, & non pas *jusque*, sans elision, & sans *s*, mais on dit tousjours *auecque*, quand on le fait de trois syllabes, & iamais *auecques*, non pas mesme en uers; Au lieu que l'on dit tousjours *doncques*, & jamais *doncque*, sans *s*, quand on le fait de deux syllabes, nonobstant le *dunque* des Italiens, d'où quelques-vns croyent que vient nostre *doncques*; mais quand cela seroit, la consequence est mauuaise.

Mille, milles.

CEs nombres *vint*, *cent*, *millier*, *million*, ont vn pluriel, & l'on dit *six vints*, *cinq cents*, *cinq milliers*, *cinq millions*; mais *mille*, n'a point de pluriel, ou pour mieux dire ne prend point de *s*, au pluriel, & l'on dit par exemple, *deux mille*, & non pas *deux milles*, *cinquante mille escus*, & non pas *cinquante milles escus*.

Mais quand *mille* signifie *vne estenduë de chemin, laquelle fait vne partie d'vne lieuë Françoise*, alors il faut mettre vne *s* au pluriel, & dire *deux milles*, *trois milles*, & non pas *deux mille*, *trois mille*, quoy qu'il soit vray que ce mot vienne du nombre *mille*, qui est la mesure de mille pas, dont cette estenduë de chemin qui fait vne partie d'vne lieuë, a pris sa denomination.

Auoir à la rencontre.

IL est traitté ailleurs de cette phrase *aller à la rencontre*. Celle-cy, *auoir à la rencontre*, pour dire

dire *rencontrer*, eſt encore pire. Par exemple, *en reuenant j'eus à la rencontre vn vieil hermite*, au lieu de dire, *en reuenant je rencontray vn vieil hermite*. Cette façon de parler eſt ſans doute de quelque Prouince de France, car elle eſt inoüie à la Cour, & meſme il ne me ſouuient point de l'auoir oüi dire dans la ville. Ie n'en aurois point fait de remarque, comme ne croyant pas cette phraſe fort vſitée, ſi je ne l'auois trouuée ſouuent dans les ouurages d'vn de nos meilleurs Eſcriuains. On diroit pluſtoſt *faire rencontre*, comme *en reuenant je fis rencontre d'vn vieil hermite*, mais *je rencontray vn vieil hermite*, eſt beaucoup meilleur.

Reciproque, mutuel.

Reciproque, ſe dit proprement de deux, & *mutuel* de pluſieurs, comme *le mary & la femme ſe doiuent aimer d'vne amour reciproque, & les Chreſtiens ſe doiuent aimer d'vne affection mutuelle*. Il y a encore cette difference que *reciproque*, ne ſe dit jamais de pluſieurs; car pour bien parler on ne dira pas, *les Chreſtiens ſe doiuent aimer d'vne affection reciproque*, mais *d'vne affection mutuelle*; Au lieu que *mutuel*, quoy qu'il ne ſe die proprement que de pluſieurs, ne laiſſe pas de ſe dire auſſi de deux ſeulement, comme *le mary & la femme ſe doiuent aimer d'vne amour mutuelle*. C'eſt fort bien dit, mais *d'vne amour reciproque*, eſt beaucoup meilleur. On dit auſſi *don mutuel*, d'vne donation faite entre deux perſonnes.

AFIN, *auec deux conſtructions differentes en vne meſme periode.*

QVelques vns de ceux, qui ſont les plus ſçauans en noſtre langue, & en la pureté ou netteté du ſtile, tiennent que cette conjonction *afin*, ne doit iamais regir deux conſtructions differentes en vne meſme periode, par exemple ils ne veulent pas qu'on eſcriue, *afin de faire voir mon innocence à mes Iuges, & que l'impoſture ne triomphe pas de la verité*, parce qu'au premier membre, *afin* regit *de*, auec vn infinitif, & au ſecond membre il regit vn *que*, auec le ſubjonctif. Ils ne nient pas que l'vn & l'autre regime ne ſoit bon, & que la conjonction *afin* ne ſe ſerue de tous les deux en diſant *afin de faire*, & *afin que l'on face*, mais ils ne veulent pas qu'en vne meſme periode on les employe tous deux, mais qu'au ſecond membre on ſuiue le meſme regime, qu'on a pris au premier & que l'on die par exemple *afin de faire voir mon innocence à mes Iuges, & d'empeſchter l'impoſture de triompher de la verité*, ou bien, *afin que l'on voye mon innocence, & que la verite triomphe de l'impoſture.*

Certainement c'eſt vn ſcrupule, pour ne pas dire vne erreur ; car outre que tout le monde parle ainſi, & qu'il eſt preſque tousjours vray de dire, qu'il faut eſcrire comme on parle, tous nos Autheurs les plus celebres en noſtre langue, ſoit anciens ou modernes, ou ceux d'entre-deux l'ont tousjours practiqué comme je dis, lors qu'ils ont eu beſoin de varier la conſtruction, & tant s'en faut que cette varieté ſoit vicieuſe, qu'elle fait grace ſans pouuoir bleſſer l'oreille, qui eſt toute accouſtumée à cet vſage. La Remarque ſuiuante ſeruira à confirmer dauantage cette verité.

Si, *auec deux conſtructions differentes en vne meſme periode.*

LA conjonction *ſi*, peut receuoir vne meſme conſtruction aux deux membres d'vne meſme periode, comme on dira fort bien *ſi vous y retournez & ſi l'on s'en plaint à moy, vous verrez ce qui en ſera.* Mais la façon de parler la plus ordinaire & la plus naturelle eſt de dire *ſi vous y retournez, & que l'on s'en plaigne à moy, &c.* Et il eſt certain que pour vne fois que l'on repetera le *ſi*, on dira mille fois *& que*, au ſecond membre de la periode, par où l'on voit clairement, que cette varieté n'est point vicieuſe, mais naturelle & de noſtre langue. Les Autheurs Grecs & Latins ſont pleins de ſemblables choſes, qui ſont du genie de leurs langues, & paſſent pour tres-elegantes.

Sur les armes, & *ſous les armes*.

PAr exemple on dit *l'armée demeura toute la nuit ſur les armes*, & *demeura toute la nuit ſous les armes*. Tous deux ſont bons, & egalement vſitez pour dire que *l'armée fut toute la nuit en armes*, car c'eſt ainſi que l'on parloit autrefois; On ne laiſſe pas de le dire encore, & il n'y a pas long-temps, qu'on a introduit ces nouueaux termes auec vne infinité d'autres, que la practique & l'exercice des armes à mis en vſage depuis ces dernieres guerres. Il y a de nos meilleurs Eſcriuains qui affectent de ne le dire iamais que d'vne façon, les vns eſcriuant tousjours *ſur les armes*, & les autres *ſous les armes*, mais puis que tous deux ſont receus, il faut vſer tantoſt de l'vn & tantoſt de l'autre, afin qu'il ne ſemble pas que l'on condamne celuy dont on ne ſe ſert iamais, en quoy l'on auroit tort, & pour conſeruer d'ailleurs tout ce qui contribuë à la richeſſe de noſtre langue; comme eſt de pouuoir dire vne meſme choſe de deux façons, plustost que d'vne seule.

Certaines constructions, & façons de parler irregulieres.

VN de nos meilleurs Autheurs, & de la premiere classe a escrit, que quelqu'vn auoit fait rompre vn pont *pour s'empescher d'estre suiui.* Si l'on veut examiner cette expression, sans doute on la trouuera bien estrange, car ou il faut que celuy qui a fait rompre le pont *empesche ses ennemis de le suiure,* ou *qu'il s'empesche par ce moyen de tomber entre leurs mains*; Mais de dire *pour s'empescher d'estre suiuy,* il y a ie ne sçay quoy dans cette façon de parler à la prendre au pied de la lettre, que ie ne puis conceuoir, & qui semble à plusieurs aussi bien qu'à moy, n'estre gueres conforme à la raison; car c'est les autres qu'il empesche de le suiure, & il ne s'empesche pas soy-mesme. Cependant l'expression non seulement en est bonne, mais elegante selon le sentiment de la plus-part de nos meilleurs Escriuains, que i'ay consultez là dessus.

En voicy encore vne autre du mesme Autheur, mais d'vn autre genre, qui choque plustost la Grammaire que le sens, au lieu que la precedente choque plustost le sens & la raison.

que la Grammaire. Il dit que quelqu'vn s'estoit sauué d'vne deroute *laissant sa mere auec sa femme & ses enfans prisonniers.* Selon la construction ordinaire, cette clause ne peut subsister; car tout ce qui est regi de la preposition *auec*, doit estre conté pour rien, comme s'il n'y estoit pas, & ainsi *prisonniers*, au pluriel & au masculin ne peut conuenir à *mere*, qui est singulier & feminin. Il eust fallu dire *laissant sa mere, sa femme, & ses enfans prisonniers*, pour le dire regulierement; Car si l'on disoit *laissant sa mere prisonniere auec sa femme & ses enfans*, outre que cette expression seroit languissante & de mauuaise grace, elle seroit de plus equiuoque, parce qu'il pouuoit laisser sa mere prisonniere sans que sa femme ny ses enfans fussent prisonniers. Ayant donc dit *laissant sa mere auec sa femme & ses enfans prisonniers*, il a failli sans doute contre la construction reguliere & grammaticale, mais c'est vne de ces fautes qui dans toutes les langues passent plustost pour vne vertu, que pour vn vice, comme ie l'ay remarqué ailleurs, & que l'on conte entre les ornemens & les graces du langage. Tant s'en faut donc que ceux qui en sont iuges capables, la condamnent, qu'au contraire ils la loüent, & la preferent de beaucoup à la reguliere qui seroit de dire *laissant sa mere, sa femme, & ses enfans prison-*

niers. Quand il s'en preſentera d'autres de cette nature, ie les remarqueray, comme des choſes rares & curieuſes.

La conjonction ET *repetée deux fois aux deux membres d'vne meſme periode.*

PAr exemple, *je leur ay fait voir le pouuoir que vous m'auiez donné, & me ſuis acquitté de tous les chefs de ma commiſſion, & leur ay fait connoiſtre la paſſion que vous auez de les ſeruir.* Ie dis que cette façon d'eſcrire peche contre le bon ſtile, & que l'on ne doit pas repeter deux fois la conjonction, *et*, au commencement des deux membres d'vne periode, comme l'on fait en cet exemple, ſi ce n'eſt qu'on ajouſte au ſecond *et*, quelque terme d'encheriſſement. Il faudroit donc mettre ainſi. *Ie leur ay fait voir le pouuoir que vous m'auiez donné, & me ſuis acquitté de tous les chefs de ma commiſſion, & meſme leur ay fait connoiſtre la paſſion que vous auez de les ſeruir.* Tantoſt on peut mettre, *meſme*, comme icy, tantoſt *non ſeulement*, ou *tant s'en faut*, ou d'autres termes ſemblables, qui par cet encheriſſement apportent de la varieté à la periode, & couurent le defaut de cette double repetition. Mais il faut noter que cette Reigle n'a lieu qu'au commencement des deux membres d'vne meſme periode, & qui ſont dans vn meſme regime, comme en l'exemple que nous auons donné, les deux *et*, ſont au commencement du ſecond & du troiſieſme membre d'vne meſme periode, & dans vn meſme regime, qui eſt *je*, par où la periode commence; Car ſi vous mettez vn ou pluſieurs *et*, hors de ces deux cas, ils ne ſeront point vicieux, par exemple on eſcrira fort bien, *je leur ay fait voir le pouuoir & l'authorité abſoluë que vous m'auez donnée, & me ſuis acquitté de tous les chefs & de toutes les circonſtances de ma commiſsion, & meſme leur ay fait connoiſtre la paſſion & les raiſons que vous auiez de les ſeruir.* Toutes ces repetitions de la conjonction *et*, de la façon que celles-cy ſont faites, ne ſont point mauuaiſes, parce qu'elles ſont hors des deux cas que j'ay marquez. Il eſt vray, qu'il n'y a rien qui gaſte tant la beauté du ſtile, & des periodes, que de mettre pluſieurs *et*, en tous leurs membres, comme il ſe voit en l'exemple que nous venons de donner. Au reſte, on peut fort bien commencer vne periode par la conjonction *et*, je dis meſme lors qu'il y a vn point, qui ferme la periode precedente. Ie n'en rapporteray point d'exemples, parce que tous nos bons Autheurs en ſont pleins. Nous auons ſi peu de liaiſons pour les periodes, qu'il ne faut pas encore nous oſter celle-cy.

Soupçon-

Soupçonneux, suspect.

PLusieurs disent *soupçonneux*, pour *suspect*, qui est vne chose insupportable, par exemple ils diront, *ce Iuge là est soupçonneux*, au lieu de dire, *suspect. Soupçonneux*, est tousjours vn mot actif, & *suspect*, est tousjours vn mot passif, *soupçonneux*, est tousjours celuy qui soupçonne, ou qui est enclin à soupçonner, & *suspect*, est tousjours celuy qui est soupçonné, ou qui le doit estre. Ce qui est cause à mon aduis de cette faute, c'est que l'on dit *soupçonné*, pour *suspect*, & de *soupçonné*, on a passé aisément à *soupçonneux*.

Fil de richar.

CE que l'on appelle ordinairement ainsi, est tres-mal nommé, & par vne corruption qui n'est venuë que de ce qu'on a ignoré l'origine de ce mot. Il faut dire, *fil d'archal*, & cet *archal*, prend sa vraye ethymologie du mot Latin *aurichalcum*; Ceux qui ont le genie de l'ethymologie des mots, n'ont garde de douter de celle-cy, elle est trop euidente. C'est pourquoy il y faut vne *l*, à la fin. Quelques-vns escriuent *fidarchal*, en vn mot sans garder les marques de son ethymologie. D'autres le font deriuer d'vn village nommé

Archat, d'où cette inuention est venuë; mais il se faut tenir à *aurichalcum.*

Seulement pour *mesmes*, ou *au contraire.*

C'Est vne faute assez familiere à beaucoup de gens, & de ceux mesme qui font ptofession de bien parler & de bien escrire, de se seruir de l'aduerbe *seulement*, au lieu de *mesmes*. Par exemple, on demandera, *fait-il bien chaud*, & on respondra, *il fait bien froid seulement*, pour dire, que tant s'en faut qu'il face bien chaud, que mesme il fait froid. Voicy encore vn autre exemple. *Il ne m'en blasme pas, il m'en loüe seulement*, pour dire, *tant s'en faut qu'il m'en blasme, que mesme il m'en loüe.*

Faire signe, & donner le signal.

LEs signaux dont on a accoustumé de se seruir à la guerre, ce sont le feu, la fumée, le canon, les cloches, les estendarts, le linge blanc, & autres choses semblables. Que si quand on se sert de quelqu'vn de ces signaux, on appelloit cela *faire signe*, ce ne seroit pas bien parler, il faut dire *donner le signal*, ou *donner vn signal.* F*aire signe*, est toute autre chose, tant parce qu'il ne se fait que des mains, ou de la teste, ou du corps, qu'à cause qu'il se fait pour quelque sujet, ou accident inopiné, & dont il n'a point esté conuenu entre celuy à qui on fait le signe, & celuy qui le fait, au lieu que *les signaux* se font ordinairement de concert.

Proüesse.

CE mot est vieux, & n'entre plus dans le beau stile, qu'en raillerie, comme par exemple si je dis, *sa vanité est insupportable, il ne cesse de parler de ses proüesses*, ou *je n'ayme point les gens qui se vantent tousjours de leurs proüesses.* Car alors, comme on mesprise la vanité & l'humeur de ces gens là, ce mot estant dit par mespris & par raillerie se trouue employé de bonne grace en ce sujet, tant s'en faut que celuy qui en vsera ainsi puisse estre repris. Mais si j'escriuois serieusement, que *plusieurs grands hommes ont celebré les proüesses d'Alexandre*, je me seruirois mal à propos de ce mot, qui n'estant plus en vsage, ne peut estre employé que de la façon que je viens de dire.

Esclauage, esclauitude.

M. de Malherbe disoit & escriuoit tousjours *esclauitude*, & ne pouuoit souffrir *esclauage*. Neantmoins *esclauage*, est beaucoup plus vſité que l'autre, & ſi i'auois beſoin de ce mot, ie le dirois pluſtoſt qu'*eſclauitude*. Vn homme tres-eloquent m'a dit qu'il ne feroit point de difficulté de ſe ſeruir d'*eſclauage*, dans les hautes figures; Mais il faut euiter l'vn & l'autre, tant qu'il eſt poſſible, & ie ne ſuis pas ſeul de cet aduis.

Contre-pointe, courte-pointe.

ON demande lequel des deux il faut dire, *la contre-pointe*, ou *la courte-pointe d'vn lit*, qui eſt proprement vne couuerture piquée. Il eſt certain qu'au commencement on a dit *la contre-pointe*, à cauſe des points d'aiguille dont ces ſortes de couuertures ſont piquées deſſus & deſſous, ou dedans & dehors, comme qui diroit *point contre point*, ou *pointe contre pointe*. Mais depuis par corruption & par abus on a dit, *courte-pointe*, contre toute ſorte de raiſon, & l'Vſage l'a ainſi eſtabli, & en eſt demeuré le maiſtre.

Auiſer.

AViſer, pour *apperceuoir*, ou *deſcouurir*, ne peut pas eſtre abſolument rejetté, comme vn mot, qui en ce ſens là ne ſoit pas François; mais il eſt bas & de la lie du peuple.

On n'oseroit s'en seruir dans le beau stile, quoy qu'vn de nos meilleurs Escriuains en vse souuent. Pour le faire mieux entendre il en faut donner vn exemple, *j'auisay vn homme sur vne tour, ou sur vn arbre*, pour dire *j'apperceus*, ou *je decouuris vn homme, &c.*

Pas, & point.

CEs particules oubliées aux endroits où il les faut mettre, ou mises là où elles ne doiuent pas estre, rendent vne phrase fort vicieuse, par exemple si l'on dit *pour ne vous ennuyer, ie ne seray pas long*, comme parlent & escriuent presque tous ceux de delà Loire, c'est tres-mal parler, il faut dire *pour ne vous point ennuyer*. Et si l'on dit *il fera plus qu'il ne promet pas*, ce n'est pas encore bien parler; car il faut oster *pas*, & dire *il fera plus qu'il ne promet*. Or de sçauoir absolument, quand il faut le mettre, ou ne le mettre pas, il est assez difficile d'en faire vne reigle generale. Voicy ce que i'en ay remarqué.

On ne met iamais ny *pas*, ny *point* deuant les deux *ny*, par exemple on dit *il ne faut estre ny auare ny prodigue*, & non pas, *il ne faut pas estre*, ou *il ne faut point estre ny auare, ny prodigue.*

On ne les met iamais aussi deuant le *que*,

qui s'exprime par *nisi* en Latin, & par *sinon que* en François. Exemples, *ie ne feray que ce qu'il luy plaira*, on voit bien que ce *que*, se resout par *nisi*, & par *sinon que*, comme si ie disois *ie ne feray sinon ce qu'il luy plaira*; *je n'ay esté qu'vne fois à Rome*, *ie ne iouë qu'auec des gens de bien*, *ie ne mange qu'vne fois le iour*. On voit qu'en tous ces exemples le *que*, vaut autant à dire que *sinon que*, & ie n'ay point encore remarqué qu'il y ayt d'exception à cette reigle. Mais cela se doit entendre, comme i'ay dit, deuant le *que*, qui signifie *sinon que*, parce que cela n'est pas vray deuant les autres *que*, qui signifient autre chose, comme par exemple on dira fort bien *je ne pense pas que vous le faciez*, *ie ne veux pas dire que vous ayez tort*, *ie ne blasme pas ce que j'ignore*.

On ne les met point encore deuant *jamais*, comme *il ne sera iamais si meschant qu'il a esté*.

Ny deuant *plus* comme *je ne feray plus comme i'ay fait*. Ny apres *plus*, si vne negatiue suit, comme *il est plus riche que n'a esté celuy qui*, *&c*. Ie parle de *plus*, & non pas de *non plus*, qui n'est pas de mesme; car on dit fort bien *je ne veux pas non plus, que vous alliez là*.

On ne les met point aussi deuant *aucun*, ou *nul*, comme *il ne fait aucun mal*, *il ne fait nul mal*, ny deuant *rien*, comme *il ne peut rien faire*, *il ne veut rien faire*.

Les raiſons que l'on pourroit rendre de cela, car les Reigles ont quelquefois des raiſons, & quelquefois n'en ont point, ſeroient, ce me ſemble, que les deux *ny*, *jamais*, *rien*, *nul*, *aucun*, nient aſſez d'eux-meſmes ſans y ajouſter ny *pas*, ny *point*, & que le *que*, qui ſignifie *ſinon que* eſtant vn mot de reſtriction, on ne nie pas abſolument, & ainſi on ne ſe ſert ny de l'vn ny de l'autre de ces negatifs, ny deuant *plus* auſſi, parce que ce mot a encore plus de vertu que *pas*, ny que *point*, en ce qu'il n'exprime pas ſeulement qu'il ne fera pas vne choſe, mais qu'il ne fera pas ce qu'il a fait par le paſſé.

On ne les met pas encore deuant *ſans*, comme *ſans nuage*, & non pas *ſans point de nuage*, comme l'a eſcrit vn de nos plus celebres Eſcriuains par deux fois de ſuite dans la meilleure piece qu'il ayt iamais faite en proſe, en quoy il a eſté iuſtement repris de tout le monde. En cela il a ſuiuy l'ancienne façon de parler, qui eſt abolie il y a long-temps; car on diſoit autrefois *ſans point de faute*, & l'on dit maintenant *ſans faute*.

On ne les met point encore, ny auant que l'on parle de quelque temps, ny apres qu'on en a parlé, comme *je ne le verray de dix jours. Il y a dix jours que ie ne l'ay veu.* Et toutes les fois qu'il eſt fait mention du temps, j'ay trouué cette Reigle sans exception, ce qui procede, comme ie crois, de la mesme raison que i'ay alleguée à *sinon que*, qui est que toutes les fois qu'il est question de temps, il y a tousjours restriction de ce mesme temps-là, qui empesche que l'on ne nie absolument, ce qu'ont accoustumé de faire le *pas*, & le *point*.

On les supprime d'ordinaire auec le verbe *pouuoir*, comme *il ne le peut faire*, *il ne pouuoit mieux faire*, *il ne peut marcher*. Ce n'est pas que l'on ne peust dire. *Il ne le peut pas faire*, *il ne pouuoit pas mieux faire. Il ne peut pas marcher.* Mais il est incomparablement meilleur & plus elegant sans *pas*.

On les supprime encore auec le verbe *sçauoir* quand il signifie *pouuoir*, comme *il ne sçauroit faire tant de chemin en vn iour*, *il n'eust sceu arriuer plustost*. On y pourroit mettre *pas*, mais l'autre est beaucoup meilleur.

Et auec le verbe *oser*, comme *il n'oseroit auoir fait cela*, *il n'oseroit dire mot*. Rarement il se dit auec *pas*, sur tout au participe, ou au gerondif, comme *n'osant luy contredire en quoy que ce fust*, mesme quand il y a vn autre gerondif deuant auec *pas*, comme *ne voulant pas le flatter*, & *n'osant luy contredire*; car si l'on disoit & *n'osant pas luy contredire*, ce ne seroit pas si bien dit, il s'en faudroit beaucoup.

Au

Au reste il est tres-difficile de donner des reigles pour sçauoir quand il faut plustost dire *pas*, que *point*, il le faut apprendre de l'Vsage, & se souuenir que *point* nie bien plus fortement que *pas*.

Il y a encore cette difference entre *pas* & *point*, que *point* ne se met iamais deuant les noms, qu'il ne soit suiuy de l'article indefiny *de*, comme *il n'a point d'argent, il n'a point d'honneur*. C'est vne faute ordinaire à ceux de delà Loire, de dire *il n'a point de l'argent*, auec l'article definy, au lieu de dire *il n'a point d'argent*; comme ils disent aussi *j'ay d'argent*, pour dire *j'ay de l'argent*. Mais parmy ceux qui parlent le mieux, mesme à la Cour & à Paris, il y en a qui font vne autre faute toute contraire, & qui disent *il n'y a point moyen* pour dire *il n'y a point de moyen*, ou *il n'y a pas moyen*.

Il est à noter qu'auec les infinitifs, *pas* & *point*, ont beaucoup meilleure grace estant mis deuant qu'apres, par exemple *pour ne pas tomber dans les inconueniens*, ou *pour ne point tomber dans les inconuenients*, est bien plus elegant que de dire *pour ne tomber pas*, ou *pour ne tomber point dans les inconuenients*.

Berlan, brelandier.

ON a presque tousjours escrit ce premier mot de cette façon, mais on l'a tousjours prononcé, comme si l'on eust escrit *brelan*; Mais aujourd'huy plusieurs ne prononcent pas seulement *brelan*, ils l'escriuent aussi.

On a tousjours dit & escrit *brelandier*, & non pas *berlandier*, qui est encore vne raison de ceux qui soustiennent, qu'il faut tousjours dire & escrire *brelan*, & non pas *berlan*.

Reguelisse, theriaque, triacleur.

REguelisse, est tousjours feminin. On dit *de la reguelisse*, & non pas *du reguelisse*. Mais *theriaque*, est des deux genres, & l'on dit *du theriaque*, & *de la theriaque*. Il faut dire *triacleur*, qui vend de la theriaque, ou qui passe pour vn Charlatan, & non pas *theriacleur*.

Ployer, plier.

AVjourd'huy l'on confond bien souuent les deux, qui neantmoins ont deux significations fort differentes; car tout le monde sçait que *plier*, veut dire *faire des plis*, ou *mettre par plis*; comme *plier du papier*, *plier du linge*; & *ployer*, signifie *ceder*, *obeïr*, *&* *en quelque façon succomber*, comme *ployer sous le faix*, *vne planche qui ploye à force d'estre chargée*. Et certainement qui appelleroit cela *plier*, & diroit *plier sous le faix*, parleroit & eſcriroit fort mal, quoy que plu-ſieurs facent cette faute, trompez à mon auis, par la prononciation de la Cour, qui prononce la diphthongue *oi*, ou *oy*, comme la diphthongue *ai*, pour vne plus grande douceur, & dit *player* pour *ployer*, & de *player*, on a aiſement paſſé à *plier.* Neantmoins cet abus n'eſt pas tellement eſtably qu'on puiſſe dire que c'eſt l'Vſage, auquel il faudroit ceder ſi la choſe en eſtoit venuë à ce point. Il n'y a qu'vne ſeule façon de parler, où il ſemble que l'Vſage l'a emporté, qui eſt quand on dit en terme de guerre, par exemple, que *l'infanterie*, ou *la caualerie a plié*; car c'eſt ainſi que preſque tout le monde parle & eſcrit aujourd'huy. La raiſon toutefois veut que l'on die *la caualerie a ployé*, & non pas *plié*, parce que c'eſt vne façon de parler figurée, qui ſe rapporte à celle de *ployer ſous le faix, quand on a de la peine à ſouſtenir vne trop grande charge.* Mais hors de cette ſeule phraſe, il faut tousjours dire *ployer*, dans la ſignification qu'il a. Ainſi il faut dire *il vaut mieux ployer que rompre*, & non pas *il vaut mieux plier*, *faire ployer vne eſpée*, & non pas *faire plier vne eſpée*, *ployer les genoux*, & non pas *plier les genoux.*

Veuue.

IL faut escrire *veuue*, ou *veufue*, & non pas *vefue*, comme on dit en plusieurs Prouinces de France; car on dit au masculin *veuf*, *vn homme veuf*, & non pas *vef*, & ainsi au feminin il faut dire *veufue*, ou *veuue*, qui rime auec *neuue* & *fleuue*, & non pas auec *trefue*. M. de Malherbe,

O combien lors aura de veuues
La gent qui porte le turban,
Que de sang rougira les fleuues,
Qui lauent les pieds du Liban.

Vent de midy, vent du midy.

TOus deux sont bons, tout de mesme que l'on dit *vent de Septentrion*, & *vent du Septentrion, du costé de Septentrion*, & *du costé du Septentrion, du costé d'Orient*, & *du costé de l'Orient.*

Vitupere, vituperer.

CE mot n'est gueres bon, quoy que M. Coeffeteau s'en soit seruy vne fois ou deux dans son histoire Romaine, & que M. de Malherbe ayt dit,

Et si de vos discords l'infame vitupere.

Ie n'en voudrois vser qu'en raillerie, & dans

le ſtile bas. *Vituperer*, ne vaut rien du tout.

Seraphin, remerciment, agrément, viol.

QVoy qu'ils n'ayent rien de commun entre eux, ie les mets enſemble, parce qu'il n'y a qu'vn mot à dire ſur chacun, & que par diuerſes rencontres, ils ſe preſentent à ma plume tous enſemble. *Seraphin*, ſe doit eſcrire en François auec vne *n*, bien qu'il y ayt vne *m* au Latin. *Remerciment*, ſe doit auſſi eſcrire & prononcer *remerciment*, & non pas *remerciement* auec vn *e*, apres l'*i*. *Agrément*, de meſme, & non pas *agreement*. Ainſi dans les vers on dit *payray*, *louray*, & non pas *payeray*, ny *loüeray*, ce ſont des mots diſſyllabes dans la poëſie. Et *Viol*, qui ſe dit dans la Cour & dans les armées pour *violement*, eſt tres-mauuais.

Tel pour *quel*.

IL y en a pluſieurs, qui diſent par exemple *Dieu eſt preſent en tous lieux, tels qu'ils ſoient*, c'eſt mal parler, il faut dire *quels qu'ils ſoient*. Quelques vns croyent qu'encore que *quels*, ſoit le meilleur, *tels*, neantmoins ne laiſſe pas d'eſtre bon, mais ils ſe trompent.

Certains regimes de verbes vsitez par quelques Autheurs celebres, qu'il ne faut pas imiter en cela.

IL y a des Autheurs celebres qui font regir à de certains verbes, comme *se reconcilier, prier, s'acquitter, s'offenser*, des cas qui ne leur conuiennent point, & il est bon d'en donner auis, afin que ceux qui les imiteront en vne infinité d'autres choses excellentes, ne s'abusent pas en celles-cy. Il y a apparence, que ces verbes autrefois ont eu ce regime, mais ils ne l'ont plus aujourd'huy, *se reconcilier à quelqu'vn, qu'il ne soit point en peine*, dit l'vn d'eux, *de se reconcilier à personne*, il faut dire *auec personne, prier aux Dieux*, autrefois on le disoit, il faut dire maintenant *prier les Dieux, s'acquitter aux grands*, pour dire *s'acquitter enuers les grands. S'offenser de quelqu'vn*, au lieu de dire *s'offenser contre quelqu'vn*. Il est vray que l'on dit fort bien, *s'allier auec quelqu'vn*, & *s'allier à quelqu'vn*, & mesme ce dernier passe pour plus elegant.

Des negligences dans le stile.

IE ne parle point icy des fautes, qui se commettent contre la pureté & la netteté du stile. Ce sont des choses toutes distinctes de ce qu'on appelle *negligence*. Il y en a de plusieurs sortes. Voicy celles que i'ay remarquées. La principale est quand on repete deux fois dans vne mesme page vne mesme phrase sans qu'il soit necessaire; car quand il est necessaire, comme il arriue quelquefois, tant s'enfaut que ce soit vne faute, que c'en seroit vne de ne le faire pas, outre que la nature des choses necessaires est telle, comme a remarqué excellemment Ciceron, qu'elles sont tousjours accompagnées d'ornement. Mais quand il n'est pas besoin, c'est vne tres-grande negligence de repeter vne phrase deux fois dans vne mesme page & de dire deux fois par exemple *sans en pouuoir venir à bout*; Que si la phrase est plus noble, la faute est encore plus grande, parce qu'estant plus esclatante, elle se fait mieux remarquer.

La seconde sorte de *negligence*, c'est de repeter deux fois vn mesme mot specieux dans vne mesme page, sans qu'il en soit besoin; car il faut tousjours excepter cela. Si le mot est simple & commun, il n'en faut pas faire scrupule, pour peu qu'il soit esloigné du premier; pourueu neantmoins qu'il ne commence pas deux periodes; car alors c'est vne vraye negligence, comme par exemple si l'on met deux fois *cependant*, dans vne mesme page, au commencement de deux periodes. En ces places là les mots se font remarquer, quand ils ne seroient que d'vne syllabe, comme *mais*, que la plus-part des Escriuains repetent trop souuent, quoy qu'ils soient excusables à cause du petit nombre de liaisons que nous auons, & qu'on retranche encore tous les iours. Il ne faut pas pourtant faire difficulté, apres qu'on a commencé vne periode par *mais*, de se seruir de ce mesme mot deux ou trois lignes apres en vn autre sens, si le discours le requiert, pourueu qu'il soit dans vn des membres de la periode, & non pas au commencement. *Or*, est encore vn monosyllabe à commencer vne periode, dont il ne faut vser que de loin à loin. Ie ne voudrois pas auoir mis à trois lignes proches l'vne de l'autre *dont*, deux fois au lieu du pronom relatif, & i'ose asseurer que ce n'est point vn scrupule, & qu'il n'y a point d'oreille delicate, qui ne soit blessée de cette repetition si proche, quoy que le mot soit doux & monosyllabe. I'en dis autant de l'aduerbe du lieu *où*; car pour l'*ou* disjonctif, c'est vne autre chose ; sa nature est d'estre repeté plusieurs fois. Et ainsi de plusieurs autres.

La troisiesme sorte de *negligence*, c'est quand on fait trop souuent des vers communs, ou Alexandrins. Ie dis trop souuent, parce qu'il est impossible qu'il ne s'en rencontre tous-

jours

iours quelqu'vn par cy, parlà, que vous ne sçauriez la plus-part du temps euiter sans faire tort à la naïfueté de l'expression, qui est vne chose bien plus considerable & vn plus grand bien, qu'il n'y a de mal à laisser vn vers. Iamais nos meilleurs Escriuains anciens & modernes ne se sont donné cette gesne, quand exprimant naïfuement leur intention, ils ont rencontré vn vers, sur tout s'il n'est pas composé de paroles specieuses & qui sentent la poësie. Qui me pourroit blasmer si i'auois escrit en prose, *je ne suis iamais las de vous entretenir?* Et certainement tous ceux qui ont repris Tacite d'auoir commencé ses Annales par vn vers hexametre *Vrbem Romam à principio Reges habuere*, & Tite-Liue d'auoir commencé son Histoire Romaine par vn demy-vers *Facturus-ne operæ-pretium sim*, ne laissent pas de passer pour des Censeurs bien seueres, quoy qu'à la verité il n'y ayt pas d'apparence de commencer vn ouurage en prose par vn vers. Boccace a aussi commencé son Decameron par vn vers,

Humana cosa è hauer compaßione,

& comme il faisoit de mauuais vers & que celuy-là est assez bon, on disoit de luy qu'il ne faisoit iamais bien des vers que lors qu'il n'auoit pas dessein d'en faire. Mais quand le vers n'a du vers que la mesure & encore bien rude, comme eſt celuy de Tacite, & qu'il ſent beaucoup plus la proſe que le vers, on le peut pardonner. Et Tite-Liue pour vn hemiſtiche aſſez deſguiſé par ſa dureté ne meritoit pas ce reproche. *La negligence*, eſt donc, quand on en laiſſe couler pluſieurs, & s'il ſont de ſuite, ils ſont inſupportables. Il y en a meſme qui les affectent & en parlant en public, & en eſcriuant, mais cela eſt vn vice formé, & des plus grands, & non pas vne ſimple negligence, qui n'arriue qu'à ceux, qui font des vers ſans y penſer. Nous auons parlé ailleurs amplement *des vers dans la proſe*.

La quatrieſme eſpece de *negligence*, ſont les rimes riches ou pauures, dont il a eſté auſſi traité ailleurs bien au long, non ſeulement quand elles ſe rencontrent dans la cadence des periodes, mais meſme proche l'vne de l'autre, comme par exemple ſi je dis *cela donne dauantage de courage*. Et non ſeulement *les rimes*, mais auſſi *les conſonances*, ſont à euiter, & c'eſt vne negligence de n'y prendre pas garde, ou de ne s'en ſoucier pas, comme *fers*, & *ſouhaits*, *affaire*, & *croire*, *tache*, & *viſage*, & mille autres ſemblables, s'ils ſe rencontrent dans vne meſme cadence.

C'eſt encore vne autre eſpece de negligence, par exemple de dire *il diſcourut long-temps ſur l'immortalité de l'ame, ſur le meſpris de la vie, ſur la gloire des bonnes actions, & ſur le point de mourir il teſmoigna, &c.* c'eſt à dire qu'vne prepoſition comme eſt *ſur* icy, ſeruant à vn ſens ne doit pas eſtre employée de ſuite à vn autre, parce qu'elle engendre de l'obſcurité, & qu'elle trompe le Lecteur ou l'Auditeur. Il en eſt de meſme des autres parties de l'oraiſon.

Il y a encore pluſieurs autres ſortes de *negligences*, mais parce qu'elles ſont trop delicates, ie les laiſſe, & me contente d'auoir marqué les principales, & qui choquent tout le monde.

Au reſte j'ay jugé à propos de faire cette Remarque, parce que j'ay pris garde, que pluſieurs de nos meilleurs Eſcriuains, qui excellent en la pureté, netteté, & elegance du ſtile, tombent bien ſouuent dans ces negligences, qu'on remarque comme autant de taches ſur vn beau viſage; Car en beaucoup d'autres choſes la negligence eſt ſouuent vn grand artifice, mais elle ne le peut jamais eſtre en matiere de ſtile. *La naïfueté*, eſt bien vne des premieres perfections, & des plus grands charmes de l'eloquence, mais elle n'a rien de commun auec la *negligence*, dont nous parlons en cette Remarque, & ceux qui penſeroient faire paſſer l'vne pour l'autre, auroient grand tort; l'vn eſt vice, & l'autre eſt vertu.

Septante, octante, nonante.

SEptante, n'eſt François, qu'en vn certain lieu où il eſt conſacré, qui eſt quand on dit *la traduction des ſeptante*, ou *les ſeptante Interpretes*, ou ſimplement *les ſeptante*, qui n'eſt qu'vne meſme choſe. Hors de là il faut tousjours dire *ſoixante-dix*, tout de meſme que l'on dit *quatre-vingts*, & non pas octante, & *quatre vingts-dix*, & non pas *nonante*.

Suppreſſion des pronoms perſonnels deuant les verbes.

CEtte ſuppreſſion a tres-bonne grace, quand elle ſe fait à propos, comme *nous auons paſſé les riuieres les plus rapides, & pris des places que l'on croyoit imprenables, & n'aurions pas fait tant de belles actions, ſi nous eſtions demeurez oiſifs, &c.* Il eſt bien plus elegant de dire, *& n'aurions pas fait tant de belles actions*, que ſi l'on diſoit *& nous n'aurions pas fait.* Il en eſt de meſme de tous les autres pronoms perſonnels de la ſeconde & de la troiſieſme perſonne ſinguliere & pluriele, dont les exemples ſont ſi frequens dans nos bons Autheurs, qu'il ſeroit ſuperflu d'en rapporter icy dauantage. Mais pluſieurs abuſent de cette ſuppreſſion, ſur tout ceux qui ont escrit il y a vingt ou vingt-cinq ans; car en ce temps là, si nous en exceptons M. Coeffeteau & peu d'autres, c'estoit vn vice assez familier à nos Escriuains. L'vn des plus celebres par exemple a escrit, *car vne chose mal donnée ne sçauroit estre bien deüe, & ne venons plus à temps de nous plaindre, quand nous voyons qu'on ne nous la rend point.* Il falloit dire, *& nous ne venons plus à temps*, parce que la construction change. De mesme en vn autre endroit, *nous ne sommes pas contens de nous informer du fonds de celuy qui emprunte, mais foüillons jusques dans sa cuisine.* Il faut dire *mais nous foüillons*, parce que cette particule *mais*, fait vne separation qui rompt le lien de la construction precedente, & en demande vne nouuelle.

De ces deux exemples, on pourroit tirer deux Reigles pour connoistre quand la suppression est mauuaise. L'vne, lors que la construction change tout à fait, comme au premier exemple, & l'autre, lors qu'elle est interrompuë par vne particule separatiue ou disjonctiue, comme *mais*, *ou*, & autres semblables. Donnons vn troisiesme exemple de la disjonctiue, *ou nous le confesserons, ou le nierons* ne vaut rien, il faut repeter *nous*, & dire *ou nous le confesserons, ou nous le nierons.* On pourroit faire encore d'autres reigles semblables tirées des endroits, où ces Autheurs ont manqué ſelon l'auis meſme de leurs plus paſſionez partiſans. Il eſt certain que ce grand homme dont i'ay rapporté les deux exemples, tenoit encore de l'ancien ſtile cette façon d'eſcrire ; car les anciens ſupprimoient ſouuent ce pronom, & les modernes qui ont voulu ſe former ſur vn modelle ſi eſtimé, l'ont ſuiuy meſme aux choſes, qui n'eſtoient plus en vſage.

Pleurs.

CE mot a eſté employé au genre feminin par M. de Malherbe dans ſes vers. Il eſt vray que ce n'eſt pas dans ſes bonnes pieces. Le vers m'eſt eſchappé, toutefois j'en ſuis certain. Il y a eu auſſi quelque autre Poëte de ce temps-là, qui l'a fait feminin; Neantmoins tous les Anciens l'ont fait maſculin, & l'on trouuera dans Marot *vn pleur*, mais aujourd'huy je ne vois perſonne, qui ne le croye & ne le face maſculin, *des pleurs verſez, des pleurs repandus.*

Mercredy, arbre, marbre, plus.

TOus ceux qui ont tant ſoit peu eſtudié & qui ſçauent l'etymologie de ce mot qui vient de Mercure, ont de la peine à l'eſcrire & à le prononcer autrement que *mer-*

credy, auec vne *r* apres l'*e*. Il y en a d'autres qui tiennent, qu'à cause de cette etymologie il faut bien escrire *mercredy*, mais il faut prononcer *mecredy*, sans *r*, tout de mesme que l'on escrit *arbre*, & *marbre*, & neantmoins on prononce *abre*, & *mabre*, pour vne plus grande douceur. A quoy ie respons qu'il est vray qu'autrefois on prononçoit à la Cour *abre* & *mabre* pour *arbre* & *marbre*, mais mal; aujourd'huy cela est changé, on prononce l'*r*, comme à *plus*, on ne prononçoit pas l'*l*, & aujourd'huy on la prononce. La plus saine opinion, & le meilleur vsage est donc non seulement de prononcer, mais aussi d'escrire *mecredy* sans *r*, & non pas *mercredy*.

Le confluent de deux fleuues.

LA jonction, ou le meslange de deux fleuues, lors qu'vn fleuue entre dans vn autre se dit fort bien *le confluent de deux riuieres*, & c'est ce qui est cause qu'il y a tant de lieux en France, qu'on appelle *Conflant*, c'est à dire *confluent*, mais de *confluent*, on a fait *conflant*, qui est plus aisé, & plus doux à prononcer. I'ose asseurer qu'il n'y a point de lieu qui s'appelle ainsi, où il n'y ayt vne riuiere qui entre dans l'autre. Mais il faut dire *le confluent de deux riuieres*, au singulier & non pas *les confluens*, au pluriel, comme disent quelques vns. Ce n'est pas qu'on ne le die au pluriel si l'on parle de *tous les confluens d'vn Royaume.*

Commencer.

CE verbe dans la pureté de nostre langue demande tousjours la preposition *à*, apres soy, & pour bien parler François il faut dire par exemple *il commence à se mieux porter*, & non pas *il commence de se mieux porter*, & cela est tellement vray, que mesme au preterit defini, à la troisiesme personne singuliere *commença*, il faut dire *à* apres, & non pas *de*, comme disent les Gascons, & plusieurs autres Prouinciaux, & mesme quelques Parisiens, soit par contagion, ou pour adoucir la langue ostant la cacophonie des deux *à*, ne se souuenant pas de cette maxime sans exception, qu'il n'y a iamais de mauuais son qui blesse l'oreille, lors qu'vn long vsage l'a estably, & que l'oreille y est accoustumée, ce que nous sommes obligez de repeter souuent selon les occasions. Il ne faut donc iamais dire *il commença de*, mais tousjours *il commença à*, mesme quand le verbe qui suit commenceroit encore par vn *à*, tellement qu'il faut dire par exemple *il commença à auoüer*, & non pas *il commença d'auoüer*. Ce n'est pas qu'il ne le faille le faille euiter tant qu'il est possible, mais si par necessité, comme il se rencontre quelquefois, la naïfueté de l'expression oblige aux trois *a*, de suite, il n'en faut point faire de scrupule, parce que cette façon de parler estant naturelle ne peut auoir que bonne grace, tant s'en faut qu'elle soit rude. Il est vray qu'il y a des verbes, qui regissent *à* & *de*, d'autres qui ne regissent que *de*, & d'auttes, qu'*à*, comme celuy-cy. Ie remarqueray ceux de toutes les trois sortes à mesure qu'ils se presenteront.

Par occasion, puis que nous parlons du verbe *commencer*, je diray que plusieurs Parisiens doiuent prendre garde à vne mauuaise prononciation de ce verbe, que j'ay remarquée mesme en des personnes celebres à la chaire & au barreau. C'est qu'ils prononcent *commencer*, tout de mesme que si l'on escriuoit *quemencer*; comme nous auons remarqué ailleurs qu'ils disent aussi *ajetter* pour *acheter*, & qu'ils prononcent l'*r* simple & douce, comme double & forte, & l'*r* double comme simple; car ils disent *burreau* pour *bureau*, & *arest* pour *arrest*. Athenes le siege & l'oracle de l'Eloquence Grecque ne laissoit pas d'auoir quelque vice particulier dans sa langue, & Paris qui ne luy en doit rien dans la sienne, n'est pas exent aussi de quelques defauts par la destinée & la nature des choses humaines, qui ne souffre rien de parfait.

Demain matin, demain au matin.

TOus deux sont bons, mais il faut dire: *jusques à demain matin*, & non pas *jusques à demain au matin*, quoy que l'on die fort bien *jusques à demain au soir.*

Des Participes actifs.

DAns la Remarque des gerondifs il a fallu necessairement parler des participes, à cause qu'vne infinité de gens les confondent l'vn auec l'autre. Mais apres auoir fait voir que l'vsage des gerondifs est beaucoup plus frequent en François, que celuy des participes, nous auons promis vne Remarque particuliere sur ces derniers pour en traitter à plein-fond; car j'ose dire que c'est vne des parties de nostre Grammaire qui a esté aussi peu connuë jusqu'icy, & qui merite autant d'estre esclaircie.

Il faut commencer par les deux verbes auxiliaires *auoir* & *estre*. Iamais ils ne sont participes, quand ils font leur fonction de verbe auxiliaire, & qu'ils sont joints à vn autre verbe, comme *ayant esté*, *ayant mangé*, *estant contraint*, *estant aimé*. Ils sont tousjours gerondifs.

& par consequent, ils ne reçoiuent jamais d'*s* & ne peuuent auoir de pluriel, parce que les gerondifs sont indeclinables. D'où il s'ensuit que ceux qui escriuent par exemple *les hommes ayans veu*, *les hommes estans contraints*, comme font la plus-part, n'escriuent pas bien. Il faut dire *les hommes ayant veu*, *les hommes estant contraints* sans *s*, apres *ayant* & *estant*, à cause qu'ils sont gerondifs, comme il se voit clairement par la conformité des autres langues vulgaires auec la nostre; car l'Italienne & l'Espagnole disent *hauendo visto*, *essendo costretti*, *hauiendo visto*, *siendo forçados*, ainsi que nous auons desja dit en la Remarque des gerondifs. Et cette façon de parler par le gerondif auec le participe est inconnuë à la langue Grecque & à la Latine, & n'appartient qu'aux langues vulgaires.

Ces mesmes mots *ayant*, & *estant*, doiuent encore estre considerez sans participe apres eux. Donnons-en des exemples, & parlons premierement d'*ayant*, sous lequel, estant ainsi employé, tous les autres participes actifs seront compris, parce qu'il se gouuernent tout de mesme. *Ayant*, est donc gerondif de cette façon, *les hommes ayant cette inclination*, & participe de cette autre sorte, *Ie les ay trouuez ayans le verre à la main*. Mais voicy vne Remarque nouuelle & fort curieuse, dont je dois la meilleure partie aux Oracles de nostre langue, que j'ay consultez là dessus. C'est que le participe *ayant*, n'a jamais de feminin, & que les autres participes actifs n'en vsent gueres. L'exemple en est vne preuue conuaincante, *je les ay trouuées ayantes le verre à la main.* Cette façon de parler seroit barbare & ridicule. Aussi de dire *ayans le verre à la main*, cela ne se peut non plus, parce qu'*ayans*, est masculin & ne peut estre feminin, n'y ayant point d'adjectif en nostre langue, comme presque tous les participes le sont, qui se termine en *ant*, dont le feminin au pluriel ne se termine en *antes*. Il faut donc necessairement auoir recours au gerondif, quand il s'agit du feminin soit au singulier, soit au pluriel, & dire en l'exemple que nous auons proposé *je les ay trouuées ayant le verre à la main*, nonobstant l'equiuoque d'*ayant*, qui se pourroit rapporter à *je*, aussi bien qu'*aux femmes*, si le sens ne suppleoit à ce defaut comme il fait souuent en toutes les langues, & dans les meilleurs Autheurs. Donnons vn exemple des participes actifs aux autres verbes, *je les ay trouuées beuuantes & mangeantes*, qui a jamais oüy parler comme cela, il faut dire *je les ay trouuées beuuant & mangeant*, au gerondif, nonobstant l'equiuoque, qui est osté par le sens, & ne peut mesme estre rapporté à *je*, qu'en luy faisant violence, parce que *beuuant & mangeant*, estant proches de *trouuées*, se doiuent rapporter naturellement à *trouuées* plustost qu'à *je*, qui en est fort esloigné.

Mais on objecte que l'vn dit *changeante, concluante, effrayante, remuante*, & vne infinité d'autres de cette sorte; donc le participe actif comme *changeant, concluant, effrayant, remuant, &c.* a son feminin.

On respond que tout participe actif & passif doit estre consideré en deux façons, ou comme participe & adjectif tout ensemble, ou comme adiectif seulement. Or il n'est jamais participe au feminin, au moins dans le bel vsage, mais seulement adjectif, quoy que l'on confesse qu'il vient du participe; Car s'il estoit participe au feminin, il regiroit sans doute le mesme cas que regit le verbe dont il est participe, comme il fait au masculin, par exemple on dit fort bien *je les ay trouuez mangeans des confitures, beuuants de la limonade*, mais on ne dira jamais en parlant de femmes *je les ay trouuées mengeantes des confitures*, ny *beuuantes de la limonade*, ny *ayantes le verre à la main*, comme nous auons dit.

Que si l'on replique, qu'il y a plusieurs de ces feminins qui regissent le mesme cas, que leurs verbes, comme *ces estoffes ne sont pas fort belles, ny approchantes de celles que ie vis hier*,

& *son humeur est tellement repugnante à la mienne que*, &c. Car le verbe *approcher*, regit *de*, comme *il n'approche pas de la vertu d'vn tel*, & le verbe *repugner*, regit *à*, comme *cela repugne à mon humeur*, & ainsi d'vn grand nombre d'autres. On respond, qu'il ne s'ensuit pas pour cela que *approchantes*, *repugnantes*, & leurs semblables soient participes, parce qu'il y a plusieurs noms adjectifs & particulierement les verbaux, c'est à dire, ceux qui sont formez des verbes, qui gardent le mesme regime des verbes dont ils sont formez, ou dont ils approchent, quoy qu'ils ne soient point participes, & qu'ils n'en ayent aucune marque, comme par exemple *libre*, *vuide*, *conforme*, *semblable*, &c. Car on dira *libre de tous soins*, *libre de faire*, *ou de ne pas faire*, *vuide d'argent*, *vuide de tous soins*, *conforme*, ou *semblable à son modelle*, qui sont des regimes des verbes d'où ils viennent, ou dont ils approchent.

Il y en a pourtant qui soustiennent que ce participe actif feminin ne doit pas estre entierement banny de nostre langue, quoy que neantmoins ils demeurent d'accord que l'vsage en est tres-rare, & que le gerondif mis en sa place sera meilleur sans comparaison. Quand on leur accorderoit ce participe feminin de la façon qu'ils le proposent, il me semble qu'il n'y auroit guere à dire entre ces deux propositions *qu'il n'est point du tout de la langue*, ou *qu'il en est, de sorte, que l'vsage en est tres-rare, & qu'encore en ce cas là, le gerondif est beaucoup meilleur.* Voicy l'exemple qu'ils apportent. On dira fort bien, disent-ils, *cette femme est si pressante & si examinante toutes choses.* Or *examinante*, en cet exemple ne peut estre que participe, puis qu'il regit apres soy le mesme cas que le verbe, qui est, comme nous auons dit, la marque infaillible du participe. On respond premierement que l'Vsage n'est point de parler ainsi, & que l'on dira plustost *cette femme est si pressante & examine tellement toutes choses.* Secondement, on ne demeure point d'accord, que cela soit bien dit, & tous ceux à qui ie l'ay demandé, & qui en sont bons juges, condamnent absolument cette façon de parler.

Voicy vn exemple contraire, qui le fera voir encore plus clairement, par la comparaison du participe masculin auec le participe feminin, *ce sont tous argumens concluans vne mesme chose.* Cela est fort bien dit, & *concluans* icy est participe, mais *ce sont toutes raisons concluantes vne mesme chose*, ce sera fort mal dit, & l'Vsage est de se seruir du gerondif, & de dire *ce sont toutes raisons concluant vne mesme chose*; ou ce qui seroit beaucoup mieux *ce sont toutes raisons qui concluent vne mesme chose*; Car c'est auec ce pronom relatif, que nostre langue supplée au defaut du participe actif feminin, comme il se voit dans l'exemple que nous venons d'alleguer, & en celuy-cy encore *je les ay trouuées qui beuuoient & mangeoient*, & ainsi en tous les autres.

Ce n'est pas que de dire *ce sont toutes raisons concluantes*, ne soit tres-bien dit, parce que là il est adjectif, & l'Vsage parle ainsi, mais si l'on pense en faire vn participe qui regisse le nom comme son verbe, & dire *ce sont toutes raisons concluantes vne mesme chose*, il ne vaut rien.

Il reste à parler d'*estant*, quand il n'est pas auxiliaire. La plus-part tiennent qu'il n'est jamais participe, & tousjours gerondif, & qu'ainsi il faut dire par exemple *les François estant deuant Perpignan*, & non pas *estans*, quelques-vns au contraire estiment, qu'*estans* se peut dire comme participe, quoy qu'ils ne nient pas qu'*estant*, comme gerondif n'y soit bon aussi. De mesme ils soustiennent que l'vn & l'autre est bien dit *les soldats estans sur le point*, & *estant sur le point*. Que si cela est vray, au moins il n'a lieu qu'au seul cas de ces exemples ; car *estant*, ne peut estre employé qu'en trois façons, ou comme verbe auxiliaire, lors qu'il est joint au participe passif, par exemple *estant asseuré*, ou comme verbe substantif regissant vn nom apres soy, par exemple

ple *estant malade*, ou sans participe & sans nom comme *estant sur le point*. Quand il est auxiliaire, nous auons desja fait voir qu'il ne peut estre que gerondif Quand il regit vn nom, il est aussi gerondif, & il n'est pas besoin de dire *estans*, pour marquer le pluriel, parce que le nom le marque assez, comme lors que l'on dit *estant malades*, l'*s* de *malades*, monstre bien qu'il est pluriel sans mettre *estans*. Il n'y a doncqu'vn seul cas, où l'on puisse mettre *estans*, qui est lors qu'il n'a point de nom, ny de participe apres soy, comme quand on dit *estans sur le point*. Pour moy je le trouue bon, parce qu'il sert tousjours à esloigner l'equiuoque qui se peut rencontrer entre le pluriel & le singulier, mais quand il ne fera point d'equiuoque, j'aimerois mieux dire *estant*, au gerondif.

Au moins il est bien certain qu'*estant*, participe n'a point de feminin, & que jamais on n'a dit *estante*, non plus qu'*ayante*, au feminin, ce qui n'est pas vn petit indice que les participes actifs naturellement n'ont point de feminin, & que tous les feminins que nous voyons tirez de ces participes sont purement adjectifs, & ne tiennent rien de la nature des participes actifs, que leur formation.

Courir sus.

CEtte façon de parler soit dans le propre, ou dans le figuré estoit fort elegante du temps de M. Coeffeteau qui en vse souuent, mais aujourd'huy elle commence à vieillir. Nous auons pourtant quelques vns de nos Autheurs modernes, & des meilleurs qui s'en seruent encore. Ce qu'il y a à remarquer pour ceux qui s'en voudront seruir, est de ne mettre pas le datif que *courir sus*, regit, deuant le verbe, mais apres. Vn exemple le va faire entendre. *Il ne faut pas courir sus aux affligez*, est bien dit, mais si apres auoir parlé des affligez je dis *il ne leur faut pas courir sus*, je parle mal, parce que ie mets *leur*, qui est le datif deuant *courir sus*, dont il est regi. C'est tout de mesme qu'*aller au deuant*, car *aller au deuant de luy*, est fort bon, *&* *luy aller au deuant*, ne vaut rien.

Voisiné.

VOisiné pour *voisinage*, comme *j'enuoye des fruits à tout mon voisiné*, pour dire *à tout mon voisinage* est vn mot Prouincial insupportable à quiconque sçait la pureté de nostre langue.

De façon que , de maniere que, de mode que , si que.

CEs deux premieres façons de parler *de façon que*, *de maniere que*, sont Françoises à la verité, mais si peu elegantes, qu'il n'y pas vn bon Autheur qui s'en serue; & pour ces deux autres, *de mode que*, & *si que*, elles sont tout à fait barbares, particulierement *si que*, bien que tres-familier à plusieurs personnes, qui sont en reputation d'vne haute eloquence. Il faut dire *si bien que, de sorte que*, ou *tellement que*. Il n'y a que ces trois, qui soient employez par les bons Escriuains.

Des preterits de ces verbes entrer, sortir, monter, descendre.

C'Est vne faute fort commune de conjuguer les preterits de ces quatre verbes par le verbe auxiliaire *auoir*, au lieu de les conjuguer par le verbe substantif *estre*. L'exemple le va faire entendre. Plusieurs disent *il a esté jusqu'à la porte, mais il n'a pas entré, mais il n'a pas sorty*, au lieu de dire, *mais il n'est pas entré, mais il n'est pas sorty*. De mesme ils disent *il a monté, il a descendu*, pour *il est monté, il est descen-*

du. Il faut obſeruer la meſme choſe en tous leurs autres preterits.

Deux mauuaiſes prononciations, qui ſont tres-communes, meſme à la Cour.

L'Vne de ces mauuaiſes prononciations eſt de dire *cheuz vous, cheuz moy, cheuz luy*, au lieu de dire *chez vous, chez moy, chez luy*, & ie ne puis comprendre d'où eſt venu cet *u*, dans ce mot. L'autre, de prononcer vne *s*, ou vn *z*, apres *on*, deuant la voyelle du verbe, qui le ſuit, comme *on-z-a*, pour dire *on a, on-z-ouure*, pour dire *on ouure*, *on z-ordonne*, pour dire *on ordonne*. Ie ne rapporte pas des exemples des autres voyelles, parce que j'ay remarqué, qu'en l'*e*, en l'*i*, & en l'*u*, on ne fait pas cette faute, & il me ſemble que ie n'ay point oüi dire *on-z-eſtime*, pour *on eſtime*, ny *on-z-humecte*, pour *on humecte*. Neantmoins ie me pourrois bien tromper, mais il ſuffit de ſouſtenir que c'eſt vn vice de prononciation en toutes les cinq voyelles. Ce vice eſt d'autant moins excuſable, que la lettre *n*, qui finit *on*, n'a pas beſoin du ſecours d'vne autre conſone pour oſter la cacophonie de la voyelle ſuiuante, puis qu'elle meſme y ſuffit en ſe redoublant, comme nous auons dit en la Remarque de la lettre *h*, car on prononce *on a*, *on ouure*, *on ordonne*, comme si l'on escriuoit *on-n-a*, *on n-ouure*, *on-n-ordonne*, qui est la plus douce prononciation que l'on sçauroit trouuer en ces mots là, sans en chercher vne autre. Il y a encore quelques autres mauuaises prononciations, que i'ay remarquées ailleurs; En voicy encore vne.

De la lettre r, *finale des infinitifs.*

IE ne m'estonne pas qu'en certaines Prouinces de France, particulierement en Normandie on prononce par exemple l'infinitif *aller*, auec l'*e* ouuert, qu'on appelle, comme pour rimer richement auec l'*air*, tout de mesme que si l'on escriuoit *allair*; car c'est le vice du païs, qui pour ce qui est de la prononciation manque en vne infinité de choses. Mais ce qui m'estonne, c'est que des personnes nées & nourries à Paris & à la Cour, le prononcent parfaitement bien dans le discours ordinaire, & que neantmoins en lisant, ou en parlant en public, elles le prononcent fort mal, & tout au contraire de ce qu'elles font ordinairement; car elles ont accoustumé de prononcer ces infinitifs *aller*, *prier*, *pleurer*, & leurs semblables, comme s'ils n'auoient point d'*r*, à la fin, & que l'*e*, qui precede l'*r*, fust vn *e*, masculin, tout de mesme que l'on prononce le participe, *allé*, *prié*, *pleuré*, *&c.* sans aucune difference, qui est la vraye prononciation de ces sortes d'infinitifs. Et cependant, quand la plus-part des Dames par exemple, lisent vn liure imprimé, où elles trouuent ces *r*, à l'infinitif, non seulement elles prononcent l'*r* bien forte, mais encore l'*e* fort ouuert, qui sont les deux fautes que l'on peut faire en ce sujet, & qui leur sont insupportables en la bouche d'autruy, lors qu'elles les entendent faire à ceux qui parlent ainsi mal. De mesme la plus-part de ceux, qui parlent en public soit dans la chaire, ou dans le barreau, quoy qu'ils ayent accoustumé de le bien prononcer en leur langage ordinaire, font encore sonner cette *r*, & cet *e*, comme si les paroles prononcées en public demandoient vne autre prononciation, que celle qu'elles ont en particulier, & dans le commerce du monde. Quand j'ay pris la liberté d'en auertir quelques-vns de mes amis, ils m'ont respondu, qu'ils croyoient que cette prononciation ainsi forte auoit plus d'emphase & qu'elle remplissoit mieux la bouche de l'Orateur, & les oreilles des Auditeurs. Mais depuis ils se sont desabusez, & corrigez, quoy qu'auec vn peu de peine, à cause de la mauuaise habitude qu'ils auoient contractée.

Quand il faut prononcer le D aux mots qui commencent par Ad, auec vne autre consone apres le D.

IL y en a où il faut prononcer le *d*, & d'autres où il ne le faut pas prononcer, tellement que pour bien faire, il ne faudroit point mettre le *d*, aux mots, où il ne se prononce point; Aussi est-ce le sentiment de tous ceux qui s'y connoissent; car à quel propos laisser vn *d*, qui n'est là que comme vne pierre d'achoppement pour faire broncher le Lecteur? Par exemple en ces mots *auenir*, *auis*, *&c.* pourquoy escrire *aduenir*, *aduis* si ce *d*, ne se prononce jamais?

Prenons tous ces mots l'vn apres l'autre selon l'ordre du Dictionnaire, afin de n'en oublier pas vn.

Adjacent, *terres adjacentes*, le *d*, se prononce.

Adjoindre, *adjoint*, *adjonction*, on prononce le *d*.

Adjourner, *adjournement*, le *d*, ne se prononce point.

Adjouster, il ne se prononce point. On le prononce dans la ville, & mal, mais non pas à la Cour.

Adjuger, il ne se prononce point.

Adjudication, il se prononce au verbal, quoy

qu'il ne se prononce pas au verbe.

Adjurer, *adjuration*, il se prononce.

Adjuster, *adjustement*, il ne se prononce point.

Admettre, *admis*, il se prononce.

Administrer, *administration*, il se prononce.

Admirer, *admiration*, *admirable*, & toute sa suite, il se prononce. Il n'y a que les Gascons qui disent *amirer*, *amirable*, *&c.*

Admonester, *admonition*, il se prononce,

Par où il se voit que le *d*, se prononce tousjours deuant l'*m*, sans exception; car *admodier*, *admodiation*, que l'on met auec vn *d*, dans les Dictionnaires, n'en doiuent point auoir, & il faut escrire *amodier*, & *amodiation*. Que si l'on y mettoit vn *d*, il faudroit dire, que tous les mots, qui commencent par *adm*, & qui viennent du Latin, comme sont tous ceux que nous auons marquez, veulent qu'on prononce le *d*, mais non pas ceux qui ne viennent pas du Latin, comme *amodier*, *amodiation*, & *Admiral*, où il ne faut pas pas prononcer le *d*.

Il est vray qu'il faut non seulement prononcer, mais escrire *Amiral* sans *d*, *Amirauté*, de mesme, tant parce qu'à la Cour, on ne prononce jamais *Admiral*, ny *Admirauté* auec le *d*, qu'à cause de son etymologie, que Nicod rapporte doctement dans son Dictionnaire, & qu'il n'est pas besoin de transcrire icy. Il suffit ſit qu'il conclud luy-meſme qu'il faut dire *Amiral*, *aduancer*, ny *aduantage*, ne doiuent point eſtre mis icy, parce qu'il les faut touſjours eſcrire ſans *d*, *auancer*, *auantage*.

Aduenir, en tout ſens, le *d*, ne ſe prononce point, ny en *aduenement*, ny en *aduenuë*, ny en *aduenture*, ny en *aduenturier*.

Aduerbe, *aduerbial*, il ſe prononce.

Aduerſaire, il ſe prononce.

Aduerſité, il ſe prononce.

Aduertir, *aduertiſſement*, il ne ſe prononce point.

Aduis, *aduiſer*, *aduiſé*, il ne ſe prononce point.

Aduoüer, *adueu*, il ne ſe prononce point.

Aduocat, *aduocaſſer*, il ne ſe prononce point.

Chaire, *chaiſe* ou *chaize*.

L'Vn & l'autre eſt bon, mais il ne s'en faut pas ſeruir indifferemment; car on dit *la chaire de ſaint Pierre*, *la chaire du Predicateur*, *chaire de droit*, & non pas *chaiſe*. Au lieu que l'on dit *vne chaiſe*, non pas *vne chaire*, pour s'aſſeoir au ſermon, ou ailleurs, ou pour ſe faire porter par la ville. *Des chaiſes de paille*, *aller en chaiſe*, *venir en chaiſe*, *porteurs de chaiſe*, *loüer des chaiſes*.

Vouloir pour *volonté.*

C'Est vne chose ordinaire en nostre langue, aussi bien qu'en la Grecque, de substantifier les infinitifs, comme *le boire*, *le manger*, *&c.* mais de dire *le vouloir*, pour *la volonté*, est vn terme qui a vieilly, & qui n'estant plus receu dans la prose, est neantmoins encore employé dans la poësie par ceux mesme, qui excellent aujourd'huy en cet art.

Esperdûment, *ingenûment*, *&* *des autres aduerbes terminez en* ment.

IL faut dire & escrire ainsi, & non pas *esperduement*, *ingenuement*, comme l'escriuoient les Anciens, & encore aujourd'huy quelques vns de nos Autheurs. Il est vray que ces aduerbes terminez en *ment*, se forment de l'adjectif feminin soit participe, ou non, comme *asseurément*, vient d'*asseurée*, *effrontément*, d'*effrontée*, *poliment* & *infiniment* de *polie*, & *infinie*, & *absolûment*, *resolûment*, d'*absoluë* & de *resoluë*. C'est pourquoy les Anciens escriuoient *asseureement*, *effronteement*, *poliement*, *infiniement*, *absoluëment*, & *resoluëment*, selon leur origine. Mais comme les langues se polissent, & se perfectionnent jusqu'à vn certain point, on a supprimé pour vne plus grande douceur l'*e*, comme on le supprime en ces mots, *agrément, remerciment, remercirons* pour *agreement, remerciement, remercierons, &c.* & cette suppression est marquée par ceux qui escriuent, en mettant vn accent sur l'*e*, sur l'*i*, & sur l'*u*, à sçauoir l'accent aigu sur l'*é*, comme *asseurément*, & l'accent circonflexe sur l'*î*, & sur l'*û*, comme *polîment, absolûment*; & elle est marquée par ceux qui parlent, en prononçant cet *é*, cet *î*, & cet *û*, long, comme contenant le temps de deux syllabes reduites à vne seule. Mais cette reigle n'a lieu, qu'aux aduerbes, qui se forment des feminins adjectifs, où l'*e*, final est precedé d'vne voyelle, comme sont tous ceux, dont nous venons de donner des exemples.

Que si l'adjectif feminin n'a point de voyelle deuant l'*e*, comme *courtoise, ciuile*, on n'elide rien, on ne fait qu'ajouster *ment, courtoisement, ciuilement*, excepté en ce seul aduerbe *gentiment*, lequel neantmoins se disoit autresfois *gentillement*, dans la mesme reigle des autres, mais depuis on l'a rendu plus doux par l'abbreuiation. Et si l'adjectif est du genre commun, comme *brusque, fixe*, qui sont masculins & feminins, c'est tout de mesme; on ne fait aussi qu'ajouster *ment*, & dire *brusquement, fixement*, & alors cet *e*, est bref, parce que la raison qui le fait long aux autres, vient à cesser

ſer en celuy-cy, & il faut prononcer *ciuilement*, *courtoiſement*, *bruſquement*, *fixement*, d'vn *e*, bref & ouuert & non pas *ciuilément*, *fixément*, d'vn *é* long & fermé, ou maſculin.

Il y a pourtant quelque exception en certains mots, que l'Vſage, ou l'abus à fait longs contre la raiſon & leur origine, comme *communément*, *expreſſément*, *commodément*, *extremément*, *conformément*, & peut-eſtre encore quelques autres, mais peu, qui ſe formant de *commune*, *expreſſe*, *commode*, *extreme*, *conforme*, doiuent de leur nature auoir l'*e*, bref, & non pas long.

Il reſte à parler des aduerbes formez des adjectifs feminins, qui ſe terminent en *ante*, ou *ente*, *puiſſamment*, ſe fait de *puiſſante*, *inſolemment*, d'*inſolente*, & à cauſe de cela les Anciens diſoient *puiſſantement*, *inſolentemment*, *excellentement*, *ardentement*; Mais à meſure que la langue s'eſt perfectionnée, on a changé ces trois lettres *nte*, en *m*, & l'on a dit *puiſſamment*, *inſolemment*, *excellemment*, qui dans cette abbreuiation a beaucoup plus de grace & de douceur, & les autres ne ſe diſent plus, mais paſſent pour barbares. Par tout ce diſcours, il ſe voit que tous les aduerbes terminez en *ment*, ſe forment des adjectifs feminins, comme j'ay dit & non pas des maſculins, comme quelques vns de nos Grammairiens ont creu & publié dans leurs Grammaires.

Ouurage.

SOit que l'on se serue de ce mot pour signifier quelque production de l'esprit, ou de la main, ou bien de la nature, ou de la fortune, il est tousjours masculin, comme *il a composé vn long ouurage, vn ouurage exquis, c'est le plus bel ouurage de la nature, c'est vn pur ouurage de la fortune.* Mais les femmes parlant de leur ouurage, le font tousjours feminin, & disent *voilà vne belle ouurage; mon ouurage n'est pas faite.* Il semble qu'il leur doit estre permis de nommer comme elles veulent ce qui n'est que de leur vsage; je ne crois pas pourtant, qu'il nous fust permis de l'escrire ainsi.

Mettre.

ON dit par exemple *allez vous-en chez vn tel, & ne mettez gueres*, pour dire *& ne soyez pas long-temps*, ou *ne demeurez gueres.* A la verité cette façon de parler est Françoise, mais si basse que ie n'en voudrois pas vser, mesme dans le stile mediocre, ny dans le discours ordinaire; & de fait, j'ay veu des femmes de la Cour, qui l'oyant dire à des femmes de la ville, ne le pouuoient souffrir, comme vne phrase qui n'est point vsitée parmy ceux qui parlent bien; car c'est vne maxime, comme j'ay dit ailleurs, que tous les mots, & toutes les façons de parler, qui sont basses, ne se doiuent jamais dire en parlant, quoy qu'il y ayt beaucoup plus de liberté à parler qu'à escrire. Il y a vne certaine dignité mesme dans le langage ordinaire & familier, que les honnestes gens sont obligez de garder, comme ils gardent vne certaine bien-seance en tout ce qu'ils exposent aux yeux du monde.

Fureur, furie.

QVoy que ces deux mots signifient vne mesme chose, si est-ce qu'il ne les faut pas tousjours confondre, parce qu'il y a des endroits, où l'on vse de l'vn, que l'on n'vseroit pas de l'autre. Par exemple, on dit *fureur poëtique*, *fureur diuine*, *fureur martiale*, *fureur heroïque*, & non pas *furie poëtique*, *furie diuine*, *&c.* Au contraire on dit *durant la furie du combat*, *la furie du mal*, *courre de furie*, *donner de furie*, & l'on ne diroit pas *la fureur du combat*, *la fureur du mal*, *courre de fureur*, *donner de fureur*. Il semble que le mot de *fureur*, denote dauantage, *l'agitation violente du dedans* & le mot de *furie*, *les actions violentes du dehors*. Il y a aussi cette difference, que *fureur* se prend quelquefois en bonne part, comme *fureur* *poëtique*, *fureur diuine*, & les autres deux epithetes que nous auons nommez en suite, & *furie*, se prend ordinairement en mauuaise part. On dit neantmoins l'vn & l'autre en parlant des animaux, & mesmes des choses inanimées, comme *le lion se lance en fureur*, ou *en furie*, *la fureur & la furie des bestes farouches*, *la fureur & la furie de la tempeste*, *des vents*, *de la mer & de l'orage*.

La lecture attentiue des bons Autheurs suppleera au defaut de cette Remarque, & apprendra quelles sont les phrases, où l'on se doit seruir de l'vn & non pas de l'autre, & où l'on se peut seruir de tous les deux. Il suffit d'aduertir qu'on y prenne garde.

Gentil, gentille.

CEt adjectif *gentil* a *gentille*, au feminin, qui ne se prononce pas comme *ville*, mais comme *fille*, auec deux *ll*, liquides, & semblables à celles des Espagnols. Ce qui est tout particulier à ce mot, n'y en ayant aucun autre de la terminaison de *gentil*, qui prenne deux *ll*, au feminin, & les face prononcer comme *fille*; car on dit *subtil*, & *subtile*, & non pas *subtille*, *ciuil*, & *ciuile*, non pas *ciuille*, *vil* & *vile*, & non pas *ville*. Il est vray qu'il y a peu d'adjectifs terminez en *il*, & que la plus-part de ceux qui ont *ilis*, en Latin, prenne *ile*, en François. Et la difference qui s'y trouue vient de la longueur, ou de la briefueté de la penultiesme syllabe; car tous ceux qui en la langue Latine d'où ils viennent, ont la penultiesme syllabe breue, comme *fertilis*, *vtilis*, en nostre langue prennent vn *e*, apres l'*l*, & l'on dit *fertile*, *vtile*, mais lors qu'au Latin, la penultiesme syllabe est longue, comme en ces mots *subtilis*, *gentilis*, *ciuilis*, il les faut dire en François sans *e*, *subtil*, *gentil*, *ciuil*. Il en faut excepter *seruile*.

Iumeau, *Gemeau*.

NOnobstant l'origine de ce mot qui vient de *gemellus*, il faut prononcer & escrire *Iumeau*, & non pas *gemeau*, pour dire l'vn des enfans qui sont nez d'vne portée; Que si c'est vne fille, on l'appellera *jumelle*. On dit *ils sont freres jumeaux*, *il est jumeau*, *ce sont deux jumeaux*, *deux freres jumeaux*, *c'est vne jumelle*, *vne cerise jumelle*. Mais quand on parle d'vn des signes du Zodiaque, il faut prononcer & escrire *gemeaux*, & non pas *jumeaux*.

Transfuge.

CE mot est nouueau, mais receu auec applaudissement à cause de la necessité, que

que l'on en auoit, parce que nous n'en auions point en nostre langue, qui exprimast ce qu'il veut dire, & falloit vser d'vne longue circonlocution; car *deserteur*, ny *fugitif*, n'est point cela, on peut estre l'vn & l'autre sans estre transfuge. *Transfuge*, comme en Latin *transfuga*, est quiconque quitte son party pour suiure celuy des ennemis.

Fortuné.

TAntost *fortuné*, signifie *heureux*, & tantost *malheureux*; quand il signifie *heureux*, il est plus noble que le mot d'*heureux*, & n'est pas tant du langage familier. On dit *vn Prince fortuné*, *vn Amant fortuné*, *les isles fortunées*. Mais dans la signification de *malheureux*, il est bas, comme *ce pauure fortuné*.

Si, pour *auec tout cela*, & *outre cela*.

ON se seruoit autrefois de cette particule *si*, auec beaucoup de grace, ce me semble, par exemple on disoit, *j'y ay fait tout ce que j'ay peu, j'ay remué ciel & terre, & si je n'ay peu en venir à bout*, pour dire *& auec tout cela je n'ay peu en venir à bout*; Mais aujourd'huy on ne s'en sert plus, ny en prose, ny en vers.

On en vsoit encore en vn autre sens vn peu

different du premier, pour dire non pas *auec tout cela*, mais *outre cela*, comme il se voit encore dans les escriteaux des chambres garnies de Paris, où l'on adjouste d'ordinaire à la fin, *& si l'on prend des pensionnaires*, c'est à dire *& outre cela l'on prend des pensionnaires*. Mais aujourd'huy ce terme est encore plus bas & plus vieux que l'autre.

Gestes.

CE mot au pluriel pour dire *les faits memorables de guerre*, commence à s'apprivoiser en nostre langue, & l'vn de nos celebres Escriuains l'a employé depuis peu en vne tres-belle Epistre liminaire, qu'il adresse à vn grand Prince. Que si l'on s'en sert en ces endroits là qui sont si esclatans, & où l'on ne s'emancipe pas comme dans le cours d'vn grand ouurage, d'vser de mots encore douteux, il y a apparence que dans peu de temps il s'establira tout à fait. Ce n'est pas tant vn mot nouueau, qu'vn vieux mot que l'on renouuelle & que l'on remet en vsage; car vous le trouuez dans Amyot, & dans les Autheurs de son temps, mais j'apprens qu'il y a plus de cinquante ans que l'on ne l'a dit que par raillerie, *ses faits & gestes*. On mettoit tousjours *faits*, deuant, comme pour l'expliquer ou luy ſeruir de paſſe-port. Il ne faudroit pas en vſer ainſi maintenant, ſi ce n'eſt que l'on repetaſt le pronom, en diſant *ſes faits & ſes geſtes*, & non pas *ſes faits & geſtes*, qui paſſeroit encore pour raillerie.

Au reſte ceux qui s'en voudront ſeruir deſormais pour *les faits remarquables de guerre*, ſe ſouuiendront qu'il eſt plus du haut ſtile, que de l'ordinaire *les geſtes d'Alexandre le grand*. Ie ſuis obligé d'ajouſter ce que j'ay veu; que la plus-part ont de la peine à approuuer ce mot là, & ainſi je ne voudrois pas me haſter de le dire, jusqu'à ce que le temps & l'Vſage nous l'ayent rendu plus familier.

Si FVIR *à l'infinitif, & aux preterits defini & indefini de l'indicatif eſt d'vne ſyllabe ou de deux.*

I'Ay veu pluſieurs fois agiter cette queſtion parmy d'excellens eſprits. Il n'y a que les Poëtes, qui y prennent intereſt, & qui voudroient tous que *fuir*, à l'infinitif, & *je fuis*, au preterit defini, & *j'ay füy*, au preterit indefini, ne fuſſent que d'vne ſyllabe, parce qu'ils ont ſouuent beſoin de ce mot là, & que de le faire de deux ſyllabes, il eſt languiſſant & fait vn mauuais effet appellé par les Latins *hiatus*, qui eſt vn ſi grand defaut parmy la douceur & la beauté de la verſification, qu'ils aimeroyent mieux ſe paſſer de le dire, que de le faire de deux ſyllabes; c'eſt pourquoy ils opiniaſtrent tant, qu'il n'eſt que d'vne; Car pour ceux qui parlent, ou qui eſcriuent en proſe, il leur importe peu, qu'il ſoit d'vne ou de deux, parce que dans la prononciation on a peine à diſtinguer de quelle façon on le fait, & dans la proſe, il n'y a que l'orthographe tres-exacte, qui puiſſe declarer cela en mettant deux points entre l'*u*, & l'*i*, ou l'*y*, *füir*, *je füis*, *j'ay füy*, leſquels eſtant oubliez ne ſeroient pas remarquez pour vne faute.

Le ſentiment de tous les bons Grammairiens eſt que *füir*, *je füis*, *j'ay füy*, ſont de deux ſyllabes, & ils ſe fondent ſur des raiſons conuaincantes. Parlons premierement des preterits, à cauſe qu'ils ont des raiſons particulieres, qui ne conuiennent pas à l'infinitif, comme l'infinitif en a auſſi qui ne conuiennent pas aux preterits.

La premiere eſt, qu'en toutes les langues, comme en la noſtre, les temps des modes qu'ils appellent, ou des conjugaiſons; car il faut neceſſairement vſer icy des termes de la Grammaire, ſe diuerſifient tousjours autant qu'il ſe peut; par exemple on dit en Latin en la premiere perſonne du preſent de l'indicatif, *amo*, en celle de l'imparfait *amabam*, au parfait, *amaui*, au plus que parfait *amaueram*, & au futur *amabo*. De mesme au Grec τύπτω, ἔτυπτον, τέτυφα, ἐτετύφειν, τύψω, & ainsi en toutes les langues vulgaires, dont il seroit ennuyeux & superflu de rapporter les exemples. Pourquoy donc faudra-t-il que cette reigle si generale, si naturelle, & si raisonnable de la diuersité des temps, qui fait la clarté, la richesse & la beauté des langues, n'ayt pas lieu en ce verbe *füir*, au preterit defini *je füis*, puis qu'elle le peut auoir en faisant *je fuis*, au present d'vne syllabe, & *je füis*, au preterit, de deux? En ces matieres l'analogie est vn argument inuincible, dont les plus grands hommes de l'antiquité se sont seruis toutes les fois que l'Vsage n'auoit pas decidé quelque chose dans leur langue. *Analogiam*, dit vn grand homme, *loquendi magistram ac ducem sequemur; hæc dubiis vocibus moderatur, aut veteribus, aut si qua nostro aliis-ve sæculis nascuntur.* Et Varron qu'on appelle le plus sçauant des Romains, est dans ce mesme sentiment qu'il establit par des raisons admirables. Mais outre ce rapport general que les verbes ont entre eux, il y a encore vne analogie toute particuliere entre ce verbe *füir*, & deux autres verbes, de la mesme conjugaison, & composez de mesme nombre de lettres, ce qui confirme entierement nostre opinion, & ne laisse plus aucun lieu de repliquer. Ces deux verbes ſont *oüir* & *haïr*, qui ſont de deux ſyllabes à l'infinitif, au preterit defini, & au preterit indefini, & ne ſont que d'vne ſyllabe au preſent de l'indicatif; Car on dit *oüyr*, *j'oüis*, *j'ay oüy*, & *j'oys*, *haïr*, *ie haïs*, *i'ay haï*, *&* *ie hais*. Pourroit-on trouuer au monde deux exemples plus parfaits, plus conformes, & plus conuaincans, ny concluans que ceux là?

Mais comme j'eſcriuois cecy, vn des plus beaux eſprits de ce temps, à qui ie le communiquay, ne voulut pas neantmoins ſe rendre à la force de ces raiſons, qu'on pourroit appeller demonſtrations. Pour toute defenſe il ne leur oppoſa que l'*Vſage*, qui à ce qu'il ſouſtient, ne fait *fuir*, ny tous ſes autres temps dont il s'agit, que d'vne ſyllabe. A cela je reſpondis, que ſi l'*Vſage*, ne les faiſoit que d'vne ſyllabe, il n'y auoit rien à dire, que ces Remarques eſtoient pleines de l'entiere deference qu'il falloit rendre à l'Vſage au prejudice de toutes les raiſons du monde; Mais c'eſt la queſtion, de ſçauoir ſi l'Vſage les fait d'vne ou de deux ſyllabes; car s'il l'auoit decidé il n'y auroit plus de doute, & de le mettre aujourd'huy en queſtion, eſt vne preuue infaillible qu'il ne l'a pas decidé; Car il faut conſiderer, qu'encore que l'Vſage ſoit le maiſtre des langues, il y a neantmoins beaucoup de choses où il ne s'est pas bien declaré, comme nous l'auons fait voir en la Preface, par plusieurs exemples, qui ne peuuent estre contredits. Alors il faut necessairement recourir à la Raison, qui vient au secours de l'Vsage. Par exemple en ce mot *füir*, non plus qu'en tous les autres mots de cette nature, on ne peut descouurir l'Vsage qu'en trois façons, en la prononciation, en l'orthographe, & en la mesure des vers. Pour la prononciation, on ne sçauroit discerner si on le fait d'vne syllabe, ou de deux. Pour l'orthographe, on le pourroit connoistre par les deux points qu'il faudroit mettre sur l'*ü* ou sur l'*ï* en escriuant *füir*, ainsi; car ces deux points marquent tousjours deux syllabes, mais les Imprimeurs ny les Autheurs ne sont pas si exacts. Et pour la mesure du vers, les Poëtes n'en doiuent pas estre iuges, parce qu'ils sont parties, & n'ont garde de le faire que d'vne syllabe. La raison en est euidente, *fuir*, est vn mot dont ils peuuent souuent auoir besoin, soit à l'infinitif, soit au preterit, c'est pourquoy ayant à s'en seruir, ils ne manqueront pas de le faire d'vne syllabe, & ne le feront jamais de deux, à cause de cet entre-baillement que font les voyelles *u*, & *i*, separées, & que la douceur de nostre Poësie ne peut souffrir, qui par cette mesme raison bannit la rencontre des voyelles en deux mots differens. Ils ne deuroient pas pourtant trouuer *füir*, de deux syllabes plus rude, que *rüine*, & *brüine*, où l'*u*, & l'*i* font deux syllabes distinctes.

Nous auons donc fait voir que *ie füis*, au preterit defini est de deux syllabes. S'il l'est au preterit defini, il l'est aussi au preterit indefini *i'ay füy*, parce qu'en toutes les quatre conjugaisons des verbes, soit reguliers, soit anomaux, je vois que jamais ces deux preterits n'ont plus de syllabes l'vn que l'autre: si ce n'est en vn seul, qui est *mourus*, & *mort*, mais encore dit-on *ie suis mort*, à l'indefini, comme on dit *ie mourus*, au defini, & ainsi il se peuuent dire egaux en syllabes.

Maintenant pour l'infinitif, il s'ensuit par l'analogie des verbes, que le preterit defini estant de deux syllabes, comme nous auons fait voir, l'infinitif ne peut pas estre d'vne syllabe, parce qu'en toutes nos conjugaisons regulieres, ou anomales, il n'y a pas vn seul verbe sans exception, dont l'infinitif ne soit ou egal en syllabes auec le preterit defini, ou plus long, comme en la premiere conjugaison terminée en *er*, *aimer*, *aimay*, en la seconde terminée en *ir*, *sortir*, *sortis*, en la troisiesme terminée en *oir*, *preuoir*, *preuis*, & quelquefois plus long, comme *sçauoir*, *sceus*, & en fin en la quatriesme terminée en *re*, *perdre*, *perdis*,

faire,

faire, *fis*, *croire*, *creus*. Il en est ainsi de tous les anomaux.

En Cour.

CEtte façon de parler, qui est si commune, est insupportable. Tant de gens disent & escriuent & dans les Prouinces & dans la Cour mesme, *il est en Cour*, *il est allé en Cour*, *il est bien en Cour*, au lieu de dire, *il est à la Cour*, *il est allé à la Cour*, *il est bien à la Cour*. C'est bien assez que l'on souffre *en Cour*, sur les paquets. De mesme il faut dire *Aduocat au Parlement*, *Procureur au Parlement*, & non pas *Aduocat en Parlement*, ny *Procureur en Parlement*, comme l'on dit, & comme l'on escrit tous les jours.

Narration historique.

IL y en a qui tiennent que dans le stile historique, il ne faut pas narrer le passé par le present, comme par exemple en descriuant vne tempeste arriuée il y a long-temps, ils ne veulent pas que l'on die, *mais tout à coup vne gresle espaisse suiuie d'vne effroyable tempeste, desroba la veuë & la conduite aux nautonniers. Le soldat apprentif dans les fortunes de la mer trouble l'art des matelots par vn seruice inutile. Les vaiſſeaux abandonnez du pilote flottent à la mercy de l'orage ; tout cede enfin à la violence d'vn vent*, & ce qui s'enſuit dans cette excellente & nouuelle traduction de Tacite au ſecond liure des Annales, que j'ay bien voulu rapporter icy pour vn des plus beaux exemples, qu'aucun Hiſtorien euſt peu me fournir ſur ce ſujet. Ceux qui ſont dans ce ſentiment voudroient que l'on diſt *le ſoldat apprentif dans les fortunes de la mer troubloit*, & non pas *trouble l'art des matelots ; les vaiſſeaux abandonnez du pilote flottoient*, & non pas *flottent à la mercy de l'orage. Tout cedoit* & non pas *tout cede*, ſur tout apres auoir employé, diſent ils, le preterit defini *deſroba*, immediatement deuant la periode, qui employe le temps preſent *trouble*. Mais ie ne puis aſſez m'eſtonner, que des gens, qui d'ailleurs eſcriuent parfaitement bien, ſoient tombez dans cette erreur ; car outre que l'exemple des Hiſtoriens Grecs & Latins les condamne, tous les noſtres n'en vſent point autrement, ny M. de Malherbe, ny M. Coeffeteau, ny aucun autre. Meſmes en parlant on a accouſtumé de narrer ainſi, & j'ay veu force Relations de gens de la Cour, & de gens de guerre, qui ſe ſeruent d'ordinaire du preſent, comme ayant meilleure grace que le preterit.

Il eſt vray que pour diuerſifier & rendre le ſtile plus agreable, il ſe faut ſeruir tantoſt de l'vn & tantost de l'autre, & sçauoir passer adroitement & à propos du preterit au present & du present au preterit; autrement on feroit vne faute que plusieurs font de commencer par vn temps & de finir par l'autre, qui est d'ordinaire vn tres-grand defaut.

D'autant plus.

CE terme estant relatif d'vne chose à vne autre, il faut l'employer d'vne mesme façon en toutes les deux choses, par exemple *d'autant plus qu'vne personne est esleuée en dignité, d'autant plus doit-elle estre humble*, & non pas *d'autant plus qu'vne personne est esleuée en dignité, d'autant doit-elle estre humble*, comme l'a escrit vn excellent Autheur, & plusieurs autres aussi. Que si l'on met *d'autant plus*, au premier, il faut mettre *d'autant plus*, au second; si l'on ne met que *d'autant*, au premier sans *plus*, il le faut mettre au second de mesme. Et il est à noter qu'il ne suffit pas de repeter *plus*, mais qu'il faut aussi le mettre en la mesme place que l'autre, & ne dire pas *d'autant plus qu'vne personne est eleuée, d'autant doit-elle estre plus humble*, ny *elle doit d'autant plus estre humble*, mais *d'autant plus doit-elle estre humble*.

Le verbe auxiliaire auoir, *coniugué auec le verbe substantif, & auec les autres verbes.*

QVand le verbe auxilaire *auoir*, se conjugue auec le verbe substantif *estre*, il n'aime pas à rien receuoir entre-deux qui les separe; non pas que ce soit absolument vne faute, mais c'est vne imperfection à euiter. Par exemple si l'on dit *il a plusieurs fois esté contraint*, il ne sera pas si bon que de dire *il a esté plusieurs fois contraint*, ou *il a esté contraint plusieurs fois* en mettant *a*, & *esté*, immediatement l'vn aupres de l'autre. De mesme *s'il eust esté encore malade*, est mieux dit nonobstant la cacophonie d'*encore* apres *esté*, que de dire *s'il eust encore esté malade:* Mais quand ce mesme verbe *auoir*, se conjugue auec vn autre verbe, que le substantif, il n'en est pas ainsi; car par exemple *je l'en ay plusieurs fois asseuré*, est bien mieux dit, que *je l'en ay asseuré plusieurs fois.*

Voile.

PEu de gens ignorent, comme je crois, que ce mot a deux significations, & deux genres. Il est masculin quand il signifie *ce dont on se couure le visage & la teste*, comme *le voile blanc, le voile noir des Religieuses*, & *vn voile deuant les yeux*, que l'on dit & proprement & figurement, & alors il ſe voit par ces exemples qu'il eſt maſculin. Mais il eſt feminin quand il ſignifie *la toile*, ou *autre eſtoffe*, *dont les matelots ſe ſeruent pour receuoir le vent qui pouſſe leurs vaiſſeaux*. Neantmoins je vois vne infinité de gens, qui font ce dernier maſculin, & diſent *il faut caler le voile*, *les voiles enflez*. Soit qu'on s'en ſerue dans le propre, ou dans le figuré en ce dernier ſens, il eſt tousjours feminin.

Si l'adjectif de l'vn des deux genres ſe peut appliquer à l'autre dans la comparaiſon.

L'Exemple le va faire entendre. Si vn homme dit à vne fille, *je ſuis plus beau que vous*, ou qu'vne fille die à vn homme, *je ſuis plus vaillante que vous*, on demande ſi cette façon de parler eſt bonne. On reſpond, qu'elle ne ſe peut pas dire abſolument mauuaiſe, mais qu'elle n'eſt pas fort bonne auſſi, & qu'il la faut euiter en ſe ſeruant d'vne autre phraſe, comme *j'ay plus de beauté que vous*, *j'ay plus de courage que vous*; Autrement il faudroit dire, pour parler regulierement, *je ſuis plus beau que vous n'eſtes belle*, & *je ſuis plus vaillante*, *que vous n'eſtes vaillant*; car en cette phraſe l'adjectif regardant les deux personnes de diuers sexe, & leur estant commun à tous deux, il doit aussi estre du genre commun, & non pas d'vn genre qui ne conuienne qu'à l'vn des deux. C'est pourquoy vn homme dira fort bien à vne femme, ou vne femme à vn homme, *je suis plus riche que vous, je suis plus pauure, & plus noble que vous*, parce que tous ces adjectifs *riche, pauure, noble*, sont du genre commun, & conuiennent egalement à l'homme & à la femme.

A mesme.

CEtte façon de parler *à mesme*, pour dire *en mesme temps*, ou *à mesme temps*, comme *à mesme que la priere fut faite, l'orage fut appaisé*, est tres-mauuaise, & je ne conseillerois à qui que ce soit d'en vser, ny en parlant, ny en escriuant.

Gens.

CE mot a plusieurs significations, tantost il signifie *personnes*, tantost *les domestiques*, tantost *les soldats*, tantost *les officiers du Prince en la justice*, & tantost *des personnes qui sont de mesme suite, & d'vn mesme parti.* Il est tousjours masculin en toutes ces significations, excepté quand il veut dire *personnes*; car alors il eſt feminin ſi l'adjectif le precede, & maſculin ſi l'adjectif le ſuit. Par exemple on dit, *j'ay veu des gens bien faits, bien reſolus*, vous voyez comme l'adjectif *bienfaits*, apres *gens*, eſt maſculin. Au contraire on dit *voyla de belles gens, ce ſont de ſottes gens, de fines gens, de bonnes gens, de dangereuſes gens*, & ainſi l'adjectif deuant *gens*, eſt feminin; Il n'y a qu'vne ſeule exception en cet adjectif *tout*, qui eſtant mis deuant *gens*, y' eſt tousjours maſculin, comme *tous les gens de bien, tous les honneſtes gens*, juſques là que l'on ne dit point *toutes les bonnes gens*, ce mot *tout*, ne ſe pouuant accommoder deuant *gens*, auec les autres adjectifs feminins qu'il demande. Nous auons quelques autres mots en noſtre langue, qui ſe gouuernent de meſme auec les adjectifs. Voyez *ordres*, ie ne me ſouuiens pas des autres.

Futur.

CE mot pris du Latin pour dire *à venir*, eſt plus de la Poëſie, que de la bonne proſe; car en ſtile de Notaire, on dit bien *futur eſpoux*, & *future eſpouſe*, *futurs conjoints*, & les Grammairiens diſent bien *le temps futur*, pour *le temps à venir*, mais ie ne ſçache point d'endroit dans le beau langage où il puiſſe eſtre employé. Les Poëtes s'en ſeruent magnifiquement, comme M. de Malherbe,

Que direz-vous races futures ?

Fatal.

CE mot le plus souuent se prend en mauuaise part, comme *le iour fatal, l'heure fatale, le tison fatal, le cheueu fatal, fatal à la Republique, Scipion fatal à l'Afrique, Hannibal fatal à l'Italie.* Mais il ne laisse pas de se prendre quelquefois en bonne part, comme M. de Malherbe a dit *dans le fatal accouplement*; & vn autre, *c'estoit vne chose fatale à la race de Brutus de deliurer la Republique.*

Incognito.

DEpuis quelques années nous auons pris ce mot des Italiens pour exprimer vne chose, qu'ils ont les premiers introduite fort sagement, afin d'euiter les ceremonies ausquelles les Grands sont sujets quand ils se font connoistre; car par ce moyen on exente d'vne importune obligation, & ceux qui doiuent receuoir ces honneurs, & ceux qui les doiuent rendre. Aujourd'huy toutes les nations se seruent d'vne inuention si commode, & empruntent des Italiens & la chose & le mot tout ensemble. Nous disons *il est venu incognito,*

incognito, il viendra incognito, non pas qu'en effet on ne soit connu, mais parce qu'on ne le veut pas estre. Mais ce qui est digne de remarque, c'est que si nous parlons d'vne femme, d'vne Princesse, nous ne laisserons pas de dire *elle vient incognito*, & non pas *incognita*; & si nous parlons de plusieurs personnes, comme de deux ou trois Princes, nous dirons aussi *ils viennent incognito*, & non pas *incogniti*, parce qu'*incognito*, se dit en tous ces exemples aduerbialement, comme qui diroit *incognitamente*, & ainsi il est indeclinable. Seulement il seroit à desirer que la pluspart des François qui prononcent ce mot, ne missent point l'accent sur la derniere syllabe, disant *incognitò*, au lieu de dire *incógnito*, en mettant l'accent sur l'antepenultiesme.

QVE *conionctiue, repetée deux fois dans vn mesme membre de periode.*

PAr exemple, *Ie ne sçaurois croire, qu'apres auoir fait toutes sortes d'efforts, & employé tout ce qu'il auoit d'amis, d'argent, & de credit pour venir à bout d'vne si grande entreprise, qu'elle luy puisse reüßir, lors qu'il l'a comme abandonnée.* Ie dis qu'il ne faut pas repeter le *que*, encore qu'il y ait trois lignes entre-deux, & qu'ayant dit *qu'apres auoir fait toutes sortes d'efforts, &c.* il ne faut pas dire *qu'elle luy puisse reüßir*, mais seulement *elle luy puisse reüßir*, parce que le premier *que*, suffit pour tous les deux, quand mesme la distance du regime seroit plus grande. Il est vray qu'en ce cas là, lors qu'elle est trop longue; on a accoustumé pour soulager l'esprit du Lecteur, ou de l'Auditeur, de reprendre les premiers mots de la periode, & de dire comme en cet exemple, *ie ne sçaurois croire, qu'apres auoir fait toutes sortes d'efforts, & employé tout ce qu'il auoit d'amis, d'argent & de credit pour venir à bout d'vne si grande entreprise, & qu'apres que toutes les puissances s'en sont meslées, les vnes sous main, & les autres ouuertement, ie ne sçaurois, dis-je, croire, qu'elle luy puisse reüßir, &c.* Alors il faut necessairement repeter le *que*, & non pas autrement. Il n'en est pas comme de *ce*, qui aime à estre repeté, encore que les deux soient proches, & qui le veut estre absolument lors qu'ils sont esloignez. Ie n'en donne point d'exemple, parce qu'il y en a vne Remarque particuliere.

Banquet.

CE mot est vieux, & n'est plus guere en vsage que parmy le peuple. Il se conserue neantmoins dans les choses sacrées, où il est meilleur que *festin*; Car on dit *le banquet des Eleus, le banquet de l'Agneau*. On dit aussi *le ban-*

quet des ſept Sages. Mais le verbe *banqueter*, eſt beaucoup moins encore en vſage, que *banquet*.

Desbarquer, deſembarquer.

TOus deux ſont bons, mais *desbarquer* eſt plus doux & plus en vſage; Car ces verbes composez d'vn verbe ſimple qui commence par *em*, ou *en*, laiſſent d'ordinaire cette premiere ſyllabe dans leur compoſition, comme d'*engager*, ſimple ſe forme le composé *degager*, d'*enuelopper*, ſe fait *deſuelopper*, & d'*embarraſſer*, *desbarraſſer*, quoy qu'il y ait apparence qu'au commencement on a dit *deſengager*, *deſenuelopper*, & *deſembarraſſer*, mais depuis on a oſté l'*em*, ou l'*en*, pour rendre ces mots plus courts & plus doux. Et de fait il y en a fort peu qui ayent gardé l'vne ou l'autre de ces ſyllabes; Car d'*embourſer*, on a dit *desbourſer*; d'*embroüiller*, *desbroüiller*; d'*emmaillotter*, *deſmaillotter*; d'*emmancher*, *deſmancher*; d'*empaqueter*, *deſpaqueter*; d'*empeſtrer*, *deſpeſtrer*; Il n'y a qu'*emparer*, qui fait *deſemparer*, & *embarquer*, qui fait *deſembarquer*, mais *desbarquer*, comme nous auons dit, eſt beaucoup meilleur. Et pour *en*, d'*encheueſtrer*, ſe fait *deſcheueſtrer*; d'*encourager*, *deſcourager*; d'*engraiſſer*, *deſgraiſſer*; d'*enlacer*, *deſlacer*; d'*enroüiller*, *deſroüiller*; d'*enraciner*, *deſraciner*; & à mon auis, il n'y a d'excepté que *deſenyurer*, *d'enyurer; desennuyer, d'ennuyer, & desensorceler, d'ensorceler;* Car pour les verbes de deux syllabes, ils ne tombent pas sous cette Reigle, parce que du simple *emplir*, on ne sçauroit faire que *desemplir*, ny d'*enfler* que *desenfler*.

Par où il se voit que *desbarquer*, & *desembarquer*, ont cela de particulier que l'vn & l'autre se dit, quoy que l'vn soit meilleur que l'autre; au lieu que de tous ceux que nous auons nommez, qui sont à peu pres tout ce que nous en auons dans nostre langue, ie n'en vois pas vn qui se puisse dire de deux façons. Au reste on se sert de ce verbe, & en actif & en neutre, car on dit *desbarquer son armée* pour dire *la faire descendre*, ou *la mettre hors du nauire*, & *l'armée a desbarqué en vn tel lieu*.

Pluriel.

IE dois cette petite Remarque non seulement au public, mais à moy-mesme, pour ma propre iustification; car dans le cours de cet ouurage, où il faut souuent vser de ce mot, je mets tousjours *pluriel*, auec vne *l*, quoy que tous les Grammairiens François ayent tousjours escrit *plurier*, auec vne *r*; aumoins jusqu'icy, je n'en ay pas veu vn seul, qui ne l'ait escrit ainsi: La raison sur laquelle ie me fonde est, que venant du Latin *pluralis*, où il y a vne *l*, en la derniere syllabe, il faut necessairement qu'il la retienne en la mesme syllabe au François, parce que ie pose en fait, que nous n'auons pas vn seul mot pris du Latin, soit adjectif, ou substantif, qui ne retienne l'*l* quand elle se trouue en la derniere ou penultiesme syllabe Latine, où il y ait vne *l*. Pour verifier cela, ie pense auoir jetté les yeux sur tous les mots Latins, où il y a vne *l*, à la derniere ou penultiesme syllabe, & dont nous auons fait des mots François; car il y a vn certain moyen de trouuer en moins de rien tous ces mots Latins, mais ie n'en ay pas rencontré vn seul qui en nostre langue ne garde l'*l*, qui est dans la Latine. Il seroit ennuyeux de les mettre tous icy, i'en ay conté jusques à cent, ou enuiron. Il suffit, que quiconque ne le croira pas en pourra luy mesme faire l'experience; & si par fortune il s'en trouuoit vn ou deux d'exceptés, ce que ie ne crois point, tousjours la reigle subsisteroit puissamment, ne souffrant au plus qu'vne ou deux exceptions, & ainsi quand on dira *pluriel* auec vne *l*, ce sera selon la reigle generale. Outre que c'est aussi le sentiment general de ceux qui sçauent parfaitement nostre langue, lesquels j'ay consultez, & que je puis opposer à nos Grammairiens, qui manquent bien en d'autres choses. Ce qui les a trompez, c'est sans doute que l'on dit *singulier* auec vne *r* à la fin, & ils ont creu qu'il falloit escrire & prononcer *plurier*, tout de mesme, ne songeant pas que *singulier*, vient de *singularis*, où il y a vne *r* à la fin, & que *pluriel*, vient de *pluralis*, où il y a vne *l*, & non pas vne *r*, en la derniere syllabe.

Vn excellent esprit m'a objecté que l'Vsage est pour *plurier*, & qu'il ne voit pas, comme ie puis soustenir cette Remarque, faisant profession d'estre tousjours pour l'Vsage contre le Raisonnement; mais ie luy ay respondu que lors que ie parle de l'Vsage, & que ie dis qu'il est le maistre des langues viuantes, cela s'entend de l'Vsage dont on n'est point en doute, & dont tout le monde demeure d'accord, ce qui ne nous apparoist proprement que d'vne façon qui est quand on parle; Car l'escriture n'est qu'vne image de la parole, & la copie de l'original, de sorte que l'Vsage se prend non pas de ce que l'on escrit, mais de ce que l'on dit & que l'on prononce en parlant. Or est-il qu'en prononçant *pluriel*, on ne sçauroit discerner s'il y a vne *l*, à la fin ou vne *r*, tellement qu'on ne peut alleguer l'Vsage en cette occasion non plus qu'en plusieurs autres, où l'on est contraint d'auoir recours à l'analogie, comme dit Varron, & comme nous l'auons amplement expliqué en la Remarque de *Fuïr*, dans la page 454. & 455.

Arc-en-ciel.

IL faut eſcrire ainſi *arc-en-ciel*, auec les trois mots, dont il eſt composé, ſeparez par deux tirets, & non pas eſcrire *arcanciel.* Et au pluriel s'il y auoit lieu de l'employer, ce qui ne peut arriuer que rarement, il faut dire par exemple *deux arc-en-ciels*, *pluſieurs arc-en-ciels*, & non pas *arc-en-cieux*, ny *arcs-en-ciels*, ou *arcs-en-cieux*; cela eſtant aſſez ordinaire en noſtre langue aux mots composez, ſoit noms ou verbes, de ne ſuiure pas la nature des ſimples qui les composent, comme il ſe voit en pluſieurs de ces Remarques.

Faute, à faute, par faute.

ON dit par exemple *faute d'argent on manque à faire beaucoup de choſes*, & *à faute d'argent on manque*, *&c.* & encore *par faute d'argent on manque*, *&c.* Tous les trois ſont bons, mais le meilleur c'eſt de dire *faute d'argent*, apres celuy là *à faute*, eſt le meilleur, & *par faute* eſt le moins bon des trois: Cela s'entend, quand *faute*, eſt deuant vn nom, mais quand il eſt deuant vn verbe à l'infinitif, il eſt mieux de dire *à* que *par*, ny que *faute*, tout ſeul, comme *à faute de payer les intereſts*, *il a doublé le* *principal*, eſt beaucoup mieux dit que *par faute de payer*, ny que *faute de payer*, quoy que ce dernier me ſemble aſſez bon.

Floriſſant, fleuriſſant.

CEtte Remarque eſt curieuſe; car dans le propre on le dit d'vne façon, & dans le figuré d'vne autre. Dans le propre on dit plus ſouuent *fleuriſſant*, comme *vn arbre fleuriſſant*, & dans le figuré on dit pluſtoſt *floriſſant*, que *fleuriſſant*, comme *vne armée floriſſante*, *vn Empire floriſſant*. Le verbe *fleurir*, a auſſi de certains temps, où l'on employe pluſtoſt l'*o*, que l'*eu*, dans le figuré, comme dans l'imparfait on dira *vn tel floriſſoit ſous vn tel regne*, *l'eloquence* ou *l'art militaire floriſſoit en vn tel temps*. I'ay dit *dans le figuré*, parce que dans le propre on diroit par exemple, *cet arbre fleuriſſoit tous les ans deux fois*, & non pas floriſſoit.

Soliciter.

I'Ay desja fait vne Remarque ſur ce mot, où i'allegue vn paſſage de Quintilien, qui m'oblige à faire encore celle-cy. C'eſt que i'ay dit que ce grand homme auoit employé le verbe *ſolicitare*, au meſme ſens que le vulgaire l'employe en noſtre langue pour dire *auoir ſoin*

de

de quelqu'vn, comme on dit tous les jours à Paris parmy le peuple, qu'*il faut donner vne garde à vn malade pour le ſoliciter*, c'eſt à dire *pour en auoir ſoin, & pour le ſeruir*. Voicy le paſſage, *illud vero inſidiantis, quò me validiùs cruciaret, fortunæ fuit, vt ille mihi blandiſſimus, me ſuis nutricibus, me auiæ educanti, me omnibus qui ſolicitare ſolent illas ætates, anteferret*. Ie ne ſçay ſi je me flatte, mais il me ſemble que le ſens le plus naturel de ces paroles va tout droit à celuy que je luy donne, & que c'eſt leur faire violence, & les tirer, comme on dit, par les cheueux, de les interpreter autrement. En effet *ſollicitudo*, qui ſignifie *ſoin*, venant ſans doute de *ſollicitare*, eſt vn grand indice que *ſollicitare*, en bon Latin veut dire auſſi *auoir ſoin*, & que c'eſt vne de ſes ſignifications; car il en a pluſieurs : Neantmoins vne perſonne qui ſçait auſſi bien la langue Latine, & ſa pureté, qu'homme du monde, n'eſt pas de cet auis, & liſant deuant moy ma Remarque desja imprimée m'a conſeillé de refaire le quarton, comme ayant auancé vne choſe qui ne ſe pouuoit ſouſtenir. Son opinion fut encore ſuiuie le meſme jour par deux autres perſonnes qui ne me permettoient plus d'en douter. Ayant donc donné les mains, comme j'eſtois ſur le point de ſuiure leur conſeil, j'ay trouué vn homme conſommé dans les bons Autheurs,

& qui entre admirablement dans leur sens aux passages les plus difficiles, qui maintient que *solicitare*, en cet endroit de Quintilien se doit entendre selon ma Remarque, & non pas comme l'interpretent ces autres Messieurs, pour signifier *se joüer auec les enfans*, qui est vn sens bien forcé au prix du mien, & qui semble ne s'accorder gueres bien auec *illas ætates*. Cela m'ayant obligé à consulter encore d'autres Oracles, j'en ay rencontré plusieurs du mesme sentiment, de sorte que demeurant en suspens, & ne m'appartenant pas de decider entre tant de grands hommes, j'ay creu que le meilleur party que je pouuois prendre, estoit de ne refaire pas le quarton, mais de refaire vne Remarque, pour en laisser le jugement au Lecteur.

Arsenal, & *Arcenac*.

ARcenal, est le plus vsité. Plusieurs disent aussi *arcenac*, auec vn *c*, à la fin, & il semble qu'en parlant on prononce plustost *arsenac*, qu'*arsenal*, mais que l'on escrit plus volontiers *arsenal*, qu'*arsenac*, *vn arsenal bien muny*, *dresser vn arsenal*. On dit au pluriel *arcenaux*, & ie n'ay jamais oüy dire *arcenacs*, qui est encore vne marque pour faire voir, qu'*arcenal*, auec vne *l*, au singulier est le vray mot. L'Italien dit, *arcenale*, & quelques vns croyent que nous l'auons pris de là; Car si *arcenac*, estoit aussi bon, je ne vois pas pourquoy on ne diroit pas *arcenacs*, au pluriel aussi bien qu'*arcenaux*, comme on dit *arcs* d'*arc*.

Auparauant, auparauant que.

LE vray vsage d'*auparauant* c'est de le faire aduerbe, & non pas preposition, par exemple c'est de l'employer ainsi. *Il me presse de telle chose, mais il y faut songer auparauant. Il ne luy est rien arriué que ie ne luy aye dit auparauant.* Ceux qui parlent & qui escriuent le mieux ne s'en seruent jamais que de cette façon. Mais ceux qui n'ont nul soin de la pureté du langage disent & escriuent tous les jours par exemple *auparauant moy, il est venu auparauant luy*, & en font vne preposition, au lieu de dire *il est venu deuant moy, j'y suis deuant luy*, C'est d'ordinaire auec les pronoms personnels qu'ils le font seruir de preposition comme aux exemples que nous venons de donner; Car deuant les noms, je n'ay pas remarqué qu'ils le facent, ny que l'on die jamais *auparauant le retour du Roy, auparauant Pasques*, ou *auparauant les festes de Pasques. Auparauant que* pour *deuant que*, ou *auant que*, n'est pas aussi du bel vsage. Les bons Escriuains ne diront jamais par exemple *auparauant que vous soyez venu*, pour dire *auant*, ou *deuant que vous soyez venu*. Il en est comme de *cependant*, dont nous auons fait vne Remarque; car pour bien parler on ne doit jamais dire *cependant que*, non plus que *auparauant que*.

Galant, galamment.

GAlant, à plusieurs significations, & comme substantif, & comme adjectif. Ie les laisse toutes pour ne parler que d'vne seule, qui est le sujet de cette Remarque. C'est dans le sens qu'on dit à la Cour, qu'*vn homme est galant, qu'il dit & qu'il fait toutes choses galamment, qu'il s'habille galamment*, & mille autres choses semblables. On demande ce que c'est qu'*vn homme galant*, ou *vne femme galante de cette sorte, qui fait & qui dit les choses d'vn air galant, & d'vne façon galante*. I'ay veu autrefois agiter cette question parmy des gens de la Cour & des plus galans de l'vn & de l'autre sexe qui auoient bien de la peine à le definir. Les vns soustenoient que c'est *ce je ne sçay quoy*, qui differe peu *de la bonne grace*; les autres que ce n'estoit pas assez du *je ne sçay quoy*, ny *de la bonne grace*, qui sont des choses purement naturelles, mais qu'il falloit que l'vn & l'autre fust accompagné d'vn certain air, qu'on prend à la Cour, & qui ne s'acquiert qu'à force de hanter les Grands & les Dames. D'autres disoient que ces choses exterieures ne suffisoient pas, & que ce mot de *galant*, auoit bien vne plus grande estenduë, dans laquelle il embrassoit plusieurs qualitez ensemble, qu'en vn mot c'estoit *vn composé où il entroit du ie ne sçay quoy*, ou *de la bonne grace, de l'air de la* Cour, *de l'esprit, du jugement, de la ciuilité, de la courtoisie & de la gayeté, le tout sans contrainte, sans affectation, & sans vice.* Auec cela il y a dequoy faire vn honneste homme à la mode de la Cour. Ce sentiment fut suiuy comme le plus approchant de la verité, mais on ne laissoit pas de dire que cette definition estoit encore imparfaite, & qu'il y auoit quelque chose de plus dans la signification de ce mot, qu'on ne pouuoit exprimer; car pour ce qui est par exemple de *s'habiller galamment, de danser galamment*, & de faire toutes ces autres choses qui consistent plus aux dons du corps qu'en ceux de l'esprit, il est aisé d'en donner vne definition; Mais quand on passe du corps à l'esprit, & que dans la conuersation des Grands & des Dames, & dans la maniere de traiter & de viure à la Cour, on s'y est acquis le nom de *galant*, il n'est pas si aisé à definir; car cela presuppose beaucoup d'excellentes qualitez qu'on auroit bien de la peine à nommer toutes, &

dont vne ſeule venant à manquer ſuffiroit à faire qu'il ne ſeroit plus *galant*. On peut encore dire la meſme choſe des *lettres galantes*. En cette ſorte de Lettres, la France peut ſe vanter d'auoir vne perſonne à qui tout le monde le cede. Athenes meſme ny Rome ſi vous en oſtez Ciceron, n'ont pas de quoy le luy diſputer, & ie le puis dire hardiment, puis qu'à peine paroiſt-il qu'vn genre d'eſcrire ſi delicat, leur ayt eſté ſeulement connu. Auſſi tous les gouſts les plus exquis font leurs delices de ſes lettres, auſſi bien que de ſes vers, & de ſa conuerſation, où l'on ne trouue pas moins de charmes. Ie tiendrois le Public bien fondé à intenter action contre luy pour luy faire imprimer ſes œuures. Au reſte quoy qu'en vne autre ſignification on die *galand*, & *galande*, auec vn *d*, auſſi bien qu'auec vn *t*, ſi eſt-ce qu'en celle que nous traitons, il faut dire *galant* & *galante* auec vn *t*, & non pas auec vn *d*.

Reuſsir.

ON ſe ſert plus elegamment de ce verbe au ſens actif, ou auec le verbe auxiliaire *auoir*, qu'au ſens paſſif, ou auec le verbe auxiliaire *eſtre*. Par exemple, il eſt beaucoup mieux dit *ce deſſein luy a reuſsi*, que non pas *luy est reußi, cette entreprise luy a reußi*, que non pas *luy est reußie*, quoy qu'vn de nos plus celebres Escriuains l'ayt escrit de cette derniere façon. Nous auons fait vne Remarque de la faute contraire que l'on fait en certains verbes, où l'on employe le verbe auxiliaire *auoir*, au lieu du verbe auxiliaire *estre*, comme *il a entré, il a sorty, il a passé* pour *il est entré, il est sorty, il est passé*.

Seruir, prier.

SEruir, regit maintenant l'accusatif, & non pas le datif comme il faisoit autrefois, & comme s'en sert ordinairement Amyot & les anciens Escriuains; Par exemple ils disoient, *il faut seruir à son Roy, & à sa patrie*, pour dire *il faut seruir son Roy & sa patrie*, comme on parle aujourd'huy. M. de Malherbe a encore retenu ce datif, comme quelques autres phrases du vieux temps; *le Medecin*, dit-il, *sert aux malades*, au lieu de dire *sert les malades*; car icy *seruir*, ne signifie pas *estre propre & conuenable*, auquel cas il regiroit le datif, comme *cela sert à plusieurs choses*, mais signifie *rendre seruice & aßister*. Il en est de mesme de *prier*. Les Anciens disoient aussi *prier à Dieu*, & mesme quelques vns disent encore *je prie à Dieu*, au lieu de dire *je prie Dieu*; *Fauoriser*, a aussi le mesme vsage.

Quantesfois.

CE mot pour dire *combien de fois*, eſt beau & agreable à l'oreille ſelon l'auis de beaucoup de gens ; tellement que ie m'eſtonne qu'il ayt eu vne ſi mauuaiſe deſtinée, au moins en vers, où il a tres-bonne grace, & où il eſt tres-commode, meſme apres l'exemple de M. de Malherbe, qui l'a ſi bien mis en œuure,

Quantesfois, lors que ſur les ondes
Ce nouueau miracle flottoit, &c.

Car pas vn de nos Poëtes n'en voudroit vſer aujourd'huy, & pour la proſe ie ne penſe pas qu'il ayt jamais eſté en vſage, ny meſme que M. de Malherbe s'en ſoit ſeruy.

Que non pas.

QVelques vns de nos modernes Eſcriuains le condamnent, & ne veulent pas par exemple que l'on die, comme l'a eſcrit vn excellent Autheur, *ils tiennent plus de l'architecte & du maſſon que non pas de l'Orateur*, mais *ils tiennent plus de l'architecte & du maſſon que de l'Orateur.* Il eſt vray que bien ſouuent ils ont raiſon, mais bien ſouuent auſſi *non pas*, y a fort bonne grace, & rend l'expreſſion plus

forte,

forte. Il faut en cela consulter l'oreille ; car il seroit mal-aisé d'en faire vne Reigle certaine, sans doute il est plus elegant pour l'ordinaire de le supprimer.

Arrangement de mots.

L'Arrangement des mots est vn des plus grand secrets du stile ; Qui n'a cela, ne peut pas dire qu'il sçache escrire. Il a beau employer de belles phrases & de beaux mots, estant mal placez ils ne sçauroient auoir ny beauté ny grace, outre qu'ils embarrassent l'expression & luy ostent la clarté, qui est le principal.

Tantùm series, juncturáque pollet.

Vn Autheur celebre escrit, *voicy pour vne seconde injure, la perte qu'auecque vous, ou plustost auecque toute la France, j'ay faite de Monsieur, &c.* Quelle oreille n'est point choquée de cette transposition ? N'eust-il pas mieux dit *la perte que j'ay faite auecque vous, ou plustost auec toute la France, de Monsieur, &c.* A mon auis ce qui l'a trompé, c'est qu'il a creu que ce genitif *de Monsieur*, seroit bien mieux placé aupres de *j'ay faite*, dont il est regi, qu'aupres de ces mots *auec toute la France*, auec lesquels il n'a aucune liaison ; Mais il n'a pas pris garde, que pour joindre sur la fin de la periode les mots qui se construisent ensemble, il a separé d'vne trop longue distance la construction des mots qui estoient au commencement, à sçauoir *la perte que*, qui vouloient estre joints immediatement à leur verbe *j'ay faite*; Car il leur estoit bien plus necessaire qu'à ces derniers *de Monsieur*, tant parce que le verbe qui est construit auec le pronom relatif en l'accusatif, comme celuy-cy, veut estre le plus proche du pronom qu'il se peut, que parce qu'il y auoit plusieurs mots sans verbe, en quoy consiste vn des principaux vices de l'arrangement; En effet si l'on sçait bien placer & entrelasser le verbe au milieu des autres parties de l'oraison, on sçaura vn des plus grands secrets, & la principale reigle de l'arrangement des paroles. L'autre Reigle est, de suiure le mesme ordre en escriuant que l'on tient en parlant; car on ne dira pas la *perte qu'auecque vous, ou plustost auec toute la France i'ay faite de Monsieur, &c.* mais *la perte que i'ay faite auec vous ou plustost auec toute la France, de Monsieur, &c.* Ny l'on ne dira pas non plus, comme a escrit encore le mesme Autheur, *ie pense vous auoir conté qu'à l'entrée que douze ou quinze iours auparauant il auoit faite, &c.* mais *qu'à l'entrée qu'il auoit faite douze ou quinze iours auparauant.* C'est la situation naturelle de ces paroles, au lieu que l'autre est forcée.

Plusieurs attribuent aux vers la cause de ces transpositions, qui sont des ornemens dans la Poësie, quand elles sont faites, comme celles de M. de Malherbe, dont le tour des vers est incomparable; Mais pour l'ordinaire elles sont des vices en prose, ie dis *pour l'ordinaire*, parce qu'il y en a quelques vnes de fort bonne grace. Il se pourroit faire que la tissure du vers auroit corrompu celle de la prose, mais combien auons-nous de grands hommes, dont la prose & les vers sont egalement excellens? Parmy vn si grand nombre on voit briller cette viue lumiere de l'Eglise, qui par ses Oeuures Chrestiennes s'est acquis vne double palme en l'vn & en l'autre genre. Est-il rien de plus doux, de plus pompeux que son stile, rien de plus eloquent que sa bouche & que sa plume? Et ne sont-ce point encore de nouueaux sujets d'admiration, que la quantité, que la diuersité de ses ouurages, & que la promptitude & la facilité auec laquelle il les fait? Certainement ce n'est point pour luy que l'on dit *que les talens sont partagez*, & *que le pris de l'Eloquence n'est pas de ceux qui se gaignent à la course*. Mais cette double gloire n'est-elle pas deuë aussi à l'Autheur de ce grand Ouurage, qui a aujourd'huy tant d'esclat? N'est-ce point vn chef-d'œuure d'eloquence, de pieté, de jugement, & qui va immortaliſer ſur la terre vn grand Cardinal desja immortel dans le ciel ? Se voit-il encore de plus belle proſe ny de plus beaux vers que les lettres & les ſonnets d'vn autre excellent Eſprit, deſquels il ſuffit de dire pour toute loüange, qu'ils ſont dignes du fameux Endymion ? Combien en auons nous d'autres encore, qu'il ſeroit trop long de deſigner, & que je me contente d'honorer d'vn ſilence reſpectueux, puis que leur reputation parle aſſez ?

Au preallable. Preallablement.

NOus n'auons gueres de plus mauuais mots en noſtre langue. C'eſtoit l'auerſion d'vn grand Prince, qui n'entendoit jamais dire l'vn ou l'autre ſans froncer le ſourcil. Il trouuoit qu'ils auoient quelque choſe de monſtrueux en ce qu'ils eſtoient moitié Latins & moitié François, & quoy qu'en toutes les langues il y ayt beaucoup de mots *ibrides*, qu'ils appellent, ou *metifs*; Et il eſtoit encore plus choqué de ce *qu'allable*, entroit dans cette compoſition pour *qui doit aller*. Nous auons *auparauant*, *premierement*, *auant toutes choſes*, & pluſieurs autres termes ſemblables. Il faut laiſſer ces autres deux pour les Notaires, & pour la chicane.

Beaucoup.

CE mot eſtant employé pour *pluſieurs*, ne doit pas eſtre mis tout ſeul. Il y faut ajouſter *perſonnes*, ou *gens*, ou quelque ſubſtantif, comme *il donnoit peu à beaucoup*, n'eſt pas bien dit, il faut dire *à beaucoup de perſonnes*, ou *à beaucoup de gens*. Il eſt vray que l'on dit, *nous ſommes beaucoup*, *ils ſont beaucoup*, pour dire *nous ſommes beaucoup de gens*, mais il faut remarquer que cela n'a lieu que quand le pronom perſonnel le precede, lequel fait voir que ce *beaucoup*, qui ſuit, ſe rapporte au meſme pronom. De meſme quand on dit *il y en a beaucoup*, cet *en*, emporte auec ſoy la ſignification de *gens*, ou *de perſonnes*, comme il ſe voit par cette phraſe *il y en a*, qui veut dire entre autres choſes *il y a des gens.*

Quand *beaucoup*, eſt aduerbe, il y a vne belle remarque à faire; c'eſt que lors qu'on le met apres l'adjectif, il y faut neceſſairement ajouſter *de*, deuant & dire *de beaucoup*; car ſi ie dis, *l'eſprit de qui la promptitude eſt plus diligente beaucoup que celle des aſtres*, ce n'eſt pas bien dit, quoy qu'il ſoit eſchappé ſouuent à vn celebre Autheur de l'eſcrire ainſi; il faut dire *l'eſprit de qui la promptitude eſt plus diligente de beaucoup que celle des aſtres*. Mais quand *beau-*

coup, eſt deuant l'adjectif, il n'eſt pas neceſſaire d'y mettre le *de*, meſme il eſt mieux de ne l'y mettre pas, comme *l'eſprit de qui la promptitude eſt beaucoup plus diligente* eſt mieux dit que *l'eſprit de qui la promptitude eſt de beaucoup plus diligente.*

Barbariſme.

ON peut commettre vn Barbariſme, c'eſt à dire parler barbarement, & hors des bons termes d'vne langue, ou en vne ſeule parole, ou en vne phraſe entiére. Les Barbariſmes d'vn ſeul mot, comme par exemple *pache*, pour *paction*, *lent*, pour *humide*, & vne infinité d'autres ſemblables ſont aiſez à euiter, & il y a peu de gens nourris à la Cour, ou verſez en la lecture des bons Autheurs, qui vſent d'vn mot barbare. Mais pour les Barbariſmes de la phraſe, qui eſt composée de plusieurs mots, il eſt tres-aiſé d'y tomber. Par exemple, vn de nos meilleurs Eſcriuains a dit *eleuer les yeux vers le ciel.* Cette phraſe n'eſt point Françoiſe, il faut dire *leuer les yeux au ciel.* Quelques vns diſent auſſi *ſortir de la vie*; cette phraſe n'eſt pas Françoiſe non plus, quoy que les Latins dient *vita excedere*; Car il n'y a point de conſequence à tirer de la phraſe d'vne langue, à la phraſe d'vne autre, ſi l'Vſage ne l'authoriſe.

Ce qui fait que tant de gens sont sujets à commettre cette sorte de barbarisme, c'est que tous les mots dont la phrase est composée sont François, & ainsi on ne s'apperçoit point de la faute; Au lieu qu'au barbarisme du mot, l'oreille qui n'y est pas accoustumée, le rebutte, & n'a garde de se laisser surprendre, mais au barbarisme de la phrase, l'oreillë estant surprise & comme trahie par les mots qu'elle connoit, luy ouure la porte, d'où apres il luy est bien aisé de s'insinuer dans l'esprit.

Descouuerte, ou *descouuerture*.

PAr exemple *la descouuerte*, ou *la descouuerture du nouueau monde*, ou *des terres neuues*, sont tous deux bons. Amyot dit *descouuerture*, & ie l'ay aussi oüy dire à des femmes de la Cour & de Paris. Ceux qui ne veulent pas que l'on die *descouuerte*, ont accoustumé d'alleguer vne mauuaise raison, qui est que *descouuerte*, est vn adjectif; car combien auons nous d'adjectifs en nostre langue qui ne laissent pas d'estre substantifs, & au masculin & au feminin, comme *le couuert*, *le contenu*, *le brillant*, *la retenuë*, *la venuë*, *l'arriuée*, *l'enceinte*, & vne infinité d'autre tirez des participes actifs & passifs, sans parler de ceux qui ne sont point pris des participes, comme *cha-*

grin, colere, depit, ſacrilege, parricide? &c.

Et donc, donc.

PLuſieurs croyent que de commencer vne periode par *& donc*, ne ſoit pas parler François, mais Gaſcon, comme en effet les Gaſcons ont ſouuent ce terme à la bouche. Mais M. Coeffeteau & M. de Malherbe en ont vſé, & je l'entends dire tous les jours à la Cour à ceux qui parlent le mieux. Il ſe pourroit bien faire que les Gaſcons l'y auroient apporté auec beaucoup d'autres façons de parler qu'ils ont introduites du temps qu'ils eſtoient en regne; Et ce qui m'en feroit douter, c'eſt qu'il ne me ſouuient point de l'auoir leu dans Amyot, où j'ay trouué beaucoup de phraſes que nous croyons nouuelles. Quoy qu'il en ſoit, l'Vſage l'a eſtably.

On peut auſſi commencer vne periode par *donc*, & il n'eſt que bon de s'en ſeruir ainſi quelquefois pour diuerſifier ſon vſage; car la plus commune façon d'en vſer, & qui a le plus de grace, eſt à la ſeconde, ou à la troiſieſme ou quatrieſme parole de la periode.

Eſpace, interualle.

CE mot eſt tousjours maſculin, quoy qu'on l'ayt fait feminin autrefois. Il faut

faut dire *vn long espace*, soit que l'on parle *d'vn espace de temps*, ou *d'vn espace de lieu*, car il se dit de tous les deux. Et au pluriel il en est de mesme qu'au singulier, *de grands espaces*, & non pas *de grandes espaces*. *Interualle*, est de mesme en tout & par tout.

Celle-cy pour *lettre*.

C*Elle-cy*, pour *lettre*, est bas. Neantmoins plusieurs ont accoustumé d'en vser commençant vne lettre ainsi : *Ie vous escris celle-cy*. Il faut dire *je vous escris cette lettre*, ou simplement *je vous escris*; Car par *celle-cy*, de sous-entendre *lettre*, qu'on n'a point encore dit, il n'y a point d'apparence en nostre langue, qui n'ayme pas ces suppressions. Les Latins ne sont pas si scrupuleux en plusieurs façons de parler, mesme en celle-cy, tesmoin Ouide

Hanc tua Penelope lento tibi mittit Vlyßi,

& dans les Epistres de Ciceron on trouue souuent, *has tibi reddet*, ou *has tibi exaraui*, ou chose semblable, sous-entendant tantost *epistolam*, tantost *litteras*.

Contemptible, *contempteur*.

CEs deux mots me semblent bien rudes, & particulierement le dernier; Car pour le premier encore y a-t-il beaucoup de gens qui s'en seruent, bien que *mesprisable*, qui est si bon, ne couste pas plus à dire. Neantmoins M. de Malherbe s'en est seruy en prose & en vers, *nous deuenons*, dit-il, *aussi contemptibles, comme nous faisons les contempteurs.* Il est vray qu'en vers il ne s'est jamais seruy de ce dernier, mais seulement de l'autre.

Et qu'estant comme elle est, d'vn sexe variable,
Ma foy, qu'en me voyant elle auroit agreable
Ne luy soit contemptible en ne me voyant pas.

Apparemment il n'a pas mis *mesprisable* au lieu de *contemptible*, quoy qu'il fust aussi propre au vers que l'autre, parce qu'il eust rimé dans la cesure du milieu auec *agreable*.

Faisable.

ON demande, *si vne chose est faisable, ou non.* Quand on parle ainsi, on ne veut pas dire *s'il est permis de la faire*, mais *s'il est possible de la faire. Faisable*, regarde l'action seulement & non pas le deuoir, & ie ne vois personne qui en parlant, ny en escriuant l'employe à vn autre vsage, si ce n'est vn celebre Escriuain, qui a donné lieu à cette Remarque, de peur qu'estant imité & digne de l'estre en plusieurs autres choses, il ne le soit encore en celle-cy.

Deuouloir.

POur dire *cesser de vouloir*. M. de Malherbe s'est seruy de ce mot, *seroit-il possible,* dit-il, *que celuy voulust, qui peut deuouloir en vn moment?* Ie ne sçay s'il est l'inuenteur de ce mot, mais ie ne l'ay iamais oüy dire, ny veu ailleurs. Il est fort commode, & fort significatif, & il seroit à desirer qu'il fust en vsage. Selon l'analogie des mots il seroit aisé de l'establir, parce que nous en auons quantité de cette nature en nostre langue, comme *detromper*, que i'ay veu venir à la Cour, & que l'on trouuoit aussi estrange au commencement, qu'on fait maintenant *deuouloir*, mais qui est aujourd'huy entierement en vsage. Nous disons donc *tromper detromper*, *mesler demesler*, *faire deffaire*, *croistre decroistre*, *habiller deshabiller*, car on met vn *s*, en la composition quand le verbe commence par vne voyelle, comme *armer desarmer*. Le nombre de ces composez est tres-grand, dans lesquels la preposition *de*, emporte la destruction ou le contraire de ce que signifie le verbe simple.

Mesmes cette sorte de composition de verbes semble auoir ce priuilege, qu'on en peut former & inuenter de nouueaux au besoin, pourueu qu'on le face auec iugement & discretion, & que ce ne soit que tres-rarement. Ce fameux Poëte Italien en a ainsi vsé, au mot de *dishumanare*, quand il a dit dans le Pastor fido

Che nel dishumanarti
Non diuenti vna fera anzi ch'un Dio.
prens garde, dit-il, *qu'en te deshumanisant, tu ne deuiennes plustost vne beste farouche*, *qu'vn Dieu*. Il s'est seruy de ce mot le plus heureusement du monde, soit qu'il l'ayt inuenté luy mesme comme ie crois, ou qu'il l'ayt pris du Dante, qui n'a eu nulle pudeur à en faire autant de fois qu'il en a eu besoin, disant par exemple *immeiare*, *intuiare*, *insuiare*, pour dire *conuertir en moy*; *conuertir en toy*, *conuertir en soy*, & vne grande quantité d'autres horribles comme ceux-là; car ie n'ay pas remarqué qu'il ayt esté aussi heureux que hardy en cette sorte d'inuention. On a fait vn mot en nostre langue depuis peu, qui est *debrutaliser*, pour dire *oster la brutalité*, ou *faire qu'vn homme brutal ne le soit plus*, qui est heureusement inuenté, & ie ne sçaurois croire qu'estant connu, il ne soit receu auec applaudissement. Au moins tous ceux à qui ie l'ay dit, luy donnent leur voix, & pas vn iusqu'icy ne l'a condamné pour sa nouueauté, comme on fait d'ordinaire tous les autres. Aussi a-t-il esté fait par vne personne, qui a droit de faire des mots, & d'imposer des noms, s'il est vray ce que les Philosophes enseignent, qu'il n'appartient qu'aux sages d'eminente sagesse d'auoir ce priuilege.

Dueil pour *duel.*

CEtte Remarque me sembloit indigne de tenir rang parmy les autres, qui n'attaquent pas des erreurs si grossieres, qui est celle de prononcer ou d'escrire *dueil* pour *duel.* Mais se rendant commune, il n'est pas inutile de la marquer. Ce sont pourtant deux choses bien differentes, que *dueil*, & *duel*, outre que *dueil*, est d'vne syllabe, & *duel* de deux.

De cette façon de parler, il sçait la langue Latine & la langue Grecque.

LE sens de ces paroles se peut exprimer en quatre façons. On peut dire, *il sçait la langue Latine & la langue Grecque. Il sçait la langue Latine & la Grecque. Il sçait la langue Latine, & Grecque* & *il sçait les langues Latine & Grecque.* On demande si ces quatre expressions sont toutes bonnes, & laquelle est la meilleure. Ie respons que les deux dernieres sont mauuaises, & que les deux premieres sont bonnes; Car, *il sçait la langne Latine & Grecque*, ne se peut dire, parce que la construction de cette periode, ou de cette oraison, pour parler en Grammairien, se doit faire, ou selon les paroles qui sont exprimées, ou selon celles qui sont sous-entenduës; Si selon celles qui sont exprimées, ce singulier *la langue*, ne peut

,onuenir à deux langues entierement differentes, comme sont *la Latine & la Grecque*; Si selon celles qui sont sous-entenduës, à sçauoir *la, langue*, encore qu'on ne die pas *langue*, il ne faut pas laisser d'exprimer l'article, *la*, qui ne se peut supprimer ny sous-entendre, à cause qu'vn mesme substantif, comme est *langue*, en cet exemple, ne peut pas estre appliqué à deux choses differentes, qu'on ne luy donne deux articles effectifs, qui ne se doiuent jamais supprimer. Et pour l'autre expression que nous soustenons mauuaise, *il sçait les langues Latine & Grecque*, cela est si euident à ceux mesmes qui ne sçauent pas les secrets de nostre langue, qu'il me semble superflu de le prouuer. Il reste donc à sçauoir lequel de ces deux est le meilleur, *il sçait la langue Latine & la langue Grecque*, & *il sçait la langue Latine & la Grecque*. Les opinions sont partagées, les vns croyent que de repeter deux fois *langue*, est plus regulier & plus grammatical, & alleguent que M. Coeffeteau qui escriuoit si nettement, en vsoit tousjours ainsi. Les autres asseurent que celuy-cy est beaucoup meilleur & plus elegant, *il sçait la langue Latine & la Grecque*, parce, disent-ils, que la repetition des mots, à moins que d'estre absolument necessaire, est tousjours importune, outre qu'en l'euitant on s'exprime auec plus de briefueté, ce qui est bien agreable, surtout aux François.

Le pronom relatif LE, *deuant deux verbes, qui le regissent.*

PAr exemple *enuoyez moy ce liure pour le reuoir & augmenter.* C'est ainsi que plusieurs personnes escriuent, ie dis mesme des Autheurs renommez; Mais ce n'est point escrire purement, il faut dire *pour le reuoir & l'augmenter*, & repeter le pronom *le*, necessairement; & cela est tellement vray, que quand mesme les deux verbes seroient synonimes, il ne faudroit pas laisser de le repeter comme, *pour l'aimer & le cherir*, & non pas *pour l'aimer & cherir.* Cette Reigle ne souffre point d'exception.

D'vne heure à l'autre.

VN de nos plus celebres Autheurs a escrit, *il n'y a rien qui se doiue conseruer auec plus de soin que la memoire d'vn bien-fait, il se la faut ramenteuoir d'vne heure à l'autre.* Il faut dire *d'heure à autre*, & *d'vne heure à l'autre* n'est pas François. En vn autre endroit il escrit encore, *la tristesse s'estant emparée de mon esprit, s'y est tellement fortifiée, & s'y fortifie encore d'vn iour à l'autre.* Il faut dire *de iour à autre*, & non pas d'vn iour à l'autre; Car ce dernier exprime vn temps defini, comme par exemple, si ie voulois dire qu'vn homme qui estoit aujourd'huy fort riche fust deuenu fort pauure le lendemain, ie dirois que *d'vn iour à l'autre*, du plus riche homme de la ville, il estoit deuenu le plus pauure. Ainsi *d'vn iour à l'autre*, signifie proprement l'espace de deux iours ou en tout, ou en partie; car cela n'importe. Que si en ce mesme exemple ie mettois *de iour à autre*, alors ie ne dirois plus que ce grand changement fust arriué determinément dans deux iours, mais peu à peu, & dans vn espace de temps indefini. Il en est de mesme, ce me semble, de *d'vne heure à l'autre*, & *d'heure à autre.*

Discord pour *discorde.*

D*Iscord* pour *discorde*, ne vaut rien en prose, mais il est bon en vers,

Et si de nos discords l'infame vitupere,

dit M. de Malherbe. Les autres Poëtes en ont aussi vsé & deuant & apres luy. C'est vn de ces mots, que l'on employe en vers & non pas en prose, dont le nombre n'est pas grand. Neantmoins ie suis bien trompé si vn de nos plus excellens Escriuains ne l'a employé vne fois dans la Paraphrase, qui luy a acquis tant de reputation. Quoy qu'il en soit, on ne s'en sert en prose que tres-rarement, y ayant quelque

que lieu, où peut-estre il pourroit trouuer sa place.

Construction grammaticale.

PLusieurs croyent que cette construction n'est pas bonne, *comme le Roy fut arriué, il commanda, &c.* & qu'il faut dire *le Roy, comme il fut arriué, commanda.* Mais ils se trompent fort; car au contraire, l'autre est beaucoup meilleure & plus naturelle, parce que si ie commençois la periode par *le Roy*, il faudroit dire *estant arriué*, & non pas, *comme il fut arriué. Le Roy estant arriué commanda*, qui ne voit que cette phrase est beaucoup plus Françoise que cette autre, *le Roy, comme il fut arriué, commanda? A l'abord*, dit M. Coeffeteau, *comme Tiridates apperceut Corbulon, il descendit le premier de cheual.* On parle & on escrit ainsi.

C'EST QVE, *où il est mauuais.*

CE terme est quelquefois superflu & redondant, par exemple lors qu'il est employé de cette sorte *quand c'est que ie suis malade.* Vne infinité de gens le disent ainsi, & particulierement les Parisiens & leurs voisins, plustost que ceux des Prouinces esloignées. Il faut dire simplement *quand ie suis malade.* Cela est hors de doute. Mais on n'est pas si asseuré, que cette autre façon de parler soit mauuaise *quand est-ce qu'il viendra?* car les vns la condamnent, & soustiennent qu'il faut dire *quand viendra-t-il?* & les autres disent qu'elle est fort bonne, & pour moy ie suis de cet auis.

Onguent pour *parfum*.

VN fameux Autheur est repris, & auec raison, d'auoir escrit *onguent*, en parlant de la Magdeleine, & dit *vn precieux onguent*, au lieu d'*vn precieux parfum*. Nous auons encore plusieurs de nos Escriuains & de nos Predicateurs, qui font cette faute. Ce qui les trompe, c'est que les Latins disent *vnguentum*, en cette signification, parce que les Anciens se seruoient de certains parfums, comme il y en a encore de plusieurs sortes parmy nous, dont le vray vsage estoit de s'en oindre quelques parties du corps; tellement qu'il semble qu'on auoit raison de l'appeller *onguent*. Mais parce que ce mot se prend tousjours pour medicament, il ne s'en faut iamais seruir pour *parfum*, l'Vsage le veut ainsi.

Poste.

QVand c'est vn terme de guerre, il est tousjours masculin, & ceux qui le font de l'autre genre parlent mal. Il faut dire *prendre vn bon poste, garder son poste,* & non pas *prendre vne bonne poste, ny garder sa poste.* Quand il signifie *vne certaine course de cheual,* ou *le lieu où sont les cheuaux destinez à cet vsage,* ou *l'espace qu'ils ont accoustumé de faire en courant,* chacun sçait qu'il est feminin, & que l'on dit *courre la poste.* Tous deux viennent de l'Italien, qui appelle l'vne *posta,* & l'autre *posto.* En faisant cette difference de genre, on parlera selon l'Vsage, & l'on euitera l'equiuoque.

Abus du Pronom demonstratif, celuy.

PLusieurs abusent du pronom demonstratif *celuy,* en tout genre & en tout nombre. Ce sont particulierement les femmes & les Courtisans quand ils escriuent; & tant s'en faut qu'ils le veuillent euiter, qu'au contraire ils l'affectent comme vn ornement. Ils le trouuent fort commode, & s'en seruent d'ordinaire pour passer d'vn discours à vn autre. Par exemple, ils finiront vne periode par *joye.* en mettant vn point apres, & en commenceront vne autre, qui n'aura rien de commun auec la premiere, disant *celle que j'ay receuë d'vne telle chose,* &c. voulant dire *la joye que i'ay receuë.* Autre exemple, *j'ay parlé à vn tel de vostre affaire, il s'y portera auec affection.* Cel-

le que vous m'auez tesmoignée ces iours passez, pour dire *l'affection que vous m'auez tesmoignée ces iours passez, est extraordinaire*. Ie dis que cette façon de parler, ou plustost d'escrire est vicieuse, & que jamais les bons Autheurs, ne s'en sont seruis en aucune langue, parce que ce pronom, quand il se rapporte à des choses de cette nature, n'a son vsage que dans vne mesme periode, comme par exemple si ie disois, *il m'a promis de vous seruir auec la mesme affection, que celle que vous luy auez tesmoignée ces iours passez*.

Mais comme j'ay dit, cette Reigle n'a lieu que lors que ce pronom se rapporte à des choses d'vne certaine nature, qui sont *les choses morales*, ou *intellectuelles*, comme *joye*, *affection*, *esperance*, *action*, &c. Car *aux materielles*, ou *aux personnes*, il n'y a point de mal de commencer la periode par ce pronom, comme si ie finis ainsi *pour payer le cabinet que j'ay acheté*, ie puis fort bien recommencer, *Celuy qu'vn tel vous donna*, &c. De mesme quand il s'agit d'vne ou de plusieurs personnes, *la femme de Septimius*, dit M. Coeffeteau, *pour espouser son adultere, fit proscrire & tuer son mary. Celle de Salassus alla elle mesme querir les soldats pour l'executer*. Il y a bien sans doute quelque belle raison de difference, mais ie ne l'ay pas encore cherchée.

Aduerbe.

CEtte partie de l'Oraiſon veut tousjours eſtre proche du verbe, comme le mot meſme le monſtre; ſoit deuant ou apres, il n'importe, quoy que dans la conſtruction il aille tousjours apres le verbe, comme l'acceſſoire apres le principal, ou l'accident apres la ſubſtance. C'eſt pourquoy ie m'eſtonne qu'vn de nos plus fameux Eſcriuains affecte de le mettre ſi ſouuent loin de ſon verbe à la teſte de la periode, par exemple, *comme l'on vit que preſque leurs propoſitions n'eſtoient que celles meſmes qu'ils auoient faites à Rome*, au lieu de dire *comme on vit que leurs propoſitions n'eſtoient preſque que celles meſmes qu'ils auoient faites à Rome*, nonobſtant la cacophonie des deux *que*, *preſque que*, qui n'eſt pas conſiderable à comparaiſon de la rudeſſe qu'il y a à mettre *preſque*, au lieu où il le met. Et il pouuoit euiter ces deux *que*, en mettant, *comme on vit que leurs propoſitions eſtoient à peu pres les meſmes*, &c.

Ie crois neantmoins qu'il y a quelques aduerbes, comme *iamais*, *ſouuent*, & quelquefois *tousjours*, qui ont meilleure grace au commencement de la periode, qu'ailleurs; Mais auſſi ie n'en ay gueres remarqué d'autres que ceux là, ce qui me fait ſoupçonner que ce ſont principalement les aduerbes du temps qui ont ce priuilege, & encore n'est-ce pas tousjours. Le mesme Autheur, dont i'ay allegué l'exemple de *presque* a escrit, *quand iamais vn de ses bien-faits ne luy deuroit reüssir.* Et en vn autre endroit, *il deuoit faire en sorte qu'il n'y eust moyen de jamais les faire sortir au iour.* Cette transposition est estrange, au lieu de dire, *il deuoit faire en sorte qu'il n'y eust iamais moyen de les faire sortir au iour.*

Perdre le respect à quelqu'vn.

CEtte façon de parler est de la Cour, s'il en fut iamais, & toute ma vie ie l'ay ainsi oüy dire aux hommes & aux femmes qui la hantent. Neantmoins depuis peu ie vois tant de gens qui condamnent cette phrase, ou qui en doutent, que ie crois qu'il faut estre retenu à en vser. I'auoüe que la construction en est estrange, & qu'il semble qu'on deuroit dire *perdre le respect enuers quelqu'vn*, ou beaucoup mieux encore, *pour quelqu'vn*, & non pas *à quelqu'vn*; Mais combien y a-t-il de ces phrases en toutes les langues, & en la nostre? ordinairement ce sont les plus belles & qui ont le plus de grace. Il se presente souuent occasion comme icy, de redire ce beau mot de

Quintilien, *aliud est latinè, aliud grammaticè loqui.*

Si nous voulions esplucher cette façon de parler, *se louër de quelqu'vn*, & en faire vne anatomie, selon que les mots sonnent, ou selon leur construction, ne la trouueroit-on pas encore plus estrange que l'autre, pour signifier ce qu'elle signifie ? Car par exemple quand on dit, *vn tel se loüe fort des faueurs que vous luy auez faites*, la raison voudroit que l'on dist, *vn tel vous louë fort des faueurs que vous luy auez faites*, & non pas *se louë*, qui n'est nullement à propos. Et neantmoins il faut dire *se loüe*, si l'on veut parler François. Toutes les langues ont de ces façons de parler, comme i'ay dit. Il suffit d'en alleguer vn exemple en la latine, *dabis mihi pœnas*, veut dire en bon Latin, *ie vous donneray le foüet* ou *ie vous battray*; & à le prendre au pied de la lettre, ne semble-t-il pas qu'il veuille dire tout le contraire, à sçauoir, *vous me donnerez le fouët*, ou *vous me battrez*. Mais pour reuenir à cette phrase, *perdre le respect à quelqu'vn, il luy a perdu le respect*, ceux qui la condamnent, veulent que l'on die *manquer*, au lieu de *perdre*, comme *manquer de respect à quelqu'vn. Il luy a manqué de respect.* Et c'est le plus seur, si ce n'est le meilleur. Il est vray qu'il ne dit pas tant, que *perdre le respect.*

Quelque chose, *quel genre il demande.*

ON demande si *quelque chose*, veut tousjours vn adjectif feminin selon le genre de *chose*, ou bien vn adjectif masculin qui responde à l'*aliquid* des Latins, & à ce qu'il signifie. Par exemple, s'il faut dire, *il y a quelque chose dans ce liure, qui est assez bonne*, ou *quelque chose, qui est assez bon*, *quelque chose qui est assez plaisante*, ou *qui est assez plaisant*. Les sentimens sont diuers; car i'ay oüi agiter cette question en la compagnie du monde, qui la pouuoit le mieux decider. Les vns croyent que l'vn & l'autre est bon; Les autres qu'il le faut tousjours faire feminin, les autres tousjours masculin; Et quelques vns sont d'auis d'eluder la difficulté & de dire, *il y a dans ce liure quelque chose d'assez bon*, *quelque chose d'assez plaisant*. Ceux qui croyent que tous deux sont bons, se fondent sur ce qu'on le peut faire feminin par la reigle generale qui veut que l'adjectif soit du genre du substantif, & que *chose*, estant vn mot feminin, l'adjectif le soit aussi; Et qu'on le peut faire masculin, eu esgard non pas au mot, mais à ce qu'il signifie, qui est l'*aliquid*, des Latins, & vn neutre que nous n'auons pas en François, mais que nous exprimons par le masculin, qui fait l'office du neutre. Ceux qui le font toujours feminin ne peuuent

peuuent comprendre ny consentir, que *chose*, qui est feminin puisse iamais estre joint auec vn adjectif masculin. Et ceux au contraire, qui le font tousjours masculin disent que ce n'est pas *chose*, simplement qu'ils considerent en cette question, mais ces deux mots ensemble *quelque chose*, qui font tout vn autre effet estant joints, que si *chose*, estoit seul, ou qu'il fust accompagné d'vn autre mot, comme *vne*; car auec *vne*, il n'y a point de doute, & l'on ne met point en question qu'il ne faille dire *vne chose qui est assez bonne*, & *qui est assez plaisante*, & non pas *assez bon*, ny *assez plaisant*. Or ils soustiennent que *quelque chose*, se doit prendre neutralement, & tout de mesme que l'*aliquid* des Latins. Mesmes quelques-vns de cette opinion passent jusques là, que de dire que *quelque chose* ne doit estre pris & consideré que comme vn seul mot composé de deux qui voudroit estre orthographié ainsi *quelque-chose*, auec vn tiret & vne marque de composition, & qu'alors *quelque chose*, n'est plus feminin, mais est vn neutre selon les Latins, & vn masculin selon nous.

Et quant à ceux qui pensent eschapper la difficulté auec la preposition, ou la particule *de*, deuant l'adjectif, ils ont raison en certains exemples comme sont les deux que nous auons proposez; Mais cet expedient ne ſert pas tousjours; car ſi ie dis *il y a quelque choſe dans ce liure, qui n'eſt pas bon*, ou *qui n'eſt pas plaiſante*, on ne ſçauroit employer le *de*, en cette phraſe, ny en toutes les negatiues, où cet eſchappatoire ne vaut rien. De meſme ſi ie dis *il y a quelque choſe dans ce liure, qui merite d'eſtre leu*, ou *leuë*, on ne ſçauroit euiter ce doute auec la particule *de*, ny en vne infinité d'autres phraſes ſemblables.

On en demeura là, mais depuis ayant medité ſur ce ſujet, il me ſemble qu'il y a des endroits où le feminin ne ſeroit pas bien, & d'autres où le maſculin ſeroit mal, par exemple, *il y a quelque choſe dans ce liure qui merite d'eſtre leuë*, ie ne puis croire que ce ſoit bien dit, & qu'il ne faille dire *quelque choſe qui merite d'eſtre leu*, *quelque choſe qui merite d'eſtre cenſuré*, & non pas *d'eſtre cenſurée*. Et ſi ie dis, *il y a quelque choſe dans ce liure qui n'eſt pas tel que vous dites*, ou *il y a dans ce liure quelque choſe qui n'eſt pas tel que vous dites*, quoy que quelques-vns l'approuuent, i'ay neantmoins peine à croire que ce ſoit bien dit, & qu'il ne faille dire, *il y a quelque choſe dans ce liure, qui n'eſt pas telle que vous dites*. D'où l'on peut former vne quatrieſme opinion differente des autres trois, à ſçauoir qu'il y a des endroits où il faut neceſſairement mettre le maſculin, & d'autres où il faut mettre le feminin, comme ſont les deux que nous venons de proposer. Mais pour discerner ces endroits là, ie n'en sçay point de reigle, ou du moins d'autre reigle que l'oreille. Seulement ie diray qu'il est beaucoup plus frequent, plus François, & plus beau de donner vn adjectif masculin à *quelque chose*, qu'vn feminin.

C'est vne belle figure en toutes les langues, & en prose aussi bien qu'en vers, de reigler quelquefois la construction, non pas selon les mots qui signifient, mais selon les choses qui sont signifiées. Par exemple, nous auons fait vne Remarque de *personne*, où l'on voit qu'encore que *personnes*, soit feminin, neantmoins parce qu'il signifie *hommes & femmes*, quand on a dit *personnes*, dans vn membre de periode, on peut dire *ils*, au masculin dans vn autre membre de la mesme periode, à cause que cet *ils*, se rapporte non pas au mot signifiant qui est *personnes*, mais au mot signifié, qui est *hommes*. Mais y a-t-il vn plus bel exemple que celuy que nous auons desja allegué ailleurs & qui est tout propre pour cette Remarque?

Ogni cosa di strage era ripieno,

& non pas *ripiena*, dit le Tasse dans sa Hierusalem. Voila vn exemple pour le genre, en voicy vn autre pour le nombre. *I'en ay veu vne infinité qui meurent*, &c. *Infinité*, est singulier & *meurent*, eſt pluriel, & cependant il faut dire ainſi, & non pas, *i'en ay veu vne infinité qui meurt*, qui ſeroit tres mal dit. Et cela, parce que *meurent*, ſe rapporte non pas au mot ſignifiant qui eſt *infinité*, & ſingulier, mais à la choſe ſignifiée, qui eſt *quantité de perſonnes*, ou *d'animaux*, qui comme vn terme collectif equipolle le pluriel, tellement qu'on n'a pas eſgard au mot, mais à la choſe.

Succeder pour *reüſſir*.

Lors que *ſucceder*, veut dire *reüßir*, il s'employe au preterit auec le verbe auxiliaire *auoir*, & non pas auec l'autre verbe auxiliaire *eſtre*, par exemple il faut dire *cette affaire luy a bien ſuccedé*, & non pas *luy eſt bien ſuccedée*. Neantmoins vn de nos plus celebres Autheurs a eſcrit dans le meilleur de ſes ouurages, *deux combats qui luy eſtoient glorieuſement ſuccedez*. C'eſt ce qui a donné lieu à cette Remarque, parce que ie ne crois pas que cette façon de parler ſoit à imiter. Le meſme Eſcriuain a employé *reüßir*, de la meſme façon, comme nous l'auons remarqué ailleurs.

Bien que, quoy que, encore que.

CEs conjonctions ne doiuent pas eſtre repetées dans vne meſme periode. Par exemple, *bien que l'experience nous face voir tous les iours qu'il n'y a point d'innocence qui soit à couuert de la calomnie, & quoy que les plus gens de bien soient exposez à la persecution, si est-ce,* &c. Ie veux dire qu'apres auoir commencé la periode par *bien que*, il ne faut pas mettre *quoy que*, ny *encore que*, dans le second membre de la mesme periode, mais escrire ainsi, *bien que l'experience nous face voir tous les iours qu'il n'y a point d'innocence qui soit à couuert de la calomnie, & que les plus gens de bien sont exposez à la persecution.* Ie ne me serois pas auisé de faire cette Remarque, si ie n'auois trouué cette faute dans les Oeuures d'vn bon Escriuain.

Comme ainsi soit.

M. Coeffeteau vse souuent de cette façon de parler à l'imitation d'Amyot, qu'il s'estoit proposé pour le plus excellent patron de son temps, & sur lequel il auoit formé son stile auec les changemens & les modifications qu'il y falloit apporter. Dans ses premiers Ouurages, ce terme ne fut pas mal receu, mais bien-tost apres il vint à vn tel descry, que l'authorité d'vn si grand homme ne le pût sauuer, au contraire on le luy reprochoit comme vn crime, ou du moins comme vne tache qui soüilloit toute cette beauté de langage, en quoy il excelle. La cause de ce descry, c'est que les Notaires ont accoustumé de s'en seruir au commencement de leurs contracts. Neantmoins on a souuent affaire de ces sortes de termes, & celuy-cy me sembloit fort graue à l'entrée d'vn discours, lors qu'il est question d'entamer quelque matiere importante; Et nous n'auons pas plus de mots de cette nature en nostre langue, qu'il ne nous en faut. I'auoüe que dans vne lettre il seroit exorbitant; mais qui ne sçait qu'il y a des paroles & des termes pour toutes sortes de stiles? Les Italiens n'ont-ils pas leur *conciosiacosachè* ou *conciosiacosache*, pour dire *comme ainsi soit*, qui est bien encore plus estrange, duquel neantmoins ils ne laissent pas de se seruir depuis plusieurs siecles au commencement de quelque graue discours, quand ils veulent escrire d'vn stile majestueux? Auec tout cela, il faut aujourd'huy condamner *comme ainsi soit*, puis que l'Vsage le condamne; Mais il n'auoit pas encore prononcé l'Arrest definitif, quand M. Coeffeteau s'en seruoit; c'est pourquoy il n'est pas tant à blasmer de ne s'en estre pas abstenu. Il fait assez paroistre en tous ses Escrits, combien il estoit religieux & exact à ne point vser d'aucun mot ny d'aucune phrase, qui ne fust du temps & de la Cour.

Si bien.

SI *bien*, conjonction ne se dit iamais, qu'il ne soit suiuy immediatement de *que*, & que l'on ne die *si bien que*, qui veut dire *de sorte que*, ou *tellement que*. I'ay adjousté *conjonction*, parce que *si bien*, sans *que*, apres, est fort bon, quand il n'est pas conjonction, mais aduerbe, comme par exemple quand on dit, *il est si bien fait*, *il est si bien né*. Mais ce n'est pas de quoy il s'agit. Nous condamnons *si bien*, dont vne infinité de gens ont accoustumé d'vser pour *bien que*, *encore que*, comme quand ils disent *si bien i'ay dit cela*, *ie ne le feray pas*. C'est vne façon de parler purement Italienne *Se bene l'ho detto*, &c. & ie m'estonne qu'vn de nos plus celebres Autheurs ayt escrit, *si bien ces commencemens nous ont esté necessaires*, au lieu de dire, *bien que ces commencemens*, ou *encore que ces commencemens*, &c.

Consideré que.

CE terme de conjonction pour, *veu que*, n'est plus gueres en vsage. Neantmoins M. Coeffeteau s'en sert souuent apres Amyot, & auec plusieurs autres bons Escriuains. Mais ie ne conseillerois pas aujourd'huy à qui que ce fust de s'en seruir, si ce n'est dans vn grand

Ouurage de doctrine plustost que d'eloquence. *Attendu que*, commence à se rendre fort commun dans le beau stile, mais du temps du Cardinal du Perron & de M. Coeffeteau il estoit banni de leurs escrits & de ceux de tous les meilleurs Autheurs, qui l'auoit relegué dans le pays d'*iceluy* & de *pour & à icelle fin*. Mais l'Vsage comme la Fortune, chacun en sa iurisdiction, eleue ou abbaisse qui bon luy semble, & en vse comme il luy plaist.

S'attaquer à quelqu'vn.

CEtte façon de parler *s'attaquer à quelqu'vn*, pour dire *attaquer quelqu'vn*, est tres-estrange & tres-Françoise tout ensemble; Car il est bien plus elegant de dire *s'attaquer à quelqu'vn*, qu'*attaquer quelqu'vn*. Ce sont de ces phrases dont nous auons parlé ailleurs, qui ne veulent pas estre espluchées, ny prises au pied de la lettre, parce qu'elles n'auroient point de sens, ou mesmes sembleroient en auoir vn tout contraire à celuy qu'elles expriment, mais qui bien loin d'en estre moins bonnes en sont beaucoup plus excellentes. Voyez la Remarque intitulée, *perdre le respect à quelqu'vn*.

Que le

Que le changement des articles a bonne grace.

IE dis que le changement des articles a bonne grace, lors que l'on employe deux substantifs l'vn apres l'autre auec la conjonction &, tellement que pour auoir cette grace, il faut tascher autant qu'il se peut, de mettre deux substantifs de diuers genre; L'exemple le va faire entendre, *je dois beaucoup à la conduite & au soin de cet homme*, est dit sans doute auec plus de grace que, *je dois beaucoup à la conduite & à la diligence de cet homme*, parce que la varieté donne beauté & grace à toutes les choses. C'est pourquoy cette variation d'articles feminin & masculin, *à la conduite & au soin*, est bien plus agreable à l'oreille, que ne seroit l'vniformité d'vn seul article repeté deux fois, *à la conduite & à la diligence*. Ie ne doute point que plusieurs ne dient, que c'est vn trop grand raffinement, à quoy il ne se faut point amuser; Aussi ie ne blasme point ceux qui n'en vseront pas, mais ie suis certain que quiconque suiura cet auis plaira dauantage, & fera vne de ces choses dont se forme la douceur du stile, & qui charme le Lecteur, ou l'Auditeur sans qu'il sçache d'où cela vient. L'vsage de cet auis ne doit auoir lieu que lors que l'on a le choix de plusieurs mots, dont on peut diuerſifier le genre, & qu'il ne couſte rien d'en vſer ainſi; Car ie n'entens pas que l'on ſe contraigne en rien, ny que l'on ſe departe pour cela de la grace de la naïfueté, & d'vne expreſſion naturelle.

Qu'il eſt neceſſaire de repeter les articles deuant les ſubſtantifs.

VOicy vne des principales & des plus neceſſaires Reigles de noſtre langue, que la repetition des Articles. Ie n'auois pas neantmoins reſolu d'en traiter, qu'en paſſant, ſelon les occaſions qui s'en ſont preſentées dans ces Remarques; parce que ie ne vois preſque perſonne auoir tant ſoit peu de ſoin de bien eſcrire, qui manque à vne loy ſi connuë & ſi eſtablie. Mais outre qu'y ayant pris garde de plus pres, j'ay trouué cette faute moins rare que ie ne m'eſtois imaginé, on m'a conſeillé d'en parler à plein fond, m'aſſeurant que ma peine ne ſeroit pas ſuperfluë.

Donc pour proceder par ordre, la repetition des Articles eſt touſjours neceſſaire au nominatif & à l'accuſatif, quand il y a deux ſubſtantifs joints enſemble par la conjonction *&*. Exemple, *les faueurs & les graces ſont ſi grandes* & non pas *les faueurs & graces*, &c. Voila pour le nominatif, & à l'accuſatif, *j'ay receu les faueurs & les graces que vous m'auez faites*,

& non pas *j'ay receu les faueurs & graces*, &c. Mais la faute est bien encore plus grande de ne repeter pas l'article, quand les deux substantifs sont de deux genres differens, comme de dire, *le malheur & misere dont on est accablé*, au lieu de repeter l'article, *le malheur & la misere*, &c. Aussi n'y a-t-il que les Escriuains insupportables qui facent vne faute si grossiere.

Cette mesme repetition est encore necessaire au genitif & à l'ablatif, qui sont tousjours semblables en nostre langue, comme le nominatif & l'accusatif le sont. Il faut dire, *l'amour de la vertu & de la philosophie*, & non pas, *l'amour de la vertu & philosophie*. A l'ablatif de mesme, il faut dire, *despoüillé de la charge & de la dignité qu'il auoit*, & non pas, *despoüillé de la charge & dignité qu'il auoit*. Il est vray qu'au genitif, on s'en dispensoit autrefois aux mots synonimes & approchans, comme *j'ay conceu vne grande opinion de la vertu & generosité de ce Prince*, au lieu de dire, *vne grande opinion de la vertu & de la generosité de ce Prince*, & M. Coeffeteau, qui escriuoit si purement, le disoit souuent ainsi sans repeter l'article; Mais ie pense auoir desja dit en quelque vne de mes Remarques, que cela ne se fait plus aujourd'huy, & qu'encore que les mots soyent synonimes ou approchans, il ne faut pas laisser de repeter l'article. Ainsi de l'ablatif, *je puis esperer cela de la bonté & de la generosité de ce Prince*, & non pas *de la bonté & generosité*. Que si les deux substantifs sont de diuers genre, ce seroit encore vne plus grande faute de ne pas redoubler l'article, parce que le premier article ne conuient pas au second substantif, par exemple, si ie disois, *il ieusne au pain & eau*, au lieu de dire, *au pain & à l'eau*, *au disné & collation*, pour *au disner & à la collation*; car l'article *au*, ne conuient pas à *eau*, ny à *collation*. Que si les deux substantifs sont de mesme genre, mais que l'vn commence par vne consone, & l'autre par vne voyelle, comme *au midy & à l'Orient*, ce seroit encore vne grande faute de dire, *au midy & Orient*, parce que l'article *au*, quoy que masculin ne conuient pas à l'autre masculin commençant par vne voyelle.

Pour le datif, il y en a qui le voudroient excepter, croyant que de dire, *je dois cela à la bonté & generosité de ce Prince*, est mieux dit, que *je dois cela à la bonté & à la generosité de ce Prince*, parce que *bonté & generosité*, estant approchans des synonimes, il semble qu'ils tombent dans cette belle Reigle des synonimes ou des approchans, qui ne veulent pas la repetition de plusieurs particules, comme les mots contraires ou tout à fait differens la veulent absolument auoir, par exemple, *je dois cela à l'adresse & à la force d'vn tel, j'ay esgard à la vigueur & à la foiblesse d'vn homme.* Mais ie ne serois pas de cet auis maintenant, quoy que du temps de M. Coeffeteau ie confesse que ie l'aurois esté.

Quel est l'vsage des articles auec les substantifs, accompagnez d'adjectifs, auec particules, ou sans particules.

Les articles joints aux substantifs accompagnez d'adjectifs, soit que ces adjectifs soient tout seuls, ou qu'ils ayent quelque particule auec eux, ont le mesme vsage en tout & par tout, que les Articles joints aux seuls substantifs. Exemples de tous les cas. Au nominatif, *c'est le meilleur homme & le meilleur ouurier du monde.* De mesme à l'accusatif, qui est tousjours semblable au nominatif, *il a veu le meilleur homme & le meilleur ouurier du monde.* Au genitif & à l'ablatif, *c'est le fils du meilleur homme & du meilleur ouurier du monde.* Ce qui se dit du masculin s'entend du feminin aussi, & des deux nombres de mesme.

Il y a exception quand les deux substantifs sont synonimes, ou approchans; car alors on n'est pas obligé de repeter ny l'article ny l'adjectif, comme, *c'est le fils du meilleur parent &*

amy que j'aye au monde, eſt bien dit, quoy que ce ſoit encore mieux dit, *le fils du meilleur parent & du meilleur amy*; car cette repetition n'eſt abſolument neceſſaire que quand les deux ſubſtantifs ſont tout a fait differens, comme en cet autre exemple, *le meilleur homme & le meilleur ouurier du monde*. où il ne faut pas dire, *le meilleur homme & ouurier du monde*. Voila quant aux articles qui ſont ioints à deux noms ſubſtantifs accompagnez d'vn meſme adjectif qui ſert à tous les deux.

Que ſi les deux ſubſtantifs ont chacun leur adjectif different, comme *c'eſt le bon homme & le mauuais ouurier*, c'eſt ainſi qu'il faut dire & non pas, *c'eſt le bon homme & mauuais ouurier*, c'eſt à dire qu'il faut tousjours repeter l'article. En fin le ſecond ſubſtantif joint au premier par la conjonction *&*, lors qu'ils ne ſont pas ſynonimes ou approchans, veut eſtre traité tout de meſme que le premier; car ſi le premier a vn article, le ſecond en veut auoir vn; ſi le premier a vn adjectif ou vn epithete, le ſecond en veut auoir vn auſſi, comme s'il eſtoit jaloux de tout le bien que l'on fait à l'autre; Au lieu qu'eſtant ſynonimes ou alliez, ils s'accordent comme bons amis, & ſe paſſent d'vn ſeul article, & d'vn ſeul adjectif pour eux deux.

Quand les deux adjectifs contraires ou differens ſont accompagnez de la particule *plus*, il faut tousjours repeter l'article & la particule *plus*, ſoit que le ſubſtantif ſoit deuant ou apres les adjectifs, par exemple, *aux contraires* en parlant d'vn riche auaricieux, *c'eſt le plus riche & le plus pauure homme que ie connoiſſe*, & non pas *c'eſt le plus riche & plus pauure homme*, & moins encore *c'eſt le plus riche & pauure homme*, &c. Et aux differens, *c'eſt le plus riche & le plus liberal homme du monde*, & non pas *c'eſt le plus riche & plus liberal homme du monde*, & moins encore, *c'eſt le plus riche & liberal*. Et *c'eſt l'homme le plus riche & le plus liberal du monde*, & non pas *le plus riche & plus liberal*, & encore moins *le plus riche & liberal*. Mais quand ils ſont ſynonimes ou approchans, il n'eſt pas neceſſaire de repeter l'article, ny la particule *plus*, comme, *il practique les plus hautes & excellentes vertus*, eſt bien dit, parce-qu'icy *hautes & excellentes*, ſont comme ſynonimes, quoy que *il practique les plus hautes & les plus excellentes vertus*, non ſeulement ne ſoit pas mal dit, mais ſoit encore mieux dit que l'autre ſelon l'opinion de M. Coeffeteau qui l'a tousjours eſcrit ainſi. *Et promirent d'eſtre obeïſſans & fidelles à de ſi genereux & de ſi magnifiques Empereurs*, dit-il en vn lieu, bien que *genereux & magnifiques*, ſoient deux epithetes approchans. La particule *ſi*, veut eſtre traitée comme *plus*, & quelques autres. On le peut encore dire d'vne troisiesme façon, *il practique les plus hautes & plus excellentes vertus du Christianisme*, qui est selon quelques-vns la meilleure des trois, & celle dont M. de Malherbe a accoustumé d'vser, *deuant le plus grand & plus glorieux courage*, dit-il, en quelque endroit; Tellement que de tout cela on peut recueillir que cette distinction des synonimes ou des approchans & des contraires ou des differens, est d'vn grand vsage; car elle influë presque sur toutes les parties de l'Oraison, sur les articles, sur les noms soit substantifs, soit adjectifs, sur les verbes, sur les prepositions, & sur les aduerbes, comme il s'en voit des exemples en diuers endroits de ces Remarques.

Ressembler.

ON demande si *ressembler*, regit aussi bien l'accusatif, que le datif; car personne ne doute qu'il ne regisse le datif. M. de Malherbe a escrit en vn certain lieu, *gardons nous de le ressembler*, & en vn autre, *auecque ce langage & autres qui le ressemblent*, & M. Bertaut luy a fait aussi regir l'accusatif en cette fameuse stance;

Quand

Quand ie veuis ce que i'ay tant aimé,
Peu s'en fallut que mon feu rallumé
Ne fist l'amour en mon ame renaistre,
Et que mon cœur autrefois son captif
Ne ressemblast l'esclaue fugitif,
A qui le sort fait rencontrer son Maistre.

Il y a beaucoup d'autres Autheurs qui luy donnent l'accusatif, mais ce sont les vieux, & non pas les modernes; Ce qui fait voir que c'estoit la vieille façon de parler, que de luy faire regir l'accusatif, & qu'aujourd'huy il demande tousjours le datif. Il est vray qu'en faueur de la poësie i'ay oüy dire à plusieurs personnes tres-sçauantes en nostre langue, qu'en vers ils le souffriroient à l'accusatif, aussi bien qu'au datif, mais qu'en prose ils le condamneroient absolument.

S'il faut dire cueillera, *&* recueillera, *ou* cueillira *&* recueillira.

Cette question a esté agitée en vne celebre compagnie, où les voix ont esté partagées. Les vns alleguoient qu'on disoit autrefois *cueiller*, à l'infinitif, au lieu de *cueillir*, & que de *cueiller*, on auoit formé le futur *cueilleray*; car c'est sans doute de l'infinitif que se forme le futur de l'indicatif. Les autres qui estoient de la mesme opinion qu'il falloit dire *cueilleray*, n'auançoient point cette raison, ny aucune autre, mais se fondoient sur l'Vsage seulement, & asseuroient que l'on dit en parlant, *cueillera* & *recueillera*, & non pas *cueillira*, & *recueillira*, auec vn *i*, deuant l'*r*. Ceux de l'opinion contraire soustenoient, que l'Vsage estoit pour *cueillira* & *recueillira* auec *i*, & que iamais ils ne l'auoient leu, ny oüy dire autrement. Surquoy il y en eut quelques vns qui les accorderent par cette distinction, qu'à la Cour tout le monde dit *cueillira* & *recueillira*, & qu'à la ville tout le monde dit *cueillera*, & *recueillera*; ce qui à mon auis est tres-veritable; Et cela presupposé que s'ensuit il autre chose sinon que *cueillira* & *recueillira*, est comme il faut parler, puis que c'est vn des principes de nostre langue, ou pour mieux, dire de toutes les langues, que lors que la Cour en quelque lieu du monde que ce soit parle d'vne façon, & la ville d'vne autre, il faut suiure la façon de la Cour. Outre que celle-cy est encore fortifiée par les Autheurs, où ie n'ay iamais veu *cueillera*, ny *recueillera*, cela estant si veritable, que la plus-part mesmes de ceux qui sont pour *cueillera*, demeurent d'accord qu'on ne l'escrit pas ainsi, mais qu'on le dit en parlant; comme si cela se faisoit en nostre langue, ny en aucune autre, que l'on dist vn mot d'vne façon en parlant, & d'vne autre en escriuant; en quoy ie n'entens point parler de la difference de la prononciation & de l'orthographe.

Et quant à ce qu'ils alleguent l'ancien infinitif *cueiller*, ils ne prennent pas garde que cela fait contre eux; car puis qu'ils tirent vne consequence de l'infinitif au futur de l'indicatif, qui n'est pas mauuaise, estant vray, comme nous auons dit, qu'il en est formé, que s'ensuit il autre chose sinon que quand on disoit *cueiller*, & *recueiller*, on disoit (& il falloit dire aussi), *cueillera & recueillera*, & qu'à cette heure parce que l'on dit *cueillir*, il faut dire *cueillira* & *recueillira*; car ils ne contestent point que l'on die encore *cueillir*, à l'infinitif.

Sorte, *comme il se doit construire.*

NOus auons remarqué en diuers endroits plusieurs façons de parler, où le regime du genre ne suit pas le nominatif, mais le genitif, qui est vne chose assez estrange, & contre la construction ordinaire de la Grammaire en toutes sortes de langues. En voicy encore vn exemple en ce mot *sorte*, car il faut dire *il n'y a sorte de soin qu'il n'ayt pris*, & non pas *qu'il n'ayt prise*, quoy que *sorte*, soit le nominatif feminin, auquel l'adjectif participe *pris*, se doit rapporter dans la bonne construction Grammaticale, & par consequent il faudroit dire *priſe*, le genitif ne pouuant eſtre conſtruit auec le nominatif adjectif. Mais en cecy, comme en pluſieurs autres façons de parler que nous auons remarquées, on regarde pluſtoſt le ſens que la parole, c'eſt à dire qu'en cet exemple, *il n'y a ſorte de ſoin*, on ne conſidere pas *ſorte*, mais *ſoin*, tout de meſme que ſi l'on diſoit *il n'y a ſoin*, parce que tout le ſens va à *ſoin*, & non pas à *ſorte*.

Repetition de mots. Faire.

IL y a des repetitions d'vn mot ou de pluſieurs mots qui ſont neceſſaires, comme *ie n'ay fait aujourd'huy que ce que i'ay fait depuis vingt ans*. Tous nos bons Autheurs en ſont pleins, & ce ſeroit vne grande faute de ne pas vſer de ces repetitions quoy qu'vn des premiers eſprits de noſtre ſiecle les ayt toutes condamnées egalement, en quoy il eſt auſſi condamné de tout le monde. Il y a d'autres repetitions qui ne ſont pas abſolument neceſſaires, comme le ſont ces premieres dont nous venons de parler, mais qui font grace & figure & il y en a de beaucoup de façons differentes qu'il ſeroit trop long de marquer par des exemples. Il ſuffit d'en faire voir d'vne façon, comme, *vne ſi belle victoire meritoit d'eſtre annoncée par vne ſi belle bouche*; ces deux mots *ſi belle*, deux fois repetez ont fort bonne grace, quoy que la repetition n'en soit pas absolument necessaire; car quand on diroit *vne si belle victoire meritoit d'estre annoncée par cette bouche*, comme l'a escrit dans vne lettre ce grand homme, de qui i'ay tiré cet exemple, ce seroit fort bien dit; mais en repetant *si belle*, on enrichit encore la pensée, d'vne figure qui est vn ornement. Neantmoins celuy dont ie parle, l'a rejettée; car il ne faut pas douter qu'elle ne luy soit tombée dans l'esprit; Et il l'a rejettée, parce qu'il y auroit eu trop d'affectation en cette figure, & qu'vn iugement si solide & si esclairé que le sien, à qui l'on a confié les plus grandes affaires de l'Europe, n'a garde de receuoir toutes les belles productions de l'esprit, mais seulement celles qui sont accompagnées des circonstances necessaires, du temps, du lieu, des occasions, & de la qualité des personnes qui escriuent, & de celles à qui l'on escrit. Hors de là il ne peut y auoir d'eloquence, & c'est faire valoir l'esprit aux despens du iugement.

Mais pour reuenir à ma Remarque, qu'vne si iuste digression a interrompuë; il y a d'autres repetitions qui ne sont ny necessaires, ny belles, comme lors que l'on repete vn verbe au lieu de se seruir de *faire*, qui est vn secours que nostre langue nous donne & vn auantage que nous auons pour euiter cet inconuenient, pat exemple quand on dit, *ie n'escris plus tant que i'escriuois autrefois*; cette repetition du verbe *escrire*, n'est ny necessaire, ny belle en cet endroit, & quoy qu'absolument elle ne se puisse pas dire mauuaise, si est-ce que ce sera beaucoup mieux dit, *je n'escris plus tant que ie faisois autrefois*, & parmy les Maistres de l'Eloquence & de l'art de bien parler, c'est vne espece de faute de n'exprimer pas les choses de la meilleure façon, dont elles peuuent estre exprimées. Nous trouuons l'vsage de *faire*, si commode pour ne pas repeter vn mesme verbe deux fois, que nous nous en seruons non seulemẽt en des phrases semblables à celle, que nous venons de dire, mais encore en d'autres où nous faisons regir à *faire*, le mesme cas, que regit le verbe pour lequel nous l'employons; comme par exemple quand nous disons, *il ne les a pas si bien apprestées qu'il faisoit les autres.* pour dire *qu'il apprestoit les autres. Il n'a pas si bien marié sa derniere fille, qu'il a fait les autres*, pour *qu'il a marié les autres.*

Il y a vne autre sorte de repetition qui est vicieuse parmy nous, & qui choque les personnes mesme les plus ignorantes. C'est quand sans necessité, sans beauté, sans figure, on repete vn mot ou vne phrase par pure negligence. Cela s'entend assez sans en donner des exemples. I'ay dit *parmy nous*, parceque les Latins n'ont pas esté si scrupuleux en cela, non plus qu'en beaucoup d'autres choses, qui regardent le stile & le langage. On n'a qu'à ouurir leurs liures pour voir si ie leur impose. Ie me souuiens encore d'vn passage de Cesar au premier liure *de Bello Gallico*; il met deux fois en vne mesme periode ces mots *tridui viam procedere*, sans qu'il soit necessaire, ny qu'ils facent figure, & au mesme endroit *conuocato concilio, & ad id concilium*, &c. il met deux fois le mot de *concilium*, ainsi proche l'vn de l'autre. Nous auons nostre particule *y*, en François, qui nous sauue ces sortes de repetitions, en quoy nostre langue a de l'auantage sur la Latine; car nous dirions *le conseil estant assemblé, & vntel y ayant esté appellé*. Cependant Cesar est le plus pur de tous les Latins. Quinte Curce au sixiesme liure met deux fois *regnante Ocho*, en quatre lignes, & *occurrit* & *occurrunt*, à trois lignes l'vn de l'autre. Mais en faut-il chercher d'autres exemples, que celuy de Ciceron qui a repeté le mot de *dolor*, quatre fois en quatre ou cinq lignes, qui d'ailleurs est vn mot si specieux, sans qu'il y eust ny necessité, ny figure. Tout ce qui pourroit excuser cela, ce seroit la naïfueté, qui est vne des grandes perfections du stile, comme nous auons dit si souuent, mais il faut prendre garde, qu'on ne la face degenerer en negligence, dont nous auons fait vne Remarque bien ample.

Parfaitement ou *infiniment* auec *tres-humble.*

C'Eſt vne faute que beaucoup de gens font, quand ils finiſſent vne lettre, de dire par exemple, *je ſuis parfaitement Monſieur, voſtre tres-humble ſeruiteur*; Car cet aduerbe *parfaitement*, ayant la meſme ſignification, & au meſme degré, que *tres-*, qui eſt la particule & la marque du ſuperlatif, lequel ſuperlatif exprime la perfection de la qualité dont il s'agit, il y a le meſme inconuenient à dire *parfaitement tres-humble*, qu'à dire deux fois de ſuite *parfaitement, parfaitement humble*, ou bien *tres-tres-humble*, qui ſeroit vne choſe impertinente & ridicule. Auſſi pluſieurs ſe ſont apperceus, & corrigez de ce pleonaſme, où des meilleurs eſprits de France eſtoient tombez ſans y penſer & ſans y faire reflexion. Qui diroit, *ie ſuis parfaitement voſtre ſeruiteur*, diroit fort bien, mais *ie ſuis parfaitement voſtre tres-humble ſeruiteur*, ne ſe peut dire qu'en ne ſçachant ce que l'on dit, ou du moins, n'y ſongeant pas. Il en eſt de meſme d'*infiniment*, dont on ſe ſert auſſi ſouuent que de *parfaite-*

ment;

ment; & ie suis infiniment vostre tres-humble seruiteur, est pour la mesme raison aussi mauuais que l'autre.

Que, *deuant* l'infinitif, *pour* rien à.

PAr exemple, *quand on n'a que faire*, pour dire *quand on n'a rien à faire*, est tres-François & tres-elegant: Mais il ne le faut pas affecter, ny en vser si souuent que fait vn de nos plus celebres Autheurs. *Ie ne puis que deuiner, n'ayant que respondre aux reproches*, & autres semblables, tout cela est tres-bien dit.

Que *apres* si, *& deuant* tant s'en faut, *veut estre repeté*.

VN celebre Autheur a escrit, *la fin de ma misere ne peut venir d'ailleurs que de mon retour aupres de vous, qui est chose dont ie vois le terme si esloigné, que tant s'en faut qu'en la tempeste où ie suis, i'apprehende le naufrage, au contraire ie pense auoir toutes les occasions du monde de les desirer.* Ie dis qu'en cette periode il manque vn *que*, qui doit estre mis immediatement apres *naufrage*, & deuant *au contraire*, & qu'il faut escrire, *qui est chose dont ie vois le terme si esloigné, que tant s'en faut qu'en la tempeste où ie suis, i'apprehende le naufrage, qu'au con-*

traire ie pense, &c. Ce qui a trompé ce fameux Escriuain & plusieurs autres apres luy en de semblables rencontres, c'est le *que*, qui est deuant *tant s'en faut*, qu'il a creu ne deuoir pas estre repeté selon la reigle que nous auons remarquée ailleurs. Mais il n'en est pas de mesme en cet exemple; car le *que*, qui est deuant *tant s'en faut*, se rapporte à *si esloigné*, qui va deuant, & qu'il faut necessairement dire apres *si*, & *tant s'en faut qu'en la tempeste*, &c. demande vn autre *que*, deuant *au contraire*, outre celuy qui se trouue dans ces paroles *qu'en la tempeste*.

Si, *pour* adeo, *doit estre repeté*.

IL faut dire par exemple, *vous estes si sage & si auisé*, & non pas *vous estes si sage & auisé*, comme disent quelques vns. Ie sçay bien que ce n'est pas absolument vne faute, mais il ne s'en faut gueres; car l'autre locution est si Françoise & si pure au pris de cette derniere, où le *si*, n'est pas repeté au dernier adjectif, que quiconque ne le repete pas, n'a pas grand soin, ou bien ne sçait ce que c'est de parler & d'escrire purement. Ainsi cette reigle de la repetition du *si*, en ce sens, n'a point d'exception, parce que si elle en auoit, ce seroit aux synonimes & aux approchans, comme la reigle generale de la repetition des mots en souffre en ces deux especes, ce que ie suis obligé de dire souuent; mais on voit qu'en l'exemple que i'ay donné, où *sage & auisé*, sont synonimes, la repetition de *si*, ne laisse pas d'estre necessaire. Donc à plus forte raison quand les deux adjectifs sont contraires ou differens.

Soy, *pronom*.

CE pronom demonstratif ne se rapporte iamais au pluriel, si ce n'est quelquefois auec la preposition *de*. Par exemple, vn celebre Escriuain a dit, *comme gens qui ne croyent pas auoir occasion de penser à soy*, sans doute il s'est mespris; il faut dire *comme gens qui ne croyent pas auoir occasion de penser à eux*. Et ce seroit parler estrangement de dire, *ils ne font pas tant cela pour vous que pour soy*, ou *ils feront plustost cela pour soy que pour vous*, au lieu de dire, *ils ne feront pas tant cela pour vous que pour eux*, ou *pour eux que pour vous*. Il y a vne pareille chose en la langue Latine pour *suus* & *ipse*, qui ne veulent pas estre confondus à moins que de faire vn solecisme. Et l'on a remarqué qu'vn excellent Grammairien, (c'est Laurens Valle) faisant cette obseruation, & reprenant auec raison des passages de certains

Autheurs celebres, qui y auoient manqué, a commis luy-mesme la faute au mesme lieu où il la reprenoit, tant il est aisé de faillir en toutes choses.

Belle & curieuse exception à la Reigle des preterits participes.

I'Ay fait vne Remarque bien ample sur les Preterits participes, où ie croyois auoir traité de tous les vsages qu'ils peuuent auoir, & dit de quelle façon il s'en falloit seruir; car c'est vne des choses de toute nostre Grammaire, que l'on sçait le moins, & dont mesmes les plus sçauans ne conuiennent pas, si ce n'est aux vsages que nous auons marquez comme indubitables parmy eux. Mais j'ay oublié vne des façons d'employer ces preterits participes. C'est quand le nominatif qui regit le preterit participe ne va pas deuant ce preterit, mais apres. Par exemple, *la peine que m'a donné cette affaire*; en cette phrase, *affaire*, est le nominatif, qui dans la construction regit le preterit participe *a donné*. On demande donc s'il faut dire *la peine que m'a donné cette affaire*, ou *que m'a donnée cette affaire*. La Reigle generale, comme nous auons fait voir en la Remarque alleguée, est que le preterit participe mis apres le substantif, auquel il se rapporre, suit son genre & son nombre, comme *la lettre que i'ay receuë* & non pas *que i'ay receu*, parce que le substantif *lettre*, estant deuant le preterit participe *j'ay receuë*, il faut que ce preterit se rapporte au genre du substantif precedent; Que si le substantif estoit apres, il faudroit dire *j'ay receu la lettre*, & non pas *j'ay receuë la lettre*. Ainsi pour le nombre on dit *les maux qu'il a faits*, & non pas *les maux qu'il a fait*. Neantmoins voicy vne exception à cette Reigle; car encore que le substantif soit deuant & le preterit participe apres en cet exemple, *la peine que m'a donné cette affaire*, si est-ce qu'à cause que le nominatif qui regit le verbe est apres le verbe, ce preterit n'est point sujet au genre ny au nombre du substantif qui le precede, & il faut dire *la peine que m'a donné cette affaire*, & non pas *la peine que m'a donnée*; de mesme au pluriel *les soins que m'a donné cette affaire*, *les inquietudes que m'a donné cette affaire*: & non pas *les soins que m'a donnez*, ny *les inquiétudes que m'a données*. Il faut donc ajouster à la Reigle generale, que *le nominatif qui regit le verbe soit deuant le verbe, & non pas apres.*

Synonimes

IE ne puis assez m'estonner de l'opinion nouuelle, qui condamne les synonimes &

aux noms & aux verbes. Outre que l'exemple de toute l'antiquité la condamne elle mesme, & qu'il ne faut qu'ouurir vn liure Grec ou Latin pour la conuaincre, la raison mesme y repugne; Car les paroles estant les images des pensées, il faut que pour bien representer ces pensées là on se gouuerne comme les Peintres, qui ne se contentent pas souuent d'vn coup de pinceau pour faire la ressemblance d'vn trait de visage, mais en donnent encore vn second coup qui fortifie le premier, & rend la ressemblance parfaite. Ainsi en est-il des synonimes. Il est question de peindre vne pensée, & de l'exposer aux yeux d'autruy, c'est à dire aux yeux de l'esprit. La premiere parole a desja esbauché ou tracé la ressemblance de ce qu'elle represente, mais le synonime qui suit est comme vn second coup de pinceau qui acheue l'image. C'est pourquoy tant s'en faut que l'vsage des synonimes soit vicieux, qu'il est souuent necessaire, puis qu'ils contribuent tant à la clarté de l'expression, qui doit estre le principal soin de celuy qui parle ou qui escrit. Que si les synonimes sont souuent necessaires, autant de fois qu'ils le sont, autant de fois ils seruent d'ornement, selon cette excellente remarque de Ciceron, qu'il n'y a presque point de chose au monde soit de la nature ou de l'art, qui estant necessaire à vn sujet, ne serue aussi à l'orner & à l'embellir. Ie n'ay point donné d'exemple de ces synonimes, parce que i'ay dit que les liures des Anciens en estoient pleins: Mais en voicy deux de cet incomparable Orateur dans son liure *De senectute*, apres lesquels il n'en faut plus chercher; *cúmque homini Deus nihil mente præstabilius dedisset, huic diuino muneri ac dono, nihil esse tam inimicum quàm voluptatem.* Remarquez, ie vous prie, *muneri ac dono.* Et plus bas, *quod idem contingit adolescentibus aduersante & repugnante natura.* Voyez *aduersante & repugnante.* Ne sont-ce pas là les deux coups de pinceau que ie dis; ou si nous voulons encore emprunter vne comparaison de ceux qui battent de la monnoye, ne sont-ce pas comme deux coups de marteau pour mieux imprimer la marque du coin, & ne sont-ce point encore comme ces deux coups que donnent les Imprimeurs pour mieux marquer dans la feüille, qui est sous la presse, la figure de leurs caracteres? Il est vray qu'il n'en faut pas abuser, & qu'vne seule parole est souuent vne image si parfaite de ce que l'on veut representer, qu'il n'est pas besoin d'en employer deux, la premiere ayant fait l'impression entiere dans l'esprit du Lecteur, ou de l'Auditeur; Et c'est le defaut qu'on reproche au grand Amyot, d'estre trop copieux en synonimes; mais nous deuons à ce defaut l'abondance de tant de beaux mots & de belles phrases, qui font les richesses de nostre langue. On peut dire que c'est vn thresor qu'il a laissé, mais qu'il faut mesnager & dispenser auec jugement sans gaster le stile en le chargeant de synonimes; outre qu'ils obligent à vne frequente repetition de la conjonctiue *&*, ce qu'il faut euiter selon la Remarque que nous en auons faite en son lieu, si nous voulons rendre nos periodes agreables. Sans doute le stile veut estre esgayé, non pas estouffé ny accablé de mots superflus, & en toutes sortes d'ouurages il y doit auoir vne certaine grace, qui resulte de la proportion que le plein & le vuide ont ensemble: De sorte que comme c'est vne erreur de bannir les synonimes, c'en est vne autre d'en remplir les periodes. Il faut que le jugement, comme j'ay dit, en soit le dispensateur & l'œconome, sans que l'on puisse donner vne reigle certaine pour sçauoir quand il en faut mettre, ou n'en mettre pas. Seulement est-il tres-certain, qu'il est mieux de n'en vser pas fort souuent; & si ie ne me trompe, il me semble, qu'à la fin de la periode ils ont beaucoup meilleure grace, qu'en nul autre endroit. On peut s'en esclaircir dans les bons Autheurs, sans qu'il soit necessaire d'en rapporter des exemples, mais s'il s'il en faut dire la raiſon, c'eſt à mon auis, parce que le ſens eſtant complet à la fin de la periode, & par conſequent l'eſprit du Lecteur ou de l'Auditeur demeurant ſatisfait, & n'eſtant plus en ſuſpens ny impatient de ſçauoir ce qu'on luy veut dire, il reçoit volontiers le ſynonime, ou comme vne plus forte expreſſion, ou comme vn ornement, ou comme eſtant tous les deux enſemble, ou bien encore ſi vous voulez, comme vne piece à arrondir la periode, & à luy donner ſa cadence.

En fin ce n'eſt pas de cette façon que la langue Françoiſe doit faire parade de ſes richeſſes, en entaſſant ſynonimes ſur ſynonimes, mais en ſe ſeruant tantoſt des vns & tantoſt des autres ſelon les occaſions qu'il y a de les employer & de reueſtir en diuers lieux vne meſme choſe de paroles differentes. Sur quoy il faut que ie die que iamais noſtre langue ne m'a paru ſi riche ny ſi magnifique que dans les eſcrits d'vne perſonne, qui en vſe de cette ſorte. Il ne multiplie point les ſynonimes des mots ny des phraſes, qui arreſtent l'eſprit du Lecteur, mais gaignant pays & fourniſſant tousjours de nouuelles choſes il leur donne de nouueaux ornemens; il ſouſtient ſi bien la grandeur & la pompe de ſon ſtile ſelon la dignité du ſujet, que non ſeulement il iuſtifie noſtre langue de la pauureté, qu'on luy reproche, mais il fait voir qu'elle a des thresors inespuisables. I'ay accoustumé de luy dire que son stile n'est qu'or & azur, & que ses paroles sont toutes d'or & de soye, mais ie puis dire encore auec plus de verité, que ce ne sont que perles & que pierreries.

Il reste à remarquer vne chose tres-importante sur les synonimes; c'est que les synonimes des mots comme nous auons dit, sont fort bons, pourueu qu'ils ne soient pas trop frequens, mais les synonimes des phrases pour l'ordinaire ne valent rien, & dans les meilleurs Autheurs Grecs & Latins si l'on y prend garde, on n'en trouuera que tres-rarement, & encore ne sera-ce pas peut-estre vne phrase synonime, mais qui dira quelque chose de plus que la premiere, au lieu qu'ils sont pleins de synonimes de mots. Il n'y a que Seneque, qui aussi en a esté repris, comme corrupteur de la vraye eloquence, disant bien souuent de suite vne mesme chose en plusieurs façons & auec des pointes differentes, sans se souuenir du sentiment & du precepte de son pere, qui en la Controuerse 28. reprend Montanus & Ouide mesme de ce vice. *Habet*, dit-il, *hoc Montanus vitium, sententias suas repetendo corrumpit, dum non est contentus vnam rem semel bene dicere, efficit ne bene dixerit; Et propter hoc & alia, quibus orator po-*

test poëtæ similis videri, solebat Scaurus Montanum inter oratores Ouidium vocare, nam & Ouidius nescit, quod bene cessit, relinquere. La raison pourquoy les synonimes des phrases sont vicieux, & ceux des mots ne le sont pas, est naturelle; car l'esprit humain impatient de sçauoir ce qu'on luy veut dire, aime bien deux mots synonimes, parce qu'ils le luy font mieux entendre, & qu'vn mot est bien tost dit, mais il n'aime pas deux phrases ou deux periodes synonimes, parce qu'vne phrase ou vne periode entiere est trop longue, & que la premiere ayant acheué le sens, & exprimé clairement vne pensée, il veut que l'on passe aussitost à vne autre & de celle là encore à vne autre iusqu'à la fin, c'est à dire jusqu'à ce qu'il soit pleinement satisfait de ce qu'il desire sçauoir; au lieu que deux phrases, ou deux periodes synonimes le tiennent en suspens, le font languir, & pour de nouuelles choses qu'il demande, ne luy donnent que de nouuelles paroles. Que si apres deux phrases synonimes il y en a encore vne troisiesme, & quelquefois vne quatriesme tout de suite, & qu'ainsi tout le stile soit composé de ce genre d'escrire, comme nous auons certains Autheurs d'ailleurs tres-renommez, qui l'affectent, on peut dire que ce stile là est tres-vicieux, & qu'il ne sçauroit presque l'estre dauantage.

Si l'on dit bon-heurs, *au pluriel.*

L'Opinion commune est que *bonheur*, ne se dit qu'au singulier, & que l'on ne dit iamais *bonheurs*, au pluriel, quoy que l'on die *malheur* & *malheurs* en tous les nombres. I'ay dit que c'estoit l'opinion commune, parce que j'ay veu des gens tres-sçauans en nostre langue, & tres-excellens Escriuains, qui soustiennent le contraire, & alleguent des exemples, où l'on ne sçauroit dire que *bonheurs*, au pluriel ne fust bien dit, comme *il luy pourroit arriuer tous les malheurs & tous les bonheurs du monde, il ne se hausse ny ne se baisse, il porte tousjours mesme visage*. Ils donnent encore cet exemple. *Il est si heureux, que pour vn malheur qui luy arriue, il luy arriue cent bonheurs.* Pour moy, ie le trouuerois bon en certains endroits, comme aux exemples que nous venons de donner, & autres semblables: Mais auec tout cela ie n'en voudrois pas vser, puis que la plus-part du monde le condamne, & que ie me souuiens de cette belle difference qu'il y a entre les personnes & les mots, qui est que quand vne personne est accusée & que l'on doute de son innocence, on doit aller à l'absolution, mais quand on doute de la bonté d'vn mot, il faut au contraire le condamner, & se porter à la rigueur. A plus forte raison, si non seulement la plus-part en doutent, mais le condamnent comme on fait celuy-cy. Le passage de Scaliger en sa Poëtique est trop beau, pour n'estre pas allegué sur ce sujet. *Contrà nobis*, dit-il, *atque Iurisconsulti sanxere, faciendum est, illis enim ita videtur præclariùs consuli rebus humanis, si decem sontes absoluantur, quàm si vnus innocens damnetur; Etenim verò Poëtæ id agendum est, vt potiùs centum bonos versus iugulet, quàm vnum plebeium relinquat.*

Allé, au preterit, *comme il en faut vser.*

CEtte Remarque est separée & distincte de celle des preterits qui se seruent de participes passifs, dont nous auons traité à plein fond; Et neantmoins elle ne laisse pas de luy ressembler en quelque chose. Par exemple, on demande s'il faut dire *ma sœur est allée visiter ma mere*, ou *est allé visiter ma mere*; car on dit *ma sœur est allée à Paris*, & non pas *est allé*, & ainsi il semble qu'il faut dire *ma sœur est allée visiter ma mere*, & non pas *est allé visiter*. Neantmoins c'est tout au conrraire, il faut dire *est allé visiter*, & non pas *est allée visiter*, parce que l'infinitif à cette proprieté d'empescher le verbe qui va deuant de se rapporter au genre, dont il est regi & precedé;

Comme nous auons dit en la Remarque des preterits, qu'en parlant d'vne femme il faut dire *je l'ay veu venir*, & non pas *je l'ay veuë venir*, en quoy consiste ce que j'ay dit au commencement, que cette Remarque ressembloit en quelque chose à celle des preterits des participes passifs. Il en est du nombre, comme du genre, il faut dire par exemple, *mes freres sont allé visiter ma mere*, & non pas *sont allez visiter*, tout de mesme encore que l'on dit *je les ay veu venir*, & non pas *je les ay veus venir*.

Conuent.

IL faut escrire *conuent*, qui vient de *conuentus*, mais il faut prononcer *couuent*, comme si l'on mettoit vn *u*, pour l'*n* apres l'*o*. Cela se fait pour la douceur de la prononciation, comme on prononce *Moustier*, pour *Monstier*, vieux mot François, qui veut dire *Monastere*. On dit *Farmoustier*, *Nermoustier*, *S. Pierre le Moustier*, au lieu de dire *Farmonstier*, *Noir-monstier*, *S. Pierre le Monstier* auec vne *n*, comme il ne faut pas laisser de l'escrire, encore qu'on le prononce autrement. *Impetratum est à consuetudine, suauitatis causa, vt peccare liceret*, dit le Maistre de l'Eloquence, & cela se practique en toutes les langues.

Que dans les doutes de la langue il vaut mieux pour l'ordinaire, consulter les femmes, & ceux qui n'ont point estudié, que ceux qui sont bien sçauans en la langue Grecque, & en la Latine.

QVand ie parle icy des femmes, & de ceux qui n'ont point estudié, ie n'entens pas parler de la lie du peuple, quoy qu'en certaines rencontres il se pourroit faire qu'il ne le faudroit pas exclurre; & qu'on en pourroit tirer l'esclaircissement de l'Vsage, non pas qu'il faille en cela tant deferer à la populace, que l'a creu vn de nos plus celebres Escriuains, qui vouloit que l'on escriuist en prose, comme parlent les crocheteurs & les harangeres. I'entens donc parler seulement des personnes de la Cour ou de celles qui la hantent, & dans le mot de *personnes*, ie comprens les hommes & les femmes qui n'ont point estudié, & crois que pour l'ordinaire, il vaut mieux les consulter dans les doutes de la langue, que ceux qui sçauent la langue Grecque & la Latine. La raison en est euidente; c'est que douter d'vn mot ou d'vne phrase dans la langue, n'est autre chose que douter de l'Vsage de ce mot ou de cette phrase, tellement que ceux qui nous peuuent mieux esclaircir de cet Vsage, sont ceux que nous deuons plustost consulter dans cette sorte de doutes. Or est-il que les personnes qui parlent bien François & qui n'ont point estudié, seront des tesmoins de l'Vsage beaucoup plus fidelles & plus croyables, que ceux qui sçauent la langue Grecque, & la Latine, parce que les premiers ne connoissant point d'autre langue que la leur, quand on vient à leur proposer quelque doute de la langue, vont tout droit à ce qu'ils ont accoustumé de dire ou d'entendre dire, qui est proprement l'Vsage, c'est à dire ce que l'on cherche & dont on veut estre esclaircy. Au lieu que ceux qui possedent plusieurs langues, particulierement la Grecque & la Latine, corrompent souuent leur langue naturelle par le commerce des estrangeres, ou bien ont l'esprit partagé sur les doutes qu'on leur propose par les differens Vsages des autres langues, qu'ils confondent quelquefois, ne se souuenant pas qu'il n'y a point de consequence à tirer d'vne langue à l'autre. Par exemple ie vois tous les iours des personnes bien sçauantes, qui font *erreur*, masculin, lequel neantmoins aujourd'huy est feminin si declaré, que qui le fait de l'autre genre, fait vn solecisme. Toutefois si vous en reprenez ces gens là, ils vous diront aussi-tost,

qu'*error*

qu'*error* en Latin est masculin & qu'il le doit estre aussi en François. De mesme ils croiront que *seruir à Dieu*, soit mieux dit que *seruir Dieu*, parce qu'en Latin on dit *seruire Deo*, au datif, & ainsi d'vne infinité d'autres. C'est pourquoy le plus eloquent homme qui ayt iamais esté, auoit raison de consulter sa femme & sa fille dans les doutes de la langue, plustost qu'Hortensius ny que tous ces autres excellens Orateurs qui fleurissoient de son temps. De là vient aussi que pour l'ordinaire les gens de lettres, s'il ne hantent la Cour ou les Courtisans, ne parlent pas si bien ny si aisement que les femmes, ou que ceux qui n'ayant pas estudié sont tousjours dans la Cour. Nous auons à Paris vne personne de grand merite, qui ne sçait point la langue Grecque, ny la Latine, mais qui sçait si bien la Françoise, qu'il n'y a rien de plus beau que sa prose & que ses vers. Presque tous ceux qui se meslent de l'vn & de l'autre, & nos Maistres mesmes, le consultent comme leur oracle, & il ne sort gueres d'ouurage de prix, auquel il ne donne son approbation, auant que d'en expedier le priuilege.

De quelle façon il faut demander les doutes de la langue.

CE n'est pas vne chose inutile de descouurir le moyen par lequel on peut sçauoir au vray l'Vsage que l'on demande, quand on en est en doute; Car faute de sçauoir la methode qu'il faut obseruer, & de quelle façon il faut interroger ceux à qui l'on demande l'esclaircissement du doute, on n'en est point bien esclaircy; au lieu que par le moyen que ie vais donner, on voit clairement la verité, & à quoy il se faut tenir. Par exemple, ie suis en doute s'il faut dire *elle s'est fait peindre*, ou *elle s'est faite peindre*, pour m'en esclaircir qu'est-ce qu'il faut faire? Il ne faut pas aller demander, comme on fait ordinairement, lequel faut-il dire des deux; car dés là, celuy à qui vous le demandez, commence luy mesme à en douter, & tastant lequel des deux luy semblera le meilleur, ne respondra plus dans cette naïfueté qui descouure l'Vsage que l'on cherche, & duquel il est question, mais se mettra à raisonner sur cette phrase, ou sur vne autre semblable, quoy que ce soit par l'Vsage & non pas par le raisonnement, que la chose se doit decider. Voicy donc comme i'y voudrois proceder. Si ie parle à vne personne qui entende le Latin, ou quelque autre langue, ie luy demanderay en Latin, ou en cette langue là, comme il diroit en François ce que ie luy demande en Latin, ou en cette autre langue; Et s'il n'en sçait point d'autre que la Françoise, il sera beaucoup plus difficile de luy former la question en sorte qu'il ne s'apperçoiue point du nœud de la difficulté, & du poinct auquel consiste le doute dont on se veut esclaircir; car c'est tout le secret en cecy, que de ne point donner à connoistre où est le doute, afin qu'on descouure l'Vsage dans la naïfueté de la response, qui ne feroit plus cet effet, si lors que l'on sçauroit dequoy il s'agit, on y apportoit le raisonnement, au lieu de la naïfueté. Si ie m'adressois donc à vne personne, qui ne sceust point d'autre langue que la Françoise, ie luy dirois dans l'exemple que j'ay proposé, les paroles suiuantes. *Il y a vne Dame qui depuis dix ans ne manque point de se faire peindre deux fois l'année par des peintres differens. Ie vous demande, si vous vouliez dire cela à quelqu'vn, de quelle façon vous le luy diriez sans repeter les mesmes paroles que i'ay dites.* Ayant ainsi formé ma question, il est certain d'vn costé qu'on ne sçauroit iamais deuiner le sujet pour lequel ie la fais, & d'autre part il est comme impossible, que par ce moyen ie ne tire la phrase que ie cherche, où ie trouueray l'esclaircissement de ce que ie veux sçauoir; car tost ou tard, cette personne seule, ou plusieurs ensemble dans vne mesme compagnie, à qui ie me seray adressé, ne manqueront point de dire *elle s'est fait peindre*, ou *elle s'est faite peindre*, &

de ce qu'elles diront ainsi naïfuement sans y penser, & sans raisonner sur la difficulté, parce qu'elles ne sçauent point quelle elle est, on descouurira le veritable Vsage, & par consequent la façon de parler, qui est la bonne, & qui doit estre suiuie.

Cét exemple peut seruir pour tous les autres, & il n'importe point quel circuit ou quelle voye on prenne, pourueu qu'on cache bien le doute dont on veut estre esclaircy, & que neantmoins on ayt l'adresse de tirer la phrase que l'on demande, où le doute est contenu; car ie redis encore vne fois, que de demander de but en blanc, s'il faut dire ainsi, ou ainsi, est vn tres-mauuais moyen d'en sçauoir la verité, iusques là que i'ay remarqué bien souuent vne chose assez plaisante, que des personnes qui se seruoient constamment d'vne façon de parler, dont plusieurs estoient en doute, lors qu'on a demandé à ces personnes-là, s'il falloit dire de cette façon ou d'vne autre, pour l'ordinaire ils prononçoient contre ce qu'eux mesmes auoient accoustumé de practiquer, & contre la bonne opinion. C'est qu'en parlant sans reflexion & sans raisonner sur la phrase, ils parloient selon l'Vsage & par consequent parloient bien, mais en la considerant & l'examinant, ils se departoient de l'Vsage, qui ne peut tromper en matiere de langue, pour s'attacher à la raison, ou au raisonnement, qui est tousjours vn faux guide en ce sujet, quand l'Vsage est contraire.

De la plus grande erreur qu'il y ayt en matiere d'escrire.

LA plus grande de toutes les erreurs en matiere d'escrire, est de croire, comme font plusieurs, qu'il ne faut pas escrire, comme l'on parle. Ils s'imaginent que quand on se sert des phrases vsitées, & qu'on a accoustumé d'entendre, le langage en est bas, & fort esloigné du bon stile. Ie ne parle que des phrases & non pas des mots, parce qu'il n'y a personne à mon auis, qui pretende composer vn discours de paroles nouuelles & inconnuës, c'est à dire, faire vne nouuelle langue qu'on n'entende point. Mais pour les phrases, leur opinion est tellement opposée à la verité, que non seulement en nostre langue, mais en toutes les langues du monde, on ne sçauroit bien parler ny bien escrire qu'auec les phrases vsitées, & la diction qui a cours parmy les honnestes gens, & qui se trouue dans les bons Autheurs. Chaque langue a ses termes & sa diction, & qui, par exemple, parle Latin comme font plusieurs, auec des paroles Latines & des phrases Françoises, ne parle pas Latin, mais François, ou plustost ne parle ny François ny Latin. Cela est tellement vray que ie m'estonne qu'il y ayt tant de gens infectez de l'erreur qui m'oblige à faire cette Remarque. Ce n'est pas que parmy les façons de parler establies & receuës, on ne puisse faire quelquefois des phrases nouuelles, comme nous auons dit ailleurs, mais il faut que ce soit rarement & auec toutes les precautions que i'ay marquées. Ce n'est pas non plus, que comme nostre langue s'embellit & se perfectionne tous les iours, on ne puisse employer quelques nouueaux ornemens, qui iusqu'icy estoient inconnus à nos meilleurs Escriuains, mais le corps des phrases & de la diction doit estre tousjours conserué, & l'essence & la beauté des langues ne consiste qu'en cela. Il est vray que l'on doit entendre sainement cette maxime, *qu'il faut escrire comme l'on parle*; car comme il y a diuers genres pour parler, il y a diuers genres aussi pour escrire, & il faut que le genre d'escrire responde à celuy de parler, le genre bas au bas, le mediocre au mediocre, & le sublime au sublime, de sorte que si i'employois vne phrase fort basse dans vn haut stile, ou vne phrase fort noble dans vn stile bas, ie me rendrois egalement ridicule; Mais pour tous ces genres là, il y a des phrases en nostre langue qui leur sont affectées; & qu'on ne luy reproche point sa pauureté; car c'est bien souuuent celle des mauuais harangueurs, ou des mauuais Escriuains, & non pas la sienne; Elle a des magazins remplis de mots & de phrases de tout pris, mais ils ne sont pas ouuerts à tout le monde, où s'ils le sont, peu de gens sçauent choisir dans cette grande quantité ce qui leur est propre.

Autruy.

IL y a des gens qui croyent que ce mot n'est pas bon, & qu'il est vieux, & à cause de cela ils disent tousjours *autres*, pour *autruy*. Mais ils se trompent extremement; car au contraire c'est vne faute, & ce n'est pas parler François que de dire *autres*, en beaucoup d'endroits, où il faut dire *autruy*. Par exemple, *il ne faut pas desirer le bien des autres*, est tres-mal dit, il faut dire *le bien d'autruy*. *Autres*, a relation aux personnes dont il a desja esté parlé, comme si ie disois, *il ne faut pas rauir le bien des vns pour le donner aux autres*, ie dirois bien, & de dire, *il ne faut pas rauir le bien des vns pour le donner à autruy*, ne seroit pas parler François; parce que quand il y a relation de personnes, il faut dire *autres*, & quand il n'y a point de relation, il faut dire *autruy*. D'ailleurs *autre*, s'applique aux personnes & aux choses, mais *autruy*, ne se dit que des personnes & tousjours auec les articles indefinis. Ie sçay bien que quelques Grammairiens disent qu'*autruy*, se met quelquefois auec l'article definy, & qu'alors il veut dire *le bien*, & non pas *la personne*, par exemple, *ie ne veux rien de l'autruy*, pour dire *du bien d'autruy*, mais cette façon de parler est du vieux temps, d'où M. de Malherbe l'a ramenée, disant,

A qui rien de l'autruy ne plaist.

Aujourd'huy elle n'est plus en vsage, que dans la lie du peuple, pourquoy ne dirons nous pas, *ie ne veux rien d'autruy*?

Arondelle, hirondelle, herondelle.

ON dit *arondelle*, *hirondelle*, & *herondelle*, mais *herondelle*, auec *e*, est le meilleur, & le plus vsité des trois. C'est à mon auis, parce que nostre langue qui aime la douceur de la prononciation, change volontiers l'*a*, en *e*, n'y ayant point de doute que l'*a*, est vne voyelle beaucoup moins douce que l'*e*. Nous en auons donné des exemples en diuers endroits, qu'il n'est pas besoin de repeter icy. Mais quand nous dirons, qu'il n'en faut pas pourtant abuser, ny dire *merque*, pour *marque*, *merry* pour *marry*, ny *serge*, pour *sarge*, ie ne crois

crois pas que ce soit vne repetition inutile, veu le grand nombre de gens qu'il y a qui manquent en ces trois mots, & en quelques autres semblables. Apres *herondelle*, le meilleur est *hirondelle*, quoy que ce dernier ayt plusieurs partisans capables de l'authoriser, & mesme de le disputer à l'autre.

Quelque vsage de la negatiue ne.

NOus auons fait vne Remarque, où il se voit qu'auant *pas*, ou *point*, il est libre de mettre la negatiue *ne*, ou de ne la mettre pas, comme on peut dire *auez-vous point fait cela*, & *n'auez-vous point fait cela*. Mais voicy vne addition à la Remarque, qui est importante, & qui merite elle mesme vne Remarque. C'est que lors qu'on ne parle pas par interrogation, il faut tousjours mettre la negatiue *ne*, & ce seroit vne faute de ne la mettre pas, par exemple, il faut dire *il veut sçauoir s'ils n'ont point esté mariez*, & non pas, *il veut sçauoir s'ils ont esté mariez*. Au lieu qu'en interrogation, on peut dire tous les deux, *n'ont ils point esté mariez*, & *ont-ils point esté mariez*?

Detteur.

IL sembleroit que ce mot, dont s'est seruy vn de nos plus celebres Escriuains, deuroit estre plus François que *debiteur*, parce qu'il s'esloigne plus du Latin, & s'approche plus du François *dette*, ou *debte*, d'où *detteur*, est formé. Mais il n'en est pas ainsi. *Detteur*, est vn vieux mot, qui n'est plus guere en vsage. Il faut dire & escrire *debiteur*. Nous auons ainsi beaucoup de mots en nostre langue, comme *donation*, & plusieurs autres, dont il ne me souuient pas maintenant, qui d'vne façon approchent beaucoup plus du Latin que de l'autre, & quoy que ceux qui tiennent moins du Latin semblent plus François, si est-ce que le plus souuent c'est tout le contraire, l'Vsage le voulant ainsi.

De la situation des gerondifs estant *&* ayant.

IL faut que les gerondifs *estant*, & *ayant*, soient tousjours placez apres le nom substantif qui les regit, & non pas deuant, comme fait d'ordinaire vn de nos plus celebres Escriuains. Par exemple, il a escrit *estant le bien-fait de cette nature*, au lieu de dire, *le bien-fait estant de cette nature*. I'ay marqué les gerondifs *estant*, & *ayant*, parce que c'est en celà principalement que cet Autheur renommé commet cette faute, qui pourroit estre vn piege à ceux qui se proposent de l'imiter & qui se forment en tout ſur ce modelle, s'ils n'eſtoient auertis par cette Remarque, que cette façon de parler eſt ancienne, & qu'elle n'eſt plus en vſage que chez les Notaires. Il en eſt de meſme du gerondif *ayant*, comme *ayant ce bon homme fait tout ſon poßible*, au lieu de dire *ce bon homme ayant fait tout ſon poßible*. Ie ne crois pas qu'aux autres verbes cette faute ſe puiſſe commettre.

Long pour *longue*.

LA commune opinion eſt, qu'il faut dire *tirer de longue*, & *aller de longue*, pour dire *auancer*, *gaigner pays*, *faire du chemin*, & non pas *tirer de long*, ny *aller de long*, comme l'a eſcrit vn de nos plus celebres Autheurs, & d'autres apres luy. Ie ne penſe pas qu'Amyot ayt iamais vſé de cette façon de parler. Elle eſt fort baſſe, & ie ne voudrois pas m'en ſeruir en eſcriuant. *Tirer en longueur*, *aller en longueur*, ſont des choſes toutes differentes, de *tirer de longue*, & *aller de longue*; car *tirer*, ou *aller en longueur*, veut dire qu'il ſe paſſera beaucoup de temps, auant que l'on voye la fin de la choſe, qui tire en longueur, au lieu que *tirer*, ou *aller de longue*, marque vn progres fort pront, par le moyen duquel on paruient bien toſt au but que l'on ſe propoſe.

S'il faut dire landy, *ou* landit.

IL faut escrire *landit*, auec vn *t*, à la fin, quoy qu'il ne se prononce pas, ce qui a esté cause que plusieurs ont creu qu'il falloit escrire *landy*. C'est ce que le disciple paye tous les ans à son Precepteur en reconnoissance de la peine, qu'il a prise à l'enseigner, & vient de ces deux mots Latins *annus dictus*, ou comme d'autres croyent d'*indictum*, d'où il s'ensuit qu'il faut escrire *landit*, auec vn *t*. Car c'est ordinairement au bout de l'an, c'est à dire de l'an scholastique, que ce present se fait au Precepteur. M. de Malherbe a escrit *landit*, auec vn *t*, dans sa traduction des bien-faits de Seneque; Voicy le passage, *vous me direz, qu'à ce conte là vous ne deuez rien ny à vostre Medecin, qui a eu sa piece d'argent, quand il vous est venu voir, ny à vostre Precepteur à qui vous auez payé son landit*. Et pour ce qui est de l'*l*, par laquelle ce mot commence, qui semble destruire cette veritable etymologie, il faut sçauoir qu'il est arriué à ce mot la mesme chose, qu'à plusieurs autres, dont nous donnerons icy des exemples, qui est que l'*l*, au commencement estoit l'article du mot, la voyelle qui la suit se mangeant par la rencontre de l'autre voyelle, qui commence le mot, & l'on escriuoit ainsi *l'an dit*, en trois mots separez, dont l'article est conté pour vn; Mais depuis par corruption il est arriué, que l'article s'est ioint & comme incorporé auec *an*, de sorte que ne faisant plus qu'vn mot, il a fallu luy donner vn nouuel article, & dire *le landit*. Si nous n'en donnions des exemples, comme nous l'auons promis, il sembleroit que cette etymologie seroit bien tirée par les cheueux; il est certain qu'*hedera*, cette feüille tousjours verte s'est long-temps appellée en François *hierre*, il ne faut que lire les vieux Autheurs pour en estre asseuré, & mesmes *l'Abbaye d'Hierre*, s'appelle en Latin *hedera*; On a donc esté long-temps, que l'on disoit *l'hierre*, pour *la hierre*, à cause que l'*e*, & l'*a*, de l'article masculin & du feminin se mangent, comme chacun sçait, deuant la voyelle du mot suiuant; mais depuis on en a fait vn seul mot *lierre*; & alors il a fallu luy donner vn nouuel article, & dire *le lierre*. Tous nos meilleurs etymologistes croyent aussi que *loisir*, s'est formé de la mesme façon, & qu'anciennement d'*otium*, on auoit dit *oisir*, en François, & que l'*l*, qui va deuant *oisir*, en disant *loisir*, n'estoit que l'article, mais depuis s'estant tout à fait incorporé auec le mot, il luy a fallu encore vn article nouueau, auec lequel on dit *le loisir*. Ie sçay qu'il y en a d'autres exemples indubitables en nostre langue, qui ne se presentent pas à point nommé, quand on en a besoin; mais ie suis asseuré qu'il y en a. Et cela est si familier à la langue Espagnole, que ce n'est pas vne merueille si la nostre en fait autant; car en tous les mots que les Espagnols ont pris de l'Arabe, qui commencent par *al*, comme *alcoua*, *alguazil*, *almohada*, *alcalde*, *alcayde*, & vne infinité d'autres, quoy que cet *al*, soit l'article Arabe, on n'a pas laissé d'y adjouster l'article Espagnol & de dire *el alcoua*, *el alguazil*, *el almohada*, *&c.*

Coniurateur, pour *coniuré*.

Conjurateur, pour vn homme qui est autheur ou complice d'vne conjuration, n'est pas François, il faut dire *conjuré*. Ce qui a trompé ceux qui ont dit les premiers *conjurateur*, c'est que la terminaison en estant actiue, & celle de *conjuré*, passiue, ils ont creu que le nom verbal, qui auoit la terminaison actiue deuoit estre employé pour exprimer vne action, & non pas celuy, qui à la terminaison passiue comme *conjuré*. Mais outre que l'Vsage le voulant ainsi, il n'y a plus de replique, cet Vsage est encore fondé sur ce que *conjuré*, vient du Latin *conjuratus*, qui signifie la mesme chose, & que les Latins nomment ainsi, & non pas *conjurans*, ny *conjurator*. D'ailleurs il n'eſt pas fort extraordinaire en noſtre langue, qu'il y ayt des noms auec la terminaiſon paſſiue, qui neantmoins ſignifient vne action, comme *affectionné*, *paſsionné*, & vne grande quantité d'autres, non plus qu'il n'eſt pas nouueau, qu'il y ayt des noms auec la terminaiſon actiue, qui neantmoins ont vne ſignification paſſiue, comme *chemin paſſant*, &c.

Cela dit.

CEtte phraſe ne vaut rien, quoy que pluſieurs l'eſcriuent, & particulierement la plus-part de ceux qui font des Romans. Elle ne ſe peut pas eſcrire, parce qu'elle ne ſe dit iamais, on dit ordinairement *ayant dit cela*, & c'eſt ainſi qu'il faut eſcrire. Ce qui les a trompez, c'eſt que l'on eſcrit fort bien *cela fait*, qui eſt bien meilleur & plus elegant que de dire *cela eſtant fait*, mais ils ne conſiderent pas, que ſi on l'eſcrit, on le dit auſſi, & qu'à cauſe qu'on ne dit point *cela dit*, il ne faut point auſſi l'eſcrire.

Pronoms poſſeſſifs.

IL faut repeter le pronom poſſeſſif, comme on repete l'article, par exemple on dit *le pere & la mere*, & non pas *les pere & mere*; Ainſi il faut dire *ſon pere & ſa mere*, & non pas *ses pere & mere*, comme dit la plus-part du monde, qui est vne des plus mauuaises façons de parler, qu'il y ayt en toute nostre langue. Par tout ailleurs il en faut vser aussi comme de l'article, par exemple, quand il y a des adjectifs auec des particules comme *plus, moins, si*, & autres semblables, il faut repeter le pronom possessif aux mesmes endroits où l'on repeteroit l'article, & non pas aux autres. On dit *les plus beaux & les plus magnifiques habits*, & l'on dit encore, *les plus beaux & plus magnifiques habits*, sans repeter l'article au second adjectif, selon la reigle des synonymes & des approchans dont nous auons souuent parlé. Ainsi l'on dit *ses plus beaux & ses plus magnifiques habits*, & l'on dit encore, *ses plus beaux & plus magnifiques habits*, selon la mesme reigle. Mais on diroit mal, *il luy a fait voir les plus beaux & plus vilains habits du monde*, par la reigle contraire à celle des synonimes & des approchans, qui veut que l'on repete l'article, & que l'on die *il luy a fait voir les plus beaux & les plus vilains habits du monde*. C'est pourquoy il faut dire aussi *il luy a fait voir ses plus beaux & ses plus vilains habits*, en repetant deux fois *ses*, & non pas *ses plus beaux & plus vilains habits*. Ce que i'ay dit du pronom possessif de la troisiéme personne, s'entend de mesme du possessif de la premiere & de la seconde personne au singulier & au pluriel.

Iusques

Iuſques à auiourd'uy.

I'Ay veu diſputer à des gens qui parlent fort bien, s'il faut dire *juſques à aujourd'huy*, ou *juſques aujourd'huy*. Ceux qui croyent qu'il faut dire *juſques à aujourd'huy*, alleguent pour leur raiſon, que la prepoſition *juſques*, ſoit qu'elle deſigne le temps ou le lieu; car elle ſert à l'vn & à l'autre, regit d'ordinaire l'article du datif, ſoit ſingulier ou pluriel, comme *juſques à l'année prochaine*, *juſques aux longs iours*, *juſques à Rome*, *juſques aux enfers*, excepté en ces deux phraſes ſeulement *juſques icy*, ou *juſqu'icy*, & *juſques là*, qui ſe diſent toutes deux & pour le temps & pour le lieu, ſans que *juſques*, ſoit ſuiuy du datif, ou de la prepoſition *à*; car ceux qui diſent *juſques à icy*, & *juſques à là*, comme ie l'ay ſouuent oüy dire, parlent barbarement. Cela preſuppoſé ils inferent qu'il faut dire *juſques à aujourd'huy*, comme l'on dit, *juſques à demain*, *juſques à hier*, *juſques à ce jour*.

Mais ceux qui ſont de l'opinion contraire les combattent auec la meſme raiſon, & de leurs propres armes, diſant, qu'à cauſe que *juſques*, doit eſtre ſuiuy du datif, ou de la prepoſition *à*, il faut dire, *juſques aujourd'huy*, parce qu'*aujourd'huy*, eſt vn mot qui commence

Vuu

par l'article maſculin du datif *au*, & ainſi ſelon là propre Reigle des aduerſaires il faut dire *juſques aujourd'huy*, & non pas *juſques à aujourd'huy*.

A cela ils repartent, qu'il eſt vray, qu'*aujourd'huy*, eſt vn mot, qui commence par l'article maſculin du datif, mais que ce mot ne doit pas eſtre conſideré ſelon ſon etymologie, ou ſa compoſition, piece à piece, & ſeparé en ces quatre mots *au jour de*, ou *d'huy*, mais comme vn aduerbe qui ne fait plus qu'vn mot en François, comme *hodie*, qui ſignifie *aujourd'huy*, ne fait qu'vn mot en Latin, quoy qu'il ſoit compoſé de deux, & comme *demain*, & *hier*, ne font auſſi qu'vn mot en François; de ſorte que de la meſme façon que l'on dit *juſques à demain*, *juſques à hier*, on doit dire auſſi *juſques à auiourd'huy*, puis que *demain*, *hier* & *auiourd'huy*, ſont trois aduerbes de temps, dont il ſe faut ſeruir tout de meſme ſans mettre autre difference entre eux, que celle de leur ſignification.

Neantmoins on replique, qu'encore qu'il ſoit vray, qu'*auiourd'huy*, ne fait plus qu'vn mot, qui eſt aduerbe, ſi eſt-ce que ſe rencontrant qu'il commence par l'article du datif, qui eſt celuy que la prepoſition *juſques*, demande, on ſe ſert de cette rencontre, & on la meſnage ſi bien, qu'on ſe paſſe de la prepoſition *à*, & l'on se contente de dire *jusques au-iourd'huy*, sans dire *jusques à aujourd'huy*, comme si *auiourd'huy*, n'estoit pas aduerbe, & vn seul mot, mais quatre mots separez, comme nous auons dit, *au iour d' huy*, & comme on diroit, *iusques au iour d'hier.* Outre qu'on euite la cacophonie des deux voyelles. Ce qui confirme cela, c'est vne autre façon de parler toute semblable, qui est *iusques à cette heure*; car ceux qui disent *iusques à à cette heure*, comme il y a en plusieurs, qui parlent ainsi au lieu de dire *iusques à cette heure*, disent si mal, que les partisans mesme de *iusques à auiourd'huy*, les condamnent. Et neantmoins il n'y a pas plus de raison d'vn costé que d'autre, parce qu'*à cette heure*, est aduerbe aussi bien qu'*auiourd'huy*, & il ne faut pas alleguer, que la cacophonie des deux *a*, sonans de mesme, en *iusques à à cette heure*, en est la cause, & qu'en *iusques à auiourd'huy*, le second *a*, joint à l'*u*, fait vne diphthongue, qui varie le son du premier *a*, & qui se prononce comme vn *o*; car nostre langue n'a point d'esgard, comme nous auons dit plusieurs fois, à ces cacophonies, quand l'Vsage les authorise, puis que nous disons, *il commença à dire*, & qu'il le faut dire ainsi pour bien parler François, & non pas *il commença de dire*, & ce qui est bien plus encore, puis qu'il faut dire *il commença à auoüer*, non-obſtant la cacophonie des trois, *a*, pluſtoſt qu'*il commença d'auoüer.* Enfin ceux qui ſont pour *iuſques à auiourd'huy*, ont encore trouué vne ſubtilité, qui eſt de dire que *iuſques*, eſt vne prepoſition qui regit le datif, & qu'en ce mot *auiourd'huy*, l'article *au*, n'y eſt point au datif, mais à l'ablatif tout de meſme qu'en l'aduerbe Latin *hodie*, qui eſt encore vn mot composé de deux mots, on voit que ces deux mots ſont à l'ablatif. A cela les autres reſpondent qu'il eſt tres-vray que cet article defini *au*, en *auiourd'huy*, eſt ablatif, comme l'article indefiny *à*, en *à cette heure*, eſt ablatif auſſi; Mais que l'article de l'ablatif & celuy du datif eſtant ſouuent ſemblables, comme il le ſont en ces deux exemples *auiourd'huy*, & *à cette heure*, on ſe preuaut de la commodité, puis qu'ils ſe rencontrent tout propres pour eſtre aiuſtez ſans aucun changement auec *iuſques*, qui demande vn datif.

Il y a pourtant certains endroits où non ſeulement on peut dire *à auiourd'huy*, mais il le faut dire neceſſairement, comme *on m'a aſſigné à auiourd'huy*, & non pas *on m'a aßigné auiourd'huy*; car ce dernier ſeroit equiuoque, ou pour mieux dire, il ne ſignifieroit pas que *l'on m'a aßigné à auiourd'huy*, mais que *c'eſt auiourd'huy qu'on m'a aßigné*. De meſme, *on a remis cette affaire auiourd'huy*, ne ſeroit pas bien dit pour dire *on a remis cette affaire à auiourd'huy*. Il y auroit dans l'intelligence de ces paroles *on a remis cette affaire auiourd'huy*, le mesme vice, & le mesme inconuenient qu'en celles-cy, *on m'a assigné auiourd'huy*.

Bien, *au commencement de la periode*.

L'Aduerbe *bien*, au commencement de la periode, sent son ancienne façon d'escrire, qui aujourd'huy n'est plus gueres en vsage. Par exemple, vn de nos fameux Autheurs a escrit *bien est-il mal aisé*, *bien crois-ie*, & plusieurs autres semblables. On le dit encore quelquefois en parlant, mais il semble que ce n'est pour l'ordinaire qu'en raillerie, & qu'on ne l'escrit que rarement. I'entens en prose; car en vers M. de Malherbe en a souuent vsé, & ie trouue qu'il a aussi bonne grace en vers, qu'il l'a mauuaise en prose, pourueu qu'il soit bien placé, comme cet excellent ouurier auoit accoustumé de s'en seruir, Que si en prose, i'auois iamais à le mettre, ce seroit sans doute en cette phrase *bien est-il vray*, qui a beaucoup plus de force & de grace, que de dire, *il est bien vray*. Vn de nos Maistres a escrit depuis peu, *bien sçay-ie*.

Gracieux.

CE mot ne me ſemble point bon, quelque ſignification qu'on luy donne; la plus commune & la meilleure eſt de ſignifier *doux, courtois, ciuil*, & de fait, quand on dit *gracieux*, on le met d'ordinaire apres *doux*, *doux & gracieux, courtois & gracieux*, & en cette compagnie il paſſe plus aiſement. Vn de nos plus celebres Eſcriuains a dit, *ils luy auoient apporté des reſponſes les plus gracieuſes du monde*, pour dire *les plus honneſtes, les plus ciuiles*. Ie ne voudrois pas m'en ſeruir. Il y a de certaines Prouinces, où l'on s'en ſert pour dire qu'vne perſonne à bonne grace à faire quelque choſe. *Il eſt gracieux*, diſent-ils, *quand il fait ce conte là*. Mais il ne vaut rien du tout, & ce n'eſt point parler François. On dit bien *mal-gracieux*, comme *vous eſtes bien mal-gracieux*, qui eſt opposé au premier & au vray ſens de *gracieux*, & qui veut dire *rude*, mais il eſt bas, & ie ne le voudrois pas eſcrire dans le ſtile noble.

Par ſus tout.

CEtte façon de parler eſt vieille, & n'eſt plus aujourd'huy en vſage parmy les bons Eſcriuains. Neantmoins vn des plus celebres a escrit *par sus tout i'admire*. Et c'est ce qui est cause que i'en fais vne Remarque, de peur qu'on ne l'imite en cela, comme il est à imiter en d'autres choses. *Sus*, comme nous auons dit en son lieu, n'est iamais preposition, mais aduerbe, la preposition c'est *sur*, auec l'*r*, à la fin, & *dessus* encore, quand il y a *par*, deuant, comme *par dessus la teste*, *par dessus le ventre*, mais *par sus*, ne se dit point; ny par consequent *par sus tout*. Il faut dire *par dessus tout i'admire*, ou plustost encore, *par dessus tout cela i'admire*.

Absynthe, poison.

M. de Malherbe dans ses vers le fait tantost masculin, & tantost feminin. Il dit en vn lieu *tout le fiel & tout l'absynthe*, & en vn autre *adoucit toutes nos absynthes*. Pour moy, ie l'aimerois mieux faire masculin, que feminin, non-obstant l'inclination de nostre langue, qui va à ce dernier genre plustost qu'à l'autre, & ie ne vois presque personne, qui ne soit de cet auis. *Poison*, est tousjours masculin, quoy que M. de Malherbe l'ayt fait quelquefois feminin, & que d'ordinaire les Parisiens le facent de ce genre, & dient *de la poison*. I'oubliois de dire, qu'*absynthes*, au pluriel n'est pas bon.

Certaine Reigle pour vne plus grande netteté, ou douceur de ſtile.

IE dis qu'vn ſubſtantif, qui ſuiuant vn autre ſubſtantif eſt au genitif, s'il a vn epithete apres luy, & qu'en ſuite il y ayt encore dans le meſme regime vn autre ſubſtantif au genitif accompagné auſſi d'vn autre epithete, ces deux ſubſtantifs doiuent eſtre ſituez d'vne meſme façon, c'eſt à dire que ſi le premier eſt deuant l'adjectif, le ſecond le doit eſtre auſſi & ſi le premier eſt apres l'adjectif, le ſecond le doit eſtre de meſme. L'exemple le fera mieux entendre que la Reigle, *i'expoſe cet ouurage au iugement du ſiecle le plus malin, & du plus barbare peuple qui fut iamais.* Ie dis que c'eſt eſcrire auec beaucoup plus de netteté & de douceur, de dire *i'expoſe cet ouurage au iugement du ſiecle le plus malin, & du peuple le plus barbare,* ou bien *au iugement du plus malin ſiecle, & du plus barbare peuple, qui fut iamais.* I'en fais iuge l'oreille. On dira que c'eſt vn raffinement de peu d'importance, mais puis qu'il ne couſte pas plus de le mettre d'vne façon que d'autre, pourquoy choiſir la plus mauuaiſe, & celle qui ſans doute bleſſera vne oreille tant ſoit peu delicate, encore que bien ſouuent celuy qui eſt choqué de ſemblables choſes, ne ſçache pas pourquoy, ny d'où cela vient.

Aimer

Aimer mieux.

LA queſtion eſt de ſçauoir ſi apres le *que*, qui ſuit tousjours l'infinitif que l'on met apres cette phraſe *aimer mieux*, il faut mettre la particule *de*, ou ne la mettre pas, L'exemple le va faire entendre. On demande s'il faut dire, *il aime mieux faire cela que de faire autre choſe*, ou bien, *il aime mieux faire cela que faire autre choſe*. On reſpond que preſque tousjours il faut mettre le *de*, & que du moins il eſt plus François & plus elegant que de ne le pas mettre. *Il leur fit reſponſe*, dit M. Coeffeteau, *qu'ils aimoient mieux mourir, que de monſtrer aucun ſigne de crainte & de laſcheté*. Et en vn autre endroit, *Antoine auoit mieux aimé ſe rendre comme bourreau de la paßion d'Auguſte, que de s'allier auec luy, & auec Caßius*. Et M. de Malherbe, *il aime mieux luy donner tout autre nom que de l'appeller Dieu*. Neantmoins ce dernier en vn autre lieu a eſcrit, *vous aimez mieux meriter des loüanges, que les receuoir*. Ie ne le condamne pas, mais ie croirois que le *de*, y ſeroit meilleur, & qu'il eſt plus François & plus naturel de dire: *vous aimez mieux meriter les loüanges que de les receuoir*.

Mais on dit fort bien par exemple, *i'aime mieux mourir que changer*, & ie doute fort que *i'aime mieux mourir que de changer*, fuſt bien dit. En quoy consiste donc cette difference, & n'y a-t-il point de reigle pour sçauoir quand il faut mettre le *de*, ou ne le mettre pas ? Ie n'en ay iamais oüy dire aucune. Voicy seulement ce que i'en ay remarqué, ie ne sçay si ie me trompe, qu'*aimer mieux*, & l'infinitif qui le suit, demandent le *de*, apres *que*, quand le *que*, est esloigné du premier infinitif, comme en l'exemple que nous auons allegué de M. Coeffeteau, *Antoine aimoit mieux se rendre comme bourreau de la passion d'Auguste*, *que de s'allier auec luy*; car entre *aimoit mieux se rendre*, & *que de s'allier*, il y a ces paroles *comme bourreau de la passion d'Auguste*, tellement que le second infinitif *s'allier*, est esloigné du premier, *se rendre*. Ie voudrois donc establir cette Reigle generale sans exception, que toutes les fois que le second infinitif est esloigné du premier, il faut mettre le *de*, apres *que*, & dire *que de*, & quand il n'y a rien entre les deux infinitifs que le *que*, qu'il n'y faut point mettre *de*, comme en l'exemple allegué *i'aime mieux mourir que changer*. Cette Reigle a deux parties, l'vne pour l'infinitif esloigné, l'autre pour le proche. En l'esloigné, ie ne crois pas, qu'elle souffre d'exception, mais au proche, il faut distinguer si le dernier infinitif finit le sens, comme en cet exemple *j'aime mieux dormir que manger*, ie croirois que la Reigle ne souffriroit point d'exception, mais si le dernier infinitif ne finit point le sens, & que ie die par exemple, *i'aime mieux dormir que manger les meilleures viandes du monde*, alors ie pense que l'on a le choix de mettre le *de*, ou de ne le mettre pas, quoy que selon moy, il soit meilleur de le mettre & de dire, *i'aime mieux dormir, que de manger les meilleures viandes du monde.*

Il reste encore vne troisiesme espece, qui est quand le dernier infinitif n'est ny esloigné ny proche. Par *ny proche*, il faut entendre, quand apres le premier infinitif, le *que*, ne suit pas immediatement, mais qu'il y a quelque chose entre-deux, comme en cet exemple, *i'aime mieux faire cela que de ne rien faire*; car apres le premier infinitif *faire*, il y a *cela*, deuant *que*, on demande s'il y faut mettre le *de*, ou ne le mettre pas? Ie ne voudrois pas dire absolument, que ce fust vne faute de ne le mettre pas, & de dire *i'aime mieux faire cela que ne rien faire*, mais ie diray bien hardiment qu'il est beaucoup mieux de le mettre. Il y en a qui veulent qu'il n'y ayt point de reigle pour ce dernier exemple, & que cette delicatesse depend de l'oreille seule: mais ie doute fort de cela, & ie ne sçay mesme, si pour rompre vn vers on pourroit quelquefois obmettre le *de*.

Pour afin.

PAr exemple, *i'ay dit cela, pour afin de luy faire connoistre, &c.* au lieu de dire *i'ay dit cela afin de luy faire connoistre*, ou *pour luy faire connoistre*. Ce *pour afin*, est si barbare, que ie m'estonne qu'à la Cour tant de gens le dient. Pour ce qui est de l'escrire, ie ne pense point auoir iamais leu de si mauuais Autheur, qui en ayt vsé. I'aymerois presque mieux dire *pour & à celle fin*, quoy qu'insupportable, parce qu'au moins il y a du sens & de la construction, mais en *pour afin*, il n'y en a point. *Pour & à icelle fin*, que l'on dit dans la chicane, est le dernier des barbarismes.

Si pour *adeò*.

CEtte particule *si*, pour *adeò*, iointe auec vn adjectif, aime apres le *que*, ou le *comme*, qui la suit, le verbe substantif, & c'est vne faute, selon l'opinion de plusieurs, que de ne le pas mettre. Par exemple, vn fameux Autheur a escrit, *ie ne pensois pas quand je vous escriuis ma derniere lettre, que la response que vous m'y feriez, deust estre accompagnée d'vne si pitoyable nouuelle, comme celle que vous me mandez.* Ils disent qu'il faut escrire, *comme est celle que vous me mandez*, auec le verbe substantif, *est*, & qu'il en est de mesme auec *que*, *d'vne si pitoyable nouuelle, qu'est celle*, & non pas, *que celle*. Neantmoins la plus commune opinion est, que tous deux sont bons. Surquoy ie rediray en passant, ce que ie crois auoir remarqué ailleurs, qu'apres le *si*, employé comme il est en cet exemple, le *que*, est beaucoup meilleur que le *comme*, que ie ne condamne pas absolument, comme font plusieurs, mais ie n'en voudrois pas trop vser si ce n'est pour rompre le vers. Ie mettrois tousjours *que*. I'en dis presque autant d'*aussi*, auec vn epithete, & l'on a repris, *aussi rude ennemy comme parfait amy*, au lieu de dire *que parfait amy*. Le *que* est meilleur, mais *comme* n'est pas mauuais.

Se fier.

IE remarque trois regimes en ce verbe. Il regit le datif, comme quand on dit, *on ne sçait à qui se fier*; l'accusatif auec la preposition *sur*, comme *se fier sur son merite*. L'ablatif, auec la preposition *en*, comme *ie me fie en vous*, & le mesme ablatif auec la preposition *de*. En voicy deux exemples de M. de Malherbe, *comme à celuy; dont il croyoit que son maistre se fieroit le plus*; car ce *dont*, vaut autant que *duquel*, qui est vn ablatif. Et en vn autre endroit il dit *fiez vous de vos merites*; où il est à remarquer, qu'on dit bien *dont, duquel, & de laquelle il se fioit*, & de mesme au pluriel, mais hors ces trois exemples *fier*, ne se dit point auec *de*, & ie crois que c'est vne façon de parler ancienne, ne l'ayant iamais entendu dire qu'à des gens fort vieux; car comme nous auons dit ailleurs, nostre langue a plusieurs verbes anciens, qui sont autant en vigueur & en vsage qu'ils ont iamais esté, mais on s'en sert autrement aujourd'huy, que l'on ne faisoit autrefois leur regime estant changé, par exemple ces verbes *seruir, fauoriser, prier*, regissoient le datif & ils regissent maintenant l'accusatif. Ce n'est pas qu'il n'y en ayt qui regissent l'vn & l'autre, comme *suruiure*; car on dit egalement bien *suruiure à son pere, & suruiure son pere.* Mais pour reuenir à *se fier*, plusieurs croyent que sa vraye construction est en l'ablatif auec la preposition *en*, & qu'encore que l'on die fort bien, *on ne sçait à qui se fier*, neantmoins la vraye & ancienne, construction est de dire *on ne sçait en qui se fier.* Et cet *a*, employé pour *en*, dans beaucoup de phrases, n'est que depuis quelques années en vsage, à cause sans doute, qu'on le trouue plus doux, que l'*en*, de sorte qu'il y a grande apparence, qu'encore qu'aujourd'huy tous deux soient fort bons, neantmoins dans quelque temps, l'vn supplantera tout à fait l'autre, & l'on dira tousjours *à*, &

iamais *en*, aux endroits où l'on aura le choix de dire celuy des deux que l'on voudra; Car il y a des endroits, où *en*, ne peut estre mis qu'auec grande rudesse, comme en cet exemple *se fier en vn homme si paresseux*, au lieu que ie n'en vois point où *se fier à*, soit rude. C'est pourquoy on met si souuent *à*, pour *en*. Il y en a plusieurs exemples, qui ne tombent pas à point nommé sous la plume, ie n'en diray qu'vn en passant, qui est *en mesme temps*, *&* *à mesme temps*. M. Coeffeteau vse tousjours du dernier, & beaucoup d'excellens Escriuains en font de mesme.

A auec, *l'vn & l'autre*.

L'Article, ou la preposition *à*, au datif; car il peut estre pris pour article & pour preposition, veut estre repetée en ces deux mots *l'vn & l'autre*. Par exemple il faut dire, *cela conuient à l'vn & à l'autre*, & non pas *cela conuient à l'vn & l'autre*, comme a escrit vn celebre Autheur. Et ce n'est pas seulement auec l'article ou la preposition *à*, que cela se pratique, c'est auec tous les articles des cas, & auec toutes sortes de prepositions; car il faut tousjours repeter & l'article & la preposition, comme *ie suis amy de l'vn & de l'autre*, & non pas *ie suis amy de l'vn &*

l'autre, ie me defie de l'vn & de l'autre, & non pas *ie me defie de l'vn & l'autre.* De mesme aux prepositions, *ie l'ay fait pour l'vn & pour l'autre, auec l'vn & auec l'autre, sans l'vn & sans l'autre, sur l'vn & sur l'autre*, & ainsi de toutes les prepositions, quelles qu'elles soient. Ce qui confirme bien la Reigle tant de fois alleguée de la repetition des prepositions deuant les mots quand ils ne sont ny synonimes ny approchans, mais differens ou contraires; car y a-il rien de plus different que *l'vn & l'autre?*

Asseoir pour *establir.*

ASseoir pour *establir*, comme quand on dit, *on ne sçauroit asseoir aucun iugement sur cela*, ne se coniugue pas comme *asseoir*, pour *sedere*, de la coniugaison duquel nous auons fait vne remarque; car *asseoir*, pour *establir*, ou *poser*, n'est en vsage qu'en cet infinitif seulement, & ce seroit fort mal parler, que de dire *ie n'assieds*, ou *ie n'ay assis aucun jugement là dessus.* Et il en est de mesme de tous les autres temps, & de tous les autres modes; sans en excepter le participe; car on ne dira pas non plus *n'asseiant aucun iugement.* Il faut se seruir en sa place du verbe *faire*, qui se peut employer partout, comme *ie n'ay fait, ny ne fais, ny ne feray aucun jugement, ne faisant aucun jugement*, & ainsi de tous les autres.

Pas

Pas pour *passage*.

IL n'est pas permis de dire *pas*, pour *passage*, que pour exprimer quelque destroit de montagne, ou quelque passage difficile, comme *le pas de Suze*, tant de l'ancienne *Suze*, que de celle des Alpes, & d'vne infinité d'autres destroits, que l'on appelle *pas*, *gaigner le pas de la montagne*. C'est vn mot consacré à ce seul vsage, où il est si excellent, que ce ne seroit pas bien ny proprement parler, que de n'en vser point, & de vouloir dire *passage*, plustost que *pas*. *Le pas des Thermopyles*.

Insulter, *pudeur*.

CE premier mot est fort nouueau, mais excellent pour exprimer ce qu'il signifie. M. Coeffeteau l'a veu naistre vn peu deuant sa mort, & il me souuient qu'il le trouuoit si fort à son gré, qu'il estoit tenté de s'en seruir, mais il ne l'osa iamais faire à cause de sa trop grande nouueauté, tant il estoit religieux à ne point vser d'aucun terme, qui ne fust en vsage. Il augura bien neantmoins de celuy-cy, & predit ce qui est arriué, qu'il seroit receu dans quelque temps, comme en effet on ne fait plus aujourd'huy de difficulté d'vſer de l'vn & de l'autre en parlant & en eſcriuant. Cette phraſe particulierement luy ſembloit ſi elegante, *inſulter à la miſere d'autruy*.

Ils paſſera donc d'icy à quelques années pour vn mot de la vieille marque, de meſme que nous en auons pluſieurs en noſtre langue, qui ne ſont gueres plus anciens, & que neantmoins l'on ne diſtingue point maintenant d'auec les autres. Ie n'en diray qu'vn, mais il eſt beau, c'eſt *pudeur*, dont on ne s'eſt ſeruy que depuis M. de Portes, qui en a vſé le premier, à ce que i'ay entendu dire. Nous luy en auons de l'obligation, & non ſeulement à luy, mais à ceux qui l'ont mis en vogue apres luy; car ce mot exprime vne choſe, pour laquelle nous n'en auions point encore en noſtre langue, qui fuſt ſi propre & ſi ſignificatif, parce que *honte*, quoy qu'il ſignifie cela, ne ſe peut pas dire neantmoins vn terme tout à fait propre pour exprimer ce que ſignifie *pudeur*, à cauſe que *honte*, eſt vn mot equiuoque, qui veut dire & la bonne & la mauuaiſe honte, au lieu que *pudeur*, ne ſignifie iamais que la bonne honte. Or eſt-il qu'encore qu'il ſoit tres-vray qu'on ne laiſſe pas de parler proprement, quand on ſe ſert de mots equiuoques, ſi eſt-ce que c'eſt parler encore plus proprement, quand on employe des mots, qui ne conuiennent qu'à vne seule chose.

Il sied.

CE verbe est fort anomal en sa coniugaison. Il ne se coniugue qu'aux temps, que ie vais marquer, *il sied*, au present de l'indicatif, comme *il sied bien*, *il sied mal*, *cet habit luy sied bien*, ou *luy sied mal*, *il seioit*, à l'imparfait, comme *cela luy seioit bien*, ou *luy seioit mal*. Il n'a point de preterit parfait, ny definy, ny indefiny, ny de preterit plus que parfait. Mais il a le futur *il seiera*, comme *cela vous seiera bien*, à l'imperatif *seie*, comme *qu'il luy seie bien*, *qu'il luy seie mal*, & non pas *sie*. Et en l'optatif & subionctif *seieroit*, il n'a point d'infinitif. Au participe, il a *seant*. Mais comme ce verbe *il sied*, a deux vsages, l'vn pour les mœurs, & l'autre pour les habits, ou pour les choses qui ont du rapport aux personnes, comme par exemple pour les mœurs, quand on dit, *il sied mal à vn pauure d'estre glorieux*, & pour les habits, ou ce qui concerne la personne, *cet habit luy sied bien*, *les grands cheueux luy sient mal*, il faut remarquer qu'au participe *seant*, ne s'employe iamais que pour les mœurs, & non pas pour les habits; car on dira fort bien *ce qui est seant*, ou *bien-seant à l'vn*, *ne l'est pas à l'autre*, mais c'est tousjours pour les mœurs &

iamais pour les habits, ny pour aucune cho-se qui donne bonne ou mauuaise grace à la personne. Et qu'ainsi ne soit, si ie dis, *les grands cheueux vous sient bien, & à luy, ils luy sient mal*, & qu'en suite i'adiouste dans le mesme sens, *ce qui est seant à l'vn, ne l'est pas à l'autre*, ie parleray tres-mal, & ne diray point ce que ie veux dire, qui se doit dire en ces termes, *ce qui sied bien à l'vn, sied mal à l'autre. Sied*, emporte les deux significations, *& seant*, n'en a qu'vne, *seant*, est participe seulement, & non pas gerondif, puis qu'il ne s'employe qu'auec le verbe auxiliaire substantif, *il est seant, estant mal seant*, & iamais *seant*, tout seul selon l'vsage ordinaire des gerondifs; car on ne dira pas par exemple, *certaines choses seant bien en vn âge, qui ne sient pas bien en vn autre.* Si l'on pouuoit parler ainsi, sans doute *seant*, en cet exemple seroit gerondif, mais ce ne seroit point parler François de dire *certaines choses seant bien*, pour dire *estant bien seantes.* Au reste il est à remarquer pour la satisfaction de ceux qui entendent les deux langues, que les Latins ont vsé du mot de *sedere*, en cette signification. Pline en son Panegyrique, *quàm bene humeris tuis sederet imperium.* Et Quintilien, *nam & ita sedet meliùs toga, &c.* On ne se sert gueres de ce verbe qu'en troisiéme personne, mais on ne laisse pas de dire, *ie* *luy ſeois bien, vous luy ſeiez bien*, pour dire *ie luy eſtois, vous luy eſtiez vtile* ou *neceſſaire*, mais ce n'eſt que dans le ſtile bas.

Croyance, creance.

CRoyance & *creance*, ſe prononcent tous deux à la Cour d'vne meſme façon, à cauſe que la dipththongue *oi* ou *oy*, ſe prononce en *e*, en beaucoup de mots, dont celuy-cy eſt du nombre. Ce ſont neantmoins deux choſes differentes; car *creance*, auec *e*, comme quand on dit *vne lettre de creance*, & *auoir de la creance en quelqu'vn*, ou *parmy les peuples*, ou *parmy les gens de guerre*, eſt toute autre choſe que *croyance* auec *oy*, comme quand on dit *ce n'eſt pas ma croyance*, pour dire *ie ne crois pas*, ou *ajouſter croyance à quelqu'vn*, pour dire *ajouſter foy*. Ce n'eſt pas qu'à les bien conſiderer, ils ne viennent tous deux d'vne meſme ſource, parce que de dire qu'*vn homme a de la creance parmy les peuples*, qu'eſt-ce à dire autre choſe, ſinon que ces peuples ajouſtent foy & croyance à cet homme là, & à tout ce qu'il leur veut perſuader? De meſme, que ſignifie *vne lettre de creance*, ſinon vne lettre, qui declare & aſſeure, que l'on peut, ou que l'on doit auoir croyance à celuy qui la porte, où à ce qu'il dira. Mais la plus-part croyent qu'il ne faut pourtant pas laiſſer de les diſtinguer, en eſcriuant tousjours *creance*, auec *e*, aux exemples que nous auons donnez, & *croyance*, auec *oy*, aux deux autres exemples & en leur ſemblables ; car pour l'orthographe ils conuiennent qu'il y faut mettre de la difference, quoy qu'il n'y en faille point mettre dans la prononciation, & qu'en l'vn & en l'autre ſens, il faille tousjours prononcer *creance*, pour prononcer delicatement & à la mode de la Cour. Ie crois neantmoins qu'à la fin on n'eſcrira plus que *creance*, c'eſt des-ja l'opinion de pluſieurs, à laquelle ie ſouſcris.

Entaché.

CE mot eſt dans la bouche preſque de tout le monde, qui dit par exemple *entaché d'vn vice*, pour dire *taché*, ou *ſoüillé d'vn vice*, mais il eſt extrémement bas, & iamais M. Coeffeteau, ny qui que ce ſoit qui aime la pureté du langage, n'en a vſé. Il eſt vray qu'vn de nos plus excellens Poëtes modernes s'en eſt ſeruy, s'eſtant laiſſé aller au torrent du peuple qui parle ainſi, ou bien ayant eu beſoin d'vne ſyllabe pour faire ſon vers, mais auſſi on l'en a repris, comme d'vn mot indigne d'auoir place en cette belle piece, où il l'employe. *Entaché*, se dit en Anjou, *des fruits.*

Inonder.

M. Coeffeteau & quelques autres de son temps se seruent de ce verbe d'vne façon, qui n'est pas commune, & c'est, comme ie crois, à l'imitation d'Amyot. Ils s'en seruent auec la preposition *sur*, & neutralement, comme par exemple M. Coeffeteau dit en la vie d'Auguste, *le Pô, qui auoit inondé sur les terres voisines*, & ie n'ay pas remarqué qu'il en vse iamais autrement. Neantmoins l'vsage ordinaire d'aujourd'huy est de faire *inonder*, actif, & de s'en seruir sans preposition, comme de dire *le Pô, qui auoit inondé les terres voisines*. Peut-estre en est-il de ce verbe, comme *de frapper*, & de quelques autres, qui s'employent actiuement, & neutralement auec la preposition *sur*, car on dit par exemple, *frapper la cuisse*, *& frapper sur la cuisse*, & ce dernier est beaucoup plus elegant & plus François que l'autre.

Iaillir.

I'*Aillir*, pour *rejaillir*, n'est pas fort bon, quoy que l'vn de nos plus fameux Autheurs en ayt vsé, disant, *il a fait jaillir de l'ordure sur vous*, au lieu de dire, *il a fait rejaillir de l'ordure*. Peut-estre que c'est vn defaut du païs, où l'on se sert de plusieurs verbes simples au lieu des composez, dont on vse par tout ailleurs. I'en ay fait vne Remarque, où *tasser*, & *sieger*, sont marquez pour dire *entasser*, & *assieger*. Il y a des verbes simples, qui ne sont gueres en vsage, & l'on se sert des composez en leur place, qui ne laissent pas de retenir la signification du simple & non pas du composé, comme par exemple *refroidir*, est beaucoup mieux dit que *froidir*, dont ie doute mesme s'il est bon, quoy que plusieurs le dient, & ce *re*, bien qu'il denote vne repetition, ou reïteration, ne luy donne point vne autre signification que celle du simple. Il en est de mesme de *rejaillir*, il y en a quelques autres de cette nature, qui ne se presentent pas maintenant à ma memoire.

De l'vsage & de la situation de ces mots, Monseigneur, Monsieur, Madame, Mademoiselle, *& autres semblables, dans vne lettre ou dans vn discours.*

CEs mots que l'on doit inserer dans les lettres que l'on escrit, ou dans les discours que l'on fait aux personnes de condition,

tion, ou de respect, ne se peuuent pas mettre indifferemment en tous lieux. D'ordinaire on les place fort mal. Voicy quelques reigles pour ne tomber pas dans ce defaut. Premierement il ne faut iamais dans la premiere periode d'vne lettre ou d'vn discours, quelque longue qu'elle soit, repeter le mot par lequel on a commencé, c'est à dire, que si vous auez par exemple commencé ainsi, *Monseigneur*, ou quelqu'vn des autres, & que la premiere periode soit fort longue, il ne faut point repeter *Monseigneur*, ou *Monsieur*, ou aucun des autres, que la periode ne soit acheuée, parce qu'vne periode n'en peut souffrir deux, & ce seroit importuner & non pas respecter la personne, que l'on pretend honorer, d'vser de cette repetition si proche l'vne de l'autre auant que le sens soit complet.

La seconde Reigle est, qu'apres *vous*, quand ce pronom personnel finit le membre de la periode, il faut mettre *Monseigneur*, ou l'vn de ces autres mots, par exemple, si ie dis, *il n'appartient qu'à vous Monseigneur*, ou l'vn des autres, ie diray beaucoup mieux, que si ie disois seulement, *il n'appartient qu'à vous de faire*, &c. Car ie parleray à cette personne là, que ie dois & que ie veux honorer, auec beaucoup plus de respect, que si ie disois simplement *vous*, qui de soy est vn terme commun à tous & par consequent, peu respectueux. C'est pourquoy, il n'y a point d'endroit dans la lettre, où cette repetition puisse auoir meilleure grace, qu'apres ce pronom, parce qu'elle y est necessaire. Il faut donc tascher de l'y mettre tousjours. Que s'il se rencontre, qu'on l'ayt mise ailleurs en vn lieu fort proche, il la faut oster de là pour la placer apres *vous*. Ce qui se pratique en deux façons, ou en le repetant immediatement apres *vous*, comme en l'exemple que nous auons donné, *il n'appartient qu'à vous Monseigneur*, ou en le repetant mediatement, comme *pour vous dire Monseigneur*, ou *pour vous asseurer Monseigneur*. Mais en cette derniere façon il n'est pas du tout si necessaire, qu'en l'autre, quoy qu'il y ait tousjours bonne grace, & qu'il soit bon de l'y mettre autant qu'il se peut.

Il est bien placé aussi apres les particules, ou les termes de liaison, qui commencent les periodes, comme apres *car*, *mais*, *au reste*, *apres tout*, *en fin*, *certes*, *certainement*, *c'est pourquoy*, & autres semblables.

On n'a gueres accoustumé de le mettre au commencement de la periode. Il semble que cette place ne luy appartient qu'à l'entrée de la lettre, ou du discours, & qu'apres cela on le met tousjours en suite de quelques autres mots, qui ont commencé la periode. Mais pourtant ie ne le voudrois pas condamner, si ce n'est dans vne lettre fort courte, où veritablement il seroit tres-mal placé; car dans vne longue epistre, ou dans vn long discours, il est certain qu'on peut encore en quelque endroit luy faire commencer vne periode auec beaucoup de grace, & d'emphase. Il est vray que ie ne voudrois pas que ce fust plus de deux fois en tout & encore en y comprenant celle qui est à la teste de la piece.

Il faut prendre garde à ne le mettre point apres vn verbe actif, à cause de l'equiuoque ridicule qu'il peut faire, & auec le verbe, & auec le nom qui en est regi, comme *ie ne veux pas acheter Madame, si peu de chose à si haut pris*; car qui ne voit le mauuais effet que cela produit & deuant & apres, en disant *acheter Madame*, & *Madame si peu de chose*? Et quand le nom qui est regi par le verbe ne fait point d'equiuoque, comme si ie dis, *ie ne veux pas acheuer Madame, vn ouurage*, il ne laisse pas de faire que le mot de *Madame*, ne soit mal placé, parce que deux substantifs de suite apres vn verbe qui en regit vn ne s'accommodent point bien, & ne sçauroient auoir que mauuaise grace. Comme i'escriuois cecy, on m'a donné vn liure, où en l'ouurant i'ay veu, *ie ne sçaurois iamais oublier Monseigneur, cet heureux sejour*, cela m'a choqué, mais aussi n'est-il pas vray, que ce n'est pas escrire nettement que de mettre *Monseigneur*, en cet endroit là? Il falloit dire, *ie ne sçaurois Monseigneur, iamais oublier cet heureux seiour*, ou *iamais ie ne sçaurois Monseigneur oublier*, ou en fin, *ie ne sçaurois iamais Monseigneur, oublier*, &c.

C'est donc vne des principales maximes, ou peut-estre la seule en ce sujet, de ne mettre iamais *Monsieur*, ny *Madame*, ny leurs semblables en aucun endroit, où ce qui va deuant & ce qui va apres puissent faire equiuoque; car encore que ces equiuoques pour l'ordinaire soient desraisonnables, & ne se puissent pas dire equiuoques, sans faire violence à la phrase d'vne façon grossiere & impertinente, comme est celle qui est si triuiale & si importune, mais que l'exemple m'oblige d'alleguer, *voulez-vous du veau Monsieur*, si est-ce qu'il ne faut pas laisser de les euiter, & auec d'autant plus de soin, qu'il y a plus de personnes desraisonnables & impertinentes, qu'il n'y en a de l'autre sorte. Il ne faut point non plus mettre ces mots *Monsieur*, ny *Madame*, ny leurs semblables entre le substantif & l'adjectif, si l'adjectif se rencontre du mesme genre, que *Monsieur*, ou *Madame*, par exemple, *c'est vn aduersaire Monsieur, tres-insolent*,

& l'on a beau mettre vne virgule, comme il la faut mettre apres *Monsieur*; on ne se paye pas de cela, & on ne laisse pas d'en rire. De mesme au feminin, *c'est vne procedure, Madame, desaprouuée de tout le monde.*

Il est bien placé deuant le *que*, comme *ie ne crois pas Madame, que &c. Il est certain Madame, que &c.* & deuant *de*, comme *c'est vn effet, Madame, de vostre bonté.* Et apres *oüy*, & *non*, comme *Oüy Madame, Non Madame, il ne se voit rien* &c.

Il semble qu'il est inutile d'auertir qu'il ne le faut point mettre à la fin de la periode; car cela est trop visible. Neantmoins il se pourroit faire qu'il y trouueroit sa place, & de bonne grace; car pourquoy n'escriroit-on point en finissant vne periode *ne le croyez point Madame. Ne le croyez point Monseigneur.* Mais il n'en faut pas vser souuent.

On ne doit iamais aussi mettre ny *Sire*, ny *Monseigneur*, ny *Madame*, apres *vostre Majesté*, ou *vostre Eminence*, ou *vostre Altesse*, comme *vostre Majesté Sire, ne souffrira pas, &c. vostre Majesté Madame, vostre Eminence Monseigneur; vostre Altesse Monseigneur.* Mais on les peut mettre deuant, comme *Sire, vostre Majesté ne souffrira pas; Madame, vostre Majesté est si sage*, & ainsi des autres.

Il est à propos d'ajouster icy, qu'il y a force gens en escriuant, aussi bien qu'en parlant, qui repetent trop ſouuent *Monſieur*, iuſqu'à s'en rendre inſupportables. En toutes choſes l'excés eſt vicieux. Ils veulent honorer, & ils importunent. Il eſt bien aiſé de ſe corriger de cette faute en eſcriuant, mais tres-difficile, en parlant; ſi vne fois on a contracté cette mauuaiſe habitude comme ont fait pluſieurs, que ie connois, où il n'y a plus de remede.

Si en eſcriuant, on peut meſler vous, *auec* voſtre Majeſté, *ou* voſtre Eminence, *ou* voſtre Alteſſe, *& autres ſemblables.*

SI vous eſcriuez vne lettre qui ne ſoit pas fort longue, il faut tousjours mettre *voſtre Majeſté*, & iamais *vous*. Ie ſçay bien les inconueniens qu'il y a, de s'aſſujetir à cela, & de parler tousjours en la troiſieſme perſonne, ſoit en diſant *voſtre Majeſté*, ſoit en diſant *elle*; mais en vne lettre courte, il ſe faut vn peu contraindre, & il n'y a point d'apparence, de s'emanciper dans vn ſi petit eſpace. *Elle*, doit eſtre repeté beaucoup plus ſouuent que *voſtre Majeſté*, quoy que ce dernier le doiue eſtre ſouuent, mais auec vne certaine meſure iudicieuſe, qui empeſche qu'on ne ſe rende importun en voulant eſtre reſpectueux.

Que si c'est vne longue lettre, ou vn discours de longue haleine, il n'y aura point de danger de mesler l'vn auec l'autre, & de dire tantost *vous*, & tantost *vostre Majesté*, mais plus souuent *vostre Majesté*. Les plus scrupuleux auoüeront, qu'il y a mesme des endroits, où il faut necessairement dire *vous*, comme *vous estes Madame, la plus grande Reyne du monde*. Il est certain qu'il faut necessairement dire ainsi, & non pas *vostre Majesté Madame, est la plus grande Reyne du monde*, qui seroit vne expression impertinente, tellement qu'en cet exemple on pourroit mettre *vous*, dans vne lettre de douze lignes, & en quelques autres cas semblables, qui se pourroient presenter.

Quant aux autres titres de grandeur, moindre que la Royale, on ne doit faire aucune difficulté de mesler l'vn auec l'autre, nostre langue s'estant reserué cette liberté, que l'Italienne ny l'Espagnole n'ont pas, à cause que *vous* en ces deux langues est vn terme incompatible auec la ciuilité, sur tout *vos*, en Espagnol, ce qui n'est pas en la nostre. Les Latins sont bien encore moins ceremonieux, qui disent tousjours *tu*, à qui que ce soit, & il semble que nous auons pris vn milieu & vn temperament bien raisonnable entre ces deux extremitez, en donnant par honneur le nombre pluriel à vne seule personne, quand nous luy disons *vous*, & en euitant dans le commerce continuel de la vie, la frequente & importune repetition des termes dont les Italiens & les Espagnols se seruent en sa place.

S'il faut dire alte, *ou* halte.

FAire alte. On demande s'il faut dire *alte*, ou *halte*, auec vne *h*. Pour resoudre la question, il y en a qui croyent, qu'il faut auoir recours à l'etymologie du mot, tellement que ceux qui le deriuent de l'Allemand *halten*, qui veut dire *arrester*, soustiennent qu'il faut dire *halte*, auec vne *h*, aspirée, qui marque son origine, parce que *faire halte*, comme chacun sçait, ne signifie autre chose en terme de guerre, que *s'arrester dans la marche*. Les autres au contraire le font venir du Latin *altus*, c'est à dire *haut*, parce que quand on fait *alte*, on tient les piques hautes, d'où est venu le prouerbe *haut le bois*, & par cette raison croyent qu'il faut dire *alte*, sans aspiration. Mais ceux qui veulent qu'on l'aspire repliquent, que quand ainsi seroit, qu'il viendroit d'*altus*, dont ils ne demeurent pas d'accord, il ne s'ensuiuroit pas pourtant qu'il fallust escrire ny prononcer *alte*, sans *h*, puis qu'estant certain que *haut*, vient d'*altus*, on n'a pas laissé d'y mettre vne *h*, qui s'aspire, ce qui est comme vn preju-

prejugé, que si *alte*, venoit d'*altus*, il y faudroit pareillement & à l'exemple de l'autre y mettre aussi vne *h*, aspirante, de sorte qu'ils retorquent ainsi l'argument contre leurs aduersaires.

La plus saine & la plus commune opinion est, qu'il faut dire & escrire *alte*, sans *h*, & sans auoir aucun esgard à toutes les etymologies, qu'on pourroit rapporter au contraire; car nous ne voudrions pas non plus en cette occasion nous seruir de celles, qui nous seroient fauorables, n'y ayant pas lieu de recourir aux etymologies, lors que l'Vsage est declaré, comme icy. Or est-il que ie pose en fait, apres le tesmoignage d'vne quantité de personnes irreprochables, auquel ie ioins encore ma propre obseruation, que dans tous les liures, & dans toutes les relations qui se sont faites en ces dernieres guerres, on n'a point veu *alte*, imprimé, ny escrit auec vne *h*. Et ce n'est que depuis ce temps là qu'on a commencé à escrire ce mot, dont M. Coeffeteau n'a iamais osé se seruir, n'estant pas encore en vsage dans le beau stile, quoy que ce fust vn terme bien necessaire. Mais ce qui acheue de decider la question, c'est que ces mesmes tesmoins & vne infinité d'autres, asseurent aussi bien que moy, qu'ils ne l'ont iamais oüy aspirer, qu'ils ont tousjours entendu prononcer *faire alte*, comme si l'on escriuoit *fair' alte*, en mangeant l'*e* de *faire*, par vne apostrophe, ce qui ne se fait iamais deuant l'*h*, aspirée, ou consone.

S'il faut dire hampe, *ou* hante.

ON demande encore s'il faut dire *la hampe*, ou *la hante d'vne halebarde*. On dit l'vn & l'autre, mais *hampe* est incomparablement meilleur & plus vsité. Il est tellement en vsage, que quelques vns de la compagnie, où ce doute a esté proposé, s'estonnoient qu'on le demandast. Mais on a fait vne responce qui peut seruir en tous les doutes de cette nature. C'est que l'on demeure bien d'accord, que là où l'Vsage est certain & declaré, il n'y a point de question à faire, ny à hesiter, il le faut suiure; mais toutes les fois que l'on doute d'vn mot, c'est vn signe infaillible que l'on doute de l'Vsage. Il est donc vray, puis que l'on demande lequel est le meilleur de *hampe*, ou de *hante*, que l'Vsage en est douteux. Et ce doute, comme plusieurs autres, qui se voyent dans ces Remarques, ne procede d'autre chose, que de ce que l'oreille ne discerne pas aisement si l'on prononce *hampe*, ou *hante*. I'ay esté tout de nouueau confirmé dans ce sentiment en vne celebre compagnie, où l'on a proposé cette question, parce qu'encore qu'vn chacun de ceux qui y estoient, prononçast bien distinctement & bien hautement ou *hampe*, ou *hante*, & que tous les autres fussent bien attentifs à recueillir lequel des deux il disoit, neantmoins il le luy falloit faire repeter deux fois, & quelquefois trois pour le bien entendre, de sorte qu'on fut contraint d'opiner en ces termes, *hampe, auec vn p, est le meilleur. On dit aussi hante, auec vn t.* Si donc il est vray qu'il n'est pas aisé à l'oreille de distinguer *hampe* de *hante*, sans qu'on y ajouste ces paroles *auec vn p*, ou *auec vn t*, il ne faut pas s'estonner, si l'Vsage en est douteux, veu mesmes que ce n'est pas vn mot dont l'vsage soit fort frequent, que parmy les gens de guerre dans l'infanterie. Outre que dans les liures qui traitent de l'art militaire, on le voit escrit tantost d'vne façon, & tantost de l'autre; mais les Autheurs, qui ont plus hanté la Cour, escriuent *hampe*, & non pas *hante*.

Sur, & *dessus*.

NOus auons desja fait vne Remarque sur ces prepositions *sur, dessus, sous, dessous, dans, dedans*, & quelques autres, & nous ne repeterons pas icy ce qui a esté dit, mais nous ajousterons vne chose, qui a esté obmise. C'est qu'à la Reigle que nous auons donnée, de n'employer iamais pour prepositions ces composez *dessus*, *dessous*, *dedans*, & les autres, mais tousjours les simples comme *sur*, *sous*, & *dans*, nous auons mis vne exception, qui est que quand ces composez sont precedez d'vne autre preposition, alors il se faut seruir des composez & non pas des simples. Par exemple, il faut dire *par dessus la teste*, & non pas *par sur la teste*, quoy qu'il faille dire *sur la teste*, & non pas *dessus la teste*, quand il n'y a point de preposition deuant, comme est *par*. De mesme il faut dire *par dessous la table*, *par dedans l'Eglise*, & non pas *par sous la table*, ny *par dans l'Eglise*, quoy qu'il faille dire *sous la table*, & *dans l'Eglise*, quand il n'y a point de *par*, deuant.

Tout cela a desja esté dit, mais il estoit absolument necessaire de le repeter, pour faire entendre ce que nous y ajoustons, qui est qu'auec *de*, il en est de mesme qu'auec *par*, & ce qui me l'a fait remarquer, c'est la faute que i'ay trouuée dans vn Autheur assez renommé, à qui elle est familiere. Il a sceu qu'il falloit se seruir de ces prepositions simples, & non pas des composées, qui sont d'ordinaire aduerbes & non pas prepositions, mais il n'a pas sceu, que quand il y a vne autre preposition deuant, il faut vser des composées, qui deuiennent prepoſitions, d'aduerbes qu'elles eſtoient; il eſcrit donc tousjours par exemple, *il ſe leua de ſur ſon lit*, au lieu de dire, *il ſe leua de deſſus ſon lit, il ne fait que ſortir de ſous l'aile de la mere*, au lieu de dire, *il ne fait que ſortir de deſſous l'aile de la mere*; car ce *de* eſt vne prepoſition qui reſpond à l'*ex*, ou à l'*e* des Latins, & il me ſemble qu'il n'y a que ces deux prepoſitions *par*, & *de*, où cette exception ayt lieu. Et il ne faut pas objecter que l'on dit *au deſſus de la teſte*, *au deſſous du genoüil*, &c. parce qu'en ces exemples *deſſus*, & *deſſous*, & leurs ſemblables paſſent pour mots ſubſtantifiez, & non pas pour prepoſitions. Les articles qui vont deuant & derriere, en ſont des preuues infaillibles.

Qu'ainſi ne ſoit.

NOus auons remarqué de certaines façons de parler, qui ſemblent dire tout le contraire de ce qu'on leur fait ſignifier. Celle-cy eſt de ce nombre; car lors qu'il eſt queſtion d'entrer en preuue d'vne prepoſition, ſi ie dis *& qu'ainſi ne ſoit, vous voyez telle & telle choſe*, qui eſt, comme on a accouſtumé de parler, n'eſt-il pas vray qu'à l'examiner de pres, il n'y a point de raiſon de dire *& qu'ainſi ne ſoit*, & qu'au contraire il faut dire

& qu'ainsi soit. Cela est tellement vray, que tous les anciens l'escriuoient ainsi, & ces iours passez ie le voyois encore dans Ioachim du Belay. Neantmoins il y a plus de cinquante ans, que cette phrase est changée, & que l'on dit *& qu'ainsi ne soit*, ou *& qu'il ne soit ainsi*, & non pas *& qu'ainsi soit*, ou *& qu'il soit ainsi*, qui aujourd'huy ne seroient pas receus parmy ceux qui sçauent parler François. Il seroit mal-aisé d'en rendre aucune raison, puis que c'est contre la raison que cela se dit de cette sorte; Se peut-il voir vn plus bel exemple de la force ou de la tyrannie de l'Vsage contre la raison? Cependant ce sont ces choses là, qui font d'ordinaire la beauté des langues.

Tout de mesme.

IL faut considerer ce terme de comparaison en differentes façons; car si l'on s'en sert en respondant à vne interrogation, par exemple si l'on me demande, *l'autre est-il comme cela?* & que ie responde *tout de mesme*; ce sera bien parler. Sans interrogation encore ie diray fort bien, *vous voyez celuy-là, l'autre est tout de mesme*, il n'y a point de stile si noble, où ce terme ne puisse entrer. Mais s'il y a vn *que* apres, comme *celuy-là est tout de mesme que l'autre*, il n'est pas absolument mauuais, mais il eſt extrémement bas, & ne doit eſtre employé que dans le dernier de tous les ſtiles. Que ſi l'on m'objecte que dans le cours de ces Remarques, ie m'en ſuis ſeruy fort ſouuent de cette ſorte, i'auoüeray franchement que i'ay failly en cela comme en beaucoup d'autres choſes, & que ie n'ay connu la faute dont i'auertis maintenant les autres, que depuis peu; Tellement qu'il faut en vſer ſelon cette Remarque, & non pas ſelon le mauuais exemple que i'en ay donné.

L'adjectif tout, *auec pluſieurs ſubſtantifs.*

CEt adjectif ſuiuy de pluſieurs ſubſtantifs dans la meſme conſtruction du membre de la periode, veut eſtre repeté deuant chaque ſubſtantif, par exemple il faut dire *toute la Syrie, & toute la Phenicie*, & non pas *toute la Syrie & la Phenicie*. Et non ſeulement le premier où *toute*, eſt repeté deux fois eſt meilleur, mais le dernier où il n'eſt employé qu'vne fois eſt mauuais, & contre la pureté naturelle de noſtre langue. Ç'a bien tousjours eſté ma creance, mais ce ſeroit peu de choſe ſi ce n'eſtoit auſſi le ſentiment de nos maiſtres. Que s'il y a plus de deux ſubſtantifs, c'eſt encore de meſme. Par exemple, vn excellent Autheur a eſcrit *pour voir toutes les beautez*, *l'artifice, & les graces parfaitement employées*, il falloit dire *pour voir toutes les beautez, tout l'artifice, & toutes les graces parfaitement employées*. Cela est hors de doute parmy les purs Escriuains. Il semble que les substantifs qui suiuent soient jaloux du premier, s'ils ne marchent auec mesme train, & si l'on ne les traite auec autant d'honneur, que celuy qui va deuant. Et quand les deux substantifs sont de diuers genre, la faute est inexcusable de ne pas repeter *tout*, comme par exemple de dire *il a perdu toute sa splendeur & son lustre*, c'est sans doute mal parler, il faut dire, *il a perdu toute sa splendeur & tout son lustre*.

Mais si les deux substantifs sont de mesme genre & synonimes, ou approchans, on demande s'il le faut repeter, comme si ie dis, *il a perdu toute l'affection & l'inclination qu'il auoit pour moy*, diray-je mieux que si ie disois *il a perdu toute l'affection, & toute l'inclination qu'il auoit pour moy*? On respond que tous deux sont bons, & que la grande Reigle des synonimes ou approchans, & des contraires ou differens a lieu icy, c'est à dire qu'aux mots contraires ou differens, il faut necessairement repeter *tout*, mais aux synonimes ou approchans, il n'est point necessaire, quoy que ce ne soit pas vne faute de le repeter, comme ç'en seroit vne de ne le repeter pas

pas aux contraires & aux differens; car par exemple, si ie disois *il a oublié tout le bien & le mal que ie luy ay fait*, ie parlerois mal; il faut dire de necessité, *il a oublié tout le bien & tout le mal que ie luy ay fait*; Aux differens de mesme; *il a perdu toute l'affection & l'estime qu'il auoit pour moy*, n'est pas bien dit; il faut dire *il a perdu toute l'affection, & toute l'estime qu'il auoit pour moy.*

Crainte, *dans le preterit.*

CE mot employé auec le verbe auxiliaire dans les preterits, a si mauuaise grace, qu'il le faut euiter, y ayant peu d'endroits où l'on s'en puisse seruir. L'exemple le va faire voir. *C'est vne chose que i'ay tousjours crainte.* Qui ne sent point la rudesse de ce mot? sans doute elle prouient de l'equiuoque de ce participe qui sert aux preterits de son verbe, auec le substantif *crainte*, lequel estant vn mot que l'on oyt dire à toute heure en cette signification, fait trouuer l'autre estrange & sauuage, dans vn vsage different. Il y a pourtant quelques endroits, où il ne sonneroit pas mal, comme si l'on disoit *plus crainte qu'aimée*, ce qui arriue en cét exemple, tant parce que le *plus*, qui va deuant oste l'equiuoque du nom, qu'à cause de l'opposition *qu'aimée*, qui luy donne & lumiere, & grace tout ensemble.

De certains noms que nous auons en nostre langue, qui ont tout ensemble vne signification actiue, & vne passiue.

NOus auons desja remarqué de certains mots qui ont la terminaison actiue & la signification passiue, & d'autres qui ont la terminaison passiue, & la signification actiue: Mais en voicy d'autres, qui ont vn double vsage, & vne signification actiue & passiue tout ensemble. Par exemple *estime*, est vn mot qui se dit auec le pronom possessif & de *l'estime que l'on a de moy*, & de *l'estime que i'ay d'vn autre.* Voicy comment. *Mon estime n'est pas vne chose dont vous puissiez tirer grand auantage.* Icy, *estime*, est dans vne signification actiue eu esgard à moy; car il veut dire *l'estime que ie fais de vous*, & si ie dis *mon estime ne depend pas de vous*, il est dans vne signification passiue; car il veut dire *l'estime que l'on fait* ou *que l'on peut faire de moy.* Il en est de mesme de cet autre mot *ayde*, par exemple *mon ayde vous est inutile*; car icy il a vn vsage actif, & veut dire, *l'aide que ie vous puis donner*, & si ie dis *venez à mon ayde*, il a vn vsage passif, & veut dire *l'ayde que l'on me donnera*, & non pas *celle que ie donneray*. Ainsi de *secours*, *mon secours vous est inutile*, & *venez à mon secours*. Ainsi *d'opinion*; sans le possessif, comme *il est mort dans l'opinion de Copernicus*, a vn sens actif, c'est à dire qu'*il auoit l'opinion de Copernicus*, & *il est mort dans l'opinion de sainteté* a vn sens passif, qui veut dire, qu'*on a creu qu'il estoit mort saint*. Et ainsi de plusieurs autres. Cette obseruation est curieuse, & digne de celuy que i'ay nommé *vn des plus grands Genies de nostre langue*. Ie la tiens de luy auec plusieurs autres choses, qui rendront ces Remarques plus vtiles & plus agreables; & pleust à Dieu qu'il les eust pû toutes voir, comme il eust fait sans doute, si son loisir eust secondé sa bonté, & si tout ce que nous auons d'excellens hommes en France pour les belles lettres & pour l'exquise erudition, ne partageoient tout son temps auec son Heroine, auec ses amis, & l'elite de la Cour.

Prendre à tesmoin.

ON demande s'il faut dire *ie vous prens tous à tesmoin*, ou *ie vous prens tous à tesmoins* auec vne *s*, au pluriel. Cette question fut faite dans vne celebre compagnie, où tout d'vne voix on fut d'auis, qu'il falloit dire *ie vous prens tous à tesmoin*, au singulier. Quelques vns seulement adjousterent, qu'ils ne condamneroient pas tout à fait le pluriel *à tesmoins*, mais que l'autre estoit incomparablement meilleur, & plus François. Celuy qui proposa le doute trouuant tout le monde d'vne opinion, comme d'vne chose indubitable, fit bien voir neantmoins qu'il y auoit lieu de douter. Il auoit pour luy la reigle ordinaire, qui veut qu'apres *tous*, au pluriel, le substantif qui s'y rapporte, soit pluriel aussi. Et de fait, on ne diroit iamais *ie vous reçois tous pour tesmoin*, mais *pour tesmoins*. A cela on respondoit, qu'il n'estoit pas icy question de la reigle ny de l'exemple, mais de l'Vsage, qui vouloit que l'on dist *à tesmoin*, & non pas *à tesmoins*. Sa replique sembloit encore plus forte; car il disoit que si c'estoit l'Vsage, il donnoit les mains; Mais que c'estoit là le nœud de la question, de sçauoir si c'estoit l'Vsage ou non, parce que l'*s*, finale n'ayant gueres accoustumé de se prononcer en nostre langue, & particulierement en ce mot, où l'on n'apperçoit comme point de difference pour la prononciation entre le singulier & le pluriel; car *vn faux tesmoin* & *les faux tesmoins*, se prononcent tous deux egalement sans *s*, on ne pouuoit pas determiner si l'Vsage estoit pour *tesmoin*, ou pour *tesmoins*. Et par consequent l'Vsage n'estant point declaré, il s'en falloit tenir à la grammaire & à l'analogie, ausquelles on a accoustumé d'auoir recours, dans ces incertitudes; *in dubiis vocibus*, dit vn grand homme, *analogiam loquendi magistram ac ducem sequemur*, & ainsi il falloit dire *à tesmoins*, & non pas *à tesmoin*. A cette replique on repartit qu'*à tesmoin* se prenoit là aduerbialement, & indeclinablement, comme nous en auons plusieurs exemples en nostre langue, qui sont semez dans ces Remarques, & entre autres celuy-cy, *elle se fait fort de cela*, & *ils se font fort*, & non pas *elle se fait forte*, ny *ils se font forts*. Et pour ne sortir pas mesme de la phrase, dont il s'agit, on allegua pour vne preuue conuaincante de cette aduerbialité, s'il faut vser de ce mot, que nous disons *ie vous prens tous à partie*, au singulier, & non pas *ie vous prens tous à parties*, au pluriel, & que cela est si vray qu'il n'y a personne qui en doute. On y en ajoustoit encore vn autre, qui est *ie vous prens tous à garent*, & non pas *à garens*. Sans ces deux exemples, i'aurois esté d'auis d'vne chose dont ie ne m'auisay pas alors ny personne, mais qui m'est tombée depuis dans l'esprit, qui est que *tesmoin*, en cet endroit là signifie *tesmoignage*; Et il ne faut point d'autre preuue pour faire voir qu'il se prend quelquefois pour cela, que cette clause si ordinaire *en tesmoin dequoy i'ay signé la presente*, où l'on ne peut pas dire, que *tesmoin*, ne signifie *tesmoignage*, si l'on veut que ces mots ayent quelque sens. Mais ces autres deux *à partie*, & *à garent*, me ferment la bouche. Ce mot *tesmoin*, est encore indeclinable, & comme aduerbe en cette phrase, *tesmoin tous les anciens Philosophes, tesmoin tous les Peres de l'antiquité*; car asseurement il faut dire *tesmoin*, & non pas *tesmoins*, comme l'on dit *excepté*, ou *reserué cent personnes*, & non pas *exceptées*, ou *reseruées cent personnes*. Ce qui confirme extremement, qu'en cette phrase *les prendre tous à tesmoin, tesmoin*, est aduerbial & indeclinable.

Pardonnable.

ON abuse souuent de ces adjectifs verbaux. Nous auons fait vne Remarque d'vn de ceux là, qui est *faisable*, qu'vn Autheur celebre a employé pour vne chose qu'on a permission de faire, quoy qu'il n'ayt iamais cette signification, & qu'il veüille dire seulement *ce qui est possible*, & non pas *ce qui est permis*. I'ay veu vn autre Autheur abuser aussi d'vn autre adiectif verbal, qui est *pardonnable*; car il dit *ie ne serois pas pardonnable*, pour dire *ie ne serois pas digne de pardon*, ou *ie ne meriterois point de pardon. Pardonnable* ne ſe dit iamais des perſonnes, mais ſeulement des choſes, comme *cette faute n'eſt point pardonnable, cela ne ſeroit pas pardonnable*, & non pas *ie ne ſerois pas pardonnable*.

Excuſable, ſe dit & des perſonnes & des choſes, comme *vous n'eſtes pas excuſable*, & *c'eſt vne faute qui n'eſt pas excuſable. Conſolable* & *inconſolable*, ſe diſent & de la douleur & de la perſonne affligée.

Qu'il y a vne grande difference entre la pureté *&* la netteté du ſtile. *Et premierement*, de la pureté.

LA plus-part du monde confond ces deux choſes, qui neantmoins ſont fort differentes & n'ont rien de commun. La pureté du langage & du ſtile conſiſte *aux mots*, *aux phraſes*, *aux particules*, & *en la ſyntaxe*. Et la netteté ne regarde que *l'arrangement*, *la ſtructure*, *ou la ſituation des mots*, *& tout ce qui contribuë à la clarté de l'expreſſion*. Examinons maintenant par le menu l'vn & l'autre, & pour commencer par *la pureté*, voyons les quatre parties qui la compoſent; mais auparauant diſons, qu'il n'y a qu'à euiter le barbariſme & le ſolecisme pour eſcrire purement. Le barbariſme eſt *aux mots*, *aux* *phrases, & aux particules*; & le solecisme est *aux declinaisons, aux coniugaisons, & en la construction.*

Du barbarisme, premier vice contre la pureté.

POur les mots, on peut commettre vn barbarisme en plusieurs façons, ou en disant vn mot qui n'est point François, comme *pache*, pour *pacte*, ou *paction*, ou vn mot qui est François en vn sens & non pas en l'autre, comme *lent* pour *humide*, *sortir* pour *partir*, ou qui a esté en vsage autrefois, mais qui ne l'est plus, comme *ains*, *comme ainsi soit*, & vne infinité d'autres, ou enfin vn mot, qui est encore si nouueau, & si peu estably par l'Vsage, qu'il passe pour barbarisme, à moins que d'estre adoucy par vn, *s'il faut ainsi parler*, *si i'ose vser de ce mot*, ou quelque autre terme semblable, comme nous auons dit ailleurs; Ou bien en se seruant d'vn aduerbe pour vne preposition, comme de dire *dessus la table*, pour *sur la table*, *dessous le lit*, pour *sous le lit*, *dedans le lit*, pour *dans le lit*; ou en disant au pluriel vn nom, qui ne se dit bien qu'au singulier, comme *bonheurs*, ou au contraire, comme *delice*, pour *delices*.

Pour

Pour les phrases, en vsant d'vne phrase, qui n'est pas Françoise, comme *eleuer les mains vers le ciel*, au lieu de dire *leuer les mains au ciel*; *Ie m'en suis fait pour cent pistoles*, comme disent les Gascons, pour dire *i'ay perdu cent pistoles au ieu*. Non pas qu'il ne soit permis de faire quelquefois des phrases nouuelles auec les precautions que nous auons marquées en quelque endroit de ce liure, au lieu qu'il n'est iamais permis de faire de nouueaux mots, nonobstant cet oracle Latin,

Licuit, sempérque licebit
Signatum præsente nota producere verbum:

parce que cela est bon en la langue Latine, & plus encore en la Grecque, mais non pas en la nostre, où iamais cette hardiesse n'a reüssi à qui que ce soit, au moins en escriuant; car en parlant on sçait bien qu'il y a de certains mots que l'on peut former sur le champ, comme *brusqueté*, *inaction*, *impolitesse*, & d'ordinaire les verbaux qui terminent en *ent* comme *criement*, *pleurement*, *ronflement*, & encore n'est-ce qu'en raillerie. Outre que ce passage du Poëte ne permet que d'estendre des mots qui sont desja faits, & non pas d'en faire de tout nouueaux, qui est ce qui ne nous est point du tout permis, tesmoin le mauuais succes qu'ont eu tous les mots que Ronsard, M. du Vair & plusieurs autres grands personnages ont inuentez pensant enrichir nostre langue : Mais en matiere de phrases, c'est vn barbarisme pour l'ordinaire de quitter celles qui sont naturelles & vsitées par tous les bons Autheurs, pour en faire à sa fantaisie de toutes entieres, ou changer en partie celles qui sont de la langue, & de l'Vsage.

C'est aussi *vn barbarisme de phrase*, que d'vser de celles qui ont esté en vsage autrefois, mais qui ne le sont plus, comme vous en pouuez voir vn grand nombre dans Amyot. Et encore d'vser de celles qui ne font presque que de naistre, & que l'Vsage n'a pas encore bien authorisées.

Pour les particules, c'est vn barbarisme de laisser celles qu'il faut mettre. Il en faut donner des exemples en toutes les parties de l'Oraison, qui en sont capables, comme *aux articles*, *aux pronoms*, *aux aduerbes*, & *aux prepositions*. Aux articles, si l'on dit, *les peres & meres sont obligez*, &c. au lieu de dire *les peres & les meres sont obligez*; si l'on dit *pour les aimer & cherir*, au lieu de dire *pour les aimer & les cherir*; si l'on dit, *ils sont obligez de faire & dire tout ce qu'ils pourront*, au lieu de, *ils sont obligez de faire & de dire*; si l'on dit *auant que mourir*, au lieu de dire *auant que de mourir*; & ainsi de beaucoup d'autres.

Aux pronoms, si par exemple on dit, *aussitost cette lettre receuë, ne manquerez de faire telle chose*, au lieu de dire *vous ne manquerez*; si l'on dit *ses pere & mere*, au lieu de dire *son pere & sa mere*, *ses habits & ioyaux*, aux lieu de dire *ses habits & ses joyaux*; si l'on dit *nos amis & ennemis*, au lieu de dire *nos amis & nos ennemis*.

Aux aduerbes, si l'on dit par exemple, *il ne manquera de faire son deuoir*, au lieu de dire, *il ne manquera pas*, ou *il ne manquera point de faire son deuoir*; car c'est vne espece de barbarisme insupportable en nostre langue, que d'obmettre les *pas*, & les *point*, où ils sont necessaires; si l'on dit, *il est si riche & liberal*, au lieu de dire, *il est si riche, & si liberal*; si l'on dit, *il est plus iuste & facile de faire telle chose*, au lieu de dire *il est plus iuste & plus facile de faire*, & ainsi de plusieurs autres.

Aux prepositions, comme si l'on dit *par auarice & orgueil*, au lieu de dire *par auarice & par orgueil*; si l'on dit, *se vanger sur l'vn & l'autre*, au lieu de dire *sur l'vn & sur l'autre*, & plusieurs autres semblables.

Mais c'est vne autre sorte de barbarisme, de *mettre des particules où il n'en faut point*. Il est vray, qu'il n'arriue que tres-rarement en comparaison de l'autre, qui les obmet quand il les faut mettre, ce vice estant tres-commun parmy la foule des mauuais Escriuains. Voicy quelques exemples des particules, comme si l'on dit *du depuis*, pour dire *depuis*; *en apres*, ou *par apres*, pour *apres*; si l'on dit, *il supplioit auec des larmes*, au lieu de dire *auec larmes*, & quelques autres semblables. Voila quant au barbarisme.

Du solecisme, second vice contre la pureté.

ET pour le solecisme qui a lieu *dans les declinaisons*, *dans les coniugaisons*, *& dans la construction*, voicy des exemples de tous les trois. *Aux declinaisons*, par exemple si l'on dit *les esuentaux*, au lieu de dire, *les esuentails*, ou *les esmails*, au lieu de dire, *les esmaux*, mais il est tres-rare en ce genre, & il n'y en a comme point.

Aux coniugaisons, il a bien plus d'estenduë; car combien y en a-il, qui y pechent en parlant, mettant des *i*, pour des *a*, & des *a* pour des *i*, comme on fait en plusieurs endroits du preterit simple, quand on dit par exemple *i'alla*, pour *i'allay*, *il allit*, pour *il alla*, & en vne autre temps *nous allissions*, pour *nous allassions*? I'ay dit en parlant, parce qu'en escriuant, ie n'ay point encore veu de si monstrueux Escriuain, qui face des fautes si enormes. Combien y en a-t-il qui disent *i'ay sen-*

tu, pour *i'ay senty*, *cueillit* & *recueillit*, pour *cueille*, & *recueille*, *conduit*, *reduit*, au preterit definy, pour *conduisit*, & *reduisit*, *faisons*, à l'optatif, & au subjonctif pour *facions*, *vous mesdites*, pour *vous mesdisez*, *il faillira faire*, pour *il faudra faire*. Toute la Normandie dit ce dernier. *Resoudons*, pour *resoluons*; car le *d*, du verbe *resoudre*, ne se garde point dans la coniugaison, que là où il y a vne *r* apres, comme *resoudray*, *resoudrois*, &c. & vne grande quantité d'autres de cette nature qu'on trouuera semez par cy, par là dans mes Remarques.

Tout cela sont des fautes contre la pureté du langage; Quelques vns disputent s'il les faut appeller solecismes, ou barbarismes; mais n'estant question que du nom, il importe peu; car que ce soit l'vn, ou que ce soit l'autre, il le faut egalement euiter pour parler & escrire purement, quoy que selon mon auis on doiue plustost appeller solecisme que barbarisme des fautes dans les declinaisons, & dans les coniugaisons, puis qu'elles font vne partie principale de la grammaire, contre laquelle il me semble qu'on ne peut pecher, que ce ne soit proprement vn solecisme.

Quant au solecisme qui se fait *dans la construction*, il comprend toutes les fautes qui se commettent contre les reigles de la syntaxe ; *aux articles*, *aux noms*, *aux pronoms*, *aux verbes*, *aux participes*, *&* *aux prepositions*; mais il faut noter, que ce n'est qu'en tant qu'vn mot a du rapport à vn autre, parce qu'estant consideré seul en soy-mesme, c'est vn solecisme d'vn mot, ou mal decliné, ou mal coniugué, & non pas vn solecisme de construction, ou de syntaxe.

Aux articles, en les mettant quand il ne les faut pas mettre, comme quand on dit de là Loire, *ie n'ay point de l'argent*, au lieu de dire *ie n'ay point d'argent*, ou en ne les mettant pas quand il les faut mettre, comme quand on dit *i'ay d'argent*, au lieu de dire, *i'ay de l'argent*.

Aux noms, comme de faire masculin vn nom qui est feminin, par exemple si l'on dit *vn grand erreur*, au lieu de dire *vne grande erreur*, ou de faire feminin vn nom qui est masculin, comme de dire *la nauire*, que l'on disoit autrefois, au lieu de dire *le nauire*.

Aux pronoms, de mesme, comme quand toutes les femmes & de la Cour & de la ville disent à Paris en parlant de femmes, *ils y ont esté*, *ils y sont*, au lieu de dire *elles y ont esté*, *elles y sont*, & *i'iray auec eux*, au lieu de dire *auec elles*. Ou bien quand on met vn pronom singulier auec vn pluriel, comme quand on dit *il faut que ces gens là prennent garde à soy*, au lieu de dire *prennent garde à eux*. Ou bien quand on se sert du pronom relatif *qui*, en certains cas au lieu du pronom *lequel*, comme quand on dit *c'est vn ouurage à qui l'on donne de grandes loüanges*, *c'est vne table sur qui ie me couche*, au lieu de dire, *c'est vn ouurage auquel on donne de grandes loüanges*, *c'est vne table sur laquelle ie me couche*, & mieux encore, *où ie me couche*.

Aux verbes, par exemple, quand le participe passif du preterit ne respond pas au genre & au nombre du substantif, qui le precede, comme si l'on dit *la lettre que i'ay receu*, au lieu de dire *la lettre que i'ay receuë*, & *les maux que vous m'auez fait*, au lieu de dire *les maux que vous m'auez faits*. Ou quand on manque dans ces preterits composez en quelqu'vne des façons que i'ay remarquées en son lieu, i'entens de celles, qui ne sont point contestées, & qui passent pour fautes sans contredit. Ou quand on met le verbe au singulier apres vn nom collectif qui est suiuy d'vn genitif pluriel, comme si l'on dit *vne infinité de gens se perd*, au lieu de dire *se perdent*, ou bien au contraire quand le genitif est singulier, comme *vne infinité de monde se perdent*, au lieu de dire *se perd*, & en beaucoup d'autres façons encore, qui seroient trop longues à mettre icy, & dont plusieurs ont esté touchées dans ces Remarques.

Aux participes, comme quand on les employe au lieu des gerondifs, par exemple si ie dis *les hommes ayans reconnu*, au lieu de dire *ayant reconnu*, au gerondif, qui est indeclinable en François. Ou quand on ioint les participes pluriels terminez en *ans*, qui sont masculins auec des feminins, comme *les femmes ayans leurs maris*; En cet exemple *ayans*, au pluriel ne peut conuenir auec *femmes*, qui est feminin, & l'on ne peut dire *ayantes*, qui n'est pas François. Il faut dire *ayant*, au gerondif. Il en est le mesme d'*estant*; car il ne faut pas dire *les hommes estans marris*, mais *estant marris*, ny *les femmes estans marries*, mais *estant marries*. Et aux verbes actifs, il ne faut pas se seruir pour les feminins, du participe masculin, comme par exemple il ne faut pas dire, *c'est vne femme si ponctuelle & si examinant toutes choses*; car asseurement le participe present actif, comme *examinant*, n'est point du genre commun, mais seulement masculin, & ne conuient point à la femme. Voyez la Remarque, que i'en ay faite, où l'on trouuera comme il faut dire. Ou enfin, quand on ne donne pas au participe le regime de son verbe, comme si en ces verbes *prier*, *fauoriser*, qui ne regissent plus maintenant que l'accusatif, on faisoit regir le datif à leurs participes, & que l'on dist par exemple *priant à Dieu*, & *fauorisant à son amy*.

amy. Et en fin *aux prepositions*, quand on leur donne des articles, qui ne leur conuiennent pas, comme quand on dit *au trauers le corps*, au lieu de dire, *au trauers du corps*, ou *à trauers le corps*; Et c'estoit encore vn solecisme du temps de M. Coeffeteau de dire *à trauers du corps*, mais aujourd'huy l'Vsage commence à l'authoriser, quoy que les meilleurs Autheurs ne s'en seruent point encore, & que ie ne voudrois pas estre des premiers à m'en seruir. C'est encore vn solecisme dans les prepositions de dire par exemple *aupres le Palais*, au lieu de dire *aupres du Palais*. Mais le plus grand & le plus grossier de tous, c'est de mettre l'article de l'ablatif pluriel apres la preposition *en*, comme par exemple de dire, *en les affaires du monde*, au lieu de dire *aux affaires du monde*, ce qui est pourtant familier à vn Escriuain moderne, qui d'ailleurs est digne de recommendation.

De la netteté du stile.

APres auoir parlé *de la pureté*, il reste à parler *de la netteté du stile*, laquelle consiste comme i'ay dit, en l'arrangement des mots & en tout ce qui rend l'expression claire & nette; car ie n'entens pas traitter icy de la netteté du raisonnement qui est la partie essentielle du discours, sans laquelle auec toute la pureté & la netteté de langage, on est insupportable, la raison n'estant pas moins essentielle au stile, qu'à l'homme. Vn langage pur, est ce que Quintilien appelle *emendata oratio,* & vn langage net, ce qu'il appelle, *dilucida oratio.* Ce sont deux choses si differentes, qu'il y a vne infinité de gens, qui escriuent nettement, c'est à dire clairement & intelligiblement en toutes sortes de matieres, s'expliquant si bien qu'à la simple lecture on conçoit leur intention, & neantmoins il n'y a rien de si impur que leur langage. Comme au contraire, il y en a qui escriuent purement, c'est à dire sans barbarisme & sans solecisme, & qui neantmoins arrangent si mal leurs paroles & leurs periodes, & embarrassent tellement leur stile, qu'on a peine à les entendre. Mais le nombre de ces derniers est fort petit en comparaison de celuy des autres, qui est presque infiny. Il est vray que ceux qui n'escriuent pas purement, mais qui escriuent nettement, ont cet auantage sur les autres, qu'ils peuuent apprendre la pureté du langage par la lecture des bons Autheurs, & par la frequentation des personnes sçauantes en cette matiere, au lieu que ceux qui n'escriuent pas nettement en ce qui est de l'arrangement des mots, sont presque incorrigibles, soit que ce defaut de les mal arranger procede du vice de l'oreille, ou de celuy de l'imagination, ou de tous les deux ensemble, qui sont deux choses que l'art donne rarement, quand la nature les refuse. Vn des plus celebres Autheurs de nostre temps que l'on consultoit comme l'Oracle de la pureté du langage, & qui sans doute y a extremement contribué, n'a pourtant iamais connu la netteté du stile, soit en la situation des paroles, soit en la forme & en la mesure des periodes, pechant d'ordinaire en toutes ces parties, & ne pouuant seulement comprendre ce que c'estoit que d'auoir le stile formé, qui en effet n'est autre chose que de bien arranger ses paroles, & de bien former & lier ses periodes. Sans doute cela luy venoit de ce qu'il n'estoit né qu'à exceller dans la Poësie, & de ce tour incomparable de vers, qui pour auoir fait tort à sa prose, ne laisseront pas de le rendre immortel ; Ie dois ce sentiment à sa memoire, qui m'est en singuliere veneration, mais ie dois aussi ce seruice au public d'auertir ceux qui ont raison de l'imiter en d'autres choses, de ne l'imiter pas en celle-cy.

Donnons des exemples de ces transpositions, *si vous reservez l'honneur de vos bonnes graces à celuy qui les desire auec plus d'affection, ie ne pense point qu'il y en ayt, qui plus que luy se doiue iustement promettre la gloire d'y paruenir.* Voyez ie vous prie l'embarras de ces dernieres paroles, qui ſont apres le ſecond *qui*, *qui plus que luy ſe doiue iuſtement promettre la gloire d'y paruenir*, au lieu de dire, *qui doiue plus iuſtement que luy ſe promettre la gloire, &c.* ou bien *qui plus iuſtement que luy ſe doiue promettre la gloire.* En voicy vn autre, *ils firent les vns & les autres ſi bien*, au lieu de dire *ils firent ſi bien les vns, & les autres*, ou *les vns & les autres firent ſi bien.* Et encore celuy-cy. C'*eſtoit du bled que les Siciliens en l'honneur de* C. *Flaminius & de ſon pere auoient fait apporter de Rome*, au lieu de dire *du bled que les Siciliens auoient fait apporter de Rome en l'honneur de* C. *Flaminius & de ſon pere.* Et celuy-cy encore, *entre les perſonnes que voſtre bienueüillance a par le paſſé iamais obligées*, au lieu de dire *que voſtre bienueüillance a iamais obligées par le paſſé*, ou bien *entre les perſonnes que voſtre bienueüillance a iamais obligées*, ſans ajouſter *par le paſſé*; & encore *où eſt allée cette crainte de Dieu, qui ſi exactement vous a touſiours fait conformer à ſes volontez?* au lieu de dire *qui vous a touſiours fait conformer ſi exactement à ſes volontez*; car cet *exactement*, ne ſe rapporte point *à la crainte de Dieu, qui vous a touſiours fait*, mais à *conformer*, qui ſe rapporte à la perſonne à qui l'Autheur parle, & cependant de la façon, qu'il eſt ſitué, il ne ſe peut joindre auec *conformer*.

C'eſt donc le premier vice oppoſé à la netteté du ſtile, que la mauuaiſe ſituation des mots; Il y en a de deux sortes, l'vne simple, comme est celle de tous les exemples que nous venons de donner, que i'appelle ainsi non pas qu'elle soit la moins vicieuse, car au contraire, c'est celle qui l'est dauantage & qui se fait le plus remarquer, mais parce que les mots y sont simplement transposez & considerez en eux-mesmes sans auoir aucun rapport aux autres mots, & sans blesser en rien la construction grammaticale, comme en l'exemple allegué, *il n'y en a point qui plus que luy se doiue iustement promettre la gloire, &c.* ces mots *plus que luy*, qui sont si mal situez, ne choquent point pourtant la syntaxe ny les reigles de la Grammaire, parce qu'ils n'ont aucun rapport vicieux ny auec ceux qui precedent, ny auec ceux qui suiuent, mais seulement ont tout leur defaut en eux mesmes. Au lieu que l'autre espece de mauuaise situation, n'est vicieuse que selon le rapport qu'elle a aux autres mots, comme par exemple si ie dis *il ne se peut taire, ny parler*, ie ne parle pas nettement, il faut dire *il ne peut se taire ny parler*, parce qu'encore qu'*il ne se peut taire*, soit bien dit, à s'arrester là, & mieux dit que ne seroit, *il ne peut se taire*, qui pourtant ne seroit pas mauuais, mais moins bon que l'autre, à cause qu'il est beaucoup moins dans l'Vsage, si est-ce qu'estant suiuy d'vn autre verbe, & ne s'arrestant pas là, il faut arranger les paroles en sorte, que le verbe qui regit les deux infinitifs, ayt sa construction nette auec l'vn & auec l'autre. Ce qui ne se fait pas en cét exemple; car *peut*, est le verbe qui regit les deux infinitifs *taire* & *parler*, & il n'est pas possible qu'il les regisse comme il faut, qu'en mettant *se*, apres *peut*, & disant *il ne peut se taire ny parler*; parce que *se peut* ne s'accorde point icy auec *parler*. Que si le second infinitif veut la mesme construction que le premier comme *il ne se peut taire ny fascher*, alors il faut dire *il ne se peut taire*, & non pas *il ne peut se taire*, tant à cause que cette façon de parler, *il ne se peut taire*, est meilleure comme plus vsitée, que l'autre, & que rien n'empesche qu'on n'en vse, puis qu'elle conuient aux deux infinitifs, que parce que ce seroit mal parler de dire *il ne peut se taire ny fascher*, & qu'il faut dire *il ne peut se taire ny se fascher*. Ie pourrois bien alleguer d'autres exemples, mais ie veux abreger ce discours, en ajoustant seulement qu'il y a cette difference entre ces deux especes de mauuaise situation, que la premiere choque l'oreille & non pas la construction grammaticale, & que la derniere au contraire, choque la construction grammaticale, & non pas l'oreille, si elle n'est sçauante & delicate en ces matieres.

Le second vice contre *la netteté du stile*, c'est la mauuaise structure, & il y en a de plusieurs sortes. Mais auant que de les dire, on remarquera qu'il y a cette difference entre la mauuaise situation, & la mauuaise structure, qu'en la premiere il n'y a rien à ajouster ny à diminuer, mais seulement à changer, & mettre en vn lieu ce qui est en vn autre, hors de sa situation naturelle; Au lieu qu'en la mauuaise structure il y a tousjours quelque chose à ajouster, ou à diminuer, ou à changer non pas simplement pour le lieu, mais pour les mots. Voyons-en maintenant des exemples de toutes les façons. Et premierement pour *ajouster*, en voicy vn beau que ie trouuay hier à l'ouuerture d'vn liure *selon le sentiment du plus capable d'en iuger de tous les Grecs*. Ie dis que ce n'est pas escrire nettement, parce que ces mots *de tous les Grecs*, sont trop esloignez de *capable*, duquel ils sont regis & veulent estre mis immediatement apres. Que si vous les mettez immediatement apres *capable*, & que vous disiez *selon le sentiment du plus capable de tous les Grecs d'en iuger*, vous n'escrirez pas encore nettement, parce que ces mots *d'en iuger*, veulent estre mis immediatement apres *capable*, dont il est regi, & comme ils ne peuuent pas tous deux remplir cette mesme place, il s'ensuit que cette expression ne peut estre nette, qu'en ajouſtant quelques paroles, & diſant ainſi *ſelon le ſentiment de celuy de tous les Grecs, qui eſtoit le plus capable d'en iuger.* Pour *diminuer*, en voicy vn du meſme Autheur, *en cela pluſieurs abuſent tous les iours merueilleuſement de leur loiſir.* Cela n'eſt pas eſcrit nettement, il y a trop de mots pour vn ſeul verbe; car les verbes dans les periodes ou dans leurs membres ſont comme la chaux, & les autres parties de l'Oraiſon, comme le ſable, de ſorte que lors qu'on enuironne vn verbe ſeul de pluſieurs mots, on peut dire que c'eſt du ſable ſans chaux, *arena ſine calce*, comme l'Empereur Caligula appelloit le ſtile de Seneque. Donc pour former cette periode *en cela pluſieurs abuſent tous les iours merueilleuſement de leur loiſir*, & la rendre nette, il en faut oſter quelque choſe, & dire *en cela pluſieurs abuſent tous les iours de leur loiſir*, ou *en cela pluſieurs abuſent merueilleuſement de leur loiſir.*

Pour *changer*, non pas de lieu, mais de mot, en voicy vn exemple; car pour abreger il ſuffit d'en donner vn, *il trauaille extremement proprement.* I'entens tous les iours à la Cour de ces façons de parler, où l'on joint deux aduerbes de meſme terminaiſon, & ie m'eſtonne que ceux qui le diſent ne s'apperçoiuent point d'vne ſi grande rudeſſe. Mais outre cela, c'eſt encore vn vice contre la netteté, qui

qui demande que l'on change vn de ces aduerbes, & que l'on die *il trauaille fort proprement.* On peut aussi se seruir de *tres-* superlatif, & au lieu de dire *il escrit extremement elegamment*, on dira *il est escrit fort elegamment* ou *tres-elegamment*; mais deux aduerbes de suite de cette mesme terminaison sont contraires à la netteté.

Mais c'est encore vn autre vice bien plus grand contre la netteté de donner vn mesme regime à deux verbes qui demandent deux regimes differens, comme de dire, *il a embrassé & donné le baiser de paix à son fils*; car *embrassé*, veut vn accusatif, & donner vn datif. Il faut donc mettre deux verbes qui ayent mesme regime, comme *il a embrassé & baisé son fils.* Ce mesme vice se peut encore rencontrer dans les diuers genres des noms.

Des equiuoques.

LE plus grand de tous les vices contre la netteté, ce sont les equiuoques, dont la plus-part se forment *par les pronoms relatifs, demonstratifs, & possessifs*; les exemples en sont si fréquens dans nos communs Escriuains, qu'il est superflu d'en donner; neantmoins comme ils font mieux entendre les choses, i'en donneray vn de chacun; *du relatif*, comme *c'est le fils de cette femme, qui a fait tant de mal.* On ne sçait si ce *qui*, se rapporte à *fils*, ou à *femme*, de sorte que si l'on veut qu'il se rapporte au *fils*, il faut mettre *lequel*, au lieu de *qui*, afin que le genre masculin oste l'équiuoque. En l'autre relatif de mesme. En voicy vn bel exemple d'vn celebre Autheur, *qui trouuerez-vous qui de soy-mesme ayt borné sa domination, & n'ait perdu la vie sans quelque dessein de l'estendre plus auant?* Au sens on voit bien que *l'estendre*, se rapporte à *domination*, & non pas à *vie*, mais parce qu'*estendre*, est propre aux deux substantifs qui le precedent, & que *vie*, est le plus proche, il fait equiuoque & obscurité. Il y en a encore vn autre bel exemple dans le mesme Escriuain, *ie vois bien que de trouuer de la recommendation aux paroles, c'est chose que malaisement ie puis esperer de ma fortune; Voyla pourquoy ie la cherche aux effets.* Cela est equiuoque; car selon le sens il se rapporte à *recommendation*, & selon la construction des paroles il se rapporte à *fortune*, qui est le substantif le plus proche, & qui conuient à *fortune*, aussi bien qu'à *recommendation*.

Aux pronoms possessifs, comme *il a tousjours aimé cette personne au milieu de son aduersité.* Ce *son*, est equiuoque; car on ne sçait s'il se rapporte à *cette personne*, ou à *il*, *qui est celuy qui a aimé*. Quel remede? il faut donner vn autre tour à la phrase, ou la changer.

Aux demonstratifs, comme dans cet exemple tiré d'vn celebre Autheur escriuant pour vne femme, *ce sont deux choses que mal aisement les paroles seront capables de vous representer, toutesfois puis qu'à faute de mieux, ie suis contrainte de les employer, vous me ferez s'il vous plaist cet honneur de les en croire, & vous asseurer Monsieur, qu'entre celles que vostre bienueüillance a par le passé iamais obligées, & qu'elle obligera iamais à l'auenir, il n'y en a pas vne à qui ie ne me face auec raison ceder la gloire d'estre vostre bienhumble seruante.* Qui ne voit que ces mots *qu'entre celles*, font vne equiuoque notable, & qu'il n'y a personne qui ne les entendist *des paroles*, dont il a tousjours parlé auparauant, & neantmoins elles ne s'entendent de rien moins que de cela, mais *des personnes.* C'est pourquoy il faut dire *qu'entre les personnes.*

Les equiuoques, se font aussi quand vn mot qui est entre deux autres se peut rapporter à tous les deux, comme en cette periode d'vn celebre Autheur, *mais comme ie passeray par dessus ce qui ne sert de rien, aussi veux-ie bien particulierement traitter ce qui me semblera necessaire.* Le *bien*, se rapporte à *particulierement*, & non pas à *veux-ie*, c'est pourquoy pour escrire nettement, il falloit mettre, *aussi veux-ie traitter bien particulierement, &c.* & non pas *aussi veux-ie bien particulierement traitter.*

Les equiuoques, se font encore quand on met quelques mots entre ceux qui ont du rapport ensemble, & que neantmoins les derniers se peuuent rapporter à ceux qui sont entre deux. L'exemple le va faire entendre, comme si l'on dit *l'Orateur arriue à sa fin, qui est de persuader, d'vne façon toute particuliere, &c.* L'intention de celuy qui parle ainsi, est que ces mots *d'vne façon toute particuliere*, se rapportent à ceux-cy *arriue à sa fin*, & neantmoins comme ils sont placez, il semble qu'ils se rapportent à *persuader*. Il faudroit donc dire *l'Orateur arriue d'vne façon toute particuliere à sa fin, qui est de persuader*, & l'on a beau mettre vne virgule apres *persuader*, elle ne sert de rien pour l'oreille, & quoy que pour la veuë, elle serue de quelque chose, & face voir que *d'vne façon toute particuliere*, ne se rapporte pas à *persuader*, car il n'y faudroit point de virgule, si est-ce qu'elle n'est pas suffisante de leuer entierement l'equiuoque. Vn de nos fameux Autheurs commence ainsi cette belle lettre, qui est le chef-d'œuure de sa prose. *Ne pouuant aller à Sainct Germain si tost que ie desirois pour vne affaire qui m'est suruenuë.* On ne sçait s'il veut dire, qu'il luy estoit suruenu vne affaire, pour laquelle il desiroit aller à Sainct Germain, ou bien qu'il ne pouuoit aller à Sainct Germain à cause d'vne affaire qui luy estoit suruenuë; si au lieu de *pour vne affaire*, il eust mis *à cause d'vne affaire*, il eust leué l'equiuoque. Neantmoins ce grand homme auoit accoustumé de dire parlant de la clarté auec laquelle il se faut expliquer, que si l'on relisoit deux fois l'vne de ses periodes, ou l'vn de ses vers, il vouloit que ce fust pour les admirer, & pour le plaisir qu'il y a de repeter les belles choses, & non pas pour chercher ce qu'il vouloit dire. Certes il faut donner cette loüange à M. Coeffeteau, & ie doute qu'on la puisse donner aux meilleurs Autheurs de l'Antiquité, qu'en tant de volumes qu'il a faits, il ne s'y trouuera pas vne seule periode, qu'il faille relire deux fois pour l'entendre.

Ce ne seroit iamais fait de vouloir marquer toutes les sortes d'equiuoques, qui se peuuent faire en escriuant, & qui sont autant de fautes contre la netteté. Quintilien dit que le nombre en est infini. Ie sçay bien qu'il y en a quelques vnes que l'on ne peut euiter, & que les plus excellens Autheurs Grecs & Latins nous en fournissent des exemples; On a accoustumé de dire pour les excuser, que le sens supplée au defaut des paroles, & i'en demeure d'accord, pourueu que ce ne soit que tres-rarement, & en sorte que le sens y soit tout euident. Mais à dire le vray, ie voudrois tousjours l'euiter autant qu'il me seroit possible; car apres tout, c'est à faire aux paroles de faire entendre le sens, & non pas au sens de faire entendre les paroles, & c'est renuerser la nature des choses, que d'en vser autrement. C'est faire comme à la feste des Saturnales, où les seruiteurs estoient seruis par leurs maistres, le sens estant comme le maistre, & les mots, comme les seruiteurs. Certainement ce grand homme que ie viens de nommer condamne absolument toutes sortes d'equiuoques, puis qu'il ne pardonne pas à celle que vous allez voir icy. Il faut que ie mette ses propres termes en Latin, parce que les exemples qu'il donne ne peuuent s'accommoder à nostre langue, qui ne souffre pas les transpositions de la nature de celles-cy. *Vitanda imprimis ambiguitas, non hæc solùm quæ incertum intellectum facit, vt Chremetem audiui percußiße Demeam, sed illa quoque, quæ etiamsi turbare non potest sensum, in idem tamen verborum vitium incidit, vt si quis dicat visum à se hominem librum scribentem; Nam etiamsi librum ab homine scribi pateat, malè tamen composuerat, feceratque ambiguum, quantùm in ipso fuit.* Apres cela, il n'y a plus d'equiuoque qui se puisse defendre, & il ne reste plus rien à dire qu'vne chose, qui seroit bien hardie, & que ie ne voudrois pas dire le premier, que Quintilien s'est trompé. Il encherit bien encore dans ce mesme chapitre *de perspicuitate*, il veut que l'expression soit si claire, qu'elle frappe l'esprit du Iuge, ie diray, de l'Auditeur, ou du Lecteur, comme le Soleil frappe les yeux des personnes, qui le voyent & le sentent malgré qu'ils en ayent. En fin il reduit la clarté à ce dernier degré de perfection, qu'il faut tascher autant qu'il se peut, quand on parle ou quand on escrit, non seulement de se faire entendre, mais de faire en sorte qu'on ne puisse pas n'estre pas entendu, *non vt intelligere poßit, sed ne omnino poßit non intelligere curandum.*

Il y a encore vn autre vice contre la *netteté*, qui sont certaines constructions, que nous appellons *lousches*, parce qu'on croit qu'elles regardent d'vn costé, & elles regardent de l'autre; I'en ay fait vne Remarque, à laquelle ie renuoye pour abreger. Il la faut chercher à la table au mot de *construction*.

Et encore vn autre, quand le second membre d'vne periode, qui est joint au premier par la conjonctiue *&*, en est fort esloigné, à cause d'vne autre periode longue, qui est entre deux, comme vne parenthese, par exemple, *il y a dequoy confondre ceux qui le blasment, quand on leur aura fait voir que sa façon de chanter est excellente, quoy qu'elle n'ayt rien de com-*

mun auec celle de l'ancienne Grece , qu'ils loüent plustost par le mespris des choses presentes, que par aucune connoissance qu'ils ayent de l'vne ny de l'autre , & qu'il merite vne grande loüange. Ie dis que ce dernier membre *& qu'il merite vne grande loüange*, est trop esloigné du premier par cette longue parenthese, qui commence *quoy qu'elle n'ayt, &c.* & que quand elle n'auroit que le tiers de la longueur, qu'elle a, comme *que sa façon de parler est excellente, quoy qu'elle n'ayt rien de commun auec la nostre, & qu'il merite, &c.* la periode ne laisseroit pas d'estre vicieuse, & de pecher contre la netteté.

La longueur des periodes, est encore fort ennemie de la netteté du stile. I'entens celles qui suffoquent par leur grandeur excessiue ceux qui les prononcent, comme parle Denis d'Halicarnasse, περίοδοι μακραὶ καὶ ἀποπνίγουσαι τοὺς λέγοντας, sur tout si elles sont embarrassées & qu'elles n'ayent pas des reposoirs, comme en ont celles de ces deux grands Maistres de nostre langue, Amyot & Coeffeteau; Il seroit importun & superflu d'en donner des exemples, qui ne sont que trop frequens dans nos mauuais Escriuains. *Les longues & frequentes parentheses*, y sont contraires aussi.

Il y a bien d'autres vices sans doute contre *la netteté*, mais il suffit d'en auoir marqué les les principaux & de dire pour la gloire de la

France

France qu'elle n'a point encore porté tant d'hommes, qui ayent escrit purement & nettement, qu'elle en fournit aujourd'huy en toutes sortes de stiles.

A la pureté, & à la netteté du stile, il y a encore d'autres parties à adjouster, *la proprieté des mots & des phrases, l'elegance, la douceur, la majesté, la force*, & ce qui resulte de tout cela, *l'air, & la grace*, qu'on appelle *le ie ne sçay quoy*, où *le nombre, la briefueté, & la naïfueté de l'expression*, ont encore beaucoup de part. Mais ce n'est pas à moy à traiter de tant de belles choses, qui passent ma portée, & qui ne demandent pas moins qu'vn Quintilien François; C'est bien assez, si i'apprens que ce petit trauail n'ayt pas esté inutile, ny desagreable au public.

FIN.

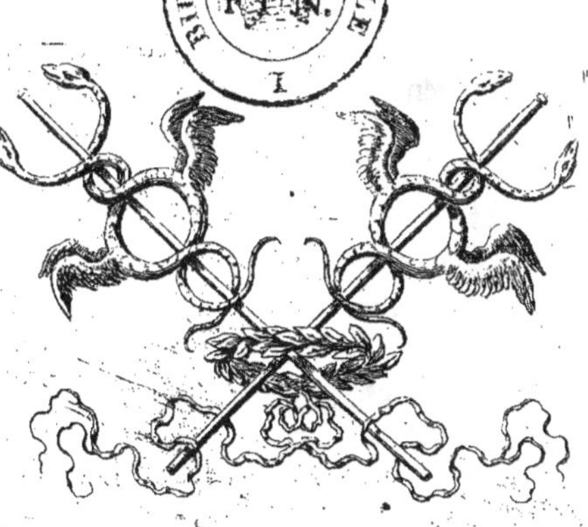

AVERTISSEMENT.

LE peu de loisir qu'a eu l'Autheur, ne luy ayant pas permis de voir exactement toutes les feüilles de ce liure pendant l'impression, il a fallu s'en fier à l'Imprimeur, qui y a laissé glisser quelques fautes dont la plus grande est au chiffre en la feüille cottée *Mmm*, où il a mis 457. au lieu de mettre 497. & a continué l'erreur quarante pages de suite, jusques à ce qu'il a repris le mesme nombre de 497. Et parce qu'il n'y a pas eu de remede à vne faute si longue, on a esté contraint de marquer dans cette table par le mot de *bis*, les remarques qui se sont rencontrées dans l'erreur de ce chiffre; On les trouuera pourtant aysement si l'on prend garde à la cotte des feüilles; car elles sont toutes depuis *Mmm*, iusques à *Rrr*. Il a aussi manqué au Grec en plusieurs endroits nonobstant les soins de l'Autheur, qui en a marqué les fautes dans l'errata mis au commencement du liure. Au reste les remarques qui se trouuent dans le texte du liure hors des titres, sont marquées en la table par vne estoile *.

TABLE.

A

ABsynthe. 227
* Accent aigu & circonflexe pourquoy se marquent 443
Accoustumance. 383
Accroire. 256
Accueillir. 332
* Accueil. là mesme.
* A cela pres, à cent escus pres. 229
A ce que. 308
A ce faire. 309
Acheter. 318
Adjectif, quand il veut vn article à part outre celuy du substantif. 75
Vn Adiectif, auec deux substantifs de different genre. 82
De l'Adjectif, deuant ou apres le substantif. 182
Si l'Adjectif de l'vn des deux genres se peut appliquer à l'autre dans la comparaison. 461
Aduerbe. 461, bis
* S'il faut dire, Aduocat au Parlement, ou en Parlement. 457
A faute. 471
Affaire. 246
* Affectionner. 119
Affectionné, paßionné, & beaucoup d'autres mots semblables ont la terminaison paßiue & la signification actiue 519
Afin, auec deux constructions differentes dans vne mesme periode. 394
Agrément. 413
Aigle. 299
Aimer mieux. 529
* Ainsi blessé qu'il estoit. 139
L'article ou la prepositiō à, auec l'vn & l'autre. 535

A l'encontre. 250
Auoir à la rencontre. 392
Aller au deuant. 371
Allé, au preterit, comment il en faut vser. 501
* *A l'heure* pour *alors.* 228
Alors. 225 & * 227
Allusion de mots 163
S'il faut dire *Alte*, ou *halte.* 552
Ambitionner. 346 & * 119
A mesme. 462
Quand on peut dire, *m'amie m'amour.* 352
Amour. 389
A moins de faire cela. 360
Anagramme. 26
Aoust. 322
A peu pres. 228
* *A plus pres.* 230
Appareiller. 323
Apres. 332
S'il faut dire, *apres souper*, ou, *apres soupé.* 152
A present. 224
* *Il auoit apris*, pour *il auoit accoustumé.* 241
Approcher. 155
A qui mieux mieux. 224
Arbre. 422
* S'il faut escrire, *Archange* ou *Arcage.* 208
Arc-en-ciel. 471
Arcenal, ou arcenac. 474
Armez à la legere, legerement armez. 164
Arondelle, voyez *herondelle.* 512
Arriué qu'il fut, arriué qu'il estoit. 139
Arroser. 219
Article, quand il le faut mettre deuant les noms propres. 253
* *On se dispense quelquefois des articles, mais rarement.* 171
Que le changement des articles a bonne grace. 473 bis.
Qu'il est necessaire de repeter les articles deuant les substantifs. 474. bis.
Quel est l'vsage des articles auec les substantifs accompagnez d'adjectifs, auec particules, ou sans particules. 477 bis.
Reigle nouuelle & infaillible, pour sçauoir quãd il faut repeter les articles ou les prepositions, tant deuant les noms que deuant les verbes. 214
Autre vsage de cette reigle du regime des deux.

substantifs & du verbe. 219
Asseoir. 165
* S'il faut dire, *asseiez vous, aßisez vous, ou aßiez vous.* 166
* S'il faut dire, *s'asseiant, ou s'asseant.* 166
Asseoir, pour, *establir.* 536
S'*attaquer à quelqu'vn.* 472, *bis.*
* *Attendu que.* 472. bis.
D'auenture. 383
Auant que. 319
Au demeurant. 329
Auec, auecque. 311
* *Auecque & non auecques.* 391
* *Il faut tousjours prononcer le c,* d'auec *deuant quelque lettre qu'il se rencontre.* 315
Auiser. 404
* Si l'on peut dire, *auous dit, auousfait,* pour *auez vous dit, auez vous fait.* 89
* S'il faut prononcer *auoine ou aueine.* 100
Auoisiner. 302
Auparauant, auparauant que. 475
Aupres. 368
D'autant plus. 459
Autant. 242
Au surplus. 388
Autruy. 511
* *Ayder, comment se doit prononcer.* 322
Aye, ou ayt. 90
* S'il faut dire, *ce n'est pas moy qui l'a fait, ou qui l'ay fait.* 89

B.

S'Il faut escrire, *Bacchus, ou Baccus.* 207
Bailler, donner. 349
Banquet, banqueter. 466
Barbarisme. 486
Du Barbarisme, premier vice contre la pureté. 568
Beaucoup. 481
Bel, & beau. 328
S'il faut dire *benit, ou beny.* 247
Berlan, brelandier. 409
S'il faut dire, *Bestail, ou bestial.* 337
Bien, au commencement de la periode. 515
* *Bien est-il vray, bien sçay-ie.* 525
S'il faut dire, *Bienfaicteur, bienfaicteur,* ou *bienfacteur.* 336
Bien que. 468 bis.

Bigearre, Bizarre. 330
* *Le boire.* 152
Si l'on dit, *bon-heurs*, au pluriel. 500
* *Bref.* 31

C

* MAxime touchãt, *la cacophonie* ou *le mauuais son*. 23 & 52
*S'il faut escrire *Caracte-re*, ou *charactere*. 205 & 207
Ce. 309
Ce fut pourquoy. 308
Outre ce. là mesme.
Ce dit-il, ce dit-on. là mesme.
Ce que, pour *si*. 307
Ce qu'il vous plaira. 4
Ce, deuant le verbe substantif. 303
Ce, auec le pluriel du verbe substantif. 305, & 306
* *Ce*, *repeté*. 466
Que c'est, pour *ce que c'est*. 173
C'est chose glorieuse. 220
C'est que, où il est mauuais. 457. bis
Cela dit, & * *cela fait*. 519
Celle-cy, pour *lettre*. 489
Abus du pronom demonstratif, celuy. 459. bis
Cependant. 223
* *Cependant que.* 476
Cesser. 298
* *Cettuy-cy.* 367
S'il faut dire, *chaise*, ou *chaire*. 441
* *Chemin passant*, a vne terminaison actiue, & vne signification passiue. 519
Chez Plutarque, *chez Platon*, & *semblables façons de parler*, si elles sont bonnes. 297
Il faut dire, *chez vous*, & non, *cheuz vous*. 436
Quelque chose, *s'il demande le masculin* ou *le feminin*. 220
Chypre. 6
S'il faut escrire, *colere* ou *cholere*. 205 & 207
* *Col*, *mol*, *fol*, comme se doiuent prononcer. 13
Comme, *comment*, *comme quoy*. 333
Comme ie suis. 354
Comme ainsi soit, 469 bis
* *Comme vainqueur qu'il estoit.* 140
Commencer. 424

Compagnée, pour *compagnie.* 355
Complaintes. 357
Comté, de quel genre il est. 368
* *Conditionner.* 346
Se condouloir. 333
* *Condoleance.* là mesme.
Le *confluent de deux riuieres.* 423
Coniuncture. 212
Se conioüir. 213
Conjurateur, pour *coniuré.* 518
Conquere. 339
Consideré que. 471 bis
Quand il faut dire, *consommer* & *consumer.* 300
* *Consonances*, sont à éuiter. 256
Remarques sur *les constructions suiuantes.*
C'est vne des plus belles actions qu'il ayt iamais faites. 153
Ou la douceur, ou la force le fera. 149
Ny la douceur, ny la force n'y peut rien 150
Il m'a dit de faire. 322
Tant & de si belles actions. 348
Ce peu de mots ne sont que pour, &c. 350
Il s'est bruslé, & tous ceux qui estoient aupres de luy. 358
Vne partie du pain mangé. 374
De la façon que i'ay dit 376
Il vient se iustifier, il se vient iustifier. 376
Apres six mois de temps escoulez. 382
Le peu d'affection qu'il m'a tesmoigné. 384
Perdre le respect à quelqu'vn. 462, bis
* *Il luy a manqué de respect.* 463, bis
* *Se loüer de quelqu'vn*, 463, bis
Sur cette façon de parler, *Il sçait la langue Latine, & la langue Grecque.* 493
Construction grammaticale. 457, bis
Arrangement de mots, *pour la constructiō.* 481
* Qu'il y a elegance, *de reigler quelquefois* la construction *selon les choses qui sont signifiées, & non pas selon les mots qui signifient.* 467, bis
Certaines constructiōs, &

façons de parler irregulieres. 497

Netteté de Construction. 112 & 142.

* *Construction de deux substantifs differens, auec le verbe qui les suit, & l'adjectif qui l'accompagne.* 84

Exemple, *d'vne construction estrange.* 193

Si cette construction est bonne, *en vostre absence, & de Madame vostre mere.* 209

Deux ou plusieurs pluriels suiuis d'vn singulier, auec la conionction &, deuant le verbe, comment ils regissent le verbe 378

Trois substantifs dont le premier est masculin & les deux autres feminins quel genre ils demandent? 381

L'article indefiny ne reçoit iamais apres soy le pronom relatif, ou le pronom relatif ne se rapporte iamais au nom qui n'a que l'article indefiny. 385

Le pronom relatif ne se peut rapporter à vn nom qui n'a point d'article. 386

Vn nom & vn verbe *regissans deux cas differens mis auec vn seul cas.* 81

* *Consolable.* 567

Contemptible, contempteur. 489

S'il faut dire *Contrepointe* ou *courte-pointe.* 404

Conuent. 502

Corriual. 357

En Cour. 457

S'il faut dire, *Courre*, ou *Courir.* 256

Courir sus. 434

Court. 323

Courroucé. 373

Crainte, dans le preterit. 561

* *Croire.* 297

Croyance, creance. 541

Croistre. 320

* *Cruellement deschiré.*

S'il faut dire, *cueillera*, ou *cueillira.* 481 bis

Cupidité. 339

Cy, ioint aux substantifs. 366

Cymbales. 378

D

* D, final deuant vne voyelle comment il se prononce. 52
Quand il faut prononcer le d, aux mots qui commencent par ad auec vne autre consone apres le d, 439
D'abondant. 230
Damoiselle. 141
* Dans, dedans. 124 & 125
Date. 342
Dautant que, pour, parce que. 326
De cette sorte, & de la sorte. 26
De, article du genitif. 324
De, & des, articles. 330
S'il faut dire, il n'y a rien de tel, ou, il n'y a rien tel. 323
* S'il faut dire, il n'y a point moyen, ou, il n'y a point de moyen. 409
* De, employé deuant beaucoup, aduerbe. 485
De titre de, la qualité de. 134
D'vne heure à l'autre. 495
De deçà, de delà. 244
S'il faut dire, il y en eut cent tuez, ou. il y en eut cent de tuez. 178
De façon que, de maniere que, de mode que. 435
* Debrutaliser. 492
* Decidé, indecis. 166
Delice. 249
Demain matin, demain au matin. 426
Demoy. 193
Demy-heure, demy-douzeine. 358
De naguere, de nagueres. 335
Dés meshuy. 271
S'il faut dire, desbarquer, ou, desembarquer. 467
S'il faut dire, descouuerte, ou, descouuerture. 487
* S'il faut dire, vn desmeslé, ou vn desmesler. 152
Des mieux. 123
Despendre, despenser. 247
* Dessus, dessous. 124
* Detromper. 491
Detteur. 513
Deuant que. 319
Deuers. 172
Deuouloir. 490
Düeil, pour duel. 493
* Dés lors, des-alors, les hommes d'alors. 228

Quoy que l'on die, quoy qu'ils dient. 349
Discord, pour *discorde*. 496
Dont. *117 & 243
Donc, & *donc*. 488
* S'il faut dire, *donque* ou *donques*. 391
Donner, bailler. 349
* *Donrray, dorray.* 119
* *Le dormir.* 152
Doute. 299
Que dans les doutes de la langue, *il vaut mieux pour l'ordinaire consulter les femmes, & ceux qui n'ont point estudié, que ceux qui sont bien sçauants en la langue Grecque & en la Latine.* 503
De quelle façon il faut demander les doutes de la langue. 505
Du depuis. 171
Duché, de quel genre il est. 368

E.

E, *Quand il se prononce comme vn* a. 29
De certains mots terminez en e, *feminin, & en* es. 391
Ebene. 373
Effroyable. 3[illegible]2
Emplir. 152
En, *terminaison des noms propres & autres.* 143
En, *deuant le gerondif.* 186
* *Les composez des simples qui commencent par* en, *laissent pour l'ordinaire cette syllabe.* 467
Exception de quelques mots. là mesme.
En apres. 223
En ce faisant. 309
Encore. 252
Encore que. 468 bis
En mon endroit, à l'endroit d'vn tel. 319
Encliner, incliner, 331
En suite dequoy. 161
En somme. 31
Entaché. 542
Enuers. 373
Enuoyer. 382
Epigramme. 32
Epithete. 26
Epitaphe. 32
Epithalame. 32
Epithete mal placé. 156
Episode, de quel genre il est. 366
Equiuoque. 26
Erreur. 130 & *504

De la plus grande erreur qu'il y ayt en matiere d'escrire. 509
* Es, *particule bannie du beau langage.* 167
Eschapper. 337
Escient. 29
Esclauage, esclauitude. 403
* *S'il faut escrire comme on parle, & comment cette maxime se doit entendre.* 510
Espace. 488
Esperdûment, ingenûment, & des autres aduerbes terminez en ment. 442
Esprouuer. 133
De la *situation des gerondifs* Estant, & ayant. 514
Estre, auec *pour.* 342
Estude. 181
La conjonction ET *repetée deux fois aux deux membres d'vne periode.* 399
Eu. 319
Eux-mesme, elles-mesme. 188
S'il faut dire, *si c'estoit moy qui eusse fait cela,* ou, *si c'estoit moy qui eust fait cela.* 88
Eueschê, de quel genre il est. 368
Euiter. 248
Exact, exactitude. 239
* *Excusable.* 567
Exemple. 315 & 362
* S'il faut dire, *excepté cent personnes*, ou, *exceptées cent personnes.* 566
Expedient. 29
Expedition. 369
* *S'Exposer à la risée de tout le monde.* 122

F

F*Ace.* 60
Faire. 484 bis
Faire piece. 316
Faisable. 490 & *566
**Il faillira, il failliroit* pour *il faudra, il faudroit.* 311
Fallu, pour failli. 310
Fatal. 464
**Fauoriser.* 479 & 5'4
Faute. 471
Feliciter. 213
Se Fier. 533
Fil de richar. 401
S'il faut dire, *filleul*, ou *fillol.* 341
**Finalement.* 31

S'il faut dire, *fleurissant*, ou *florissant*. 472
Fond & fonds. 347
Fort. 323
Fors. 254
Fortuné. 449
Foudre. 299
Fourmy. 299
Fournir. 320
**Franc-arbitre*. 93
**Frapper*. 543
Fratricide. 338
Fronde. 25
Fuir, *à l'infinitif & aux preterits definy, & indefiny de l'indicatif*, s'il est d'vne syllabe, ou de deux. 451
Fureur, furie. 446
Futur. 463
Fut fait mourir. 251

G

G*Aigner la bonne grace*. 249
Galant, galamment, 476
Gangreine. 361
Gemeau, iumeau. 448
**Gens*, de quel genre il est. 367
Gens. 462
Gentil, gentille. 447
*S'il faut dire, *gentillement*, ou *gentîment*. 443
**Pourquoy l'on dit*, gentil, ciuil, *au masculin, & au contraire, on dit* fertile, vtile, *& non pas* fertil, vtil? 448
Gestes. 410
Gracieux. 526
Quand il faut dire, grande, *deuant le substantif, ou* grand *en mangeant l'e*. 168
Guarir, guerir. 250
Guere, gueres. 335
De gueres. 298

H

H, *aspirée ou consone &* h, *muette*. 194, 352, & 353.
* *Comment les consones se prononcent deuant l'*h, 196 *& suiuants*.
*Reigle pour discerner l'*h, *consone d'auec l'*h *muette*. 198
**Reigle generale pour les mots commençans par* h, *qui viennent du Latin*. 1
*De l'*h, *dans les mots composez*. 201
Comment il faut prononcer & orthographier les mots François ve-

nans des mots Grecs, où il y a vne ou plusieurs aspirations en effet ou en puissance. 202
Haïr. 20
S'il faut dire, *Hampe*, ou *hante*. 554
Hemistiche, de quel genre il est. 378
Heros, *heroine*, *heroique*. 1, 2, & 3.
S'il faut dire, *herondelle*, *hirõdelle*, ou *arõdelle*. 512
Horoscope, de quel genre il est. 32
Hors. 254
* *hors*, *dehors*. 124 & 125
Hors-mis. 254
Horrible. 362
Huit, *huitiesme*, *huitain*. 73
Humilité. 234

I

IAillir. 543
Iamais plus. 171
* S'il faut dire, *j'ay d'argent*, ou *j'ay de l'argent*. 409
* *Iceluy*. 472 bis
Il en est des hommes comme de ces animaux. 230
Il est, *il n'est*, pour, *il y a*, *il n'y a*. 337
* *Il commença à dire*, *il commença à auoüer*. 523
Il sied. 539
S'immoler à la risée publique. 120
S'il faut dire, *à l'improuiste*, ou *à l'impourueu*. 192
Incendie, *incendiaire*. 126 & * 127
Incliner, *encliner*. 331
Incognito. 464
* *Inconsolable*. 567
Inconuenient. 29
* *Les mots indeclinables qui n'ont point de genre s'associët tousiours d'vn adjectif masculin*. 7
Trois infinitifs de suite. 140
Infiniment, *à la fin d'vne lettre*. 488 bis
Ingenûment. 442
Ingredient. 29
Inonder. 543
S'il faut dire, *innumerable*, ou *innombrable*. 243
Insidieux. 39
Insulter. 537
Si l'on peut dire, * *intentionné*, & *intentionner*. 346
Interualle. 488
Intrigue. 126

Inuectiuer. 119
Iours caniculaires. 360
Iumeau, gemeau. 448
Iusque. 21
Iusques à, & iusqu'à. 21
S'il faut dire, *iusques à aujourd'huy.* 521
* *Iusques à icy, iusques à là.* 521
* *Iusques à cette heure.* 523

L

LA, pour *le*, 27
La où. 45
La plus part, la plus grand' part. 41
S'il faut dire, *Landy*, ou *landit.* 516
Languir. 136
Lairrois, lairray. 119
Le, *pronom relatif oublié.* 33
Le pronom relatif le, *deuant deux verbes qui le regissent.* 495
Les pronoms le, la, les *transposez.* 33
S'il faut dire, *le long, du long, au long.* 170
Le malheureux qu'il est, le malheureux qu'il fut. 140
* *Lent*, pour, *humide.* 486
Lequel, laquelle. 115
Le voila qui vient. 353
* *Lettres finies par vne preposition comme* a, par, & pour. 135
Liberal arbitre. 92
* *Lierre, & son ethimologie.* 517
Loin, bien loin. 360
Loisible. 242
* *Loisir, & son ethimologie.* 517
L'on, & son ethimologie. 10, & 11
En quels endroits il faut dire l'on, & *en quels endroits*, on. 12
Long, pour longue. 515
Longuement. 57
Lors. 114
Lors & alors. 225
* *Si, on peut dire*, loüray, *dissyllabe pour* loüeray. 413
L'vn & l'autre. 141

M

Madamoiselle. 141
Magnifier. 128
Maint, & maintefois. 151
Mais, n'en pouuoir mais. 142
Mais que. 162
Mais mesmes. 22

Manes. 240
*Le manger, le mangé. 152
Marbre. 422
Marry qu'il estoit. 139
Matineux, matinal, matinier. 151
*S'il faut dire, *maudissoit*, ou *maudisoit.* 166
Maxime. 64
Mecredy. 422
* *Se medeciner.* 119
Mensonge. 34
* *De la prononciation de* merque, *pour* marque, *& de* merry, *pour* mary. 250, & * 512
Mehuy, des-meshuy. 171
Mesme, & mesmes, aduerbe. 23
Mesmement. 244
Mettre. 445
Mien, tien, sien. 363
Des mieux. 123
* *A la mi-Aoust, à la mi-Iuin.* 79
Minuit, sur le minuit. 78
S'il faut dire, *mille*, ou *milles.* 392
Mon, ton, son. 351
Monde. 169
Monde, auec le pronom possessif. là mesme
Monosyllabes. 129
Monsieur, Madame. 165
De l'vsage & de la situation de ces mots, Monseigneur, Monsieur, Madame, Mademoiselle, *& autres semblables dans vne lettre ou dans vn discours.* 544
* S'il faut dire, *monstier*, ou *moustier.* 502
* *S'il y a des mots substantifs, & adiectifs tout ensemble.* 31
Mutuel. 393

N

Nauire. 130
Nauiger, nauiguer. 66
Narration historique. 457
Ne plus ne moins. 36
Quelque vsage de la negatiue ne. 513
N'ont-ils pas fait, & ont-ils pas fait. 210
Nier. 37
De certains noms que nous auons en nostre langue qui ont ensemble vne signification actiue & vne passiue. 562
Noms propres, *de toutes terminaisons comment il les faut prononcer.* 66, 67 *& suiuants*
Nonante. 420

Nonchallamment. 242
Notamment. 364
Nu-pieds. 66
Ny, *deuant le second epithete d'vne proposition negatiue.* 37

O

Mes obeissances. 353
* *Occasionner.* 119
Octante. 420
Oi *diphtongue, quand elle doit estre prononcée comme elle est escrite, ou bien en ai.* 98, 99 & 100
On. 10, 11 & 12
Onguent pour *parfum.* 458 bis
Le onziesme. 77
Oratoire. 366
Ordres, pour *vn Sacrement.* 367
* *Ie l'ay oüy de mes oreilles.* 158
Orthographe, orthographier. 112
Oeuure, œuures. 34
Où *aduerbe, pour le pronom relatif.* 91
Oüy, pour *ita.* 242
Ouurage. 445

P

Pact, pacte, paction. 372
* *Pache.* 373 & 568
Par apres. 223
Par ainsi. 82
Parallele. 106
Parceque, & pourceque. 47
Par ce que, separé en trois mots. 90
Pardonnable. 566
* *Pardonrez.* 119
Par faute. 471
Parfaitement à la fin d'vne lettre. 488 bis
Parricide. 338
Par sus tout. 526
Partant. 225
Des participes actifs. 426
Participes passifs, & leur vsage dans les preterits. 175 & *suiuants*
Si dans vne mesme periode on peut mettre deux participes, ou deux gerondifs sans la conionction ET. 187
Particularité. 46
Pas & point. 405
Pas, pour *passage.* 537
* *Passionner.* 346
* *Se passionner.* 119
* *Si l'on peut dire*, payray *pour* payeray. 413
Pendant. 223
* *Pendant que.* 65
Peril eminent. 302
Periode. 3

Perse-

Perſecuter. 114
* *Perſeuerer.* là meſme
Perſonne. 6
Peur. 45
Peux pour *poſſum.* 65
S'il faut orthographier Philoſophe ou filoſofe. 205
Plaire. 355
Pleurs de quel genre il eſt. 422
Pleuuoir. 133
Ployer, plier. 410
Pluriel. 468
Plus. 422
pluſtoſt. 136
poiſon. 34 & 527
poitrine. 60
S'il faut dire, *portrait ou pourtrait.* 340
Poßible, pour *peut eſtre.* 149.
poſte. 458 bis
pour afin. 532
Pour & à icelle fin. 472 bis
pour moy. 193
Pour l'heure. 192
Pour, *repeté deux fois dans vne meſme periode.* 50
Pour, *auec l'infinitif.* 63
pour que. 17
pource, pour *à cauſe de cela,* ou *partant.* 82
pourpre. 58
Pouuoir. 146
Au Preallable, preallablement. 484
S'il faut dire, *precipitement,* ou *precipitamment.* 164
preface. 64
Preigne pour *prenne.* 66
Premier que, pour *auant que.* 111
Reigle pour ſçauoir quand il faut repeter les prepoſitions, *deuant les noms, & deuant les Verbes.* 214
* *Pretexter.* 119
Des preterits de ces Verbes, entrer ſortir, monter, deſcendre. 435
Belle & curieuſe exception à la reigle des preterits participes. 492 bis
S'il faut dire *preuit,* ou *preueut.* 370
Prier. 479
* S'il faut dire, *prier les dieux, ou prier aux dieux.* 414 & 534
Print, prindrent, prinrent. 98
prochain, Voiſin. 93
Proches, pour *parens.* 94
* S'il faut dire, *le procedé.*

ou le proceder. 152
Promener. 20
Le pronom possessif apres le substantif. 43
Le pronom demonstratif auec la particule, là. 325
Vn certain vsage du pronom demonstratif, & qui est necessaire. 327
Pronoms possesifs. 519
Suppression des pronoms personels deuant les verbes. 420
*Mauuaise prononciation de certains mots. 425
Deux mauuaises prononciations qui sont tres-communes, mesme à la Cour. 436
S'il faut dire, proprete, ou proprieté. 5
Prouuer, esprouuer. 133
Proüesse. 403
Pseaumes penitentiaux. 364
Pudeur. 537
Ie puis. 65

Q

Qvand à moy. 53
Quant à moy. 193
Quant & moy, pour auec moy. 52
Quant & quant moy. 52
quant & quant. 53
Quantes-fois. 480
*Quand est-ce, qu'il viendra? 458 bis
Quasi. 24
Quatre pour quatriesme, & autres semblables. 123
Qu'ainsi ne soit. 557
Que deuant on, & deuant que l'on. 14
*Que. 118
Que, conionctiue repetée deux fois dans vn mesme membre de periode. 465
Que, deuant l'infinitif pour rien à. 489
Que, apres si, & deuant, tant s'en faut, veut estre repeté. 489
Que non pas. 480
Quelque. 4
Quel, & quelle, pour quelque. 136
Quelque riches qu'ils soiēt. 359
Quelque chose, quel genre il demande. 464 bis
Qui, repeté deux fois dans vne mesme periode. 48
Qui, repeté plusieurs fois, pour dire les vns, les autres. 51

Qui, en certains cas, & comment il en faut vser. 55 & * 118
Qui, au commencement d'vne periode. 86
Quiconque. 328
Quoy pronom. 54, 55 & * 118
Quoy qu'il arriue, quoy qu'il en soit. 321
Quoy que. 91, & 468 bis

R

De *la lettre* R, *finale des infinitifs.* 437
Rais. 192
Reciproque. 393
* S'il faut dire, *se reconcilier auec quelqu'vn* ou *à quelqu'vn.* 414
S'il faut dire, *recouuré*, ou *recouuert.* 15
* *Refroidir.* 544
Regueliße. 410
* *Rejaillir.* 544
Relasche. 34
Remerciment. 413
Remplir. 152
* *Remplage.* 153
Rencontre. 19
Aller à la rencontre. 222
Repetition de mots. 484 bis
Repetion des prepositions aux noms. 50
Reproche. 34
Reseruation. 222
* S'il faut dire, *resortons*, ou *resortissons.* 233
Le verbe resoudre *comme il le faut coniuguer.* 61
Resoudre, *neutre & actif.* 61
Se resouuenir. 111
* *Respondre, & correspondre, se prononcent differemment.* 371
Resembler. 480 bis
Rester. 136
S'il faut dire *reuestant*, *ou reuestissant.* 231
* *Comment le verbe* reuestir *se coniugue au present de l'indicatif.* 234
Reußir. 478
Rien autre chose. 321
Rimes dans la prose. 235
* S'il faut prononcer, *Royaume*, ou *Reaume.* 100

S

S*ans, sans point.* 161
Sans dessus dessous. 44
Sarge. 250
Satifaire, satifaction. 157

Le verbe sçauoir *suiuy d'vn infinitif.* 101
* *Seant, bien seant.* 540
* S'il faut prononcer, *secret* ou *segret.* 362
Securité. 43
Septante. 420
Seraphin. 413
Seriosité. 254
* *Serieux.* 255
Seruir. 479 & * 534
Seulement, pour *mesmes*, ou *au contraire.* 402
Si on, & s'il'on. 9
Si, *conionction conditionnelle.* 62
Si, pour *si est-ce que.* 62
Si, pour *adeo en Latin.* 63 & 532
Si, *particule conditionnelle.* 372
Si, *auec deux constructions differentes en vne mesme periode.* 395
Si que. 435
Si, pour *auec tout cela*, & *outre cela.* 449
Si bien. 471 bis
Si, pour *adeo*, *doit estre repeté.* 490 bis
Sien. 363
Sieger. 76
Signe, signal. 402
Soit, ou soit que. 30
Du Solecisme, *second vice contre la pureté du stile.* 572
Soliciter. 57 & 472
* *Somme, somme toute.* 31
Son. 358
Songer pour *penser.* 85
De cette sorte, & de la sorte. 26
Sorte, *comme il se doit construire.* 483 bis
Toute sorte, & toutes sortes. 130
Sortir. 38, & 136
* *Sortir de la vie.* 486
Soubçonneux, suspect. 401
Souloit. 241
Soumission & submission. 25
Souuenir. 161, & 363
Soy, *pronom.* 491 bis
Soy, de soy. 166
Des negligences dans le stile. 414
Certaine reigle pour la plus grande netteté, ou douceur du stile. 528
Qu'il y a vne grande difference entre la pureté, & la netteté du stile & *premierement*, de la pureté. 567
De la netteté du stile. 577
Subuenir. 38
Succeder, pour *reüssir.* 468 bis

Superbe. 31
Supplier. 221
Sur, & dessus. 555
Sur, sous. 124
S'il faut dire *sur les armes*, ou *sous les armes.* 396
Suruiure. 162 & * 534
Synonimes. 493 bis
* *Synonimes des phrases vicieux.* 498

T

Tandis. 64
Tant plus. 55
* *Tarder.* 320
Tasser. 76
Taxer. 221
Tel, pour *quel.* 413
Temperature, temperament. 74
Terroir, terrein, territoire. 74
Prendre à tesmoin. 563
Theriaque. 410
Tien. 363
* *Tinrent & tindrent.* 97
Le titre de. 134
Tomber, tumber. 82
Tomber aux mains de quelqu'vn. 167
T-on. 10
Ton. 351
Tout de mesme. 558
Tout, aduerbe. 95
L'adjectif tout, *auec plusieurs substantifs.* 559
* *Tout malade, tout affligé qu'il estoit.* 139
Transfuge. 448
Triacleur. 410
Trouuer, Treuuer. 133
Tymbales. 378

V

Ie vais, ie va. 27
Va faisant, va croissant. 185
*S'il faut dire, *vagabond, ou vacabond.* 362
Valant, pour *vaillant.* 35
Valant & vaillant. 359
Vieigne pour *vienne.* 66
S'il faut dire, *vent de midy* ou *vent du midy.* 412
Verbes regissans deux cas, mis auec vn seul. 79
* *Deux verbes, doiuent auoir vn mesme regime pour la netteté du stile.* 80
Verbes dont l'infinitif se termine en ier. 109
S'il faut mettre vne s, *en la seconde personne du singulier de l'imperatif des verbes.* 189
Exemple de toutes les terminaisons des verbes. 189 & suiuans.

Verbes en la premiere personne du present de l'indicatif, deuant de pronom personel, ie, cōment ils s'escriuent & se prononcent 210, & suiuans.
* *Principe de grammaire, touchant les verbes de la quatriesme coniugaison, dont l'infinitif se termine en* ir, *& son exception.* 232
Verbe substantif mal placé. 342
* *Les verbes simples, & composez, se coniugent souuent de differente façon.* 371
Premiere personne du present de l'indicatif. 131
Verbes qui doiuent estre mis au subjonctif, & non à l'indicatif. 381
Certains regimes de verbes vsitez par quelques Autheurs celebres qu'il ne faut pas suiure en cela. 414
Le verbe auxiliaire auoir, *coniugué auec le verbe substantif, & auec les autres verbes.* 460
Des vers dans la prose. 102 & * 417
* *Vers, deuers.* 172
Vers où. 355
Vers, enuers. 373
Vesquit, vescut. 108
Veuue. 412
S'il faut dire, *vieil, ou vieux.* 377
Vinrent & vindrent. 97
Si apres vint & vn, *il faut mettre vn pluriel, ou vn singulier.* 147
Viol. 413
Vitupere, vituperer. 412
Vlcere, *de quel genre il est.* 374
Vne infinité. 41
Vnir ensemble. 157
Voile. 460
Voire mesme. 42
Voisiné. 434
* *Voler en l'air.* 158
Vomir des iniures. 127
Vouloir pour *volonté.* 442
Si en escriuant on peut mesler vous *auec vostre Majesté, ou vostre Eminence, ou vostre Altesse & autres sēblables.* 550
* S'il faut prononcer, *voyage* ou *veage.* 100
* L'vsage, *est le Roy & le Souuerain des lāgues* 16 *&* 148, * *Il est comme l'ame & la vie des mots,* 60, *Il fauorise souuent les solescismes* 89.

* *C'est vne erreur de vouloir en matiere de langues viuantes s'opiniastrer pour la raison contre* l'vsage, 303. * *On doit estre curieux comme d'vn ornement de langage de toutes les façons de parler,* que l'vsage a establies contre *les reigles de la grammaire*, 305, & 375.

Y

Y, pour *luy.*

Y, *S'il doit estre mis deuant ou apres* en. 94

Y, *auec les pronoms.* 95

* *Y, particule tres-commode.* 487 bis

* *Ie l'ay veu de mes yeux.* 158

Yuoire. 373

Z

S'il faut prononcer la lettre, z, *apres* on. 436

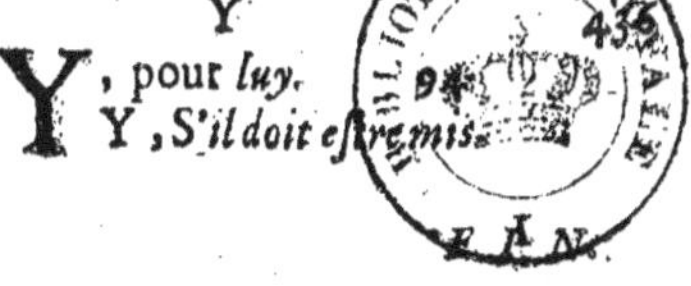

Extraict du Priuilege du Roy.

PAR Lettres Patentes du Roy données à Paris le 26. Iuin 1646. Il est permis au sieur C.F.D.V. de faire imprimer, vendre & debiter en tous les lieux de l'obeïssance de sa Majesté vn Liure intitulé, *Remarques sur la Langue Françoise, vtiles à tous ceux qui veulent bien parler & bien escrire*, & ce par tel Imprimeur ou Libraire, en telles marges, en tels Caracteres, en vn ou plusieurs volumes, & autant de fois qu'il voudra, durant vingt ans entiers, à compter du iour que chaque volume sera acheué d'imprimer pour la premiere fois, auec deffences à toutes personnes de quelque qualité & condition qu'elles soient, de l'Imprimer, vendre ni debiter, sous quelque pretexte que ce soit, pendant ledit temps, sans le consentement de l'Exposant, ou de ceux qui auront son droit; à peine de trois mil liures d'amende, de confiscation des Exemplaires contrefaits, & de tous despens, dommages & interests; à la charge qu'il sera mis deux Exemplaires de chaque volume dudit Liure en la Bibliotheque publique de sa Majesté, & vn en celle de Monseigneur Seguier, Cheualier Chancelier de France, auant que de les exposer en vente: Le tout comme il est porté plus amplement par lesdites Lettres Patentes, à l'Extrait, & aux copies desquelles collationnées par vn des Conseillers Secretaires de sa Majesté, elle veut que foy soit adioustée comme à l'Original. Signé, Par le Roy en son Conseil,

CONRART.

Et scellé du grand sceau de cire jaune sur simple queuë.

Acheué d'imprimer pour la premiere fois le huitiéme jour d'Octobre 1647.